Joachim Kaiser:
Erlebte Musik
Band 2

Joachim Kaiser:

Erlebte Musik
Band 2
Von Wagner bis Zimmermann

Deutscher
Taschenbuch
Verlag

Bärenreiter
Verlag

Für das Taschenbuch bearbeitete und ergänzte Ausgabe
Mai 1982
Gemeinschaftliche Ausgabe:
Deutscher Taschenbuch Verlag GmbH & Co. KG,
München, und
Bärenreiter-Verlag Karl Vötterle GmbH & Co. KG,
Kassel · Basel · London

Umschlaggestaltung: Celestino Piatti unter Verwendung eines Fotos von Elfriede Hanak, Wien
Gesamtherstellung: C. H. Beck'sche Buchdruckerei,
Nördlingen
Printed in Germany · ISBN 3-423-01787-2 (dtv)
ISBN 3-7618-1787-8 (Bärenreiter)

Inhalt

Band 1

Band 2

11. Kapitel
Richard Wagner

Das Liebesverbot

Eine »wunderliche Jugendarbeit« nennt der reife Wagner in seinem autobiographischen Bericht »Mein Leben« die Oper »Das Liebesverbot«, die er einundzwanzigjährig, im Januar 1835, begann und 1836 abschloß. Als er, gut drei Jahrzehnte später, seinem Retter Ludwig II. die Partitur schenkte, fügte er einen entschuldigenden Vierzeiler bei, in dem von Irrtum und »Jugendsünde« die Rede war. Bei der Uraufführung in Magdeburg hatte sich ein doch ungewöhnlicher Theaterskandal ereignet. Die Premiere war recht undeutlich, ja unerkennbar verlaufen, wegen allzu kurzer, flüchtiger Proben. Auch war es, laut Wagner, der Direktion nicht möglich gewesen, »den Druck von Textbüchern zuwege zu bringen«. Die Leute blieben also über »die Vorgänge der nur gesungenen Handlung gänzlich im unklaren«. Von der Zweitaufführung ward nun eine Art Entscheidung erhofft. Doch diese fand nicht statt, und zwar »eingetretener Umstände halber«, wie der Regisseur, vor den Vorhang tretend, dem spärlichen, aber verdutzten Publikum mitteilen mußte ...

Was für Umstände eingetreten waren? Nun, der Gatte der Primadonna hatte den zweiten Tenor, aus berechtigter oder unberechtigter Eifersucht, krankenhausreif geprügelt. Die Dame hatte den tobenden Ehemann mit letztem Einsatz beruhigen wollen, dafür aber im Künstlerzimmer auch Schläge bekommen, so »daß sie darüber in Krämpfe verfiel«. Grund genug für die erregten übrigen Mitwirkenden, nun die zwischenmenschlichen Ensemble-Spannungen in einer allgemeinen Keilerei aufzuarbeiten. An die Aufführung der Oper war danach nicht mehr zu denken. Und, wie Wagner selbst kurz und lakonisch hinzufügt:

»Zu einem ferneren Versuche, mein Jugendwerk zu rehabilitieren, kam es nie.«

Dies die von Wagner mit satter Selbstironie mitgeteilte Uraufführungs-Geschichte. Sie macht auf das fragliche Werk nicht eben neugierig.

Und doch könnte es sein, daß Wagner sowohl sich wie andere

über die Qualität seines »Liebesverbotes« täuschen wollte (vielleicht weil er sich selbst darüber täuschte). Und daß ihm dies auch gelungen ist. Denn mit dem überwältigenden, ein ganzes Jahrhundert überschattenden Ruhm des reifen Wagner verband sich immer die communis opinio, der später so große Mann – der ja in einer unsolide boheme-haften Sphäre und nicht gerade als Adressat einer guten handwerklichen, deutschmeisterlichen Ausbildung aufgewachsen war – habe als Dilettant begonnen und erst sehr langsam zu sich selber gefunden.

Dilettant? Thomas Mann, voller Verehrung für Wagners Kunst, hat behauptet, sie sei »ein mit höchster Willenskraft und Intelligenz monumentalisierter und ins Geniehafte getriebener Dilettantismus«. Woraufhin 1933, beschämenderweise, ein wilder, auch von Knappertsbusch und R. Strauss mitunterschriebener Protest der »Wagnerstadt München« erfolgte, was die unmittelbare Emigration und, später, sogar Ausbürgerung Thomas Manns zur Folge hatte! Wahrscheinlich wußten die Völkischen damals bloß nicht, daß auch ihr Heros Nietzsche im Zusammenhang mit Wagner vom Dilettantismus geredet hat. Noch in Adornos Wagner-Buch tönt das Dilettantismus-Verdikt nach: »Grobe Ungeschicklichkeiten im Satz und in der Akkordverbindung werden tatsächlich erst seit dem Lohengrin getilgt; Fehlleistungen der Modulatorik, des harmonischen Gleichgewichts lassen noch in den Meistersingern sich beobachten.« Dies die mannigfach veröffentlichte Meinung, wenn schon nicht der Bayreuthianer, so doch vieler Wagnerianer. Kein Wunder: Solche Ansichten haben ein von Wagner selbst bespötteltes Jugendwerk wie das »Liebesverbot« förmlich mit einer Vorurteils-Mauer umgeben. Gewisse Behauptungen über diese »Große komische Oper« wiederholen sich so oft, daß man annehmen müßte, die Kommentatoren schreiben ihre negativen Behauptungen einfach voneinander ab, wenn eben nicht auch denkbar wäre, daß sie eingeschliffene Mißverständnisse beim Studium des Werkes eilfertig reproduzieren.

Entschließt man sich nun zu einer fast krampfhaften Unbefangenheit, dann werden einige Prämissen des allgemeinen Verdikts fraglich. Für Wagner war »Das Liebesverbot« weder der erste Opern-Versuch, noch schrieb er das Stück unbeteiligt etüdenhaft nebenher. Im Gegenteil: Wagner verlegte sein »Liebesverbot«-Vorbild, also Shakespeares schwärzeste Komödie »Maß für Maß« (sie handelt von Heuchelei, Lasterhaftigkeit, allgemeiner Korruption und spielt bei Shakespeare, der alles wußte, in »Vienna«, also Wien) nach Palermo, weil er sie zur Auseinandersetzung zwischen süditalienischer Sinnenhaftigkeit und dem starren Puritanismus des deutschen Statthalters »Friedrich« machen wollte. Wagner übte Kritik an germanischer Pedanterie unter südlichem Himmel. Er tat das, weil er mit der Bewegung des Jungen Deutschland sympathisierte, mit dem Schwung der »Freien Sinnlichkeit« und anti-philiströser Entfaltung.

Und weiter: Wagner erzählt in seiner Autobiographie – furchterregend – wie er sich als junger Mensch einmal am Sturm auf gewisse Leipziger Bordelle und an deren Plünderung beteiligt hatte. Wagner durchschaute, daß das sogenannte »Moralische« dabei nur ein Vorwand gewesen war für die kollektive Kraftmeierei und den bösen zerstörerischen Rausch . . .

Wagner behandelte also kein für ihn bloß »literarisches« Thema, wenn er in seiner Fassung des »Liebesverbotes« den Konflikt zwischen verlogener Keuschheits-Forderung und »Freiheit« veroperte, zwischen der Selbstbestrafung des heuchlerischen Statthalters und seiner Begnadigung durch die Süd-Italiener.

Doch wieviel Herzblut und autobiographischer Hintergrund auch in die Partitur eingegangen sein mögen, über ihre künstlerische Qualität besagt das wenig. Nur daß sie kein »Nebenwerk« gewesen ist für Wagner, läßt sich immerhin folgern. Fragen wir also unmittelbar nach den Qualitäten des Werkes, nach der Kunstfertigkeit des blutjungen Wagner. Wie läßt nun sich am gerechtesten über Wert oder Unwert dieses Wagnerschen Jugendwerkes spekulieren und darüber, ob Wagner ein »Früh-Reifer« oder ein »Spät-Entwickler« gewesen sei? Ein paar Vergleichszahlen können nicht schaden: Als Mozart – Inbegriff des jungen Genies – in dem Alter war, in dem Wagner das »Liebesverbot« komponierte, da hatte Mozart weder den »Idomeneo« noch die »Entführung« komponiert, sondern »La finta giardiniera« und »Il re pastore«. Verdi schrieb im Alter des »Liebesverbot«-Wagners gerade an seinem Erstling »Oberto« (und nicht schon am »Nabucco«).

Vergleicht man Wagners »Liebesverbot« mit diesen Opern-Frühwerken von Mozart oder Verdi, dann erweist sich das ständige Fuchteln mit dem Begriff des Dilettantischen und Spätentwicklerhaften bei Wagner als Gerede. Der Umstand, daß kein Weg vom »Liebesverbot« zur »Götterdämmerung« oder zum »Parsifal« zu führen scheint, beweist wirklich nicht, der junge

Wagner müsse ein einfallsarmer Amateur gewesen sein. Im Gegenteil. Wenn man sich diesem Frühwerk so nähert, wie man sich allen Kunstwerken nähern sollte, die nicht den Anspruch erheben, sie wären Schöpfungen obersten, klassischen Ranges, wenn man also nach den Stärken fragt, statt sich streng um die (im Falle des »Liebesverbotes« evidenten) Schwächen zu kümmern, dann zeigt sich folgendes: Trotz aller nachweisbaren Abhängigkeiten und Anleihen (bei Rossini, Grétry, Marschner, Beethoven) haben die großen Ensemble-Steigerungen, die Entfaltung der musikalischen Bewegung und die Instrumentations-Einfälle doch weit mehr zu tun mit dem, was später bei Wagner folgen wird, als mit Vorbildern und Abhängigkeiten. Wagner, wie konnte das nur überhört werden, war sich – in der ersten Isabella-Szene, die den »Tannhäuser« antizipiert, und im riesigen, meisterhaft-elegant das finstere Statthalter-Leitmotiv der Flötenpfiffigkeit kontrastierenden Duett Brighella/Pontio Pilato, das in ein brillantes Chor-Finale mündet – seiner Mittel und Effekte schon fast ein bißchen zu sicher! Also gerade nicht unbeholfen dilettantisch. Die Schwächen des (was bei einer komischen Oper besonders stört) zu einer gewissen Redseligkeit tendierenden Werkes liegen weniger im gelegentlichen »Nicht-Können« oder in einem den eigenen Ton, der halt doch kein Lustspiel-Ton war, förmlich suchenden Parlando. Sondern sie liegen in Erfindungsharmlosigkeiten, die Wagner sich durchgehen ließ.

Meist konstatiert man bei Frühwerken, daß es dem jungen Komponisten zwar nicht an – wie es so schön heißt – »sprudelnder Einfallsfülle« fehlte, wohl aber an formender Verarbeitungskraft. Das ist beim »Liebesverbot« Wagners anders. Die Einfälle wirken gelegentlich trivial. Aber wenn der amourös verwirrte Brighella sozusagen das Bewußtsein verliert, sein hübsches Buffo-Motiv plötzlich einem entzückenden chromatischen Durchgang unterworfen wird (bei: »Ist das Benehmen vor Gericht? Nun weiß ich's selber nicht! Du liebes Affenangesicht!«), dann ist die Durchführung dem Thema überlegen. Nur ein Meister konnte eine solche Entwicklung komponieren.

Beherrschende Geste des Werkes ist jenes strenge, meist in tiefer Lage erklingende Unisono-Motiv, das die finstere Macht des Statthalters symbolisiert und schon Wotans Unmut-Motiv ahnen läßt. Der junge Wagner, von Leitmotiv-Überlegungen noch nicht beschwert, verwendet die Geste unbefangen als »Erinnerungs«-Motiv. Im Zusammenhang mit den »Liebesverbot«-Aktivitäten von Friedrich und Brighella erscheint es sinnvoll und beeindruckend. Im Gegensatz zu Shakespeares »Maß für Maß«, wo am Ende der wiedergekehrte Herzog gottähnlich Gerichtstag hält und den Statthalter Angelo sowohl zum Zittern wie zum Heiraten verurteilt, wird beim offenbar demokratischeren jungen Wagner der Statthalter Friedrich von der heiteren sizilianischen Volksgemeinschaft begnadigt, nachdem er sich selber eine Sekunde lang sogar zum Tode hatte verurteilen wollen. Es scheint, als sei dem sympathie-lenkenden Wagner daran gelegen gewesen, auch der Negativ-Figur ein Innenleben zuzubilligen – so wie es in »Don Carlos« Schiller und Verdi mit dem König Philipp gelang.

Die harmlose, aber nicht schwunglose Ouvertüre faßt jene, wie es bei Wagner heißt, »feurigen sizilianischen Charaktertänze« zusammen, die im Finale der Oper das Karneval-Happy-End besiegeln. Mag es auch tollkühn sein, das Stückchen mit dem »Meistersinger«-Vorspiel (das ja dramaturgisch auch die Festwiese in Ouvertürenform zusammenfaßt) in einem Atem zu nennen, so ist es doch weniger leicht, der Analogie auszuweichen, die sich bei näherer Betrachtung der zugleich heikel koloraturhaften und dramatischen Figur der Isabella aufdrängt. Nicht nur, daß man während des Larghetto-Beginns ihrer Duett-Szene im Klosterhof phantasievoll instrumentiert und ausgeführt jenes Motiv des »Dresdner Amens« hört, das im »Tannhäuser« eine wichtige Rolle spielt. Wenn Isabella entdeckt, daß sie auch mit Leonore Florestan verwandt ist, daß sie sogar Hochdramatische sein könnte (statt »Töt erst sein Weib« schreit sie allerdings an entscheidender Stelle: »Erst hört noch mich!«), dann weist da alles noch zurück. Doch was mag im 22jährigen Wagner vorgegangen sein, als er die Bedrängte ihren klugen Rettungseinfall wie einen Geistesblitz haben ließ? »Sie springt von einem plötzlichen Gedanken ergriffen schnell auf.« Es ist Isabellas stückentscheidender Gedanke, den einst in Mariana verliebten, nun der Isabella nachstellenden Statthalter durch Verkleidungs-Trick und Beischlaf-Täuschung zur Strekke zu bringen – streng nach Shakespeare. Aber bei Shakespeare kommt der ratgebende Herzog auf diesen exzentrischen Vorschlag und bringt Isabella auf die Austausch-Idee. Bei Wagner fällt es ihr selbst mit jener Plötzlichkeit ein, für die in der Opernliteratur eine ganz genaue Analogie existiert: wenn am Ende des »Rheingold« Wotan tief bedrängt dasteht und plötzlich die alles entscheidende Rettungs-Idee hat. Er steht »wie von einem großen Gedanken ergriffen, sehr entschlossen«. – Dazu ertönt im Trompeten-Fortissimo das Schwertmotiv jenes Siegfried, den die Wälsungen eine Oper später zeugen müssen, damit er göttlich stark und trotzdem frei von Schuld-Pflicht, die Rettung vollbringen könne. Die Idee einer solchen dramatischen Ballung kam also Wagner bereits im »Liebesverbot«. Und unmittelbar vor dieser Idee antizipiert der As-Dur-Adagio-Teil des Ensembles die großen Momente des zweiten »Tannhäuser«-Finales.

Erst beim späten Wagner sind die letzten Akte, in denen fahl erstarrt, was vorher war (Tannhäuser, Tristan, Parsifal, Götterdämmerung gleichsam als letzter Akt des »Ringes«), expressive Höhepunkte. Eine große komische Oper läßt dergleichen nicht zu. Offenbar fehlten auch dem vielbeschäftigten jungen Kapellmeister sowohl die Kraft wie die Intensität, eine Spannung bis zum Opern-Ende durchzuhalten. Der Schluß-Akt hält nicht ganz, was anfangs versprochen worden war. Da irritieren allzuviele Beiseite-Selbstgespräche, Singspielanleihen, harmlose Kantilenen.

Fazit: Gegen diese Oper ist gewiß nicht mangelnde Qualität der Höhepunkte ins Feld zu führen, sondern die Redseligkeit dessen, was Wagner sich durchgehen ließ. Eine nicht etwa reservierte, sondern temperamentvoll engagierte Aufführung und ein unternehmungslustiger Rotstift könnten das »Liebesverbot« gleichwohl lebendig werden lassen. Es braucht kein bläßliches Seminar-Erlebnis zu sein. Des »Liebesverbots« Höhepunkte verraten eindringlich, daß Wagner von Anfang an war, als was er erst später der Welt kenntlich wurde: ein Opern-Genie.

1. V. 1980

Rienzi

Als Richard Wagner noch kein Wagnerianer war, komponierte er den »Rienzi«. Später hat die Bayreuth-Ideologie sich des traditionalistischen, der französischen Großen Oper nachgebildeten Werkes geniert. Das Stück, wie man ihm heutzutage gelegentlich auf Opernbühnen begegnet, wurde nachträglich zum Musikdrama stilisiert. Dabei ist der Sprung von der grellen »Rienzi«-Naivität zum »Tristan«-Tiefsinn doch eigentlich viel erstaunlicher und bewunderungswürdiger, als wenn Richard Wagner sozusagen mit dem fertigen Musikdrama im Kopf geboren worden wäre. Doch welche Mühe man sich auch mit der

Änderung, der Abschaffung einer Hosenrolle, der Verschleierung des Nummernprinzips gab: im »Rienzi« wirken die Mittel und Effekte des jungen Wagner gleichsam isoliert. Sie sind frei vom Ernst und vom Anspruch einer Idee, einer durchdringenden Erlösungskonzeption, einer totalen Weltanschauung, konsumierbar.

Darum findet das Stück des 27jährigen Richard Wagner heute natürlich vor allem den Beifall derjenigen, die dem gewaltigen und gewaltsamen Anspruch des späten Wagner ausweichen möchten und Opernaufführungen am liebsten als Stimmfeste feiern. Ein derart handfester Wunsch des Opernpublikums ist durchaus begreiflich, wenn er nicht zur gewissermaßen snobistischen Naivität ausartet. Denn während der »Troubadour« wahrlich ein geniales, vollgültiges Meisterwerk des frühen Verdi war, kann man den »Rienzi« wohl doch nur als außerordentlich wirkungssichere und -süchtige Talentprobe eines Künstlers betrachten, dessen Eigentliches, dessen tiefgründige, grandios anspruchsvolle Ernsthaftigkeit erst später ihre Form fand. Natürlich läßt sich der »Rienzi« mühelos operngeschichtlich oder auch wagnerbiographisch analysieren: da steckt erstaunlich viel »Lohengrin« drin, auch »Tannhäuser« winkt von der Wartburg. Nur der gleichzeitig konzipierte »Fliegende Holländer« war auffallenderweise kaum in diesem Rom. Höchstens das Terzett Irene, Adriano, Rienzi (»Rienzi, gib mir meinen Vater«) entspricht dem (stärkeren) Final-Terzett aus dem »Fliegenden Holländer«.

5. VIII. 1967

Der Fliegende Holländer

Wenn man die romantische Oper vom Fliegenden Holländer einmal nicht so verstehen will, wie sie die Hauptbeteiligten darstellen (der Fliegende Holländer in seinem Anfangsmonolog, Fräulein Senta in ihrer Ballade), sondern wie sich das Werk als Handlungsvorgang darstellt, dann ist es die Geschichte eines vielfachen Egoismus. Ein Verfluchter möchte um jeden Preis erlöst werden. Ein Kapitän möchte seine Tochter zum Höchstpreis verheiraten. Ein junges Mädchen hat sich in ein Sagen-Bild verliebt und projiziert alle eigenen Untergangswünsche auf diese Figur. Sentas Schrei: »Mit ihm muß ich zugrunde gehn!« ist die Quintessenz todessüchtiger Jungmädchenschwärmerei.

Demgegenüber hat es die einzige Figur des Dramas, die wirklich liebt, die einen Menschen, ein »Du« meint, schwer. Der junge, mittellose und unheilahnende Jäger Erik ist außerstande, die Geliebte vom Abgrund zurückzureißen. Einer Temperamentvollen, Hysterischen und Verzückten kann man kaum helfen. Kein Wunder, daß Erik, eigentlich die anständigste Figur der Geschichte, am Schluß mit leeren Händen dasteht, ohne daß ihm jemand eine Träne nachweint. So geht es in der Oper den Vernünftigen und Mittelmäßigen.

Etwa diese Geschichte hat August Everding in Bayreuth erzählen wollen, als er – Neuling am Grünen Hügel, genauso wie der Bühnenbildner Josef Svoboda und der Dirigent Silvio Varviso – den »Fliegenden Holländer« inszenierte. Das ist eine teils realistische, teils melancholische, teils mythologische Geschichte. Alles hängt davon ab, in diesem ohnehin sehr ambivalenten, zwischen Großer Oper und Musikdrama, Wunderbarem und Wirklichem schwankenden Werk die genaue Kunstmitte zu treffen. Mit noch so eindrucksvollen Symbolen allein ist nichts getan.

Doch wie ist das wagemutige Unternehmen gelungen, die Holländer-Geschichte als Drama real handelnder Figuren und zugleich als romantische Ballade vorzuführen? Zunächst hat sich Everding vom balladesken Heroismus nicht einschüchtern lassen. Der Steuermann des Daland-Schiffes – René Kollo war eine verblüffende Bayreuth-Entdeckung; mit strahlendem, schmelzendem Tenor schmetterte er sein ja durchaus effektvolles, fast schlagerähnliches Steuermannslied ins Festspielhaus – griff gern zur Schnapsflasche, schlief halb besoffen auf Wache ein. So etwas kommt in der christlichen Seefahrt vor. Everding ließ sich da vielerlei einfallen; etwas zu oft trugen beispielsweise des Steuermanns Kameraden den Quasi-Diensteifrigen vom Steuer weg, wenn sie später ihr »Steuermann, laß die Wacht!« johlten; sie wirbelten ihn durch die Luft, aber er turnte unentwegt wieder zurück.

Nun steht nirgendwo geschrieben, daß diese von Musik und Marine berstende Oper nicht auch mit realistischen Einsprengseln inszeniert werden kann. Was die Personenführung betrifft, hat sich Everding mit Erfolg um die Vermeidung, ja Denunzierung alles bloß »Opernhaften« bemüht. Noch nie sah man Leonie Rysanek so beherrscht und gestenlos agieren. Der Versuch, den Erik zu retten, war genauso offenkundig. Nur scheiterte er, zumindest partiell, an der Steifheit von Jean Cox. (Übrigens wohl auch am Kostüm. Da hatte Jörg Zimmermann keine glückliche Hand; der Südwester Dalands wirkte denn doch wie das verschlissene Uniformstück eines Spätheimkehrers, während wiederum der Fliegende Holländer selbst um eine Spur zu wattiert-pompös erschien.)

Doch Everding mochte sich offenbar nicht mit dem begnügen, was für ihn selbstverständliches Handwerk ist. Personen genau führen, ihre Bewegungen in präzisen Zusammenhang zur Musik bringen, also gewissermaßen eine vernünftige, der Musik entsprechende Schauspielinszenierung herstellen und für die »Kunstüberhöhung« die Kraft der Partitur sorgen lassen: das ist diesem hochmusikalischen, realistischen Inszenator offenbar zu wenig. Darum hat er, zusammen mit Svoboda, einige surreale Gewaltstreiche ersonnen, die dann problematisch waren, wenn sie die Kunstmitte verfehlten.

Der erste nicht direkt störende, aber doch eigentlich auch nicht zwingende, überflüssige Einfall war es, den Fliegenden Holländer anfangs nicht an Land zu lassen. Warum eigentlich nicht? Von nichts anderem ist doch die Rede. Zwar kopierte Everding glücklicherweise nicht Wieland Wagners ebenso eindringliche wie falsche Idee, den Fliegenden Holländer als »Gekreuzigten« (an den Bug seines Schiffes Gekreuzigten) vorzuführen. Denn diese einstige Christus-Parallele war zwar tiefsinnig, aber auch unsinnig: Christus litt doch für fremde Sünden, wurde um der Erlösung anderer willen gekreuzigt, der Holländer indessen für die eigenen; ihm geht es einzig um die eigene Erlösung. Everding ließ ihn also nicht an Land, sondern stellte ihn, eindrucksvoll, an die hohe Spitze des Geisterschiffes; von dort sang er zu Daland hinunter, und auch den Schmuckkasten warf er in die Tiefe.

Das Erscheinen des Geisterschiffes, mit dem wie durch die Luft herbeisausenden Fliegenden Holländer, faszinierte. Das Holländer-Schiff fuhr gefährlich über Dalands Segler hinweg. Es war ein Symbol für die hereinragende, fast tödliche Bedrohung. Auf diesen großartigen optischen Effekt dürfen Everding und Svoboda stolz sein. Nur erhebt sich die Frage, ob denn von diesem Schiff wirklich eine so schreckliche Bedrohung ausgeht; die tun doch niemandem etwas zuleide, sind höchst gebefreudig und hilfsbedürftig. Aber selbst wenn man sich ans Bild gewöhnt und daran, daß die sonst so realistischen Daland-Seeleute sich auch gewöhnen: ein Kunstfehler blieb es doch, daß sich im Bauch des Geisterschiffes, wie im Verkehrsflugzeug, eine Luke öffnet und der Holländer schlicht herausklettert.

Ähnliche Schwierigkeiten ergaben sich im zweiten und im dritten Bild. Everding ließ den »Holländer« pausenlos durchspielen, mittels geschickter Verwandlungen – Netze und so weiter – wurde das Daland-Schiff ins Daland-Haus verwandelt und, nicht ganz so zwingend, im dritten Akt eine Verbindung zwischen Pier, Segler und Geisterschiff hergestellt. Nun hat man schon wiederholt darauf hingewiesen, daß nach der Senta-Ballade der Fliegende Holländer als Person gleichsam aus seinem Bilde, welches den Raum beherrscht, heraussteigt. Everding machte damit Ernst. In dem Augenblick, da der Holländer erschien, war der Bilderrahmen leer. Doch dann dürfte man wiederum nicht sehen, wie der Bild-Holländer sich gleichsam umdreht und aus dem Rahmen klettert. So einfach und unzweideutig sind selbst Wunder nicht zu haben.

Im dritten Akt gab es viel Wirbel. Als es ums Geisterschiff wetterleuchtete und blitzte, rollten die realen Seeleute Treppen herunter. Zu viel optischer Klamauk. Von der vielberedeten Idee, die Schlußapotheose zwischen Holländer und Senta mittels einer goldenen, aufsteigenden Sonne zu versinnbildlichen, war man bei der Premiere glücklicherweise abgekommen. Senta und der Fliegende Holländer schritten jetzt hoch in die Unendlichkeit. Man sah sie von hinten, wie eine Chaplin-Totale. Doch das Geisterschiff ging offensichtlich zu früh unter. Es darf doch erst dann zerschellen, wenn Senta sich geopfert hat – und nicht schon vorher. Sonst wäre ja Sentas Selbstmord reine Selbstbefriedigung. Fazit: Der Schluß muß neu durchdacht, manche szenische Forciertheit geopfert werden. Everdings Genauigkeit, sein Kunstverstand und seine Musikalität allein genügen.

Ist eigentlich schon einmal ein Dirigent bereits bei seinem Bayreuth-Debüt mit den Tücken der Akustik fertig geworden? Die Verbindung zwischen Orchester und Sängern stellt sich ja nur fürs Publikum so überwältigend her; die Orchestermitglieder hören die Sänger kaum, und auch der Dirigent muß manches von den Lippen der Singenden ablesen. Die Folge davon ist: bei Dirigier-Debüts verwackelt viel. Wie jemand in Bayreuth zurechtkommt und zu beurteilen ist, kann eigentlich erst im zweiten Jahr entschieden werden.

Auch bei Silvio Varviso verwackelte vieles, zu vieles. Man war nicht immer genau beisammen. Der Dirigent hat Sinn für Schwung, ist offenbar ein typischer »Abend-Dirigent«, der erst bei der Premiere selbst in Feuer kommt. Lyrisches kostet er mit Delikatesse aus. Doch sosehr einzelnes beeindruckte: was das Orchester betrifft, überwogen die Schwächen. Varviso war nicht imstande, ein spannendes Tempo herzustellen und durchzuhalten. Das Metrum gewann unter seinen Händen nicht genug Kraft. Vieles, etwa die Ouvertüre, wirkte stückwerkhaft, weil Varviso die vorgeschriebenen Ritardandi so sehr auskostete, daß der große Bogen zerbrach. Abweichungen vom Tempo müssen eben doch als Abweichungen erfühlbar sein, es muß eine Gravitation existieren zum durchgehaltenen, fesselnden »Holländer«-Tempo. Sonst fehlt der Aufführung die Spannung, die Härte. Und das pausenlose Durchspielen ist überhaupt nicht mehr gerechtfertigt.

Zerbrach bei Varviso die »Holländer«-Partitur in allzu viele schöne Einzelheiten, so sang Donald McIntyre die Partie des Fliegenden Holländers um eine Spur zu einförmig. Sein großartig dunkel timbrierter Bariton klang schön und voll, aber an der musikalischen Deklamation fehlte es. Der Künstler »bringt« die Partie, aber er singt, er verkörpert sie noch nicht hinreichend. Diesen Vorwurf kann man Martti Talvelas souverän gesungenem Daland nicht machen. Und auch die nicht immer genau intonierende, aber doch fesselnde Leonie Rysanek steht musikalisch hoch über ihrer Sache. Nur müßte vielleicht ihr Riesenausbruch am Schluß der Ballade sowohl inszenatorisch wie musikdramatisch noch entschiedener abgesetzt werden.

Es waren starke, schöne, manchmal zu unbekümmertem Fortissimo neigende Solistenstimmen. Die Chöre hingegen klangen nur selbstsicher und kompakt; dem Spinnerinnenchor fehlte es an Leichtigkeit und Übermut, den Matrosenchören später an Abwechslung. Daß nicht einmal der großartige Wettsinge-Augenblick (Holländer-Chor-Daland-Chor) zu höchster Wirkung kam, mag mit der unvermeidbaren Bayreuth-Routine des wie immer von Wilhelm Pitz betreuten Chores zusammenhängen. Der Beifall war groß, aber nicht enthusiastisch. Nicht die Begum, sondern Gustav Heinemann schien die meistbeachtete, am herzlichsten gefeierte Person im Prominenz-Publikum. Viele Bayreuth-Besucher wunderten und freuten sich darüber, daß, nachdem ein FDP- und ein CDU-Bundespräsident es nicht für richtig gefunden hatten, den Grünen Hügel am Eröffnungstag zu besuchen, nun der SPD-Bundespräsident Gustav Heinemann als Staatsoberhaupt dem Neuen Bayreuth die Ehre gab.

28. VII. 1969

In einer Zeit, wo man Wagner, weil vor allem sein Spätwerk es nahelegt, auf archaisierende Symbolik festlegt, scheint es doppelt wichtig, auch einmal das andere Extrem zu erproben: Wieviel naive, direkte Sinnfälligkeit in den Werken steckt. Hans Sachs redet zwar von der unmittelbaren Beziehung des Volkes zur Kunst, aber ist das nicht nur ein idealisierender Traum?

In Bregenz wird die Probe darauf gemacht. Da sind so viele Zuschauer wie bei einem Bundesliga-Spiel. Sie steigen aus ihren Wohnwagen, sie nehmen die Gelegenheit wahr, dem Ferien-Einerlei zu entkommen, sie wollen mal sehen, wie ein »Spiel auf dem See« sich ausnimmt, sie haben Zeit, Geld, Decken, gute Laune und scheuen weder anderthalbstündiges Anfahrts- noch Abfahrtsgedränge. Einziger Wunsch: daß es nur nicht regnet! Wagner also vor vielen Tausenden. Jüngst ist ja schon in Orange vor zehntausend Zuschauern ein ähnlicher Versuch gemacht worden mit »Tristan und Isolde«. Und die dabei waren, leugnen nicht, beeindruckt gewesen zu sein – wenn auch irgendwie anders, als wenn man dem Werk unter festem Dach und Furtwängler begegnet.

Wichtigster Bregenz-Aspekt also: Was bleibt übrig und was nicht, wenn Wagner den Größenordnungen des Massenzeitalters konfrontiert wird? Zunächst: Da alles elektronisch verstärkt werden muß, gleichen sich die Stimmqualitäten einander an. Die schwächeren Stimmen gewinnen, wie beim Schlager-Singen, durch die mikrophonische Unterstützung. Die schöneren und kultivierteren verlieren entsprechend. Wagner ist also kein direktes akustisches Erlebnis mehr, sondern ein elektroakustisch vermitteltes. Manchmal hat man das Gefühl, einer Rundfunkübertragung zuzuhören. Die »Verstärkung« bringt auch mit sich, daß kleine Nebengeräusche (Knarren der Planken, Ächzen der Schiffe) sich unmäßig vergrößern. Und wenn die Orchestermusiker ihre Blätter wenden, dann rauscht es natürlich wie Windstärke zehn. Dafür kann man andererseits aber auch jede Cellokantilene, die sich sonst hoffnungslos verlieren würde, noch wer weiß wo überall hören.

Es war seltsam, aber nicht störend, wie diese elektroakustische Indirektheit sich mit der realistischen Super-Direktheit überschnitt. Dem Bühnengestalter Toni Businger ist eine wahrhaft glänzende Lösung eingefallen. Wir sitzen auf hoher, riesiger Tribüne, vor uns der Bodensee, mitten im Bodensee eine feste, dorfähnliche Insel. Unmittelbar vor unseren Augen, gleichsam im Kanal, erscheint Dalands Schiff, begleitet von einigen Ruderbooten, legt an. Daß ein Chorsänger sich beim Hantieren mit den ungewohnten Tauen beinahe stranguliert, braucht ja nicht jeden Abend zu passieren, kann vielleicht auch mal in Wirklichkeit vorkommen.

Die Insel besteht aus malerischen Klippen und Klüften, und sie ist klug als Halbkreis angelegt, so daß die vereinigte Wagner-Musik zum Publikum gelenkt wird und nicht nur die neugierigen Bodenseeschwäne erreicht. Des Fliegenden Holländers Schiff war nicht eine halbe Stunde vorher in Friedrichshafen gestartet, sondern tauchte als hochgezogenes Riesen-Monstrum in Sekundenschnelle am hinteren Ende der Insel auf. Und im dritten Akt hatte sich die Insel selber insofern geändert, als kleine, quasi norwegische Fischerhäuser sich an Berge schmiegten, während vorne das vertraut-bürgerliche Daland-Schiff und hinten das schwefelig-teuflische Holländer-Schiff lag. Zwei Extreme, eine friedliche Welt umrahmend. Besser läßt sich das visuelle Problem im »Fliegenden Holländer« wahrscheinlich nicht lösen.

Die Zuhörer, die den Text wahrscheinlich kaum verstanden, hatten also sehr viel Sinnfälliges zu sehen. Die Musik erläuterte ja, was die Protagonisten wohl gerade sagten oder fühlten. Langeweile schien sich höchstens während der langen Holländer-Erzählung des ersten Akts einzuschleichen.

Leif Roar war ein stattlicher, sicherer Holländer, dem man anmerkte, daß der dritte Akt allzu selten »durchgelaufen« war. Die Senta (Ute Vinzing) unterstrich mit großen Bewegungen ihr Schicksal und ihre Not; alles Privatere ging freilich wegen der ungewöhnlichen Entfernungen verloren. Leopold Hager (der Dirigent) legte es auf massive Wirkungen an, denn die Kunst des kleinsten Übergangs ist nichts für Volksfeste und Riesen-Arenen. Das bekam der Oper gut, ihrer Ouvertüre schlecht.

Sowenig es gelang, auf dem friedlichen Bodensee während des ersten Akts den Eindruck wilder Seemannsflucht vor entfesseltem Sturm hervorzurufen, so unbefriedigend blieb auch das allzu gemütliche Ende: wenn schon Wagner als Volksfest, dann bitte auch derbe Verzweiflung und derbe Apotheose.

Fazit: Anscheinend halten Tondramen sogar die Transponierung in jene Umstände aus, wie man sie sich fürs 21. Jahrhundert ausmalen kann. Dann dürfte die Alternative zwischen häuslicher Stereo-Finesse und wüstem Massen-Spektakel noch unausweichlicher geworden sein als heute.

13. VIII. 1973

Anja Silja, eine kaum 20jährige Deutschfinnin, stellte sich der musikalischen Weltöffentlichkeit als Senta vor. Es war ein Debüt, wie ich es, trotz alljährlichem Bayreuth-Besuch, seit Astrid Varnays Brünnhilden-Auftritt von 1951 nicht mehr erlebt habe. Das Publikum klatschte fast die ganze Pause zwischen dem zweiten und dem dritten Akt hindurch, gereifte Musikfreunde verglichen es mit dem jähen Sieg, den Lotte Lehmann einst in Wien hatte, oder mit anderen berühmten Durchbrüchen der Operngeschichte.

Besonnene Leute sagen gerne, Jugend an sich sei kein Argument. In dieser vielfach höchst berechtigten Überzeugung dürften sie aber wankend werden, wenn sie sich etwa des Bildes von Isolde erinnern, wie Richard Wagner es in einem Brief von 1859 entworfen hat: »Trotz ihres Gebarens im ersten Akt will ich in ihr durchaus keine Heroine ... Ich brauche Jugendlichkeit in dieser Rolle: der ganze Zauber der ersten ungeheuren Liebe des Mädchens muß das Ganze durchwehen ... Das muß ein Kind sein, das mit dem Schwerte spielt, das nicht leben will, weil es seinen Willen nicht hat.« Es ist ein beinahe billiger Appell an die Lachbereitschaft des Lesers, wenn man ihm zumutet, diese Kind-Vorstellung Wagners mit den notgedrungen fülligen Isolden unserer Opernvorstellungen zu vergleichen. Und wie steht es mit Senta?

Man stelle sich ein blutjunges nordisches (dieser kompromittierende Ausdruck sollte angesichts einer blonden, zu sanftwilder Hysterie neigenden Kapitänstochter trotz allem erlaubt sein) Ding vor, das seinen Traum verwirklichen will. Wenn diese Senta sich mit dem leidenschaftlich um sein Liebesglück kämpfenden Erik streitet, dann berühren sich nicht zwei tönende Operntonnen, sondern es ist ein halb wütender, halb komischer Spielkampf junger Leute. Wenn Senta sich verzweifelt über ihren Stuhl lehnt, dann drückt sich darin der naive Totalkummer junger Mädchen aus, deren Weltschmerz noch nichts von relativierter Erwachsenentrauer hat.

Anja Silja hat den großen Ton Wagnerscher hochdramatischer Soprane nicht und wird ihn, wenn sie sich nicht gegen den Charakter ihrer Stimme versündigt, wohl nie haben. Die Stimme ist schlank, leuchtet in der Höhe, die Töne »sitzen«, und das Fortissimo auch des zweigestrichenen As macht ihr mehr Lust als Mühe. Die Mittellage ist ein wenig schwächer, manchmal kommt noch ein Koloraturcharakter durch, Piano und Pianissimo wirken silbrig und medial – so könnte jemand vor sich hin summen, ohne es selbst recht zu bemerken.

Ob eine junge, im ganzen unwagnerische Stimme von großer Kraft und grenzenlos scheinenden Möglichkeiten derartige Riesenpartien singen darf, ohne »aufgebaut« zu werden, ohne sich bedenklich zu gefährden? Ob die Manager und die Intendanten vernünftig sein und diesem Talent frühe Zerstörung ersparen werden? Ob eine 20jährige Sängerin nach solchem Bayreuther Welterfolg sich nicht sagen muß, daß einige Jahre des Triumphes, des Jubels, des atemlosen Bewundertwerdens mehr wert sind als Stetigkeit und Jahrzehnte?

27. VII. 1960

Tannhäuser

Keine Wagner-Oper kommt wohl dem Talent des regieführenden Enkels Wieland Wagner mehr entgegen als der »Tannhäuser«. Denn in dieser Oper steht alles Individuelle im Banne des Typisch-Allgemeinen. Die Venus ist mehr ein Prinzip als eine Frau, Elisabeth betritt die Bezirke leidender Heiligkeit – die Gäste, die Höflinge, die Sänger, die Pilger: sie alle zwingen den Regisseur zu klarer, symbolischer Gliederung und Akzentuierung. Gleichwohl ist immer noch so viel szenische Konkretion nötig, daß eine Entmaterialisierung der Bühne, eine Verbiegung des Opernstoffs in pseudophilosophische »Wesensschau« sich verbieten. Darum liegt der »Tannhäuser« Wieland Wagner am besten, und ich halte seine erste »Tannhäuser«-Inszenierung (1955) für die bisher immer noch eindringlichste Darbietung des Neuen Bayreuth.

Mittlerweile ist freilich diesem ersten Glück ein zweites Problem gefolgt: nämlich die Neuinszenierung des »Tannhäuser«, bei der es eine schwarze Venus und einen von Béjart mit proletarischem Pathos dargebotenen Venusberg gab. Selbst wenn man nicht genau konkretisieren kann, wie ein Venusberg geschaffen sein muß, damit er hält, was er verspricht: Darüber war man sich jedenfalls ziemlich klar, daß proletarisches Bewegungspathos wohl das Letzte ist, was man sich von einem Venusberg erwartet. Auch Wieland Wagner muß es empfunden haben, denn für die »Tannhäuser«-Neufassung des Jahres 1964 hatte er auf die anfechtbare Choreographie von Béjart verzichtet. Gertrud Wagner trug nun die Verantwortung für das berühmte »Bacchanale«.

Doch der zwingende Eindruck der »Tannhäuser«-Aufführung von 1955 wiederholte sich im ersten Akt nicht. Die Aufgabe, Fleischeslust und Massenbetrieb in einem zeitlichen Kontinuum zu entfalten, wurde keineswegs gelöst. Zu deutlich war, daß alles nur um eines einzigen Bildes willen stattfand: Ekstatisch ineinander verkrallte Leibes- und Liebesgruppen verharrten düster beleuchtet in jäher Bewegungslosigkeit, während Chorklang ertönte. Doch die Bühnenzeit fordert ja leider irgendwann Bewegung. Die aber mißlang. Gertrud Wagners choreographische Hilflosigkeit verwandelte das Venusberg-Versprechen in eine Venusberg-Drohung. Die Betroffenen müssen langsames Bodenturnen durchführen. Offenbar ist sogar eine mechanische Gleichmäßigkeit der Bewegungen Ziel der Venusberg-Direktion. Doch beruhigenderweise wird es nicht geahndet, wenn man sich mit der Rumpfbeuge oder beim Aufrichten ein wenig verspätet.

Erotisch war das alles nicht im mindesten – auch fleischfarbene Kostüme, allzu dicht gedrängt, sind es ja keineswegs. Massenhafte nackte Leiber lassen in einfachen Gemütern höchstens saure Badestrand-Assoziationen aufkommen. Man könnte aus der Not eine Tugend machen und die Trauer, die Ausweglosigkeit des »Nur-Erotischen« darstellen wollen. Doch dazu bedürfte es erstens einer genial sicheren Choreographenhand und zweitens einer anderen Musik. Richard Wagner hatte nicht vor, den Eros zu verketzern.

Es ist gesagt worden, daß der in »Tannhäuser« entfaltete Gegensatz zwischen reiner und fleischlicher Liebe ein unechter Gegensatz sei. Doch gehört das »Tannhäuser«-Libretto zu den großartigsten Textbüchern, die Wagner sich überhaupt geschrieben hat: Es ist von drängender Fülle im einzelnen und dramatisch-pompösem Zug im ganzen. Wieland Wagner hat die vor und in der Wartburg spielenden Szenen des ersten und des zweiten Akts mit großer Noblesse inszeniert, allen Pomp meidend. Der Einzug der Gäste vollzieht sich nicht marschartig, sondern gleichsam in szenischem Parlando, als ob da keine Musik wäre. So bringt Wieland Wagner sich zwar um die zündende Massenwirkung, aber er kann nun die einzelnen Sänger des

Wettstreits sorgfältiger und auffälliger einführen. Es ist ein spannender Höhepunkt, zu sehen, wie sie ruhig, einer nach dem anderen, sozusagen an den Start gehen. Warum freilich der Regisseur, wenn er die Massenauftriebe schon so liberalisierte, die Gäste gleichwohl streng uniformierte, blieb fraglich. Großartig inszenierte Wagner wiederum die Elisabeth. Sie ist ja eine liebende Heilige; darum darf sie sich für Tannhäusers Leidenschaft unbefangen interessieren. Sie braucht nicht in der ängstlich moralisierenden Rittergruppe mitzuschmähen. Sie ist eine Nonkonformistin des Gefühls. Wieland Wagner sah auch davon ab, sie zwischen Tannhäuser und die Ankläger springen zu lassen, als wäre sie eine Leonore, die den Gatten vor Pizarro verteidigt.

Vermied Wieland Wagner im zweiten Akt nobel alle martialischen und dicken Wirkungen, so verzichtete er im dritten Akt fast auch auf die Oper selbst. Elisabeth betete da nicht vor einem Marienbild, sondern sie kauerte wie eine erschöpfte Kundry. Dann blickte sie ins Weite. Sogar das Wunder, der neu ergrünte Pilgerstab nämlich, war Wieland Wagner offenbar schon peinlich: Er unterschlug ihn, als müsse auch im »Tannhäuser« das Schicksal sich so einspruchslos vollziehen wie in der »Götterdämmerung«. Diese beiden Eingriffe zeigen, wie wenig er der Oper traut. Daß er die Leiche Elisabeths und auch die wiederkehrende Venus nicht zeigt, ließe sich allenfalls als Diskretion verteidigen. Wie indessen jeder kleine Eingriff zum großen Kunstfehler sich wandeln kann, lehrte der Abschied der Elisabeth. Sie soll ja von Wolfram fort in reine Höhe schreiten, den Berg hinauf, »gen Himmel«. Bei Wieland schritt sie nicht nur nicht in die Höhe, sondern rückwärts. Nicht auf ihr Ziel blickte sie, sondern auf Wolfram; so, als könne sie sich nicht von ihm abwenden. Gewiß, es ist eine schöne Bildwirkung, wenn die beiden Aug' in Aug' auseinandergehen. Aber es ist falsch. Und es wird nicht richtiger dadurch, daß es sich, wie der ganze »Tannhäuser«, in stimmungsvollen, am Schluß freilich ärgerlichen religiösen Erbauungskitsch nicht meidenden Bühnenbildern vollzieht.

21. VII. 1964

Neu an dem 65er »Tannhäuser« war das Bacchanale der schwedischen Choreographin Birgit Cullberg. Es glückte alles in allem erstaunlich. Denn Frau Cullberg hatte erkannt, daß allzu viele nackte Körper entweder an Strandbad-Harmlosigkeiten oder an Leichenberg-Scheußlichkeiten erinnern, aber keineswegs an das Reich des Eros. Darum ließ sie, abgesehen von einem jugendstilhaften Turnriegen-Beginn, klugerweise nur zwei Paare Venus-Variationen vorführen, während die übrigen sich im Dämmerlicht unaufdringlich ergötzten. Dieser Charakter des Dämmernden, Undeutlichen wird von der Partitur nahegelegt. Denn die Venusberg-Musik gleicht – paradox genug – einer Dame ohne Unterleib, das heißt: Sie verzichtet meist auf das sonst übliche Baßfundament, ist hoch und großartig flüchtig.

7. VIII. 1965

Im dritten Akt der »Meistersinger« kommt die richtige, brausende Feststimmung eigentlich erst auf, wenn jemand geopfert worden ist: nämlich der arme, unpopuläre Beckmesser, den Volkeswille rücksichtslos verjagt hat. Solche finsteren Zusammenhänge zwischen Vernichtung und kollektivem Vergnügen kann man in der griechischen Tragödie, bei Shakespeare und Brecht angedeutet finden. Ein psychoanalytisch geschulter Soziologe, der außerdem noch etwas von Kunst versteht, hätte da manches aufzudecken.

Als Fußnote einer solchen Untersuchung könnte dienen, was wir Bayreuth-Besucher des Jahres 1973 schaudernd selbst erlebt haben: die Vertreibung des Tenors Hugh Beresford von der Festspielbühne. Zwischen dem dröhnenden Buh-Geschrei, mit dem Beresford, der unzureichende Tannhäuser eines ebenso unzureichend inszenierten, gesungenen und dirigierten ersten »Tannhäuser«-Akts, weggejagt wurde, und dem ebenso dröhnenden Erfolg, den der eingesprungene Hermin Esser, aber mit ihm auch die ganze Aufführung schließlich hatte, bestand ein offenbarer Zusammenhang. Hermin Esser sang nämlich einen nur stimmstarken, aber doch keineswegs »geistigen«, irgendwie von Sinnenlust oder gar Sündenlast geplagten Tannhäuser. Der Grund für Essers Erfolg wurde bereits gelegt, als Wolfgang Wagner nach dem katastrophalen ersten Akt vor den Vorhang trat und in seiner unnachahmlich schlichten Art verkündete, zwar habe Beresford die Absicht gehabt, diese Partie gut zu Ende zu bringen (ein wertvoller Hinweis), doch müsse den von Kreislaufanfällen Behinderten nun Hermin Esser ablösen. Da summte es im Festspielhaus wie in einer Stierkampfarena, wenn der Böse (Stier oder Matador) verloren hat.

Alles das mag unverständlich sein ohne Vorgeschichte. Also: 1972 war Götz Friedrichs »Tannhäuser«-Inszenierung ein Skandalon gewesen. Schwarze SS-Schergen, so ließen erschreckte Augenzeugen-Berichte erwarten, würden in einer Wartburg à la Karinhall finster Wache halten, despotische Thüringer Adlige sich ausgerechnet bei der Jagd von erschöpften Knechten durch den Wald tragen lassen, eine zum krepierenden Beckett-Geschöpf erniedrigte Elisabeth würde verzweifelt auf der Erde herumrobben und ein helläugiger Arbeiter-und-Bauern-Chor am Schluß mit freier Schillerkragen-Brust zu alledem seinen Erlösungssenf geben. Das stand zu erwarten, davon raunte das Festspielhaus.

Zu Beginn herrschte Nervosität, verdrängte Wut, draußen ein erbitternd kalter Regen. »Warte nur, balde . . .«, blitzte die Aufführungsmordlust aus vielen Smokinggesichtern. Und dann sang Beresford, dessen zum Tenor heraufgesteigerter Bariton nicht Bayreuth- und Tannhäuser-reif war und ist (keineswegs seine Schuld – vielmehr ein Fehler derer, die ihn verpflichteten), bejammernswert unsicher seinen ersten Akt. Im Venusberg verlor er nicht nur die Tugend, sondern auch Text und Melodey. Lautes weibliches Schreien drang in die Stille. Aber nicht die sinnlos eine Weile weiterklimpernde Harfenistin hatte die Nerven verloren, sondern die Souffleuse jede Scheu überwunden. So ging der Akt mit falschem Tempo, einem überhetzten Wolfram (»War's Zauber, war es reine Macht?«) und einem höchst begreiflicherweise verstörten Dirigenten (Hollreiser) zu Ende. Buh, Empörung, Festspielflüche in allen Kultursprachen. Dann wurde Beresford geopfert, und die Beifallssonne ging auf. So kam Götz Friedrich am Grünen Hügel doch in Ovationsgenuß.

Aber seine Inszenierung, offenbar gegenüber 1972 ein wenig verändert, war keineswegs absolut ovationswürdig. Sie wirkte nur weithin schlau, ja tüftelig durchdacht. Sie war, in ihren besten Augenblicken (etwa Elisabeths verzweifeltes Suchen in den wankenden Pilgerreihen, ob der Tannhäuser dabei sei; oder auch der gleichsam einsaugende, in bunte Fäden einspinnende Beginn des Venusbergs), weit besser als etwa Götz Friedrichs unentschiedene Wiener »Moses und Aron«-Darbietung. Aber gerade weil dieser Regisseur intelligent und hochbegabt zu sein scheint, sei ihm hier mit aller Kraft ins künstlerische Gewissen geredet, doch die entsetzliche, seiner Klugheit unwürdige Interessantmacherei und Assoziations-Masche aufzugeben. Es ist doch wahrlich schwer genug, Wagners Tondramen einigermaßen »richtig« und angemessen auf die Bühne zu bringen. Solange das aber nicht gelingt, wirken aggressive Ausflüge in gesellschaftskritisches Symbolisieren einfach wie Ausflüchte vor den Forderungen des Werkes.

Die Phantasie eines Regisseurs vom Range des Götz Friedrich hätte genug damit zu tun, beispielsweise die Vieldeutigkeit, die sinnliche Unruhe der keineswegs nur harmlos-frommen Elisabeth herauszuarbeiten. Die wirkt aber hier nur wie weiße Unschuld. Und sie ist, überflüssigerweise, als Doppelrolle mit der Venus zusammengeklebt, was allmählich zur törichten Mode wurde. Das geht in Bayreuth erstens zu Lasten der zwar ausdrucksvoll, aber längst nicht mehr schön und souverän singenden Gwyncth Jones, die natürlich überfordert ist, zweitens versimpelt es die Elisabeth, drittens gerät die Venus jetzt langweilig und schwach, und viertens ist der Gegenpol der Venus ja nicht die Elisabeth, die ihre Gegensätze in sich selber hat, sondern vielmehr der Papst. Warum also die banale Schein-Plausibilität einer unnötigen Doppelrolle?

Während der Ouvertüre ist der Vorhang offen, man sieht Pantomimisches. Auf diesen Einfall sind die Erfinder gewiß sehr stolz, aber er ist störend, unangebracht und verfälschend. Zunächst verliert ja die Musik an Gewicht, sie ist, bei geöffneter Bühne, nur mehr Bühnenmusik, aber nicht mehr dramatische Essenz. Weiter: Götz Friedrich muß die vom Pilgerchor in den Venusberg führende Ouvertüre lokalisieren (jetzt spielt das alles im Venusberg), was wiederum bedenklich ist. Und wenn Tannhäuser während der Ouvertüre, um irgend etwas zu tun, seine Harfe gerade in dem Augenblick fortwirft, wenn die Ouvertüre sein Harfenspiel zitiert, dann kann man das wiederum als Flüchtigkeitsfehler abbuchen. Und endlich: Die ohnehin immer gefährlich lange Venusberg-Szene wird nun unvermeidbar überlang. Langweilig.

So phantasievoll es im Venusberg selber losging: Tannhäuser sollte doch nicht unter den Riesenrock einer Riesenfrau kriechen und dort Staub schlucken müssen. Auch die seltsam dekorativen Ägypterknaben wirkten eher exotisch als erotisch. Die Sänften wiederum, auf denen Jäger sich tragen ließen, die eigentlich »auftreten« sollten, erschienen als blanke Interessantmacherei, als albern-kritisierende Zutaten.

Zweiter Akt: Die teure Halle liegt hoch, auf einem riesigen Treppengerüst. Denn das »Establishment« (so deut' ich mir's) singt und feiert ja hoch über allen anderen ärmeren Erdenbürgern. Diese gleichwohl platte Überlegung scheitert schlicht daran, daß im zweiten Akt kaum jemand unten zu bleiben hat. Die Distanz kommt also gar nicht heraus. (Nur die Zuschauer in den ersten Reihen, die gequält hochgucken müssen, leiden jetzt an der Erhöhung des Establishments.) Oben drängt man sich in Schwarz. An die SS habe ich nicht gedacht, die Schergen blieben diskret, und Himmler hätte seine Gäste auch kaum mit dem Satz begrüßt: »Auf, liebe Sänger, greift in die Saiten!« Elisabeth, zwischen Tugendbolden und einem interessanten Sünder natürlich für den Sünder eingenommen, steht einem Tannhäuser gegenüber, der hier seinen Protest gegen die Verlogenheit der reinen Ritter kalt äußert. Also nicht die Selbstbeherrschung verliert, sich gleichsam aus der Kontrolle gerät und dann reuevoll wieder zu sich kommt. Eine gewagte Deutung.

Und müssen die Ritter den Tannhäuser am Schluß des zweiten Akts blitzend aggressiv mit dem Schwert bedrohen? Sie haben doch zu singen, daß Tannhäuser nur dann mit ihrem Schwert zu tun bekäme, falls er »in Sünd' und Schmach« verharrt? Im Augenblick sind sie bereits, wegen des Einspruchs von Elisabeth, relativ versöhnlich gestimmt. Sie singen ja auch die gleiche Melodie wie Elisabeth. So ist denn auch die Götz Friedrich wahrscheinlich typisch und kritisch-wirkungsvoll erscheinende Schlußhaltung nichts anderes als widerlegbare Interessantmacherei.

Tannhäuser hat im Rahmen eines christlich-mittelalterlichen Tugendsystems gesündigt. Er kann darum doch wohl nicht »allgemeinmenschlich« begnadigt werden, so, wie es Götz Friedrich am Schluß des dritten Akts darzustellen scheint. Die Öffnung der Oper ins Allgemeine scheint mir darum ein Fehler. Und zu einer Sterbenden, die matt auf dem Boden herumrobbt, sagt kein fühlender Mensch: »Darf ich dich nicht geleiten?« Der hilft man. Fazit: In zehn Jahren wird Götz Friedrich wahrscheinlich über diese Inszenierung verlegen lächeln. Im Jahre 1973 war seine »Tannhäuser«-Inszenierung keineswegs »skandalös«, wohl aber oberflächlich, assoziativ und äußerlich, in ihrer Kritik am Boche wirkte sie selber derb-bochehaft, nämlich germanisch-geschmacklos und besserwisserisch-verschwitzt.

30. VII. 1973

So war das also: Im Jahr 863 nach Christi Geburt ereignete sich, laut Wiener »Lohengrin«-Programmheft, ein hoher Wasserstand des Rheins. Der Bau von befestigten Brücken und Stadtmauern zum Schutz gegen die Normannen mußte in Angriff genommen werden. Aus diesen »Schwierigkeiten der Brabanter mit Sturmfluten und westlichen Nachbarvölkern« folgt, das ist ja wahnsinnig klar, die »allgemeine Sehnsucht nach Rettung und Erlösung (Gral), und vor allem die Bereitschaft zur Selbstsuggestion«.

Selbstsuggestion – darauf wollte der kluge, in der DDR berühmt gewordene Opernregisseur Joachim Herz beim »Lohengrin« hinaus, nachdem Herz' Wiener »Zauberflöten«-Inszenierung bemerkenswert aufschlußreiche Ergebnisse gezeitigt hatte. Selbstsuggestion, das heißt: Elsa wand sich wie unter Krämpfen, als sie in bedrängter Lage ihren Lohengrin gebar. Der Schwan war nur eine Mischung aus silbrigem Phantom und Geburtshelfer.

Überzeugungen und theoretische Hilfskonstruktionen, seien sie noch so dogmatisch oder absurd, können beim Regieführen fruchtbar sein – als Widerstand, als Leitlinie, die zumindest reine Gedankenlosigkeit verhindert. Kluge Männer argumentieren ja nie geistreicher, als wenn sie im Unrecht sind. Doch ein Konzept, das aus dem Lohengrin die Einbildung, die Projektion einer Verzweifelten macht, ist undurchführbar. Nicht nur der Elsa erscheint ja dieser Schwanenritter, sondern dem Volk, den Mannen, die manchmal höchst derbe und gutgelaunte Chöre zu singen haben. Sind die alle verzweifelt? Massensuggestion? Ist es auch der König Heinrich, der im Grunde weniger durch Angst und Vorsicht beeindruckt als mit seinem sehr, sehr ungebrochenen deutsch-nationalen Pathos? Nein, die Selbstsuggestions-These ist vielleicht als Diskussionsgrundlage interessant. Als Regiekonzept ist sie unbrauchbar, unrealisierbar.

Nun muß man Joachim Herz zugute halten, daß seine Vision vom nicht real existenten Lohengrin sich in Wien auf eine direktere Weise erfüllte, als ihm lieb sein konnte. Denn James King sagte unmittelbar vor der Premiere krankheitshalber ab, und William Cochran sprang ein. Das heißt, in der Generalprobe spielte Herz die Lohengrin-Rolle vor, während der Sänger singend zusah, und in der Premiere war er dann genauso ein Lohengrin, wie man ihn in jeder großstädtischen Repertoire-

Vorstellung zu sehen und zu hören bekommt. Was wahrscheinlich Herrn Cochran weniger störte als seine Mit- und Gegenspieler, die nun einem übertrieben Fremden befremdet gegenüberstanden.

Über die Möglichkeit und Wirksamkeit der Herzschen Auffassung entscheidet der erste Akt. Und da geschah, was oft passiert, wenn Regisseure eine These durchsetzen wollen. Herz hatte sich offensichtlich zu wenig um die Wahrheit und Genauigkeit der übrigen Einzelheiten gekümmert. Der Chor war schlecht geführt: weder eine beeindruckende kompakte Masse noch auch ein Haufen verängstigter, verbiesterter Menschen, was hier angemessen gewesen wäre. Statt dessen sah man passiv beklommene Gesten unsicherer Choristen, die weder an ihre Angst noch an die Vorschläge des Regisseurs so recht glauben konnten. Oder: Wenn der Heerrufer (Hans Helm, nicht strahlend genug) etwas besonders Wichtiges zu verkünden hat, »drum ruf' ich klagend laut und hell«, dann tastet er sich währenddessen die Stufen seines Podestes herunter wie ein Mensch, der sich von einer Verkehrsinsel herunterbemüht.

Elsa erschien. Sie sah aus wie eine Ordensschwester, aber wie eine Ordensschwester, die sich Zugang zum Narkotika-Schrank verschafft und Morphium genommen hat, ohne die üblen Folgen vorauszusehen. Demgegenüber irrte Christa Ludwig – einer Barbara Valentin des Mittelalters gleich – mit dämonisch friesischer Blondperücke über die Bühne: unentwegt beobachtend, ob denn ihre Giftsaat auch richtig aufgehe.

Damit aber wären wir beim anderen Teil dieser Inszenierung, der auch Zubin Mehtas effektvollem, flachem Brio-Dirigenten und Rudolf Heinrichs pompösen, halb-realistischen Bühnenbildern entsprach. Denn jenseits des gekünstelten und verkrampften Konzepts machten Mehta und Herz und Heinrich »große Oper«.

»Ortrud« hätte das Stück heißen können – so unübersehbar agierte, intrigierte, verfluchte Christa Ludwig alles, was ihr in den Weg trat. Mit ihrer wunderbar intelligent geführten, freilich in der einst überwältigend schönen Höhe zunehmend gefährdeten Stimme attackierte sie den Ehemann (Sigmund Nimsgern bot einen akzeptablen, aber unausgeglichenen Telramund; ob er sich nicht zu früh an derartige Partien wagt? Trotzdem hatte er die Buhs nicht verdient) und auch die Elsa. Ortrud wurde von einem Schock zum anderen geschleudert. Eben noch wirft sie den zum Hochzeitsaltar Eilenden Flüche nach, dann dreht sie sich um und begegnet einem riesigen, von Mönchen in aller Eile herbeigetragenen Kruzifix, was sie wiederum in eine Zornesekstase versetzt. Mühelos begreift man, daß sie keine christliche Dulderin ist, sondern ein interessantes germanisches Teufelsweib.

Das Brautgemach aber – eigentlich die größte Peinlichkeit im gesamten Wagnerschen Werk – gerät nicht weniger peinlich, wenn man sieht, wie das Bett hergerichtet, ein Vorrat an weißen Laken herbeigetragen (man kann ja nie wissen), kurz, wie ein Zeremoniell in Realität übersetzt wird. Wiens Stehparkett, seltsam prüde, lachte darüber. Und weil alles so akkurat vorbereitet worden war, konnte man dann, als außer heftigen Diskussionen der Jungverheirateten so gar nichts geschah, kaum umhin, an Friedrich Nietzsches gehässiges »Lohengrin«-Witzwort zu denken, demzufolge es eben doch falsch ist, zuviel zu diskutieren, bevor das Bett bestiegen wird.

Immerhin, in dem Augenblick, da große Oper gemacht wurde, zeigte sich durchaus, daß Herz imstande ist, Figuren spannungsvoll zueinander in Szene zu setzen. Die Massen-Bewegungen des zweiten und des dritten Akts verrieten den Könner.

Zubin Mehta, der erstmals am Pult der Wiener Staatsoper ein Wagnersches Werk einstudiert hatte, wurde vom Publikum (unter dem sich zahlreiche Stardirigenten befanden, Dohnányi, Kleiber, der berühmte Dirigenten-Lehrer Swarowski) enthusiastisch begrüßt. Anfangs rechtfertigte Mehta den Jubel überhaupt nicht. Das Vorspiel erklang viel zu rasch. Es müßte ganz körperlich und doch nicht undeutlich sein, statt dessen kam es allzu handfest, zu eilig, trotzdem konfus. Auch die Chöre im ersten Akt waren unsicher, gemessen daran, daß man sich im berühmtesten Opernhaus der Welt befand. Und mit der Elsa (Hannelore Bode) war offenbar doch nicht genug geprobt worden. Die Partie klang anfangs nicht hinreichend durchartikuliert. Einförmig und harmlos zogen die berühmten Nummern vorbei.

Das änderte sich nachhaltig, als die Oper »Ortrud« hieß – obwohl ein das ganze Haus erschreckender Rückkoppelungston der Mikrophone (Verstärker?) während des zweiten Akts peinlich genug dazwischenfunkte. Mehta hatte seine besten Momente, wenn er nicht Traum und Zauber zu dirigieren brauchte, sondern Schwung und Brillanz und handfeste Schönheiten herausstellen durfte. Er dirigierte Wagner, als ginge es um Verdi. Sein Höhepunkt: die Ouvertüre zum dritten Akt.

Im übrigen erlebten wir mit, wie die Musik dieser herrlichen Melodien-Oper sich verselbständigte. Gerade die Gestalt des Lohengrin ist von Moll und Melancholie umgeben. Wagner hat diesen Ritter mit Geheimnissen ausgestattet und geliebt, dagegen kann kein Regisseur an.

22. II. 1975

Tristan und Isolde

Wie altmodisch, wie rauschhaft-nebulos ist eigentlich Wagners »Tristan und Isolde«? An Mißverständnissen fehlt es nicht. Als der französische Mathematiker Henri Poincaré die Oper sah, als die Liebenden singend starben und die Leichen sich häuften, fragte er ungerührt: »Was beweist es?« In Robert Musils »Mann ohne Eigenschaften« steht ein geschmackloser »Tristan«-Vergleich: »Ich verstehe unter einer kleinen Ehrlosigkeit ebensowohl das sehnsüchtige Paktieren mit dem Tod, das uns ergreift, wenn wir die Tristanmusik hören, wie die heimliche Anziehung, die den meisten Sexualverbrechen zu eigen ist ... Alles, was die Grenzen überschreiten möchte, die uns gezogen sind, ist ehrlos!« Man hat sich auch mit peniblen Einzelheiten aus Wagners Biographie gegen den Verführungssog zu wehren versucht: Bei Licht besehen, ereigne sich in tristanischer Nacht doch sozusagen ein Ehebruch – und der massive metaphysische Überbau sei eine Wagnersche Beschönigung, um schwer Entschuldbares in anderer Dimension erscheinen zu lassen.

Dies, etwa, wären die verkleinernden Mißverständnisse. Es gibt aber auch vergrößernde, idealisierende. »Tristan«-Berauschte hegen und pflegen sie: Da werde also die unendliche Liebe zweier gleichgestimmt in ihren Himmel entschwebender Seelen geschildert, für deren sinnlich-übersinnliches Feuer auf Erden, in der Welt des bösen Tags, leider, leider kein Platz war. Rauschhaft-romantische Verklärung des idealischen Paares! So hat man es gern. Wagner-Narkose als Ersatzbefriedigung zu hohen Preisen, dann besonders erwünscht, wenn es im Privatbezirk des Narkotisierten sehr viel karger aussieht.

Die spannungsvolle, endlich wieder an die Tradition großer Bayreuth-Aufführungen anknüpfende »Tristan und Isolde«-Neueinstudierung, mit der die Bayreuther Festspiele erfolgreich eröffnet wurden – Dirigent Carlos Kleiber, Regisseur August Everding, Bühnenbildner Josef Svoboda –, setzt mit Wagemut,

Diskretion und hoher Intelligenz genau bei diesem zweiten Mißverständnis an. Aus heroischen Amokläufern werden 1974 in Bayreuth, ohne jede töricht-vorlaute »Kritik«, wieder Charaktere. Everding gelang es, die überlebensgroß scheinenden Leidenschaften taktvoll zu vermenschlichen. Aber der Festspielrang dieser Aufführung, die plötzlich alles Krisengerede verstummen lassen sollte (nur aus der Krise der Heldentenöre hilft uns gegenwärtig kein Gott und leider auch kein Helge Brilioth), hängt keineswegs nur damit zusammen, daß hier einem Regisseur eine ganz besonders sinnvolle und zwingende Arbeit geglückt ist. Weit wichtiger: Drei gewiß sehr gegensätzliche Interpreten (Dirigent, Regisseur, Bühnenbildner) beugten sich den immensen Schwierigkeiten der Partitur nicht, sondern verwirklichten ein Konzept. Normalerweise sind die Aufführenden bei »Tristan und Isolde« schon froh, wenn sie schweratmend so halbwegs die Kraftstellen der Partitur bewältigen. Für »Interpretation« bleibt dann meist keine Energie mehr übrig. Normalerweise, und daran litt das Neue Bayreuth seit Wieland Wagners Tod, war man auch am Grünen Hügel schon froh, wenn eine wirklich überdurchschnittliche Künstlerpersönlichkeit die Aufführung prägte (ein Böhm, ein Boulez). Daß nun endlich wieder ein bedeutendes »Team« zusammengefunden, sich gegenseitig produktiv befeuert oder produktiv gebremst hat, sei als ausgesprochener Erfolg gefeiert. Die Aufführung hat noch Fehler und Unausgeglichenheiten, aber sie hat Zukunft. Auch bei Wieland Wagner entwickelten sich die Inszenierungen langsam, über die Jahre hin.

Was heißt, überlebensgroße Gefühle seien hier vermenschlicht worden? Es heißt: Nicht zwei einander hingerissen Liebenden haben wir in ihrem schicksalhaften Taumel zuschauen dürfen, sondern zwei grundverschiedenen, zueinander kaum passenden, einander nur eben verfallenen Menschen.

Eine glückliche »Ehe« zwischen Tristan und Isolde hat sich ja wohl noch nie ein Bewunderer des Werkes vorstellen können, begreiflicherweise. Aber Everdings Inszenierung machte erkennbar, warum ein von Kindern und Enkeln gesegneter Ehestand tatsächlich denkunmöglich ist. Isolde, die war im ersten Akt ein trotziges, mädchenhaftes, ihr Schicksal mit der tragischen Arroganz unbedingter Jugendlichkeit herausforderndes, schönes und temperamentvolles Geschöpf: bockig, wild, pathetisch, nach innen gekehrt. Im zweiten Akt verwandelte sich der Trotz-Eigensinn in Glücks-Eigensinn. Die Heiterkeit, mit der diese Isolde Warnungen zugleich hörte und überhörte, die Freude, die sie am Verliebtsein hatte (wie selten wird dergleichen inszeniert!), das kindliche und redselige Glück, mit dem Geliebten über die erste und die zweite Begegnung sprechen zu können – noch nie erlebte ich eine Isolde, deren Blicke, Reaktionen, deren zugleich vertrauensselige und eigensinnige Beziehung zur Brangäne auch nur annähernd so kenntnisreich, so menschenkenntnisreich inszeniert worden waren. Catarina Ligendza, vor der Aufführung offenbar von Krisen und Depressionen geschüttelt, sang die Partie ohne hochdramatischen Drücker. Es kam der Wahrheit ihrer Figur zugute, daß sie sich bei Spitzentönen zurückhielt. Klar, leuchtend, musikalisch genau durchartikuliert, in der Mittellage manchmal ein wenig neutral, gehemmt, schuf sie »die« Isolde der siebziger Jahre. Vielleicht, dies meine einzige Einschränkung, machte sie aus dem Liebestod eine allzu souveräne Gesangsnummer.

Genau dieser trotzigen, pro-amourösen Entscheidung weicht der Herr Tristan aus! Wer diese Partie als hochdramatisch strahlenden Helden versteht, wie noch Lauritz Melchior ihn gesungen hat, der macht sich nicht klar, daß Isoldes Geliebter ein schwarzer Held ist. Jemand, der weiß, der fühlt, daß alles ihm zum Unglück ausschlagen muß. Der seine Existenz an das Kreuz einer »traurigen Weise« geheftet fühlt. Nicht nur aus Ehrgeiz weicht der Verliebte seiner Isolde aus, sondern aus dem ihm selbst bewußten, aber nie ganz klaren Gefühl, sich auf Entsetzliches einzulassen. Helge Brilioth war zumindest auf dem Wege, einen solchen Charakter vorzuführen. Wenn er sagt: »Fragt die Sitte« (warum er sich als Brautwerber nicht um die Braut gekümmert habe), blickt er kurz, verlegen zu Isolde hin, ob sie die Ausrede vielleicht durchschaut. Brilioth hatte seine besten Augenblicke am Ende des zweiten Akts und stand den dritten, trotz schöner Einzelheiten, nur mehr mit letzter, ungenügender Kraft durch. Aber wer wäre heute ein flexibler, geistig und musikalisch idealer Tristan? Der Sänger beging den Fehler, seinen Stärken – schönen, dunklen, mittleren Tönen – nicht hinreichend zu vertrauen. Den Anfang des dritten Akts könnte er fast rezitativisch vortragen. Wer da zuviel Kraft investiert, wird bei den anschließenden Ekstasen der Gewalt seines Schicksals und des Orchesters kaum mehr gewachsen sein.

Yvonne Minton sang schön und kultiviert eine gut artikulierende, psychologisch klug geführte, ein wenig neutrale Brangäne; Donald McIntyre fand keinen überzeugenden Darstellungsnenner für seinen Kurwenal, blieb etwas zu grob. Doch wieder einmal machte der schon als Hunding so attraktive Kurt Moll die liebenswerte Negativ-Figur des Königs Marke zum Stimmfest. Melot, der mit Tristans Namen auf den Lippen stirbt (seltsame Beziehung), wurde von Heribert Steinbach mit schmetterndem, herrlich streberhaft-verräterischem Tenor geboten.

Unentscheidbar, ob August Everding notgedrungen oder überzeugt auf einige verdeutlichende Absolutheits-Ideen hat verzichten müssen (im Augenblick des Glückes oder der Absolutheit verändert sich das Licht, und die Liebenden scheinen aus allem herausgehoben). Es schlug der Aufführung jedenfalls zum Vorteil aus, daß er auf viel Demonstratives verzichtete, verzichten mußte und sich darauf beschränkte, dafür die Beziehungen zwischen den Menschen höchst anschaulich – auf stets bedrohter Linie zwischen Realistischem und Überhöhendem – darzustellen. So ließ er auch die Matrosen des Hochzeitsschiffs mitspielen im ersten Akt. Aber nicht überzeugend genug. Teils blieben sie tatenlose Chorstatisterie, teils waren sie aktive, übrigens schlecht kostümierte Seeleute. Die große Seelen-Unruhe des ersten Akts, die Mischung aus heiterer Privatheit und endlicher Hingerissenheit im zweiten sowie die vernünftige Anordnung des dritten Akts gelangen jedenfalls vorbildlich.

Und Carlos Kleiber? Viele, sogar ein Claudio Abbado, halten ihn heute schon für den ersten »Tristan«-Dirigenten der Welt. Andere fragten sich vor der Aufführung, ob nicht auch dieser Schwierige und Ekstatische doch nur mit Wasser koche. Aber bald zeigte sich: Er kocht mit Feuer. Und zwar mit einem, was die Belebung der Pausen, die sprechende Artikulation jeder einzelnen musikalischen Phrase, die verzweifelt-ruhige Schönheit betrifft, genialisch-lyrischen Feuer. Nicht nur das Sehnsuchts-Motiv kommt unter seinen Händen plastisch heraus, sondern auch die Harmonien, über denen es sich entfaltet, leben. Sowenig Tristan und Isolde identisch sind, sowenig versteht er die Partitur als reines Melodien-Stück. Zwischen Akkorden und Kantilenen ergaben sich spannungsvollste Beziehungen. So gelang ihm das ganz Leise am besten, das ganz Entfesselte aufregend gut, während die Steigerungen, die zu den Exaltiertheiten führten, im ersten Akt ein wenig überhastet wirkten. Carlos Kleibers Bayreuther »Tristan« war noch nicht ausgeglichen und ausgereift. Es gab mattere Momente, und manchmal geriet die Beziehung zwischen Orchester und Solisten arg verwackelt.

Doch mit diesen spezifisch Bayreuther Schwierigkeiten hat jeder Debütant zu kämpfen. Und es ist tausendmal besser, wenn ein Dirigent um seiner Vision willen Schwächen in Kauf nimmt, als wenn er routiniert darauf achtet, daß nichts passiert.

Gleichwohl war denn schwerlich zu überhören, wie ungleichmäßig das Festspielorchester heuer besetzt ist. Die Celli klangen an ihren Solostellen oft nur mittelmäßig, Oboen und Flöten konnten den Vergleich mit Karajans Berliner Meistern nicht aushalten.

Auf Premieren-Buhs kann man sich heute so sicher verlassen wie auf das Amen in der Kirche. Die vielen »Enttäuschten«, die sich wahrscheinlich über den Mangel an Heldentenören und über die Charakteristik Tristans wenig Rechenschaft ablegen und denen es möglicherweise unbewußt lästig war, bei einer hochintelligenten Personenregie und einer vom Dirigenten her so viele sängerische und orchestrale Einzelheiten penibel durchdisponierenden Aufführung nicht nur mitschwimmen zu dürfen, sondern mitdenken zu müssen, sind meiner Ansicht nach im Unrecht, wenn sie der Aufführung mit ihren allzu klar und schematisch gegliederten Bühnenbildern (die allzu kluge Zwischenvorhanglösung des ersten Aktes müßte noch perfektioniert werden) vorwerfen, sie sei »altmodisch« oder »pathetisch«. »Tristan« war und ist ein Kernstück des großen deutschen 19. Jahrhunderts. Wer sich dem stellt, riskiert eben viel mehr, als wer von Zeitlosigkeit faselt und jenen Abstraktionismus meint, in dessen Nacht die Gefühle absolut und alle Charaktere grau sind.

27. VII. 1974

So viele junge Leute wie bei der von Wolfgang Sawallisch sorgfältig neu einstudierten »Tristan«-Aufführung vom 28. Dezember 1971 habe ich kaum je in den heiligen Hallen des Münchner Nationaltheaters gesehen. Wächst ein neues Wagner-Publikum nach? Einiges spricht ohne Zweifel dafür, daß Wagner sozusagen wieder »in« ist. Georg Solti berichtete, seine (bejubelte) Londoner »Tristan«-Darbietung, die – von Peter Hall inszeniert – im Sommer 1971 eine Londoner Sensation war, habe nicht nur die alten Wagnerianer, sondern ein ganz neues, junges Publikum in Bewegung gesetzt. Leute, die sich sonst nie in die Oper verirren. Weil aber, so prophezeite Solti, angloamerikanische Moden mit einiger Verspätung auch auf den Kontinent überzuspringen pflegen und hier dann nach etwa anderthalb Jahren nachgemacht werden, sei ziemlich sicher, daß auch in Deutschland Wagner sehr bald Idol der Teens und Twens sein werde. (Vielleicht, wenn die Jesus-Welle vorbei ist.)

Der ungewöhnliche Erfolg, den Everding bereits in New York mit dem »Tristan« hatte, spricht für die Richtigkeit der Soltischen Prognose. Und wenn man liest, wie freimütig sich in *Spiegel*-Gesprächen ein Svjatoslav Richter zu Wagner bekennt, wenn man überrascht zur Kenntnis nimmt, wie der große Ethnologe und Strukturalist Claude Lévi-Strauss die Tradition französischer Wagner-Bewunderung weiterführt, indem er zwischen seinem Strukturalismus und der Wagnerschen Leitmotivtechnik eine Analogie herstellt, dann läßt sich kaum mehr bezweifeln, daß Wagner nun endgültig nicht mehr als vermeintliches Gründungsmitglied der NSDAP betrachtet wird. Lévi-Strauss sagte: »Es ist Wagner, der in einer genialen Intuition begriff, daß der Mythos und die Musik, wenn ich sagen darf, aufeinander zuschritten und dazu bestimmt waren, sich zu vereinigen. Wagner hat diese Art von Verbundenheit in außergewöhnlicher Weise hergestellt ... Die gesamte Theorie des Leitmotivs ist in sich selbst strukturalistisch ....«

Wolfang Sawallisch verstand das Vorspiel sehr (zu) verhalten. Er pointierte ausdrucksvoll, aber in einem relativ kleinen Expressionsbezirk, auf gleichsam geringer Bandbreite der dynamischen Gegensätze. Dadurch entstand, obwohl alles genauestens durchdacht schien, eine leichte Monotonie. Aber auch Sawallischs Verhaltenheit könnte von Sehnsucht und tragischer Verzweiflung sprechen, wenn Sawallisch beispielsweise nach der riesigen fff-Steigerung der Einleitung die Einsätze des Sehnsuchtsmotivs dann mehr zu isolieren verstünde. Wenn das »Leise« sich nicht einfach ablöst, sondern von Pausen umgeben ist. Jeder Einsatz kann, und dazu bedarf es keines Forte-Nachdrucks, einer Insel gleichen; manchmal, in überwältigenden Aufführungen, verliert sich das Vorspiel so sehr, daß man kaum mehr weiß, ob es zu Ende ist oder ob das Thema noch einmal erscheinen wird. Bei Sawallisch floß es zu selbstverständlich. Wie genau er freilich die Partitur studiert hat, von aller Repertoireaufführungsdicke und -breiigkeit befreit hat, dafür zeugten nicht nur im ersten Akt manche ganz neuen, oft an Richard Strauss gemahnenden (ihn weit übertreffenden) Klangeffekte, sondern noch mehr im zweiten Akt die Ausbrüche. Sawallisch wagte es nämlich, im Liebesduett-Akt die beiden Protagonisten, die sich kräftig behaupteten, zu Bestandteilen eines allstimmigen Orchesters zu machen. Auf diese Weise verstand, kapierte man zwar nicht immer, was sie sich im einzelnen zu sagen haben, aber dafür wurde man mehr als entschädigt durch eine erstaunliche symphonische Glut, wie sie so kraftvoll von Sawallisch bisher kaum je zu erleben war. Der dritte Akt, Windgassens Wagner-Sternstunde, geriet Sawallisch und Hermin Esser konventioneller. Man bewunderte die Kraft Essers; aber ich fragte mich doch, ob Kraft »an sich« hier ganz genügt.

Ingrid Bjoner schafft die Isolden-Partie, aber sie beseelt sie nicht. Große Ausbrüche sind Frau Bjoners Stärke, sie gelingen schrill-erregt. Doch aus ihrem Piano spricht, leider, kein Unglück, keine Verzweiflung. Da bleibt sie fast neutral. Auf diese Weise gerät ihre Isolde altmodisch heroinenhaft. Man spürt zwar, wie Sawallisch versucht, beispielsweise das dreimal wiederholte »Wie lenkt' er sicher den Kiel zu König Markes Land?« der dramatischen Stiuation entsprechend dreimal verschieden abzutönen: Tristan müßte es fast ironisch, Brangäne neutral berichtend, Isolde »schmerzlich bitter« singen. Doch bei ihr bleibt das alles beleidigt und leer; und wer beispielsweise die Stelle »Nicht Hörnerschall tönt so hold« aus dem zweiten Akt nur von Frau Bjoner gehört hat, der kennt sie noch nicht.

30. XII. 1971

Manchmal kann man geradezu argwöhnen, ein Hegelscher Scharfsinn habe Wieland Wagner folgende List der Vernunft praktizieren lassen: Indem Wieland die Opern seines Großvaters von vornherein seinen Inszenierungs-Roßkuren unterwarf, machte er sie von hintenherum zu heiligen Texten. Statt über Wagner zu streiten, begann die Öffentlichkeit, sich sogleich über die Bedeutung und die Notwendigkeit von Schwan, Linde, Roß und Schwert zu unterhalten. Wieland Wagner hat die Wagner-Diskussion, wahrscheinlich ohne es zu wollen, gestoppt, indem er die Werke seines Großvaters in Bilderrätsel verwandelte.

Die unbestreitbaren Vorzüge Bayreuths sollen nicht verkleinert werden. Am ersten Abend sangen Birgit Nilsson und Wolfgang Windgassen »Tristan und Isolde«, Karl Böhm dirigierte. Dieser »Tristan« ist ein Ereignis von wahrhaft operngeschichtlichem, zumindest interpretationsgeschichtlichem Rang. Wer wüßte nicht, daß das Neue Bayreuth mit Krisenerscheinungen aller Art zu kämpfen hat. Die Zeit für Proben ist, weil die meisten Musiker und Sänger nur für wenige Wochen aus ihren jeweiligen Opern-Instituten oder Orchestern herauskönnen, bedenklich knapp, das Programm erschreckend groß – und nicht alle erstklassigen Instrumentalisten oder Dirigenten drängen heute nach Bayreuth. Doch auch wenn man dies alles einkalkuliert, bleibt kein Zweifel daran, daß diese Bayreuther Aufführung etwa derjenigen der Wiener Staatsoper, die ich eben erst während der Wiener Festwochen (auch mit Frau Nilsson, Windgassen und Böhm) hörte, um eine ganze Ausdrucksdimension überlegen ist. Das Bayreuther Orchester, wochenlang in Wagners Welt, musiziert hingebungsvoller, auch wenn die Konzertmeister manchmal die Grenze der Sentimentalität überschreiten; die Akustik ist weit ausgeglichener; und alle diese Faktoren bringen mit sich, daß auch die Solisten sich steigern.

Wolfgang Windgassen etwa, der sich manchmal allzu bewußt zu schonen und nur auf seinen dritten Akt zu warten scheint (gelegentlich sogar auf einen vierten, der gar nicht stattfindet), wurde hier schon im ersten Akt in die Tragödie hineingerissen. Er sang den Tristan sternenweit aus der Sphäre eines verliebten Tenors hinaus, machte aus der Rolle die Studie eines von Anfang an Unseligen. Er bedürfte nur noch der Hand eines dem Menschlichen interessiert zugewendeten Regisseurs, um die Tristan-Figur von vornherein in jene Leidenssphäre zu bringen, die Windgassens Wahnsinnsausbrüche im dritten Akt seit eh und je erreichen. Auch Birgit Nilsson singt die Isolde von aller Konvention weg, macht sie zum tönenden Symbol für maßlosen Trotz, maßlosen Anspruch, maßlose Hingabebereitschaft.

Es ist der Vorzug großer, erfüllter und erfühlter, schwarze Leidenschaft spiegelnder Musik, dem üblichen Krisen-Alpdruck nicht ausgesetzt zu sein. Natürlich gibt es auch im »Tristan« Schwächeres, Redseliges; vor allem dann, wenn die Musik sich in der Darstellung reiner, holder Schönheit gefallen will. Alles Zerrissene, Ambivalente hat indessen größte Gewalt, und der dritte Akt mit Tristans Fluch auf die Liebe verhält sich zum Ganzen wie die »Götterdämmerung« zum »Ring«. Große, wagnerkundige und leidenschaftliche Musiker haben mit der »Tristan«-Partitur längst nicht jene Not, in die selbst ein grandioser, erstklassiger Regisseur mit dem Bühnenbild, dem Liebesnacht-Akt und der Symbolwelt käme. Freilich ist Wieland Wagner im »Tristan« nicht einmal dieser große, grandiose Regisseur, sondern nur ein höchst couragierter, Einzelheiten unbekümmert herausbrechender und gestaltender, manchmal sektiererhaft eigensinniger und dilettantischer, manchmal durch seine Entschiedenheit auch bezwingender Enkel. Sein Gesetz heißt: visuelle Willkür; Wagners gelegentlich vielleicht allzu handgreifliche Symbolik versucht er nicht durch kühne Exzentrik zu retten, sondern er flüchtet sich in leere Zeichen.

Aus der unvermeidbaren, produktiven ästhetischen Widersprüchlichkeit der Opernform leitet er das Recht ab, mit aller Logik zu brechen. Sinnlos wird die Intelligenz des Textes. So muß Isolde, während Brangäne im ersten Akt von Tristan und Kurwenal verhöhnt wird, mit der wüsten Verzweiflung verletzter Scham sich auf eine Bank werfen. Das ist psychologisch glänzend. Doch während Isolde da realistisch-psychologisch inszeniert ist, bewegt sich Brangäne wie im Mysterienspiel, muß sie stilisiert schreiten und blicken. Solche Widersprüche durchziehen die Inzsenierung. Dem ersten Akt fehlt nicht nur aller von Wagner gemeinter und komponierter Luxus, sondern er spielt bereits in jener dunklen Nacht, die doch erst der zweite Akt beschwört, während anfangs noch der böse Tag triumphieren soll. Wieland Wagner sagt sich los von der (doch gar nicht so schlimmen) Bildhaftigkeit der Fackel, die Isolde löscht, damit Dunkelheit entstehen und Tristan erscheinen kann. Statt dessen aber erbaut er ein anderes Symbol: einen überdimensionierten Schlüssel im Stil von Henry Moore, sexualsymbolisch, je nach Geschmack und Gestimmtheit zu deuten. Und während im dritten Akt Musik und Text von Heimat sprechen, ist Tristan auf öder Mondlandschaft ausgesetzt.

Gesten von gestern, Symbole, die nichts besagen, Bewegungen, die choreographisch beeindrucken, Bilder, die sich der Logik des Textes willkürlich entziehen, realistische Reaktionen: alles das läßt sich tragen von einer großartigen musikalischen Vergegenwärtigung.

1. IX. 1964

Die Meistersinger von Nürnberg

Richard Wagners »Meistersinger von Nürnberg« – gewiß die reichste, dramaturgisch dichteste Oper des 19. Jahrhunderts, gewiß auch das abgründigste philosophische Kunst-Stück, das je über die Rolle der »Kunst« komponiert worden ist – spielen nicht in legendärer, mythisch zeitloser Zeit, ebensowenig an einem beliebigen, auswechselbaren Ort, sondern im Nürnberg des 16. Jahrhunderts. Man kann vielleicht auch den »Rienzi«, den »Lohengrin« und den »Parsifal« genau situieren, genauer, als es die üblichen, vage und bequem abstrahierenden Aufführungen meist ahnen lassen. Aber bei den »Meistersingern« sind keine logischen oder gar philologischen Spitzfindigkeiten nötig, um herauszubringen, an welchen geographischen und historischen Ort sie wohl gebunden sein mögen. Nürnberg, die Katharinenkirche, die Pegnitz, ja sogar »die Mädel von Fürth« werden genannt; historische Figuren wie Martin Luther, Albrecht Dürer, Walther von der Vogelweide sind in der »Meistersinger«-Welt Größen, auf die man sich ganz selbstverständlich bezieht – und schließlich war Hans Sachs selber durchaus eine historische Figur der deutschen Literaturgeschichte.

Ort und Zeitpunkt sind also gegeben, sind wichtig für die Spannungen der »Meistersinger«-Welt. Wenn man diese Spannungen nicht unmittelbar erfährt und erfühlt, begreift man weder den Vorgang noch die Figuren ganz. Der Fluchtplan, den Walther und Eva sich zurechtlegen, und die listige Vereitelung dieses Fluchtplans seitens des Hans Sachs haben durchaus mit dem so und nicht anders verlaufenden Längsschnitt altnürnbergischer Straßen zu tun; der Respekt vor der Größe, dem Weitblick von Hans Sachs kann nur entstehen, wenn man begreift, über welche – spitzwinkelige, darum noch lange nicht spitzweghafte – Umgebung sowohl die Souveränität als auch die Resignationsbereitschaft des poetisierenden Schusters sich erhebt. Genauso wichtig ist die historische Dimension. Die Musik setzt den schwärmerischen, im letzten Akt bewußt regelmäßig geformten Avantgardismus des Original-Genies Walther von Stolzing von dem altdeutschen, polyphonen, nicht ohne pompöse Ironie gebotenen, archaisierenden C-Dur-Thema der »Meistersinger«-Ouvertüre ab. Carl Dahlhaus hat darauf hingewiesen, daß als geschichtliches Modell für die Attitüde des »Meistersinger«-Themas am ehesten gedacht werden müßte »an die Gravität der langsamen Teile in Französischen Ouvertüren von Bach ... Der ›altdeutsche‹ Stil ist das Zitat eines internationalen oder französischen.« Dazu kommt noch eine weitere historische Schicht: Beckmessers musikalische Erfindungen (Ständchen, verunglücktes Preislied, alles mit Lautengezupfe) kontrastieren durchaus zu der Tonsprache seiner Meistersingerkollegen. Parodiertes »Altes« und extrem Chromatisches, Fortschrittliches durchdringen sich hier, gleichviel, ob man an die

Beckmesser-Pantomime in der Schusterstube (dritter Akt) oder an die differenzierte Harmonisierung des Luther-Chorals »Wacht auf« denkt.

Diese so sorgfältig erbaute Kulisse aus geschichtlichem Ort, geschichtlichem Augenblick auf entfalteter Musikgeschichte stellt wahrlich schon ein Wunder dar: einen »Widerstand« für Interpreten, eine erfundene und verdichtete Realität, die nicht einfach übersprungen oder negiert werden kann. Und doch wäre es ein verkleinerndes Mißverständnis, den »Meistersingern« Historien-Malerei vorzuwerfen oder sie wegen der zahlreichen »Realitäten« nun ohne weiteres als eine realistische Oper, als eine bürgerliche Liebesgeschichte mit versuchter Entführung und schließlichem Happy-End zu verstehen. Denn: Die Oper heißt nicht »Hans Sachs' poetische Sendung«, sie heißt auch nicht »Walther und Evchen«. Sie führt eine Geschichte vor und mehr als nur diese Geschichte. Wir erleben ein gleichsam säkularisiertes, ins Altfränkische übersetztes, post-mythologisches Welttheater. Aus dem »Helden« wird hier: der »Künstler«. Aus dem Spannungsverhältnis Wotan-Siegfried wird die spannungsvolle Beziehung zwischen Sachs und seinem Schützling Walther (in der Relation zwischen dem alten Gurnemanz und dem jungen, von ihm zunächst geführten, dann über ihn hinauswachsenden Parsifal zittert später noch etwas davon nach).

Und die Musik? Es ist ein unausrottbarer Opernführer-Irrtum, anzunehmen, daß die Partitur immer nur verdeutliche, verstärke, verdoppele, was ohnehin im Text passiert. Dazu bedürfte es weder der anspielenden Leitmotiv-Technik noch überhaupt einer selbständigen musikalischen Realisierung. Oft genug – zum Beispiel in der vierten Szene des zweiten »Meistersinger«-Akts – spricht die Musik auch aus, was der Text nicht sagte, ja manchmal erhebt sie sogar Einspruch oder Widerspruch, wenn sie mit großartiger a-Moll-Geste in deutlich markiertem Forte Kothners Tabulatur-Vorschriften aus der Sphäre muffiger Lächerlichkeit heraushebt oder wenn sie den – im gereizten Dialog witzigen, sophistischen, aber keineswegs albernblöden – Beckmesser zum interessanten Charakter erhebt. Sein Preislied-Textmißverständnis wiederum hat geradezu etwas Morgensternisches, unbewußt Kühnes (Ernst Bloch hat »Über Beckmessers Preislied-Text« sowie über »Paradoxes und Pastorales bei Wagner« ausführlich spekuliert).

Wie hängt das nun alles zusammen? Nun, was an den »Meistersingern« anders und reicher ist als an jeder deutschen Lustspiel-Oper des 19. Jahrhunderts, was den Text qualitativ durchaus dem »Figaro«, das Werk dramaturgisch einem großen Shakespeare-Stück vergleichbar macht, das spürt man, wenn man versucht, die Handlung etwa folgendermaßen zu erzählen: »Ein junger Ritter, der sein Schloß verkauft hat und kunstbegeistert nach Nürnberg gekommen ist, verliebt sich auf den ersten Blick in Eva, die Tochter des reichen Goldschmieds Pogner. Weil Eva aber nur einen erfolgreichen Meistersinger heiraten darf, möchte der beim Probesingen durchgefallene Ritter die Braut entführen. Hans Sachs bemerkt die Entführungsabsichten. Darum beschließt er ...« Und so weiter. So läßt sich die Intrige der »Meistersinger« natürlich referieren. Aber das Entscheidende, das Eigentümliche nicht nur der Komposition, sondern auch der dramatisierten »Meistersinger«-Welt wäre damit verfehlt.

Zur Eigentümlichkeit der »Meistersinger«-Dichtung gehört nämlich, daß hier nicht nur die Geschichte von zwei Hauptpersonen dargeboten wird, die von mehr oder minder sorgfältig charakterisierten Episoden-Figuren umgeben sind, und daß die anderen Figuren nicht nur im Zusammenhang mit den beiden Protagonisten interessieren, so, wie Brangäne und König Marke sich trotz aller Leibhaftigkeit und Ausführlichkeit doch um Tristan und Isolde gruppieren, Donna Anna, Don Ottavio und Zerlina doch um den Don Giovanni. Walther, Evchen, Sachs, Beckmesser, die »Meister« und (in geringerem Maße) Pogner, David, Lene: sie alle sind freie Subjekte, aber auch gewichtige Objekte des dramatischen Kontextes. Sie alle haben ganz individuelle Absichten, werden in mehrfacher Brechung (doppeldeutig, vieldeutig) vorgeführt und ergeben, trotz ihrer verwirrend vielfältigen Absichten, gleichwohl den bewunderungswürdig homogenen »Meistersinger«-Zusammenhang. Und sie alle bieten, darüber hinaus, eine genaue Chiffre für die widerspruchsvolle Rolle der »Kunst« im menschlichen, gesellschaftlichen Leben sowie für die Verhaltensformen beschränkter oder interessierter oder gebildeter Laien und Fachleute zur neuen Kunst.

Man macht sich meist nicht klar genug, wie sehr hier alle im Mittelpunkt stehen: Sachs, der durchaus für eine Ehe in Frage kommt, aber resigniert; Beckmesser, der weder uralt noch schwachsinnig ist, sondern beim verzweifelten Versuch scheitert, mit seinen untauglichen Mitteln den jungen Preis zu gewinnen. Auch der verbürgerlichte, sein Schwert immer nur beinahe ziehende Ritter-Sänger Walther und vielleicht sogar die wirkungssichere Eva könnten Titelfiguren dieser Oper sein.

Sachs erkennt das Genie Walthers – und damit die eigene Grenze. Er identifiziert sich souverän und resignierend mit dem Jüngeren, Neueren (*gerührt:* »Das nenn' ich einen Abgesang«). Er zieht sich in sein Witwertum und seine Nürnberger Popularität zurück angesichts des Schwungvolleren, »vor dem sich alle fühlten so klein«. So, wie Siegfried Wotans Speer zerbricht (»Zieh hin! Ich kann dich nicht halten!«), so ist im zweiten »Meistersinger«-Akt Walther von Stolzing drauf und dran, die Vaterfigur gewaltsam beiseitezuschieben. »Der Schuster muß erst vom Fenster fort«, zittert Evchen; »Ich zwing' ihn, daß er's verlasse«, wütet Walther – zu allem bereit.

Die überprivate Bedeutung der »Meistersinger«-Dramaturgie hängt möglicherweise damit zusammen, daß die scheinbar bürgerliche Handlung solchen mythischen Mustern folgt. Jedenfalls wird die zarte, abgründige Gewalt etwa des Gesprächs zwischen Sachs und Evchen – Wagner schreibt da immer wieder: »ausdrucksvoll«, »sehr ausdrucksvoll«, »dolce« und »dolcissimo« – überhaupt nur verständlich und erfühlbar, wenn man den doppelten Boden der Sachsschen Bitterkeit begreift: Sachs, vom »geborenen Meister« Walther berührt, klagt nicht nur bewegt über das Schicksal des Talents »an sich«, sondern seine Resignation bezieht sich auch auf das eigene Scheitern gegenüber dem Jüngeren, Stärkeren, Unbekümmerteren. Der, genauso leichtfertig wie Siegfried, nimmt das während der Oper kaum oder als reine Selbstverständlichkeit zur Kenntnis, auch er mag eben zwischen »Mut und Übermut« nicht unterscheiden.

Alles das hat Wagner nicht genügt. So, wie Evchen manchmal schwindelt, manchmal kokett und manchmal emanzipiert hingabebereit ist, so, wie Sachs zwischen Resignation und spätem Verlangen, zwischen boshafter List und sarastrohafter Weisheit schwankt, so erscheint auch die Hauptsache der »Meistersinger« (nicht Evchen, sondern »die Kunst«, als deren Preis Evchen fungiert) in doppeltem Lichte. Die Kunst ist das Höchste, aber sie neigt zur Erstarrung. Sie braucht das Volk, die Kulturrevolution und jene Regeln, die sie am Leben halten, auch wenn die jugendliche Inspiration versiegt. Sie ist zugleich deutsch und wahr, muß aber auch als Ersatz für die Nation herhalten, wenn das Heil'ge Römische Reich Deutscher Nation dereinst im Dunst vergangen ist. Pessimistischer kann ein nationales Weihefestspiel schwerlich schließen.

Auf dem Grunde der »Meistersinger« rumoren noch ganz

andere Widersprüche. Der Nürnberger Terror, die Rivalität der Zünfte, der Alptraum der Prügel-Fuge, Beckmessers Alptraum-Situation, sich mit einem unbegriffenen Text vor aller Öffentlichkeit darstellen, blamieren zu müssen: das ist in dieses Musikdrama genauso eingegangen wie die Glückstraum-Situation. Die »Meistersinger« umschreiben ja auch den Traum von eines Volkes Jugend, den idealischen »Entwurf einer bürgerlichen Urzeit«. Geheimnisvoll genug, daß nicht nur Traum und Alptraum, Kunst- und Untergangs-Utopie, Bürger- und Welttheater-Dramatik sich mischen, daß nicht nur alle Figuren im Augenblick des Glückes zu träumen glauben, sondern daß die Mixtur der Gegensätze direkt thematisiert erscheint. Glück und Schmerz werden vom Text oft als Identisches vorgestellt, von der Musik als Gleichzeitiges komponiert. Wendungen wie »Lenzes Gebot, die süße Not« oder Evchens »Doch nun hat's« (nämlich die Liebe zu Walther) »mich gewählt zu nie gekannter Qual«, selbst Lenes »Ach, David! Was ihr für Unglück schuft!« bereden ja allesamt die Gemeinsamkeit von Liebe, Glück und Qual, die Wagners Musik, sein Raffinement und seine Seelenkenntnis deutlicher zu erspüren wußten als alle Komponisten vor ihm. Die »Meistersinger von Nürnberg« sind kein Bild, das man überblickt, kein festlich überschaubares ruhendes Objekt. Sie gleichen einem lebendigen Organismus, der sich in der Zeit und im Raume ausdehnt: Man kann in diesem Stück herumgehen, kann es wie eine Stadt von außen betrachten, kann sich in ihm verlaufen, kann ein Volksfest, die terroristische Opferung des Widersachers, kann Massen und Einsamkeiten, bewältigte Widersprüche und rätselhafte Eindeutigkeiten in ihm entdecken ... Wagner hat die »Meistersinger«-Idee 1845, als 32jähriger, konzipiert, den Text 1862 abgeschlossen. Im gleichen Jahr komponierte er das Vorspiel, aber erst am 20. Oktober 1867 war die Partitur vollendet. Die Uraufführung fand am 21. Juni 1868 in München statt. Seither ist die Welt um ein heiter-ernstes Kunstwerk obersten Ranges reicher: glücklich, es zu besitzen; bereit, es immer wieder neu zu interpretieren; von Herzen sicher seines Zaubers, seiner raffinierten Ambivalenz und seiner Unerschöpflichkeit.

1. IV. 1974

Wieland Wagners Cauchemar heißt: Guckkastenbühne und szenischer Realismus. 1956, als es die ersten Pfiffe gab im Neuen Bayreuth, hatte er es gewagt, die »Meistersinger« aus aller Lebkuchen-Behaglichkeit herauszubrechen und in einem Chagallschen Niemandsland anzusiedeln. Mir leuchtete es nicht ein.

1963 ist er auf eine neue Idee gekommen, die ihm den Zorn so ziemlich der gesamten deutschen Presse eintrug und wohl immer noch nicht sein letztes »Meistersinger«-Wort bleiben dürfte. Die neue Idee heißt: Hans-Sachs-Bühne (Brettergerüst als »Bühne auf der Bühne«) und Rüpelspiel. Man kann diese Idee ablehnen, kommentieren oder begrüßen – ich finde sie nicht wichtig. Auf den Kulissen stehen also andere Kulissen; ein Balkon nimmt die Stelle des ersten Stockwerks zahlloser Altnürnberger Häuser ein, von der Kirche und der Festwiese bleibt wenig. Wieland hat wieder einmal Guckkastenbühne und szenische Realität vermieden. 1963 hatte Wieland Wagner nicht nur wieder einen jener stilisierenden Einfälle, mit denen er das Neue Bayreuth schon so lange belastet – und die im übrigen Deutschland vor allem deshalb nachgeahmt werden dürften, weil man sich erstens bei Wagner gar nicht sicher fühlt und weil zweitens die bedeutenden Opernregisseure (Felsenstein, Sellner, Rennert) Wagner umgehen.

Was war nun 1963 neu? Abgesehen vom äußerlichen Hans-Sachs-Bühnen-Einfall, den die differenzierte »Meistersinger«-Komödie des reifen Wagner wahrlich nicht nahelegt, hat Wieland Wagner eben nicht irgendwelche Symbole oder weltbedeutenden Nieren einfach nur so erfunden. Diesmal hat er interpretiert, nicht abstrahiert.

Er machte – ein fränkischer Tacitus – die deutsche National-Oper zur Oper unserer nationalen Schwächen. Daß bei Wagner die Mittleren, Gemäßigten immer relativ schlecht wegkommen zugunsten der Getriebenen und Exzentrischen, hat Adorno gezeigt. Wieland Wagner sah sich die »Meister« der »Meistersinger«-Welt an und verwandelte sie in einen spießigen Verein. Die schüttelten dumm den Kopf, als Walther von Stolzing, der heruntergekommene Junker, ein bißchen modernistisch tönte. Pogner, der sich ja in der Tat auf seinen Reichtum etwas zugute hält, war blasierter Mäzen. Die Lehrbuben spielten sich als schadenfrohe »West Side Story«-Rowdies auf. Nur Evchen, Sachs und der stolze Beckmesser blieben unangetastet. Galten die »Meistersinger« bisher immer als die Phantasmagorie altdeutscher Tugenden, so holte Wieland nun mit komisch derber Hand die Untugenden heraus. Er war darin so konsequent wie möglich.

Der erste Akt wurde pietätlos dargeboten, voller Witz, Anachronismus und Reiz. Der zweite aber mißlang, und der dritte blieb unbewältigt. Im zweiten Akt fehlte nicht nur die Fliedertraumstimmung. Es fehlte auch die Enge, welche in kleiner, alter Stadt die Menschen notwendig einander immer wieder begegnen läßt. Die Meta-Realität aller Bühnenwirkung verlangt, daß die Handlungen der beteiligten Personen zumindest nicht unsinnig wirken.

Im dritten Akt blieb Wieland Wagner dabei, selbst aus der Festwiese einen mittleren Mummenschanz zu machen. Warum die Leute sich dabei freilich der Musen humanistischer Tradition bedienen, während sie im gleichen Atemzug die heil'ge deutsche Kunst gegen welschen Tand ausspielen, war nicht einzusehen. Immerhin: Wieland Wagner hat die Widersprüche herausgebracht, die hinter dem Zauber der »Meistersinger«-Sphäre spuken und auf die vor allem marxistische Wagner-Interpreten hinweisen. Er hat uns Deutschen, die wir mit großen politischen Unternehmungen ohnehin nie viel Glück hatten, nun auch noch den Trost rauben wollen, daß wenigstens die freien Reichsstädte sich gut organisieren konnten.

1. X. 1963

Der Ring des Nibelungen

Die Programmzeitschrift *Hören und Sehen* beschäftigt einen Karikaturisten, der sich etwas Vergnügliches ausgedacht hat: Irgendwo steht da immer ein Kater mit einem Knoten im Schwanz. Ich kann Sepp Arnemanns Zeichnungen nicht mehr überfliegen, ohne nach diesem Tier zu suchen, das unerbittlich auftaucht – ob es nun ins Bild paßt oder nicht. Methode macht aus dem Nicht-Sinn ein Symbol.

Dieser letzte Satz klingt so tiefgründig, daß er die Überleitung zum Neuen Bayreuth erleichtert. Denn da, wo Wieland Wagner nichts Zwingendes einfällt, fällt ihm ein derartiges Symbol ein – irgendwo hängt dann immer, ganz unabhängig vom jeweiligen Sinnzusammenhang, eine Vignette oder ein archaischer Kolben oder eine Höhlenzeichnung herum, die man schon aus anderen Wieland-Wagner-Inszenierungen kennt, zu kennen glaubt, auch wenn dort das Was und das Warum genausowenig klar zu bestimmen oder zu erfühlen waren. Dem Frei-Sinn der Deuter ist dann keine Grenze gesetzt.

Doch nach der – alles in allem wohl geglücktesten – Bayreuther »Ring«-Darbietung seit 1951, die in diesem Spätsommer Begeisterungsstürme entfesselte, habe ich mir eine Erklärung zurechtgelegt für diese Symbole, die so weitläufig sind, daß sie beinahe alles bedeuten könnten und darum nichts bedeuten. Offenbar stehen diese so leicht angreifbaren Zeichen ein für einen Vorgang im Inneren des genialisch wagemutigen und sturen Enkels: Sie stehen ein fürs Warten auf den evidenten, zwingenden und unwiderlegbaren Einfall. Sie sind ein Ergebnis aus erlerntem Horror vacui und instinktiver Konventionsscheu. Aufgaben, für die Wieland noch keine schlagende Lösung gefunden hat, löst er zunächst mit »freien« Symbolen. Lieber ein irrationales Pausenzeichen setzen, sagt ihm sein Genius, als sich die Möglichkeit einer wahrhaft eigenen, sinnvollen Lösung verbauen mit fremdem, abgenutztem Material. Gelingen braucht Zeit. Nach dem zweiten Akt der »Walküre«, die Wieland Wagner diesmal überwältigend inszeniert hatte, traf ich ihn. Er eilte, beflügelt vom Erfolg und ärgerlich, weil er sich zu irgendwelchen Honoratioren setzen mußte, ins Festspielrestaurant. Nichts ist unangenehmer für einen Kritiker, als einem Künstler zu begegnen, dessen soeben verübte Kunst dem Kritiker gar nicht gefallen hat. Andere Leute können dann ungestraft lügen. Nichts steht 48 Stunden später schwarz auf weiß. Als Kritiker muß man in solchen Fällen entschlossen über etwas anderes reden, beispielsweise über die hübsch hergerichteten Programmhefte. Das ist für beide Gesprächspartner gleichermaßen quälend. Doch diesmal hatte es mir gefallen wie fast noch nie in Bayreuth. Ich gratulierte dem Regisseur. Und der sagte einfach (was imponierender war als törichte, pseudobescheidene Abwehr gewesen wäre): »Ja, manchmal gelingt's.«

Wann? Nun, immer offenbar dann, wenn Wieland Wagner die Menschlichkeit der Leidenden ernst nimmt, wenn er nicht nur mythologische Reinheit herstellen will, sondern neoexpressionistische Schicksalsgeladenheit. Die Werke des Großvaters reichen ja beinahe von der Erschaffung der Erde bis ins 16. Jahrhundert – man könnte eine Wagner-Weltgeschichte kompilieren, die mit dem »Rheingold« beginnt, aus heidnischer Vorzeit in das »Parsifal«-Jahrhundert hineinreicht, dem der »Lohengrin«, der »Tannhäuser«, der »Fliegende Holländer« und die »Meistersinger« folgen. Denn so antihistorisch-idealisch die Tondramen auch wirken: in ihnen sind oft Anhaltspunkte für geschichtliche Vorgänge und Figuren zu finden, die eine annähernde Datierung – zumindest als Gedankenspiel – möglich machen. Über Alberichs Lebensdaten ist wenig zu erfahren, doch in den »Meistersingern«, in »Tannhäuser«, »Lohengrin«, und »Parsifal« läßt sich zuweilen ein Terminus post quem auffinden. Da, wo Wieland Wagner sich der Beziehungsfülle stellt, am Text klebt und ihn mit Phantasie auflädt, erzielt er zwingende Wirkungen.

Aber in Bayreuth werden ja nicht nur operndramaturgische Rätsel gestellt. Der Dramaturg Richard Wagner ging aufs Ganze. Sein »Ring« schmiedet auch das Publikum zusammen. Eine Woche lang können unsere Spitzenpolitiker tun oder lassen, was sie wollen – in Bayreuth gibt es nichts anderes als die vier Abende der Tetralogie. Man sagt nicht »Donnerstag«, sondern »der Tag nach ›Siegfried‹«. Man vermißt etwas, wenn die Begum nicht einem Mercedes 600 entsteigt. Die Damen, die sich entgegen einem weitverbreiteten Vorurteil ja nicht so sehr für die Herren anziehen, welche ohnehin höchstens Äußerlichkeiten bemerken und täuschbar sind, sondern für die anderen »Gattinnen«, die etwas von Stoffen, Schnitten und Preisen verstehen und keineswegs täuschbar sind, die Damen haben längst herausgebracht, wer von ihnen jedesmal in einem anderen neuen langen Abendkleid erscheint und wer sich nur bei der Wahl des Lippenrots eventuelle Abwechslung leisten kann. Übrigens nimmt man auch in Kauf, nach dem letzten Akt im überfüllten Künstlerrestaurant »Eule« grob-unfreundlich behandelt zu werden. »Bei uns drängeln sich schließlich Prinzessinnen«, lautet eine unwillige Beschwichtigungsformel. Jedermann weiß, welche Sängerstars tags mit Minigolf und nächtlich im »Reichsadler« mit traulichem Trunk beschäftigt sind. Und wenn ein allseits Gefeierter sich nach seinem Triumph in einem, wie er meint, schicken hellvioletten Smoking unter das Publikum mischt, um auch persönlich Bewunderung einzuernten, dann findet das allgemeine Billigung. Im Bereich der schönen Künste gleicht wohl nichts dieser Bayreuther »Ring«-Konzentration.

»Das Rheingold«, gegen Walhalls Glanz, für epische Konkretion und vor allem für die Entfaltung der Musik inszeniert, war ein großer Eröffnungsabend. Karl Böhms strömende Musikalität überwältigte, zumal das Publikum an solche Orchester-Erfülltheit auch des Piano noch nicht gewöhnt war. Böhm befeuert vor allem die Streicher. Er weiß, daß Begleitfiguren der Violinen dann spannungslos geraten, wenn sie sich wiederholen und ohnehin der Kraft des tiefen Blechs unterlegen sind. Deshalb gibt er gerade an die Streicher mit höchster Kraft Impulse weiter. Dann braucht er das Blech nicht zu dämpfen, und es herrscht doch ein voller, ausgewogener Klang und nicht jene halbmusikalische Langeweile, wie sie leicht entsteht, wenn die Musiker wissen, daß endlose Wagner-Stunden vor ihnen liegen und der Beifall in jedem Falle lärmend sein wird. Während etwa bei einem so guten Dirigenten wie Joseph Keilberth Wagners Parlando zum Sterben fad, harmlos und als ein endloses retardierendes Moment wirken kann, dirigiert Böhm die Musik Wagners stets mit innigem Nachdruck. Dabei wird keineswegs Forciertheit produziert, sondern Fülle. Gerade im »Rheingold« kam es zu einer blühenden Ruhe des musikalischen Werdens. Wagner klang oft wie Schubert. In dem gleichen Maße nämlich, in dem Schubert die Natur sprechen und klagen läßt, in dem es bei Schubert enharmonische Verwechslungen und ein wie aus der Tiefe kommendes Dur-Moll-Zwielicht gibt (Ausdrucksmoment der »Winterreise« und der späten Klaviersonaten), weist die Naturstimmung des »Rheingolds« auf Schubert zurück. Die Belebtheit des Leisen, die Gewichtigkeit des Schlichten: gerade daran erkennt man Karl Böhms Meisterschaft. Wenn er vor dem Aufglühen des Rheingoldes langsamer wird, wenn er die Pianissimo-Violinen bei Frickas Schmeicheleien süß abtönt, dann stellt sich plötzlich der Zauber großer Musik ein. Ich möchte den musikalischen Anti-Wagnerianer sehen, der einer solchen melodiösen Geste widerstehen könnte. Dabei spricht es für die immense Musikalität Böhms, daß seine Pointierung des Melodischen und Weichen bei Wagner eben nicht – worauf derartige Versuche sonst immer hinauslaufen – einen etwas oberflächlichen Straußschen Charme, selbstsicheren neudeutschen Vitalismus hat.

Für die leidenden Menschen der »Walküre« hatte Wieland Wagner sich ein paar ebenso einfache wie zwingende Verdichtungen einfallen lassen. Da er Siegmund und Sieglinde (James King, noch am Anfang einer Heldentenorlaufbahn, Leonie Rysanek, in später Mitte der Karriere einer Hochdramatischen, beide im zweiten Akt stärker als im ersten, beide mit radikalem stimmlichem und darstellerischem Einsatz dabei, Schärfen ruhig in Kauf nehmend) fern aller Opernschablone leiden und sterben ließ, ergab sich eine Sensation. Wieland Wagner hatte des großartigen Hunding (stark, drohend und einfach als Sänger und Schauspieler Martti Talvela) Weib in eine fast hysterische, alles wagende Unglückliche verwandelt! Aus Sieglinde wurde im zweiten Akt ein archaisches Gretchen, eine Wahnsinnige. Die Partitur widerspricht dem nicht.

Die Längen des »Siegfried« blieben für Wieland Wagner und für Wolfgang Windgassen ein unbezwingliches Problem, zumal Böhm da keinen wirklich guten Abend hatte. In der »Götterdämmerung« schließlich trafen alle Probleme und Vorzüge des 65er »Rings« zusammen. Die Gibichungen-Halle, wo finstere rothaarige Germanen ihrem Unheil entgegenbrüten, war mit expressionistischem Mut entworfen.

Freilich schien die Einzelregie manchmal noch klobig, der Untergangsschluß des dritten Akts entbehrte der Klarheit. Wieland Wagner hatte zuviel Angst vor dem Wörtlichen und dem Kolossalen, darum verfiel er ins allzu Allgemeine. Wer da übrigbleibt nach dieser Götterdämmerung (die Menschen nämlich), wer da stoisch verbrennt im Walhall-Feuerofen (die alten Götter), wer wie die Rheintöchter überlebt und was diesen anheimfällt: alles das konnte man nur ahnen. Die Nornen des ersten Akts hielten ein Seil, das ihnen der dingscheue Wieland Wagner früher nicht zugestand. Jetzt war zwischen ihnen mehr Spannung als einst, sie glichen erregten Prophetinnen. Josef Greindl, dessen etwas zu helle Stimme und etwas zu gleichförmiges Spiel mich oft kühl lassen, steigerte sich von einem unbeträchtlichen Wanderer (aus dem »Siegfried«) zu einem bedrohlichen, eindringlichen Hagen. Staunenerregend war wieder die Stimmkraft von Birgit Nilsson. Doch die absurde Leuchtkraft dieser Stimme hat auch eine etwas bedenkliche Folge. Denn in der »Götterdämmerung« soll man ja nicht wie in der »Walküre« die Vitalität einer Kriegskameradin bewundern, die ihrem Chef nett auf die Schulter klopft, wenn dessen Gattin bedrohlich erscheint (»Du, deine Alte kommt, sieh dich vor!«), sondern man soll miterleben, wie eine Liebende betrogen wird. Birgit Nilsson gleicht aber manchmal einem Automaten für strahlende Spitzentöne. Wagner braucht bloß ein zweigestrichenes C hineinzustecken in diese Kehle, gleich kommt es heraus. Sagen wir es anders: Solche Ausbrüche und solche Unbefangenheit vertragen sich nicht recht. Man muß merken, daß etwas überwunden wird beim hohen Ton. Daß ein Mensch sich da »exponiert«. Dann erst ist das Singen ein Spiegel innerer dramatischer Regung.

Natürlich jubelt jedes Publikum – und erst recht das zum Rasen aufgelegte Bayreuther Parkett – einem Stimmphänomen wie dieser Nilsson, für die es heute auf den Opernbühnen der

Welt kein Äquivalent gibt, hysterisch zu. Und es wäre auch ungerecht, Frau Nilsson alle Weichheit abzusprechen. Aber was Tragik im Sinne des 19. Jahrhunderts ist (Astrid Varnay wußte es) – davon läßt diese Künstlerin nicht allzuviel spüren.

Ihre Stimme ist so gewaltig, daß neben ihr die übrigen Sänger unverdient kümmerlich wirken. Wie großartig Windgassen sein kann, ahnte man immer nur, wenn Brünnhilde nicht auf der Bühne stand. Kerstin Meyer blieb in der Waltraute-Szene, die überhaupt zum Tollsten, Untergangskundigsten gehörte, was der geniale Sachse je komponierte, blaß und unwichtig. Der Gutrune von Ludmila Dvořaková ging es nicht anders. Dagegen kann man nicht ansingen. (Dabei hatte Wieland Wagner die Gutrune sehr attraktiv inszeniert: Wenn Siegfried den Vergessenstrank getrunken hat, das Glas sozusagen absetzt, dann steht Gutrune unmittelbar vor ihm, drängt sich ihm förmlich ins Auge.) Nur Gustav Neidlinger hielt den Vergleich mit Frau Nilsson einigermaßen aus.

Daß man sich für das Schicksal von Wieland Wagners Regie-Plan genauso interessierte wie für das Scheitern von Wotans Rettungsplänen, hing mit der offenbaren psychologischen Konkretisierungstendenz zusammen, die der Enkel erarbeitet hat. Wieland Wagner versucht, wo er es verantworten zu können glaubt, den statuarischen, symbolischen Rahmen – der einst die langweilige Sache selbst gewesen ist – zu füllen mit Gebärde, Reaktion, Handlung und Demonstration. Wieland Wagner hat dabei sogar Freiheit gegenüber seinen einstigen »Errungenschaften«. 1953 näherten sich beispielsweise Siegmund und Sieglinde einander erst, nachdem Sieglinde von ihrem Ehe-Unglück geredet (und dem potentiellen Ehebrecher Mut gemacht) hatte. Die beiden gingen starr wie Insekten aufeinander zu. Im Augenblick der Berührung aber tönte Hundings Hornruf, und die Liebenden hielten, mit Recht erschrocken, inne. 1965 gibt es keine (relativ) langwierige Annäherung mehr. Alles ist gleich entschieden. Beim ersten Wasserschluck, den die mitleidige Sieglinde dem Flüchtling reicht, beugt sie sich tief zu ihm, liefert sie sich aus. Da aber, wo sie 1953 aufeinander zustrebten, bleiben sie jetzt voneinander gebannt – und noch eindrucksvoller – stehen.

Wieland stellt auch die Gibichungenhalle, wohin sie gehört: zwischen Munch und Strindberg. Zwar übertreibt er den Ausdruck und das Unglück, das sich kaum mehr steigern kann. Aber er setzt doch entschlossen auf Expressionismus und gewinnt. Er umgeht sowohl den schalen Bombast als auch die bequeme Lichtreklame.

Die Einwände beginnen nicht da, wo Wieland fordert, sondern wo er gewissermaßen nichts tut und sich auf leere Symbolisiererei verläßt. An Kleinigkeiten soll man sich übrigens nicht stoßen. Ich habe mich zwar auch darüber gewundert, daß man in grauer Vorzeit hauptsächlich »Busen« trug – nicht nur als schamlose Nixe, sondern auch als hochbetagte Urmutter Erda oder als liebeleerer Alberich. Doch warum sollen wir Wieland Wagner seinen Tick und dem Künstlervolk einen Spaß mißgönnen!

Wirklich kritisierwürdig aber ist, wie mir scheint, die Unentschiedenheit zwischen Neoexpressionismus und falschem zeitlosem Reinheitskult. Da, wo Wieland nicht konkretisiert, wo er den Spannungen des Dramas und der historischen Situationen (wie etwa auch im »Parsifal«, wo maurisches Zaubertum und spanisch asketisches Christentum aufeinanderstoßen) ausweicht und auf Abstraktion setzt, da verträgt sich diese Tendenz zur Abstraktion nicht mit der Lieblingstendenz Wieland Wagners: seinem Wunsch nach Entheroisierung. Wie eh und je stehen die Sänger mit ausgebreiteten Armen und glänzenden Gesichtern da. Wo selbst Richard Wagner ein Einsehen hatte mit ihrer Not und ihnen Gegenstände, Ablenkungen zugesteht (das »treue« Roß wird getauscht, der Panzer erbrochen, Wald und Rhein erheben ihren »natürlichen« Einspruch gegen die Diktatur des entfesselten Pathos), da erlaubt Wieland Wagner aus guten Gründen alle diese Ablenkungen nicht. Doch die Angst vor der Komik des Requisitenwesens schafft bei Wieland Wagner oft eine allzu hehre, »reine« Sphäre für »rein Seelisches«. Nirgendwo kann dann die Entheroisierung ansetzen.

Wieland Wagner hat offenbar nicht die Möglichkeit zur Entspannung. Was nicht Symbol ist, scheint ihm immer gleich Kitsch zu sein. Unter dieses Kitschverdikt fällt nahezu alle Natur – soweit sie nicht klingender Donner ist oder zuckender Blitz. Doch was an der Natur nicht rasch ist, sondern von sichtbarer Dauer, dessen geniert sich der Enkel. Kein Wald. Kein Fluß. Keine Aue. Kein Pferd. Kein Lindwurm. So werden die Götter und Menschen, da kein Rahmen sie umgibt, überlebensgroß, ja gewissermaßen »idealisiert«. Und nun geht der Regisseur an die Arbeit, sie wiederum zu entheroisieren. Doch weil Wieland Wagner sich bereits auf den Weg expressionistischer Konkretisierung gemacht hat, besteht eine Hoffnung, daß er die esoterischen Symbole, die das »Nichts« ersetzen sollen, auch noch überwinden wird.

Folgt man nun, bestochen durch Wieland Wagners entmythologisierenden Elan, dem Inszenierungsplan, der alle Textstellen, wo Götter und Helden kritisiert werden, unterstreicht und alle übrigen Stellen, wo von Größe und Positivität oder auch ehrlicher »Weihe« die Rede ist, entweder unterschlägt oder stilisiert, dann fallen zahllose Widersprüche zwischen Musik und Text auf. Ich meine damit nicht die von Wagner bewußt hineingeheimnißten Widersprüche, wo Leitmotive, nur scheinbar nicht zur Sache passend, antizipierend etwas ausplaudern. Ja nicht einmal um die Stellen geht es uns, wo der Musiker dem Textdichter überlegen war. Sondern einzig um die Takt für Takt nachweisbaren Gegensätze zwischen Texttendenz und Musikverklärung. »Walhall ist Wall Street«, lautet ein Bayreuth-Slogan. Schön und gut. Aber das Walhall-Motiv ist schon weniger Wall Street. Wem soll der Regisseur folgen: dem Musiker oder dem Librettisten Wagner, der sich übrigens nicht nur in Redseligkeiten und Stabreimen gefiel, sondern eine deutliche Begabung hatte für kleine Charakterisierungssätze, blendende Schlüsse, intelligente Zusätze? Diesem Textdichter ging möglicherweise manchmal die Freude an der psychologisierenden Enthüllung seiner Figuren durch. Die Götter benehmen sich wie autoritäre Schwindler, und Wotan argumentiert, wenn er in der Klemme ist, gegen besseres Wissen wie ein ertappter, verbockter Primaner. Die Musik aber breitet einen ehrfürchtigen Schleier über die homerischen Allzumenschlichkeiten der Wagnerschen »Großen«. So verrückt es angesichts der unüberschaubaren Wagner-Literatur klingen mag: Ein Buch, das genau diese Widersprüche nicht etwa geistesgeschichtlich begründet oder verwirft, sondern taktweise verfolgt – indem es von der Bequemlichkeitsthese läßt, daß in der Oper die Musik immer ungefähr dasselbe ausdrückt wie die Worte –, wäre wirklich nötig. Dieses Buch hätte sich auch dafür zu interessieren, daß edle Musik sogar den Mime umgibt (wenn er etwa vom Liebesverlangen der Tiere spricht). Dann charakterisiert Wagner also plötzlich den häßlichen Zwerg nicht mehr? Oder haben nur die karikierenden Passagen Bezug auf die Figur, während die melodischen »Musik an sich« sind, auch wenn Mime sich in Bewegung setzt? Darüber wäre nachzudenken. Adorno aber hat Wagners Musik vorgeworfen, sie erhebe keinen Einspruch, sondern betreibe »Verdoppelungsästhetik«, stelle sich auf die

Seite des Fatums. Solange der geniale Regisseur noch fehlt, der zeigt, wie man der Götter Schuftigkeit und der Streicher leuchtendes Walhall-Des-Dur auf einen Nenner bringen kann (oder das luxuriöse Gibichungen-Motiv und die Verbissenheit von Gunther, Gutrune und Hagen), so lange wird die Frage, ob man die Musik oder den Text inszenieren soll, unentscheidbar bleiben.

1. X. 1965

Das Rheingold

Kein Wagnersches Werk ist mühsamer zugänglich, erschließt sich in seiner Fülle der Bezüge, der Spannungen, der gebrochenen Dimensionen schwerer als das »Rheingold«. Wer sich diesem Vorabend des »Rings« so nähert, wie man sich manchen anderen Opern durchaus nähern kann: neugierig auf Affekte, durchaus bereit, Leidenschaften, musikalisch gesteigert, gleichsam »als solche« zu genießen, der wird gerade mit dem »Rheingold« kaum etwas anfangen können. Da gibt es sehr wenig geschlossene, wirkungsvolle Musikkomplexe zu bewundern oder zu genießen.

Im »Rheingold« dominiert der Text mit seinem Anspielungs- und Beziehungsreichtum. Das tut, als wäre es ein naives Märchen, enthüllt sich aber bald als grenzenlos vieldeutige Allegorie. Die Musik wiederum »verdeutlicht« nur die einfachen Zusammenhänge durchaus tonmalerisch: Zu den differenzierteren Problemen steht die Partitur aber in einem wenn schon nicht bewußt widersprüchlichen, so doch schrägen Verhältnis. Wenn sie, am Schluß, rauschhaft jubiliert, klingt noch Loges kommentierender Satz im Bewußtsein des Zuschauers nach: »Ihrem Ende eilen sie zu, die so stark im Bestehen sich wähnen.« Wenn eine Rheintochter auf »des Goldes Schlaf« zu sprechen kommt in jener ersten Wasserszene, die ganz unmittelbar das goldene Zeitalter allegorisiert, dann erscheint der erste Moll-Akkord der ganzen Tetralogie. Und wenn Wotan endlich triumphiert: »Nun halt ich, was mich erhebt, der Mächtigen mächtigsten Herrn!«, dann weiß es die Musik wieder besser, nämlich schlimmer, und kommentiert diese göttliche Selbstzufriedenheit mit einem erstmals ganz pathetisch donnernden Götterdämmerungs-Pessimismus. Man muß also, grob gesagt, nicht nur (wohlvorbereitet) jedes Wort des »Rheingold«-Textes in seinem Handlungs- und seinem Allegorie-Zusammenhang zu verstehen in der Lage sein, sondern man muß fortwährend auch die teils illustrierenden, teils tragisch-ironisch kommentierenden Informationen der Musik zu diesem Text aufnehmen. Das »Rheingold« ist also, obwohl es in aller Naivität einen Anfang zu setzen scheint, eine Oper für Fleißige. Wolfgang Sawallisch und Günther Rennert, die im Nationaltheater gemeinsam eine Neueinstudierung des »Rheingolds« herausgebracht haben, sind, gerade was diesen »Vorabend« betrifft, wahrlich als Fortgeschrittene, als Eingeweihte zu bezeichnen. Sawallisch hat das »Rheingold« wiederholt im Laufe seiner Karriere einstudiert oder dirigiert, und Günther Rennerts Versuche, sich, stets ganz von vorn anfangend, des »Rheingolds« zu bemächtigen, grenzen an engagierte Verbissenheit.

Je tiefer man ins »Rheingold« eindringt (und das gilt für die Interpreten ebenso wie für die Zuhörer), desto heftiger nimmt man die Menschlichkeit der Götterfiguren wahr. Die irgendwann einmal hehre Götter zu sein schienen, stehen, bei Licht besehen, als schwindlerische Unternehmer da, als Elite-Bonzen ohne Unrechtsbewußtsein, als Kriminelle mit durchschaubaren Ausreden.

Weil also dem boshaften Blick Walhall als Wall Street erscheint, weil Wagner hier nur zu einleuchtend beschreibt, wie Ausbeutung funktioniert, wie das Ressentiment eines Zurückgewiesenen in gemeine Herrschsucht umschlägt, die anderen das verbietet, was man selbst nicht erreichte; oder auch, wie ein von erlittenem Unrecht erhitzter Proletarier den anderen totschlägt, wenn kein souveräner Chef mehr die Streitigkeiten schlichtet (nämlich der Riese Fafner den gutmütigen Fasolt) – darum hat man ja in jüngster Zeit die ersten Abende des »Rings« unmittelbar als Parabeln über Krupp oder über eine Diktatur oder über die Notwendigkeit des Sozialismus verstehen können und wollen.

Bei solchem Um-Funktionieren machte Günther Rennert in München nicht mit – er entschied sich dafür, hochintelligent zu verdeutlichen, wie »menschlich« sich alle diejenigen benehmen, die zunächst ja offensichtlich alle gerade keine Menschen sind, sondern Götter oder Riesen oder Zwerge oder Nixen.

Wir erlebten also mit, wie unsympathisch eine Ehefrau ist, die immer recht hat (Fricka), und wie unsympathisch ein Ehemann, der leider Gottes stets unrecht hat (Wotan). Rennert machte freilich auch auf die Doppelung in Wotans Wesen aufmerksam;

der ist nicht nur mieser Provinzanwalt, sondern fühlt sich durchaus verantwortlich für allgemeine Ideen und Werte. Ebenso deutlich unterschied Rennert zwischen den beiden ja tatsächlich keineswegs gleichartigen Riesen Fafner und Fasolt. Man könnte sagen, der Regisseur habe die »Rheingold«-Konflikte mit bestechender Kunstfertigkeit als private Konflikte ganz normaler Menschen vorgeführt.

Doch eben darin lag auch die Grenze dieser bejubelten Aufführung. Wagners »Ring« ist nicht von Ibsen. Sondern Gewalt und Vieldeutigkeit der Sache stellen sich doch eigentlich erst her, wenn innerhalb des zwingend mythologischen Parabel-Zusammenhangs auch das Menschliche als Spannungspol erkennbar wird. Aber es darf nicht allzu direkt realistisch geschehen, so, als hätte Wagner eine direkt realistische Oper geschrieben.

7. II. 1975

Die Walküre

Gutmütig jammernd soll auf irgendeinem Musikfest einmal Richard Strauss den Paul Hindemith gefragt haben: »Warum komponieren Sie denn nicht tonal, Sie sind doch so begabt?« Nach der teils wahrhaft grandios sinnfälligen, teils wiederum forciert prinzipiell-allegorisch überladenen Bayreuther »Walküre«-Aufführung dürften manche Wagnerianer sich ähnliches gefragt haben. Wenn der Chéreau das Geschehen auf dem Walküren-Felsen, die Todverkündigung, Wotans Selbstgespräch und Wotans Abschied sowohl vom gefallenen Sohne wie von der verstoßenen Tochter derart originell, herzlich und theatralisch inszenieren kann, warum macht er denn alle Umwege, die besserwisserischen Anspielungen aufs 19. Jahrhundert, auf technische, spätindustrielle Entwicklungen? Warum inszeniert Chéreau nicht »einfach« die Partitur – statt immer gleich doppelt? Eine vernünftige Antwort auf diese nicht unvernünftige Frage müßte wohl lauten, daß die inszenatorische Phantasie eines Talents vom Kaliber des Patrice Chéreau sich erst in Bewegung setzt, wenn dieser Regisseur etwas ganz Bestimmtes (Kritisches? Überraschendes? Neuartiges?) vorführen will.

Das braucht unsereinen nicht von der Überlegung abzuhalten, was denn Chéreaus absichtsvolle Verdoppelung von Wotans Welt (der Göttervater agiert teils als mythischer Herrscher, teils als Großbürger irgendwo zwischen Industriechef und

Schuldirektor) eigentlich bringt. Oder: Was bringt es, daß der archaische Ehemann, Ehe-Despot Hunding hier in großen Verhältnissen lebt, seinen Tischwein in schwer-silbernem Kühler temperiert und daß er sich mit Schlägertypen umgibt, die ihm nur eben im entscheidenden Moment doch nicht helfen können, weil sonst die Oper aus wäre? Was auch bringt es, daß die Göttergattin – nicht deutlich-dramatisch genug: Eva Randová – im Kostüm einer Grande Dame rechthaberisch recht hat? Alle diese Manipulationen Chéreaus haben bisher kaum etwas Wissenswertes mitgeteilt, was Wagners Allegorie nicht sowieso in sich birgt.

Immer da aber wird Chéreau am fündigsten, wo er nicht etwa dem Text ausweicht, sondern wo er ihn genauer zu lesen und umzusetzen versteht, als es während der letzten Jahrzehnte in Bayreuth irgend jemand vermochte. Die besten Funde, die dem jungen, vor kurzer Zeit bestimmt noch ganz wagnerfremden, nur eben zugleich unbefangenen und hochbegabten Regisseur gelungen sind, machen das Neue Bayreuth wieder einmal aktuell, wichtig, diskussionswürdig. So könnte das Hundert-Jahre-»Ring des Nibelungen«-Jubiläum tatsächlich zu einem Datum werden!

Chéreau gelingt es wirklich, seine Protagonisten auch während viertelstundenlangen Deklamierens nicht starr-sängerhaft-pompös herumstehen zu lassen. Man sieht, was für gute Schauspieler selbst Tenöre und Sopranistinnen (von Baritonen weiß man es) sein können. Und man erlebt beklemmend schöne Einzelheiten mit.

So hat Patrice Chéreau den Moment, da die Walküre Siegmund den Tod verkündet, auch sichtbar zum magischen Ritual erhoben und gesteigert. Siegmund wird, halb willentlich, halb gelähmt, von der Göttin in weiße Totentücher gewickelt. Er nimmt das schicksalhaft einverstanden hin, bis er erfährt, daß die Geliebte zurückbleiben muß. Und wir nehmen es überwältigt einverstanden hin, auch weil Peter Hofmann ein junger, schöner Siegmund war, im ersten Akt mit recht unsicherer Tongebung (Premierenbefangenheit?), dann aber weit besser, glaubwürdiger, strahlend, kräftiger. Das Ritual des Scheidens von dieser Welt (Johannes Schaaf führte es ähnlich in seinem »Traumstadt«-Film vor) wirkte zwingend und befremdend zugleich.

Siegmund fällt dann im Zweikampf, Wotan wollte, mußte es erwirken. Aber er »fällt« eben nicht nur – sondern der Göttervater umarmt den Sterbenden. Man sieht, was Wotan aufgeben, verlieren muß. Und man erlebt mit, wie groß die Wut des beleidigten Hunding ist, der wieder und wieder auf den Sterbenden einsticht. Jetzt wirkt Wotans eigentlich tödlich-terroristische Geste, die Hunding gehen heißt, sowohl glaubwürdiger als auch humaner. So rechtfertigt Chéreau – herzlich und aus der Logik der Sache heraus – unvermittelt jenen Gott, den er eben noch zum wohlausstaffierten großbürgerlichen Patriarchen verkleinerte. Auch Chéreaus Interpretationsprinzip funktioniert keineswegs widerspruchsfrei. Das ist aber immer noch weit interessanter, als wenn er seine Inszenierungen um jeden Preis auf eine einzige These hin stilisiert hätte.

Der dritte »Walküren«-Akt ist, wenn man den Schallplatten-Verkaufszahlen und den Beifallsbekundungen in unseren Opernhäusern glauben darf, der beliebteste Akt des Werkes. Ich gestehe, ihn immer für den eigentlich schwächsten gehalten zu haben. Seit Bayreuth 1976 bin ich da verunsichert. Denn mit einer Aufgeschlossenheit gegenüber der nekrophilen Phantastik deutscher Heldensagen, wie sie einem Franzosen offenbar leichterfällt als seinen germanischen Kollegen, haben Chéreau, der Bühnenbildner Peduzzi, der Kostüm-Gestalter Jacques Schmidt und nicht zuletzt die hiesigen Reitstall-Verantwortlichen gezeigt, worum es da eigentlich geht. Schreckliche, stürmische Nacht! Ein Berg, von Kirchhofs-Utensilien erfüllt, von nordischen Nebeln umnebelt, von Blitzen umblitzt. Wilde Frauen, mit oder sogar auf Pferden.

Diese wilden Walküren kommen nach und nach zusammen; dabei liefern sie – recht achtlos, sie sind es ja so gewohnt – die Leichen gefallener Krieger ab. Denn das ist ja ihre Aufgabe: Sie sollen jenes Totenheer aufstellen, mit dem Wotan den Kampf um die Weltherrschaft führen will. Dazu die Walkürenritt-Musik, die nun plötzlich wie verwandelt wirkt. Und begreiflich die kreischende Verblüffung der Walküren, wenn ausgerechnet Brünnhilde mit einer toten Frau statt einer Heldenleiche erscheint. Eine solche Szene ist weder dezent noch liebenswürdig. Sondern sie wirkt wild, exzentrisch. Ein wüster, knabenhafter, greller Bilderbuch-Sagatraum. Aber genau das ist sie. Wenn man sich überlegt, wie langweilig-heiter und sinnlos das sonst immer vorgeführt wird: als eine Art Kameradschaftsabend dikker Maiden.

Wie alle Opern, die Wagner seit dem »Tannhäuser« komponiert hat, ist auch die »Walküre« nicht ein in drei Teile zerschnittenes Ganzes, sondern eine Folge von drei jeweils neuen Welten, Atmosphären, Zuständen. Wagners Reichtum läßt sich auch daran ablesen, daß er in jedem seiner großen, mehraktigen Werke nicht einfach etwa fortspinnt, sondern Akt für Akt neu ansetzt, wie zu einem neuen, jedoch notwendigen Kosmos. Wenn nun Chéreaus Interpretation darüber hinaus eher auf Verdoppelung und Umfunktionierung setzt als auf Vereinheitlichung und strenge Stilisierung, dann muß verwirrende Vielfältigkeit, Verschiedenheit, natürlich auch verschieden Gelungenes dabei entstehen.

Der erste »Walküren«-Akt hatte bei Chéreau etwas von einem Wildwest-Film. Die junge Frau, die zunächst einsam-unbefriedigt durchs Riesengebäude streicht. Violett blaut die Nacht. Der Flüchtling findet sich in einer Halle ein, wo er sowohl einen Quell, Industriesymbole als auch die umstandslos hingabebereite Frau findet. Inszenatorisch ging einiges schief. Es herrschte Nervosität auf der Bühne. Auch schien Boulez allzusehr auf nur kammermusikalische Ehebruchsbegleitung erpicht. Der Dirigent war nicht als alles koordinierende Hauptenergiequelle auszumachen. Peter Hofmanns (Siegmund-)Unsicherheiten, die Regieeinfälle, die dem Hunding verordnet waren – einsam wie Don Giovanni oder Scarpia mußte er an langer, rasch, aber uneinleuchtend improvisierter Tafel speisen. Und so mächtig Matti Salminen auch sang, ein Kurt Moll ist er nicht. Dazu Hannelore Bodes schöner, vielleicht noch nicht hinreichend expressiver Sieglinden-Sopran. Alles das führte doch zu einer gewiß interessanten Verkleinerung des elementaren Vorgangs.

Den zweiten Akt dirigierte Pierre Boulez so wunderbar durchdacht und durchfühlt, wie ich Boulez bisher noch nie habe musizieren hören. Plötzlich war alles gut, groß.

Ein Boulez, bemerkenswert sorgfältig abtönend, hochintelligent, variabel in der Tempogestaltung und der Gefühlsoffenheit, ein Donald McIntyre in bester Wotan-Stimmpräsenz, wenn auch recht unverständlich, eine Brünnhilde (Gwyneth Jones) voller Feuer, manchmal mit Nilsson-ähnlichen Spitzentönen, aber auch mit hier durchaus angebrachter Forciertheit, sowie genau geprobte Walküren von teils zarter, teils fabelhaft stämmiger Machart: alle diese Voraussetzungen ließen den zweiten und den dritten »Walküren«-Akt musikalisch glänzend gelingen. Aus Begleitfiguren und Bläserentfaltungen holte Boulez geradezu erlauchte Schönheiten heraus.

Am Ende, wie immer, heftiger Beifall für die Sänger, eine heftige Mischung aus Beifall und Buh für Chéreau, Boulez und Peduzzi. Erstaunlich genug: Das Publikum klatscht viertelstundenlang, um dann beim Auftritt der romanischen Gladiatoren immer wieder fabelhaft prompt loszuheulen. Pawlows Hunde, auf Bayreuths Bühne ja einstweilen noch beschäftigungslos, können nicht schneller, vorhersehbarer, monotoner, schlichter reagieren. Und daß es kalkuliert-schizophrene Bayreuthianer gibt, die zugleich buhen und klatschen, war eine weitere unvermutete, aber am Grünen Hügel tatsächlich mögliche Erfahrung.

27. VII. 1976

Die Berliner Philharmoniker übertrafen alle mir bekannten Opern-Orchester und auch das Bayreuther Festspiel-Orchester. Gerade weil sie nicht an Opern gewöhnt sind, weil sie Wagner einen gewissen Widerstand bieten, weil sie keine Routine haben, eroberten sie sich die Welt dieser »Walküre«-Musik mit einer Zartheit, einer unabgenutzten Genauigkeit, einer leisen Intensität, die zum reinsten Genuß wurden. Plötzlich spürte man wieder einmal, was der alltägliche Opernbetrieb auch erstklassigen Musikern alles abverlangt. Die Berliner hingegen hatten die Kraft, Wagners Partitur so zu spielen, als handelte es sich um eine Symphonie. Sie machten nicht Opern-»Dienst«, sondern sie musizierten – und hörten sich selber zu.

Die Folge davon war eine beinahe unvorstellbare Präzision des Leisen. Vor lauter ästhetischen Genüssen kamen manche Zuhörer gar nicht mehr dazu, dem dramatischen Ablauf mit der gebotenen Aufmerksamkeit zu folgen. Der Wagnersche Mischklang wurde endlich einmal realisiert, weil die Instrumente, vor allem die phänomenalen Holzbläser, ihre Einsätze so delikat, so kammermusikalisch abstuften, daß die Übergänge von einer Melodiephrase zur anderen nicht mehr mit plumper Bestimmtheit kamen, sondern fast impressionistisch sich anhörten. Wagners Polyphonie, seine, wenn man so sagen darf, nicht Viel-, sondern Allstimmigkeit, kam überwältigend heraus.

So wurde die Premiere zum Fest der kleinen Übergänge. Karajans Sensualismus führte zu einem Wagner für »Wagner-Verächter«. Denn leiser, musikalischer, sinnvoller und belebter als hier, wo die Kontrabässe auch die scheinbar unwichtigste Phrase musizierten, die Oboen sich aus dem Klangteppich lösten, so daß man kaum entscheiden konnte, wann ein Instrument die

Führung übernahm und das andere sich wieder unterordnete, ist diese Partitur wahrscheinlich noch nicht erklungen.

24. III. 1967

Siegfried

Vor Wagners »Siegfried«, dessen vermeintlich instinktsichere Naivität das 19. Jahrhundert bis hin zu Romain Rolland und Thomas Mann lieben wollte um jeden Preis, schaudern heute selbst bedingungslose Wagnerianer zurück. Beim Versuch, einen »reinen«, einen ersten Menschen zu schaffen, geriet Wagner in tiefste Zweideutigkeit. Gewiß, Siegfried fühlt, daß er nur ein Werkzeug Mimes war, und scheint im Recht mit seiner Aversion. Aber Sätze wie: »Ich kann dich ja nicht leiden, vergiß das nicht so leicht«, Morddrohungen im Stabreim: »Beim Genick möcht' ich den Nicker packen, den Garaus geben dem garstigen Zwicker« oder schlichte jugendliche Unverschämtheit: »Mich dünkt, des gedachtest du schon« (wenn der Pflegevater sich senil wiederholt): das paßt allzugut zum Bilde der blonden Bestie, deren Roheit als Jugendkraft verklärt wird. Siegfried, der überlegene Mensch, der blühende Knabe, der rosige Held, der helläugige Prinz, dem finsteren Gesindel überlegen – dabei aber bereit zum Totschlag und zum Verrat. Und als Schmied ist er ein so überzeugender Hinweis auf deutsche Wertarbeit, daß der Fachmann Mime abdanken und sich auf Kochkunst beschränken muß.

Aber Wotan? Adorno hat ihn erläutert als eine Art gealterten Turnvater Jahn und enttäuschten Revolutionär, dem – wie den deutschen Sozialdemokraten – alles schiefgegangen ist. Der geistert nun herum als »Phantasmagorie der begrabenen Revolution«: der rüstige völkische Kleinbürger, älterer Mann in Schlapphut und Wettermantel, von Ludwig Thoma beziehungsreich verspottet mit den Versen: »Ich schreite kühn, hussa, hojo, mit langem Schritt aus dem Büro.«

Es ist wahr: Dieser Wotan hat keinen Namen mehr (Wanderer), keinen Ort, nicht einmal ein Leitmotiv, welches sich präzis auf ihn bezieht. Das Walhallmotiv meint ja eher die strahlende Burg, als daß es Wotans Geheimnis erläutert. Und es will auch niemand mehr mit ihm reden: Die Erda verweigert sich, den Mime muß er auf terroristische Weise zu einem Quiz zwingen, nachdem er als ungebetener Gast abgewiesen worden ist, Jung

Siegfried schließlich nimmt weiß Gott kein Blatt vor den Mund, wenn Wotan väterlich werden will.

Wie ist das alles zu inszenieren? Günther Rennert fand für den ersten Akt des angeblich unspielbaren Stückes eine zwingende Lösung: Er machte weder den Mime zum mitleidswürdigen Opfer eines brutalen Gesellen, noch verklärte er den Siegfried bis zur Unkenntlichkeit. Sondern Siegfried hatte etwas vom Westernhelden. Oper, so verstanden, ist zugleich auch Kino für jene »Gebildeten«, die den Kintopp arrogant verachten. Diese Siegfried-Mischung aus »moral insanity« und natürlicher Frische, aus Knabenhaftigkeit und Mutterbindung, aus Grausamkeit und Großzügigkeit wirkt dann am überzeugendsten, wenn auch der Mime, den Gerhard Stolze meisterhaft »verkörperte«, zweierlei darstellt: nämlich den alternden, geschwätzig-schlauen, praktischen (und darum für besondere Aufgaben unbrauchbaren) Fachmann – und den vom schlechten Gewissen, von böser Absicht Gezeichneten. Die Erlösung und die Verwirrung, die diesen Siegfried befielen, nachdem er das Geheimnis seiner Abkunft erfahren hatte, waren eine präzise Vorbereitung auf die Entfaltung des zweiten und die Erfüllung des dritten Akts.

Jean Cox gab den Siegfried zunächst so, wie Benno Besson einst den Helden des »Drachen« inszeniert hat. Mit einem eher baritonal gefärbten als heldischen, gleichwohl kräftigen und deutlichen Tenor bewältigte er die absurden Anforderungen der Rolle relativ gut. Endlich ein Siegfried, dem man ohne Mitleid zuhören konnte, auch wenn der Schmiedegesang am Ende schon schwächer ausfiel, auch wenn während des zweiten und des dritten Akts Ermüdungserscheinungen unüberhörbar wurden.

Wagner sind ja unter der Hand die »negativen« Figuren des »Rings« interessanter geraten, als es zunächst scheint. Mime zum Beispiel ist nicht nur Symbol für die Kurzsichtigkeit des Bloß-Praktischen. Auch in seiner Figur bricht sich höchst aufschlußreich das Wälsungen-Schicksal musikalisch, auch er darf von der Liebe in der Natur singen. Stolze, dem oft und nicht grundlos vorgeworfen wurde, er »sänge« zuwenig, er ziehe sich auf bloßen Sprechgesang und schauspielnahe Deklamation zurück, setzte diesmal seine durchaus kräftige Stimme rückhaltlos ein. So gelang ein erstaunlich guter erster Akt: Matačić und das Orchester des Nationaltheaters waren kaum wiederzuerkennen.

Im zweiten und im dritten Akt kam es dann nicht mehr zu so eindeutigem Gelingen. Für die phänomenal-finstere Komik des zweiten Akts gibt es eine Analogie noch bei Dürrenmatt: Wenn in der Bankoper von »Frank V.« der Tresor aufgebrochen werden soll, finden sich wie von ungefähr alle Beteiligten im Keller ein und beargwöhnen einander. Dürrenmatt selbst hat darüber bei der Münchner Premiere herzlich gelacht. Auch über den zweiten »Siegfried«-Akt würde Dürrenmatt sich amüsieren: Hinter jeder Felsecke lauert ein Goldgieriger. Aber Rennert und das Bühnenbild (Dreher/Jürgens) blieben uns den technischen Märchencharakter schuldig. Längst ist ja das Abstrahieren und Symbolisieren als bloße Ausflucht vor den außerordentlichen Schwierigkeiten eines gemäßen theatralischen Konkretisierens erkennbar. Doch der Münchner Drache blieb zahnlos, ohne hübsche Fresse (und darum konsequenterweise leider auch ganz unverständlich). Fürs Waldvöglein fand man auch keine befriedigende Lösung. Im dritten Akt war die Anfangsscheibe sinnwidrig. Wotan steigt doch nicht zur Wala hoch, sondern begibt sich tief hinab.

1. II. 1969

Ob Wagners Siegfried vielleicht doch eine blonde Kraftprotz-Bestie sei, deren heitere Brutalitäten umstandslos zu bloßen Bekundungen ungebrochener Jugendlichkeit verklärt würden: mit solchen Problemen pflegen sich deutsche Kommentatoren und Regisseure im tiefbesorgten Gefühl unabsehbarer politischer Verantwortung herumzuschlagen. Das französische Bayreuth/»Ring«-Team Chéreau/Boulez hat sich für derartige Fragen offenbar kaum interessiert. Ihr Siegfried ist ein netter, wenn auch zu temperamentvollen Späßen und pubertären Wutausbrüchen neigender junger Mensch. René Kollo sieht ein bißchen so aus wie ein vorgeschichtlicher Bubi Scholz, der legt seinem Pflegevater Mime auch mal – versuchsweise freundlich – den Arm um den Hals. Aber er kann ihn halt wirklich nicht leiden und vergißt das nicht so leicht.

Falls Mime irgend etwas sagt, was das Kind nicht gern hört (die keineswegs lebensferne interfamiliäre Situation führt dazu, daß den jungen Helden eigentlich jedes Wort aus dem Munde des Älteren reizt), dann fliegen schwere, nicht ungefährliche Gegenstände und Schmiede-Utensilien durch die Streithöhle. Mime muß dann Deckung und neue Annäherungsmöglichkeiten suchen: der Fachmann, dem nichts gelingt. Ein glückloser Professor, der lauter (wie er meint) hochbedeutende Erfahrungen vorzubringen hat. Eine Brille auf der Nase, die Augen klug und eng, das Haar gelichtet: als Vorwelt-Intellektueller glich der vorzügliche Heinz Zednik in Bayreuth einer Mischung aus Alexander Mitscherlich und Alfred Kerr. Und am Schluß des ersten Akts, wenn dieses Mime listenreiche Pläne zum Erwerb der Weltherrschaft sich zu erfüllen scheinen, dann war er auch noch ein bißchen König Ubu, von keiner bösen Ahnung gewarnt.

Also: Chéreau machte aus dem ersten Akt witzigstes Lustspiel, freilich in Anführungszeichen. In lauter wohldurchdachten Verfremdungssymbolen nämlich, die man nur eben rasch adaptierte und vergaß. Immerhin: Der bedrohliche Bär betrat im ersten Akt furchtlos die Bühne; ein wunderschöner Lindwurm spie im zweiten nicht Feuer, sondern Dampf; nur das Waldvöglein durfte nicht frei sein. Es flötete aus einem Käfig, den irgendeine schicksalslenkende Gestalt, falls es nicht der Regisseur selber war, in den Urwald gestellt haben muß. In einen von Säulen umrahmten Urwald mit eingelassener Schmiede, der sich übrigens auch während der Szenen selber veränderte, als wolle man uns bedeuten, diese Einstellung sei nun hinreichend bekannt und das Zuschauerauge habe, wie eine Filmkamera, wohlerworbenes Anrecht auf eine neue. Manches wirkte vergagt. Chéreau, der im allzu düsteren dritten Akt die Erda tiefsinnig wie aus der Erde herauswickelte, läßt sich bei seinen Einfällen von keinem Respekt, aber auch nicht von allzuviel Logik lähmen. Mut oder Übermut, was weiß er.

Zum eigentlichen Problem dieser Aufführung wurde die Musik. Boulez bereitet den Bayreuthern ein Wechselbad aus Wohlerwogenem, beziehungsvoll Symphonischem und dann wieder Dürftigem, Dürrem. Natürlich läßt sich nicht ohne weiteres heraushören, wo das Orchester »als solches« gleichsam ums Leben spielt, Bayreuth-Erfahrungen langer Wagner-Tradition einbringend, notfalls ganz selbständig. Man bemerkt immer nur die »Eingriffe« des Dirigenten: kluge Zäsuren, auffallend neue Klangrelationen. Der »Siegfried« scheint nun Boulez' Intelligenz ziemlich fernzuliegen. Die Musik zu dieser Mischung aus Scherzo und Märchen ist von Wagner ja liedhafter entworfen als die symphonischen Entwicklungen der »Walküre« oder der »Götterdämmerungs«-Partitur. Im »Siegfried« spielen liedhafte Formen eine beträchtliche Rolle, wie Mimes »Starenlied«, Siegfrieds »Es sangen die Vöglein so selig im Lenz«, wie die übersichtliche Entfaltung des Siegfriedschen Hornrufes (der sich erst in der »Götterdämmerung« mit symphonischem Gewicht aufplustert) und wie das statisch dämmernde »Waldweben«. Alles dies, die quasi kanonische Führung des ersten Akts oder die Märchenmusik des zweiten, brachte Boulez doch nur bläßlich heraus. Dergleichen provoziert seine musikalische Einbildungskraft offenbar weniger, allzu wenig. Erst der nach vierzehnjähriger Pause komponierte, »Tristan«- und »Meistersinger«-Erfahrungen weiterspinnende dritte Akt fand Boulez dann wieder interessierter, also auch interessanter.

Heftige und anfechtbare Regie-Tendenzen sollen erst nach der »Götterdämmerung« kritisch diskutiert werden. Hier schmiedet zum Beispiel nicht der geniale Laie Siegfried das Schwert und zwingt auf diese Weise den Fachmann Mime zum Rückzug von der Schmiedekunst zur Kochkunst (mit, wie Chéreau präzis vorführt, vergnüglichem Eierbrutzeln à la spätem Rossini, der zuletzt auch kaum mehr komponierte, sondern hauptsächlich lukullisierte und dabei sogar seine berühmten Tournedos erfand), nein: Wotan selber stellt beim Hundert-Jahre-Bayreuth-Jubiläum dem deutschen Nationalhelden Siegfried (Krupp für Wilhelm II.?) eine fabelhafte Dampfhammeranlage mit allen möglichen, dem Deutschen Museum entliehenen Schikanen zur Verfügung, die der junge Mann sogleich arbeiten läßt, um die Arme zum Singen frei zu haben. René Kollo nutzte diesen unerwartet günstigen Umstand im ersten Akt nur verhalten aus. Er blieb da nur geschmeidig -aggressiv, um für den zweiten Akt noch Kraft zu haben und im letzten noch zulegen zu können. Was dabei während der Schmelz-und-Schmiede-Lieder – ob aus grippebedingter, sanfter Indisposition, aus Nervosität oder aus Übervorsichtigkeit, sei dahingestellt – an Siegfrieds Sonorität verlorenging, kam mit Zinsen wieder herein im Final-Duett. Siegfried und die sehr ausdrucksvolle, sehr wirkungsbewußte Brünnhilde (Gwyneth Jones) waren da ein junges, verliebtes, zum heiteren Wirbel fähiges und darum auch zur entzückenden Angst voreinander gestimmtes Paar. Wir brauchten kein Mitleid zu empfinden mit einem abgekämpften älteren Herrn, der vor den Riesenkräften eines von ihm leichtfertigerweise aufgeweckten hochdramatischen Energiebündels erschrickt und dann resigniert kaum mehr mittut. Nein: Diesmal endete der »Siegfried« als Glücksmärchen junger Leute. Im Märchen und im Lustspiel geht es ja nach der

Hochzeit aus guten Gründen auch nicht weiter. Sonst schlittert man unvermeidlich in die »Götterdämmerung«.

Bei der Erda der Hanna Schwarz lenkte möglicherweise die allzu ausgetüftelte Regie von einer schönen Forte-Stimme ab. Die Koloraturen des Waldvögleins (Yoko Kawahara) waren dem Siegfried, er sagte es ja selbst, verständlich. Aber der hatte auch Drachenblut getrunken, welches die Sprache der Vögel begreiflich macht. Wir, das Publikum, gelabt nur von den Erzeugnissen des Pausenbüfetts, verstanden von dem sehr undeutlich deklamierenden und auch nicht immer völlig rein singenden japanischen Vöglein keine Silbe.

29. VII. 1976

Götterdämmerung

Die Götter, deren Dämmern, deren heimlich und offen heraufbeschworenes Feuertodende zumindest *ein*, wenn nicht *das* Anliegen der »Götterdämmerung« sein sollte, treten in diesem letzten Teil der »Ring des Nibelungen«-Tetralogie nicht mehr auf. Es wird höchstens noch von ihnen berichtet, wir »hören« (sowohl direkt als auch indirekt) von ihnen. Wotans Raben kreisen, er selbst bleibt fern. Am Schluß müßte man die alten Götter im verbrennenden Walhall stoisch mitverbrennen sehen. Man: also das Publikum, aber auch jene letzten Menschen auf der Bühne, die zugleich erste Menschen einer neuen Zeit sind. In der Oper, die vom Ende Walhalls handelt, treten also nur noch Menschen, weitläufige Verwandte des Göttervaters sowie die Gegenspieler Walhalls, die Herren der Unterwelt, auf.

In seiner Inszenierung der »Götterdämmerung« – alles in allem einer ungemein konsequenten und gelungenen Theaterarbeit, für die der scheidende Chef der Bayerischen Staatsoper, Günther Rennert, gewiß den herzlichen Beifall, aber nicht auch die billigen Buhs verdient hatte –, in dieser Inszenierung schien Rennert die Götterdämmerung fast ganz entgöttern zu wollen. Aus mythologischen oder dämonischen Vorgängen und Figuren wurden weithin verstehbare, psychologisch einsichtige Charaktere. Die »Götterdämmerung« müßte bei Rennert/Sawallisch tatsächlich nur mehr »Siegfrieds Tod« heißen. Man erlebt das Ende eines sympathischen, wenn auch in der Wahl seiner Mittel bedenklich bedenklosen jungen Mannes mit, der, um rasch einer neuen Geliebten habhaft zu werden, an einer ziemlich gemeinen Verkuppelungsintrige teilnimmt, offenbar in der jungheldischen Ansicht, ihm könne nie was schiefgehen; und außerdem: »Frauengroll friedet sich bald.« Andererseits findet sich Siegfried aber auch, nachdem er mit einem Psychopharmakon (Vergessenheitstrank) behandelt worden ist, in die Alptraumsituation versetzt, daß eine sehr temperamentvolle fremde Frau, die in seinem Vorleben teuflisch gut Bescheid zu wissen scheint, erregt behauptet, sie sei mit ihm verheiratet.

Günther Rennert hat eine solche Verbürgerlichung, Vermenschlichung, eine derart auf Annäherung bedachte Konkretisierung des Werkes schon einmal versucht, aber damals mit weniger plausiblem, weniger fesselndem Ergebnis. Denn Lovro von Matačić, Rennerts Münchner »Ring«-Dirigent von 1969, besaß nicht die Kraft, eine musikalische, vitale Entsprechung für Rennerts szenisch-menschliche Logik herzustellen. In der »Götterdämmerung« des Jahres 1976, mit der Rennerts neuer »Ring« sich über uns schloß, dirigierte Sawallisch mit fabelhaft spontanem, großem Feuer, vehementem rhythmischem Impuls, klugem Sinn für die Möglichkeiten und Grenzen seiner Sänger. Seit einigen unvergessenen Symphoniekonzerten (Bruckners »Dritter« zum Beispiel) habe ich Sawallisch nicht mehr so überzeugend gehört. Es war wirklich, als hätte sich das Temperament des jungen Siegfried auf den Dirigenten der »Götterdämmerung« übertragen.

Die aktivierende, entmythologisierende, darum auch beschleunigende, schlanke Zeitmaße bevorzugende Tendenz der Aufführung ist von Szene zu Szene belegbar. So erlebt man die meist fahl und krank wabernde, weihevollen Weltenklatsch und uralten Unmut beschwörende Nornen-Szene zu Beginn des Werkes ja meist nur als eine Folge erhabener Spannungslosigkeiten. »Weißt du, wie das wird?« rufen sich drei mit Seilen beschäftigte düstere Wesen zu und wissen nur zu grämlich ums Ende. Unter Sawallisch jammerten die Nornen nicht, sondern sie erregten sich. Sie steigerten sich in herbe Monologe hinein, schufen eine Fallhöhe fürs Folgende. Nichts wurde verschleppt. Herrlich (und wehmütige Reminiszenzen an große Brünnhilden-Abende heraufbeschwörend) drangen Astrid Varnays unvergleichlich faszinierend herzliche Töne aus dem Terzett, dem immerhin noch Hildegard Hillebrecht und Brigitte Henn-Prassek angehörten. »Wenn ich eine Varnay auf der Bühne habe, brauche ich keinen Baum«, sagte Wieland Wagner einst. Während der Nacht-Leere dieser Nornen-Felsszene durfte man sich daran erinnern.

So waren also die Nornen zum dramatischen Vorspiel aktiviert worden. Als dann Siegfried und Brünnhilde erschienen, erinnerte auch in ihrem lustigen Verliebt-Sein nichts mehr an Übersinnliches oder auch nur Übermenschliches. Blonde junge Leute, mit sich und der Welt zufrieden, tatendurstig. Als dann später Günther Rennert bei der Charakterisierung der Figuren des Gibichungenhofes noch einen realistischen Schritt weiterging – Siegfried sah sich interessiert die feinen Möbel an, Gunthers »Du Hagen! Bewache die Halle« kam offenbar gut gelaunt, fast mit einem kameradschaftlichen Klaps verbunden; später dann, während der Auseinandersetzung, schubste die temperamentvolle Brünnhilde den Siegfried wie einen verlogenen Trottel beiseite, und der stolperte auch ganz hübsch in die Ecke –, da drängte sich natürlich die Frage auf, was Rennert sozusagen prinzipiell anders mache als die meisten seiner Kollegen.

Die Antwort lautet: Realistisch charakterisierende Einsprengsel kommen durchaus bei Wagner vor, und die Bayreuther oder Götz Friedrich oder Karajan haben gewiß auch manche naturalistischen Züge der Figuren hervorzuheben versucht. Der Unterschied ist nur eben: Rennert definiert seine Figuren ohne Rest realistisch. Wieland Wagner etwa verbot prinzipiell jede banal-naturalistische Geste, ließ psychologische Finessen nur als Zutat in den mythologischen Kosmos. Rennert macht aus den Sagen-Figuren Menschen. Die »Götterdämmerung« erscheint manchmal als Ibsensche Familien-Tragödie. Das hat bemerkenswerte Konsequenzen. Zunächst die, daß man sich an den alten Opera-seria-Gegensatz von Rezitativ und Arie gemahnt fühlt: Rezitativ, das ist hier die einleuchtende, Personen und Aktionen realistisch aufeinander beziehende Handlung. Arie wäre dann der sozusagen »überhöhende« Zuspruch oder Einspruch oder Widerspruch der Musik. Eine Menschengeschichte, die von der Musik mythologisch verlängert wird.

An der Intelligenz, der Plausibilität dieses Prinzips (wo etwa die gierig rasch verliebte, nette Gutrune zur Mischung aus Barbarella und Barbara Valentin avanciert) kann es keinen Zweifel geben, zumal wenn sich etwa Leonore Kirschstein dabei als treffliche Darstellerin bewährt. Nur verkleinert Rennerts Personen-Regie halt doch die »Götterdämmerungs«-Formate, wenn auch absichtlich und unvermeidlich. Dieser Siegfried des

Jean Cox – mit frischer Stimme, anfangs etwas unentschiedener Tongebung, aber den Anforderungen der Partie beinahe konkurrenzlos gewachsen, wenn auch ohne Zwielichtigkeit bei seiner todüberschatteten Erzählung im dritten Akt und ohne tiefsinnige Schizophrenie im zweiten –, dieser Siegfried hatte nur ein beklagenswertes Jungmännerschicksal. Aber war er einen Trauermarsch wert? Ein Sonnenjüngling, erschlagen von bleicher Finsternis? Genügt es wirklich, wenn die Figuren das Stück geben und die Musik den Hintergrund? Fragen, die wir in diesem Tetralogie-Festspiel-Sommer wohl noch oft werden erwägen müssen. So schön – zu verhalten, zuwenig bleichbitter erregt vielleicht – Ortrun Wenkel die Waltraute sang, in der Tiefe überzeugender als in den hohen Lagen: auch ihre herrliche Erzählung vergegenwärtigte nicht ganz die Götterqual. Und aus dem Unterwelts-Hagen hatten Rennert und sein Karl Ridderbusch einen jovialen Jago gemacht, abgründig gutmütig. Die Szene zwischen Hagen und Alberich (Klaus Hirte) war freilich glänzend gelöst: der Alte, der den Sohn mahnend umkroch. Gut charakterisiert, mitleiderregend der Gunther des kammermusikalisch diskret singenden Roland Hermann.

Ingrid Bjoner, als Brünnhilde, hatte Momente, die zu den Höhepunkten ihrer Karriere zählen könnten: ausdrucksvoll, hingabebereit, schöne, starke Spitzentöne. Daß während der erschütternden Szenen des zweiten Akts, auch im Schlußgesang manchmal die lyrische Mittellage, die tragische Aussagekraft ein wenig flach blieb, ist nicht zu leugnen. Nur Hochdramatische allergewaltigsten Kalibers schaffen das alles. Wenn man die Sängerbesetzung dieser »Götterdämmerung« – mit rein intonierenden Rheintöchtern – nicht mit allerteuersten Festspielen vergleicht, sondern an »stehenden« Opernhäusern zwischen Berlin und New York mißt, dann braucht sich München nicht zu verstecken.

Am wenigsten leuchteten die Bühnenbilder ein. Gerade wenn die Personenführung realistisch angelegt ist und die Musik eher zu direkt als zu verdüsternd, vermythologisierend, gerade dann bleibt unverständlich, warum Rennert sich mit Jan Brazdas halbherzig stilisierenden Bühnen-Räumen begnügt. Weder stellt sich die Illusion her, irgendwo flösse der Rhein, noch ahnt oder sieht man ihn. Zu großes Dunkel im verfehlten Schlußakt, wo immerhin von Sonne die Rede ist, zu große Beliebigkeit im zweiten. Am angemessensten gelang Brazda die Gibichungenhalle. Doch wenn am Ende die Menschen zusammenströmen, um zu überleben und ihre Götter sterben zu sehen – dann hätte vorher viel präzisere Illusion, warum nicht sogar die kinohafte Projektion bestimmter sagenhafter Bilder und Zustände hergestellt werden müssen. Unsere Bühnen könnten in dieser Hinsicht so viel – und riskieren so wenig. Angst vor Lächerlichkeit ist eine schlechte Ausflucht. Es geht ja nicht immer nur um Pferde auf der Bühne.

2. VII. 1976

Die Schwierigkeiten der einzigen, tatsächlich von Göttern redenden »Götterdämmerungs«-Szene, nämlich der Waltrauten-Szene des ersten Akts, wurde in Bayreuth intelligent gemeistert. Gegen göttliches Gebot, erschüttert von göttlicher Not, wagt sich Waltraute zur verbannten Brünnhilde, um ihr den Ring wegzuklagen. Die Erregte trifft ein, läßt sich dann aber lang und breit von Brünnhilde erzählen, wie angenehm es sei, glücklich verheiratet zu sein, und beginnt erst dann mit ihren Beschwörungen. Boulez/Chéreaus Trick: Waltraute ist nicht so sehr »erregt« als vielmehr steinern entsetzt. Sie spricht nicht nur von stoisch ertragenem Götterunglück. Sie verkörpert es. Sie hört passiv zu – und wenn sie dann berichtet, äußert sie sich leise, langsam, fahl und finster. Yvonne Minton machte, zusammen mit Boulez, einen gespenstischen Höhepunkt daraus. Brünnhilde bleibt also mit ihrem Ring zurück. Plötzlich, die Tarnkappe über dem Kopf, erscheint der vergeßliche Siegfried, um ihr Glück und Ring zu entreißen.

Ich habe noch nicht verraten, daß Siegfried im Smoking auftritt, und zwar in Gunthers Smoking. Denn am Rhein, bei den Gibichungen, trägt man moderne Tuche. Hagen (Karl Ridderbusch) erscheint im dunklen Straßenanzug, die Krawatte locker gebunden, ein Gewerkschaftsboß mit Hintergedanken. Gunther, der Chef, sieht auf Eleganz. Daß dieser Herr im Abendanzug keine Lust hat, mit einem soeben in seine Villa geplatzten Naturkind namens Siegfried sich in einen Zweikampf einzulassen – man versteht es. Vielleicht könnte die Smokingschleife dabei verrutschen, das Beinkleid Schaden nehmen. Nach dem zauberhaften Kleidertausch erscheint also, voller betrügerischer Absicht, auch Siegfried auf dem Walküren-Felsen im Smoking, um Brünnhilde Mores zu lehren, kirre zu machen.

Und doch ist selbst diese wenig erbringende, nur signalsetzende Kostümierung im ersten Akt noch halbwegs annehmbar;

denn: Solange Chéreau innerhalb der Spannungen, die Wagners Musik, Wagners szenischer Ort und Wagners »Welt« bedeuten, sozusagen parallele Gegen-Zeichen setzt, so lange versteht man seine Inszenierungsweise als Mitteilung und Kommentar zugleich. Dieser produktive Parallelismus kann Sinn haben – man erinnere sich etwa an die Empedokles-Interpretation der Berliner Schaubühne. Wenn es also gelingt, moderne Haltungen und Gesten und sogar Kostüme dem Wagnerschen Buchstaben entgegenzusetzen – im klaren Kontext der Wagnerschen Voraussetzungen, sozusagen als ein Beziehungsmuster jenseits des vom Autor gegebenen Musters, als ein Muster, das Spiegelungen, Erweiterungen, Perspektiven herstellt –, dann leistet moderne Regie Vergegenwärtigung, Belebung, Erneuerung.

Gewiß nicht, wenn sie nur auf jene Oberlehrerfrage: »Kommt das denn heute noch vor?«, auf die Frage also, ob bestimmte mythische oder homerische oder klassische Modelle wohl heute noch von Wichtigkeit sind, mit einem beflissenen Musterschüler-»Ja!« antwortet. Mit einem dummen Ja, das weniger aus dem Buchstaben der Partitur abgeleitet scheint als aus dem vorwitzigen Willen, um jeden Preis zu modernisieren und zu verkleinern. Dieser Wille schien leider Alleinherrscher im zweiten und im dritten »Götterdämmerungs«-Akt.

Die Szene spielt da in einer recht elenden Hafengegend. New York oder Süditalien, Weitgereiste könnten an vieles denken. Da traten Smokingherren auf, weiß-wallende Damen. Später auch proletarisches Volk, Hafenarbeiter. Und da war aus einer gebundenen, parallelen Vieldeutigkeitserläuterung längst eine faule Vieldeutigkeit geworden.

Wenn ein Regisseur, der offensichtlich seine Bilder zusammen mit dem Bühnenbildner Richard Peduzzi entworfen hat, bevor er noch ahnte, wie sehr ihn die Wirklichkeit des »Rings« dann später ernsthaft engagieren würde – wenn ein solcher Regisseur Smokingmenschen im Hafen zur Reihenhaus-Hochzeit versammelt, dann ist das keine spannungsvolle Erweiterung des Gegebenen, sondern etwas völlig Neues, Beliebiges. Dergleichen (Abendanzüge auf städtischem Asphalt) kennt man aus . . . Musicals.

Chéreau/Peduzzis Irrtum ist vollständig. Er ist respektlos, sinnlos, langweilig. Wagners grimmiger Witz etwa, wenn Hagens Mannen germanisch scherzen, sinkt in sich zusammen. Das Gejohle von Hafenarbeitern hat andern Stellenwert, als wenn Altgermanen, die immer nur patriotisch und verteidigungswillig empfinden können, vom wilden Hagen an der Nase herumgeführt werden und schließlich fürchterlich donnernd lachen.

Der dritte »Götterdämmerungs«-Akt bot dann aber nicht einmal mehr elegantes Musical. Die Staudammanlage, die im Rheingold noch Dampf beziehungsweise »germanische Nebel« produziert hatte, sie stand still. Die Nixen hatten alle Unzucht abgelegt, Siegfried verschied vor einer Metallkonstruktion. Die schicksalhaften Raben lagen als Jagdbeute herum, und sogar das Waldvöglein hatte sich wieder an seinen Käfig gewöhnt. Im Schweiße unseres Angesichts bemühte sich Chéreau darum, den willkürlichen Nicht-Sinn anspielungsreich zu bebildern. Aber er lenkte damit nur von Boulez ab und machte der tapferen Gwyneth Jones, deren Schlußgesang man wie eine überflüssige Solonummer mitanhören mußte, das Gesangsleben unnötig schwer. In stolzer Lust des Mißverstehens schickte Chéreau den Gunther sogar im Smoking auf die Jagd. Es fiel eine langweilige, weil totale Ubiquität ins Auge. Nicht nur alle Zeiten konnten in einer Anachronismusorgie zugleich nebeneinander existieren, sondern offenbar auch alle Orte und Haltungen. Nur daß eben der bestimmende, Spannung stiftende Wagnersche Ort entfiel. So zerbrach der Neu-Bayreuther »Ring« an seinem Ende.

31. VII. 1976

Parsifal

Es ist gewiß schwer, den »Parsifal« zu »verstehen«: zu verstehen, warum der Gral den Selbstmord des Amfortas verhindert, damit Titurel am Leben bleibt, und warum der Todeswunsch des Amfortas auf die Tötung des Altvaters hinausläuft. Oder warum Parsifal zuerst sich selbst kennenlernen muß, bis er es lernt, zu lieben, und warum die Liebe bei ihm (weil sie nicht, wie bei Kundry, in reines Dienen und reinen Eros zerfällt) zugleich zum Mitleid führt, so daß der »Kuß« den jungen Mann von der Verführerin weg zuerst zur Mutter und dann zum Mitleid für Amfortas drängt. Wie gesagt, es ist nicht leicht, das zu verstehen. Aber jeder intelligente Mensch kann es bei einiger Anstrengung schon kapieren. Doch daß der Parsifal über diese vielleicht etwas mühseligen Heilskonstruktionen hinaus Wagners reinste und rätselhafteste Musik enthält: das »kapiert« sich nicht so ohne weiteres. Da muß man viele Jahre Geduld mit sich haben.

Boulez dirigierte den ersten Akt der Partitur sorgfältig und souverän in der Zeit-Disposition, im sogenannten (wie übersetzt man das?) »timing«. Im zweiten ließ die Spannung nach, wohl auch, weil Gwyneth Jones zum erstenmal herb enttäuschte (als Kundry), weil da die Schwächen ihrer Technik und ihrer Ausdruckskraft hörbar wurden. Und auch den dritten Akt nahm Boulez um jene Winzigkeit zu rasch, die leicht, und bei geringerer Dirigier-Intelligenz, in Langeweile umschlagen könnte. Jess Thomas kam mit dem Parsifal gut zurecht, aber er kam ihm nicht nahe. Die gesündeste Stimme hatte der sieche Titurel (Karl Ridderbusch) von seinem Totenbett aus; Franz Crass sang einen schönen Gurnemanz.

Nur: Die Glut der Personenführung, die man einst, trotz aller szenischen Absurditäten, der Wieland Wagnerschen »Parsifal«-Regie dankbar angemerkt hatte, sie ist 1970 verschwunden. Bis auf die finsteren Verzweiflungschöre des letzten Akts, die einigermaßen erhalten geblieben sind, weil Chor-Traditionen sich nicht so leicht verändern, bot auch der »Parsifal« viel Anfechtbares.

Wenn man ehrlich ist und nicht von verklärender Erinnerung geblendet, dann kann man doch kaum leugnen, daß die Verführungs-Szene im Blumengarten kaum so stattfinden darf, wie sie im Neuen Bayreuth stattfindet: Kundry steht wie eine von bösen Wilden an einen Pfahl gebundene Missionarin auf einem Hügel, einem riesigen Ameisenhaufen, und der zu Verführende schreitet zu ihr herauf, um ihr nicht ohne Mühe einen Kuß auf die Lippen zu drücken. Alles das in dummer Finsternis; Gesichter sind nur noch weiße Flecken, nichts Psychologisch-Dramatisches läßt sich erkennen, außer daß tanzende Blumenmädchen etwa so attraktiv sind wie alle drittklassigen Ballette. Von Parsifals Tugend wurde im zweiten Akt folglich nicht viel verlangt. Die Welt des Klingsor, eine gleißende, zauberische, maurisch-arabische Welt, kam schlechthin nicht vor. Daß dieser Mann hingegen in tiefer Nacht seinerseits sehen kann und eine ausführliche Teichoskopie (Mauernschilderung) gibt, war nur als physiologische Besonderheit zu werten. Nach der Finsternis des zweiten Akts wirkte die übermäßige Dunkelheit der Karfreitagsaue doppelt fade. Sie wäre in einer vernünftigen Konzeption erträglicher gewesen. Der erste Akt hat noch am relativ besten den Wechsel der Zeiten überstanden. Er lebte von der

Herzlichkeit des Gurnemanz und von Boulez' Differenziertheit. Sosehr ich diese bewunderte: Im letzten Akt, zumal bei der Verwandlungsmusik, dachte ich sehnsüchtig zurück an Knappertsbuschs finstergroße Gewalt von einst.

4. VIII. 1970

Noch einige »Parsifal«-Deutungen erwünscht? 1951 schrieb Professor Hans Grunsky tiefenpsychologisch: »Zu einem vollen Verständnis gelangen wir doch erst, wenn wir weiter zurückgehen und Speer und Gral im Sinne C. G. Jungs als archetypische Bilder auffassen. Danach ist der Speer eindeutiges Symbol männlicher Macht und männlicher Zeugungskraft, Waffe des Fruchtbarkeit schaffenden Gewittergottes; die leuchtende Gralsschale weibliches Geschlechtssymbol, als Sonne oder Mond wonnespendendes Rauschtrankgefäß der Götter. Man entsetze sich hierüber nicht!« Also, ein wenig verwundern wird man sich vielleicht doch noch dürfen. Und eher »visionär« als philologisch exakt behauptete Theodor Däubler in einem Wagner-Essay: »Parsifal, Fall-parsy, birgt in seinem Namen die gleiche Wurzel wie Phallos. Kun-dry, Gundrigga, trägt die Wurzel Kun, was weibesgeschlechtlich ausdrückt, mit sich herum. Wir haben also nochmals das Paar. Das heroische Paar.«

Derartige Spekulationen mögen interessant, vielleicht sogar halbwahr (oder eben doch völliger Unsinn) sein: Auf alle Fälle helfen sie nicht, wenn es um eine szenische Realisierung einer Wagner-Oper geht, die zwar den Anspruch einlöst, »Bühnenweihfestspiel« zu sein, in deren Verlauf es aber gleichwohl, wie immer bei Wagner, um handelnde, brünstige, »interessante« Sünder und Helden geht. Und ganz gewiß ist die Musik, diese hochentwickelte, reiche, im Leisen und Leidenden ausdrucksvolle Partitur, die mit Pausen (und nicht nur mit der Kunst des kleinsten Übergangs) arbeitet, mit Kirchentonarten, aber auch mit überwältigenden Modernismen, dem poetisch gehaltvollen Text noch um eine Genie-Dimension überlegen.

Der von Dietrich Haugk, Günther Schneider-Siemssen und Wolfgang Sawallisch verantworteten, in den ersten beiden Akten alles in allem außerordentlich gelungenen Münchner Neuinszenierung kommt interpretationsgeschichtlicher Rang zu. Gewiß nicht, weil die Darbietung im Hinblick auf musikalische Erfüllung und Solistenbesetzung den größten Bayreuther »Parsifal«-Erinnerungen überlegen gewesen wäre (sie war es nicht;

doch auch musikalisch wurde Fesselnderes geboten als bei einer mittleren Bayreuth-Aufführung), sondern weil Regisseur und Bühnenbildner sich im Münchner Nationaltheater zu zwei wichtigen und folgenreichen Schritten entschlossen. Zunächst ging man vergegenwärtigungslüstern hinter die bayreuthische Abstraktionskargheit zurück: Man setzte nicht irgendwelche Symbole »für« die von Wagner geforderten Realitäten, was ja der Willkür freien Raum läßt, sondern man bot die von Wagner geforderten Räume. Aber man bot sie nicht lauschig-realistisch, sondern besonnen-stilisiert. Wald, Lichtung, Gralsburg, Zauberschloß und Karfreitagsaue waren materiell und fesselnd da, waren nicht nur Mischung aus Finsternis und Lichtorgel – aber sie wurden in eine ausdrucksstarke und beziehungsvolle, noch immer nicht hinreichend konsequent durchdachte Richtung verfremdet.

Das Vorspiel zum ersten Akt dirigierte Wolfgang Sawallisch, der ja seit einigen Monaten mit einem Glanz und einer Kraft musiziert, wie sie ihm so überzeugend früher nicht zu Gebote standen, außerordentlich. Ruhiger, expressiver, erfüllter und untrivialer ist in München seit Knappertsbuschs Tod nicht mehr Wagner gespielt worden; auch das Orchester schien mit heiligem Eifer bei der Sache. Dann öffnete sich der Vorhang und gab eine Waldlichtung frei: Bäume, im Jugendstil-Sinne geformt (keineswegs karikiert), aber eben doch so, daß die Lichtung zugleich Kuppel war, daß Jugendstil-Ornamentik zart mit neugotischem Aufschwung verschmolz. In diesem beziehungsvollen Raum handelte und agierte der als Gurnemanz seit Jahren hocherfahrene Franz Crass wie ein »Mensch«. Mit schöner, ausdrucksvoller Stimme, nie nazarenerhaft süßlich, nie verkitscht. In diesem Ort kauerte, und das war noch nicht hinreichend gelöst, Kundry wie in einer Grube, da erschien, wirklich naiv, wirklich ahnungslos-unschuldig, souverän bei Stimme, James King als Parsifal. Wer je gelitten hat unter den dicken Schenkeln gewisser Heldentenöre in kurzen Hemdchen, die vorgeben, Naturburschen zu sein, der mußte für das geschlossene, bewußt modernistische Kostüm dieses Parsifal dankbar sein.

Dietrich Haugk hatte den ersten Akt so inszeniert, daß nicht alles, im Doppelsinn, feststand, sondern daß der Akt eine Geschichte unter Menschen war. Und zwar unter teils naiven, teils grausam-elitären Menschen: Was diese Gralsritter dem armen, hier wirklich kranken, zu Ohnmachtsanfällen neigenden Amfortas zumuten (man hilft ihm kaum, wenn er zusammenbricht; man nimmt das offenbar ungerührt in Kauf, man will eben »den Gral«), das machte die Notwendigkeit von »Mitleid« wahrhaft plausibel. Fischer-Dieskau sang genau, expressiv, hochintelligent. Er ging bis an die Grenzen des Erträglichen bei der Darstellung seines Leidens-Amfortas – dieser sieche, sich nach Tod oder Selbstmord sehnende Amfortas war tatsächlich ein »Tristan in seiner unendlichen Steigerung«.

Bei der ersten Verwandlungsmusik klappte einiges Technische nicht, und Schneider-Siemssen wäre Wagners Spannungs-Konstellation doch entschieden näher gekommen, wenn das Kuppelgewölbe und die Kostüme nicht bloß Jugendstilhaftes und Gotisches, sondern vor allem ein Bild asketisch-spanischen Christentums vermittelt hätten. Spanische und jugendstilhafte Formen widersprechen einander keineswegs.

So, wie Debussys »Mélisande« eine Art Jugendstil-Girlande ist, inszenierte Dietrich Haugk die sündhaften Blumenmädchen des zweiten Akts als Beardsleysche Sumpfblüten. Klingsor erschien nicht als nur böser Gegenspieler, sondern als Märchen-Magier mit Zauberspiegel, Spinnweben und Teufelsaugen. Wiederum war also eine – im Neuen Bayreuth: trostlose – Szenerie aktiviert und konkret stilisiert worden. Aber leider nicht hinreichend nach dem exzessiv Maurisch-Arabischen hin, das im »Parsifal« streng thematischer Gegensatz ist zur exzessiv christlichen Askese. Mir schienen die Farben und die am Hintergrund aufscheinenden, über Sexuelles und Sonstiges aufklärenden Lichtgestalten ein wenig forciert und billig.

Wirkte Heinz Imdahl (Klingsor) mit strahlend heller, manchmal ärgerlich keifender Stimme noch wie eine Mischung aus Wesir, Zauberkünstler und Obereunuch, so vermochte Hildegard Hillebrecht die ungeheuerliche Forderung, zugleich Archetyp, Jugendstilsünde, tragische Verführerin und Unselige mit Lachzwang zu sein, nicht hinreichend zu erfüllen. Es lag weniger an ihrer relativen Unbeweglichkeit als daran, daß ihre schöne, große, aber für diese Partie doch nicht ganz genügende Stimme nur einen Teil des von Wagner Gemeinten (und von Martha Mödl einst unvergeßlich Gebotenen) auszudrücken vermochte. So wurde die beabsichtigte Umfunktionierung von Mutterliebe in erotische Liebe, von Vergessensschmerz in Leidensassoziation (Parsifal: »Was alles vergaß ich wohl noch?«) nur vorgeführt, gesungen, aber nicht zwingend dargestellt, verkörpert.

In den ersten beiden Akten war der »Parsifal« einleuchtend spielerisch angelegt. Die Menschen schritten nicht, sondern sie gingen, sie »zelebrierten« nicht, sondern sie reagierten mit (wenn sie Bescheid wußten); selbst den kräftigen Titurel (Karl Helm) sah man unter Engeln. Oder sie blieben verwundert, aber nicht unberührt, falls sie nicht Bescheid wußten – wie zum Beispiel Parsifal und bestimmt auch derjenige Teil des Publikums, der nicht vorher den Text gelesen hatte.

Dieser kühn vergegenwärtigende inszenatorische Ansatz forderte im dritten Akt einige Opfer. Es ist gewiß vertretbar, daß Fischer-Dieskau dem Amfortas eine wild verzehrende, fast böse Leidenschaft zukommen läßt und ihn in heftigen Gegensatz zu den Rittern stellt. Es ist vielleicht gerade noch diskutabel, daß die Oper so endet, als sei hauptsächlich Kundry erlöst worden: Parsifal beugt sich (seitenverkehrte Pietà) über die Sterbende – immerhin hat Wagner bei der Kundry an den Maria-Magdalena-Konflikt aus seinem »Jesus von Nazareth«-Konzept gedacht und einiges davon in den »Parsifal« hinübergenommen. Doch wenn wegen allzuviel Licht und Jugendstil im dritten Akt die große Wagner-Schwärze ausbleibt, jenes ungeheure Verenden und Erstarren, das ja nicht nur in Walhall oder beim Landgrafen Hermann und bei Tristans Tod herrscht, sondern auch im Montsalvat: dann ist dies ein bitterer Kunstfehler. Auch schienen Orchester und Dirigenten im letzten Akt nicht ganz so kraftvoll und glücklich bei der Sache. »Parsifal« läßt sich einem laufenden Spielplan eben nur schwer integrieren.

17. IV. 1973

Die Wesendonk-Lieder

Jene fünf Klavierlieder, die Richard Wagner über Gedichte von Mathilde Wesendonk im Winter 1857/58 während seiner Zürcher Exilzeit komponierte, bilden keinen Zyklus im programmatischen Sinne dieses Wortes. Mit den Müller-Liedern oder der »Winterreise« Schuberts, mit Ernst Křeneks »Reisetagebuch aus den österreichischen Alpen« lassen sie sich nicht vergleichen. Kein Vorgang hält sie zusammen, ja nicht einmal dessen Reflex, wie ihn die George-Lieder Schönbergs beschreiben. Sie schließen sich auch nicht auf jene lockere Weise zur »Einheit« zusammen, die sich in Schumanns Liederkreis nach Gedichten von Eichendorff beobachten läßt, wo die Tonarten der Lieder mehr als ihre Texte sich zum Kreis fügen. Die Wesendonk-Lieder sind durch andere, vielleicht äußerlichere Merkmale aneinander gebunden. Sie entstanden in relativ kurzen Abständen, sie haben sämtlich die gleiche Verfasserin, und sie wurden 1862 unter dem Titel »Fünf Gedichte für eine Frauenstimme« als Liederheft bei Schott in Mainz herausgegeben. Darüber hinaus verbindet sie nicht nur eine enge Beziehung zur Gefühls- und Gedankenwelt des »Tristan«, sondern eine bemerkenswerte, im Text der »Jüngerin« Mathilde Wesendonk sich niederschlagende, einheitstiftende Affinität zum Vokabular des Gesamtkunstwerkes.

Nur im Hinblick aufs Tongeschlecht hat Wagner die Lieder geordnet: Die Entstehungsfolge war anders als die von Wagner dann endgültig bestimmte Reihenfolge. Zuerst entstand das G-Dur-Lied »Der Engel«, dann das As-Dur-Lied »Träume«, dann die vom c-Moll ins C-Dur führende Komposition der »Schmerzen«, danach das genauso aufgebaute »Stehe still!« und endlich »Im Treibhaus« (d-Moll). Mit dieser letzten, wohl ernstesten Komposition hat Wagner jedoch offenbar die Liedfolge nicht abschließen wollen. In der von ihm bestimmten Anordnung steht das ruhig bewegte G-Dur des »Engels« am Anfang, das sanft verklärte As-Dur der »Träume«, dem Anfang korrespondierend, am Schluß. Genau in der Mitte, an dritter Stelle, das einzig reine Moll-Lied, »Im Treibhaus«. Und die zwischen c-Moll und C-Dur schwankenden beiden übrigen Lieder treffen wir jetzt an zweiter und vierter Stelle des Zyklus. So logisch diese Anordnung ist, einen spürbaren »Ablauf« bringt sie keineswegs in die Fünfer-Reihe. Auch darf man nicht vergessen, daß es sich bei den Wesendonk-Liedern, die man unglücklicherweise fast nur noch in Felix Mottls Orchester-Fassung hört, um Klavierlieder handelt, auch wenn Wagner selbst zu einem Geburtstagsständchen für Mathilde die »Träume« instrumentierte – für 18 auserlesene Zürcher Musiker, die vor Frau Wesendonks Schlafzimmer erschienen.

Bereits im ersten Lied, dem »Engel«, wird der Unterschied zwischen Wagners frühen Liedern von 1840, die dem Schumann-Mendelssohn-Typus, reiner Strophen- und »Lied«-Form noch recht nahe sind, und diesen ganz frei komponierten Gesängen aus der »Tristan«-Zeit unübersehbar deutlich. Nach dreiteiliger »Liedform«, nach genauer Entsprechung zwischen dem Reimschema der Verse und dem melodischen Verlauf darf man nicht suchen. Doch obwohl das Lied frei durchkomponiert ist, wird es kunstvoll zusammengehalten von der fern ans Schema A-B-A anklingenden Begleitung, deren durchsichtig akkordischer Satz am Anfang und am Schluß trotz aller Verschiedenheit der Harmonien identisch bleibt, während in der Mitte des Liedes pochende Achtel an die Stelle des schwebenden Anfangs und Schlusses treten. Die Melodie selbst ist »unendlich«. Sie schwingt ebenso frei wie logisch aus, läßt sich keinem traditionellen Schema unterordnen, scheint jedoch aus einem melodischen Impuls zu strömen. Wie frei Wagner verfährt, dafür ist die Linienführung beim »da der Engel niederschwebt« ein Beleg. Gerade beim »niederschwebt« greift die Melodie noch hold nach oben aus, ohne jede Konzession an Tonmalerei.

In den Versen von Mathilde Wesendonk verbirgt sich feine, von sanftem Temperament belebte Gedankenlyrik. Wenn irgend etwas in ihren Gedichten doch die Dilettantin verrät, dann ist es ein Mangel an handgreiflichen Bildern, einprägsamen Symbolen. Frau Wesendonks gefühlsbetonte Lyrik lebt von den großen Bewegungen der Seele, auch wenn die Autorin sie nicht immer in ein lyrisches Gleichnis zu zwingen vermag. Wagners Lieblingsworte wie die »Wonne«, »die wunderbaren Träume«, das an seinen »Schmerzen« genesende Herz werden emphatisch zitiert.

Nur das dritte Gedicht, »Im Treibhaus«, leistet den Übergang von der bewegten Einzelheit zum großen Gefühl lyrisch bruchlos. Hingegen das zweite, »Stehe still!«, scheint Nietzsches Gedanken von der »ewigen Wiederkehr« poetisch vorwegzunehmen und sich zugleich dagegen aufzulehnen. Alles in diesem Gedicht ruft der zeugenden Kraft, dem ewig schaffenden Urgedanken ein »Halt!« zu. Mag sein, daß Mathilde Wesendonk mit dem genialen, temperamentvollen Komponisten, den sie in Zürich getroffen hat, den Engel ihres ersten Gedichtes meinte. Wagner hat die rastlos dämonische Bewegung des »Stehe still!« weitläufig seinem »Fliegenden Holländer« entlehnt, und zwar dem Chor der Holländer-Matrosen »Schwarzer Hauptmann, geh an's Land«, der, gleichfalls im Sechsachtel-Takt, den Leitton genauso wild unterstreicht (nur eben in h-Moll).

Drittes und fünftes Lied (»Im Treibhaus« und »Träume«) sind »Gedichte zu Tristan und Isolde« genannt. Im dritten Lied zitiert Wagner das Vorspiel zum dritten »Tristan«-Akt wörtlich und über lange Strecken; die »Träume« ähneln einer noch nicht ganz ausgeführten, etwas ärmeren Vorstudie zum Kanon des zweiten Akts. Die musikalische Substanz dieser Lieder, wo die Singstimme oft wie ein Instrument, das nur eine Nebenstimme zu spielen hat, geführt wird, ist reich. So liegt vor allem über »Im Treibhaus« die ganze Last der »Tristan«-Trauer, hier beinahe erdrückend auf ein sentimentalisch betrachtetes Genrebild bezogen. Die »Schmerzen«, die zugleich Wonnen sind, ähnlich jener süßen Not, von der die Meistersinger sagen, scheinen eine Verbindung vorzubereiten zwischen dem schrillen Anfang des zweiten »Tristan«-Akts und dem glühenden Pathos der Brünnhilde.

So orchestral die Lieder anmuten, nie greift Wagner über die Möglichkeiten des Klaviers hinaus. Werden sie von einer Wagner-kundigen Interpretin wie Kirsten Flagstad gesungen, dann brauchen sie den Vergleich mit den bedeutendsten Liedern des 19. Jahrhunderts nicht zu scheuen.

1. VIII. 1960

12. Kapitel
Anton Bruckner · César Franck · Charles Gounod · Johannes Brahms

Anton Bruckner
Erste Symphonie

Bruckners »Erste« – in Wahrheit seine 3. Symphonie, zwei keineswegs belanglose, nur eben nicht »zählende« gingen ihr voraus – zeigt den Meister bereits auf der Höhe der Kunst. Der große Atem ist da, überall herrscht ein typisch Brucknerscher Tonfall, das Werk ahmt weder Beethovens festlich-dramatische Logik nach noch Schuberts selbstvergessene Huldigung des »Verweile doch«. Mit ruhig-festem Zugriff läßt Bruckner die Themen entstehen, nicht von Höhepunkt zu Höhepunkt, sondern von funkelnder »Hochfläche« zu »Hochfläche« geht der symphonische Verlauf, harmonische Schroffheiten werden gewagt, wie sie in solcher Fülle sonst nur in Bruckners »Sechster« vorkommen. Seitenthema mit Ländlerbegleitung, Scherzo, die Gravitation zum Finale: an alledem wird sich, dem Typus nach, nichts mehr ändern, bis Bruckner die Feder aus der Hand legt. Nur eines fehlt – Bruckner scheint hier Wagner noch nicht so nah. Sein tiefes Blech läßt noch nicht unabweisbar an die Abgründe des »Rings« denken, die Chromatik hat keinerlei Tendenz zu Wagnerianischer Süchtigkeit. Gewiß, Bruckner ist nie Wagnerianer geworden und gewesen; er war – mit einiger Überspitzung sei es gesagt – immer ein katholischer Barockmusiker, der zufällig im 19. Jahrhundert lebte. Diese »Erste« darf man überdies als ein definitiv vorwagnerisches Werk bezeichnen.

Was das Adagio angeht, so scheint Rieger es noch nicht ganz so ernst nehmen zu wollen wie die großen, langsamen Sätze des »späten« Bruckner. Jedenfalls war die Bewegung, so innig und klar auch alles herauskam, für meine Empfindung immer noch ein wenig zu rasch, vor allem im Mittelteil. Aber das sind Nuancen. Vielleicht zerbricht der Satz, wenn man ihn allzu langsam nimmt – doch wahrscheinlich würde er, wie in analogen Fällen fast immer, dann nur geschlossener, eindringlicher, harmonischer wirken.

Im Scherzo, dessen Trio fast wörtlich schon Gustav Mahlers

modulierende Melancholie vorwegnimmt, und auch im Finale schlug Rieger einen derb-musikantischen, vorwärtstreibenden Ton an. Mag sein, daß einiges noch inniger herauskommen könnte: Die forsche Jugendlichkeit dieser Symphonie, ihr stürmischer Impetus wurde vorzüglich getroffen. Für die meisten Zuhörer dürfte es die erste Begegnung mit Bruckners Linzer Symphonie gewesen sein. Fritz Rieger – und ein größeres Kompliment kann man ihm kaum machen – erreichte, daß sie alle von nun an wünschen werden, dieses Werk möge zum feststehenden Repertoire der Symphoniekonzerte gehören.

6. X. 1961

Zweite Symphonie

Mit einer Frische und einer Sicherheit sondergleichen führt ja gerade die 2. Symphonie den Typus des spezifisch Brucknerschen »Entwicklungsthemas« vor. So, wie sich, weniger aus eigener Logik als aus eigenem Feuer, eigener Inbrunst, das erste Thema des ersten Satzes immer mehr erweitert und entwickelt, das Finalthema aufbaut, das Scherzo donnernd türmt: Selbst bei Bruckner kann man das nicht oft derart zwingend erleben. Nichts wäre bei Bruckner falscher, als wenn sich Dirigenten und Musiker zu deutlich dafür entschieden, was Melodie und was bloß fügsame Begleitung ist. Bei allen Seitenthemen dieser Symphonie, besonders schön im Andante, hat jede Bewegung, sei sie nun solistisch oder kontrapunktisch, ihre eigene Wahrheit. Bruckner-Interpretationen mißraten stets dann zu schlechter Tschaikowsky-Eindeutigkeit, wenn die jeweils scheinbar wichtigsten Melodien wie Fettaugen auf einer spätromantischen Orchesterbrühe schwimmen. Man muß Bruckner-»Begleitungen« anders verstehen. Wenn die Streicher, beispielsweise, im zweiten Satz ihr Choralthema spielen und das Horn dazu seine Melodie bläst, dann darf niemand sich »unterordnen«. Bruckner läßt unentschieden, was denn nun am wichtigsten sei. Auch der Dirigent soll sich nicht übermäßig einmischen, sondern alle dazu animieren, möglichst selbständig zu musizieren. Bruckners Kosmos wird dann schon dafür sorgen – insofern spiegelt seine Musik strikt-musikalisch eine Theodizee wider –, daß es zusammenklingt, zugleich lebhaft frei und doch zum höheren Ruhme einer Ordnung.

Wenn wir uns dankbar erinnern, wie schön am Schluß des

langsamen Satzes Solovioline und Soloflöte sich verloren (und doch geborgen waren), wie musikalisch die Violinen im Finale nicht bloß Untergebene der Blechbläser blieben, wie reich auch im ersten Satz die ländlerhafte Begleitung dem Cellisten beistand, dann schlägt Lob für die Aufführung in einen Hymnus auf Bruckner um. Gewiß, manches Kritische ließe sich hinzufügen. Die Höhepunkte kamen zu scharf, der liedhafte Ausdruck hätte vielleicht um eine unnennbare Spur österreichisch-beschwingter, schlendernder geraten können. Aber dennoch: Bruckners »Zweite« wurde zum Ereignis. Sie hätte die Parteigänger der gegenwärtigen Mahler-Mode lehren können, daß spätromantisch-symphonische Musik nicht unbedingt exaltiert-romanhaft-nervös klingen muß, um interessant zu sein.

13. I. 1971

Dritte Symphonie

Lorin Maazel dirigierte Bruckners 3. Symphonie so, daß man während des ersten und des dritten Satzes sogar glauben mochte, sie sei vielleicht doch die kräftigste, die dramatischste von allen. Mitunter meinte man es freilich nicht wegen, sondern trotz der Interpretation. Auf einem gewissen Interpretationsniveau können ja Auffassungsextreme mehr über die eigentliche Substanz eines Werkes verraten als selbstverständliche Richtigkeiten.

Wie erreichte Maazel eine Mischung aus Orchesterspannung und – was mich betrifft – leiser Abwehr, die das Kongreßsaalpublikum nach Bruckners »Dritter« und mehr noch nach Strawinskys »Sacre« zu ovationsartigem Beifall veranlaßte? Nun, er versuchte, den Brucknerschen Notentext positivistisch beim Ton nehmend, die »Dritte« zu entmystifizieren. Man kennt den Anfang: das berühmte mystische Dämmern. Pianissimo-Bratschen, Pianissimo-Geigen, ein leichtes Hervortreten gehaltener Flöten, daraus entwickelt sich das große Dreiklangthema und dann nach gewaltiger Steigerung die Fortissimo-Entladung des ganzen Orchesters.

Pianissimo, das heißt für Maazel nur: nicht laut. Mysteriöses will er nicht dirigieren, selbst wenn Bruckner es wörtlich vorschreibt, sondern nur spannungsvolle, schwache, mittlere oder starke Töne. So gerät Bruckner ganz irdisch. Eine Jochumsche Dirigieranweisung wie: »das kommt aus St. Florian« liegt ihm nicht im Sinn. Er will eine großartig auskomponierte Partitur vorführen, aber nicht klingenden Religionsersatz. So weit, so gut. Doch meint nicht die Bruckner-Vorschrift »pp« oder gar »ppp«, selbst in dieser noch zweimal Schuberts a-Moll-Klaviersonate zitierenden Symphonie, mehr als bloß: leise? Zielt sie nicht über das, was Instrumente vielleicht vermögen, auf Entmaterialisation, auf hörbare Unhörbarkeit? In Maazels feuriger und Bruckners glühender Ekstase konvergierten dann sozusagen die Prinzipien.

Im wahrhaft geistreichen ersten Satz der Symphonie (unfaßlich, daß selbst kluge Leute das Märchen von Bruckners »Dummheit« nachschwätzen; Bruckner war, von allem anderen abgesehen, auch ein Kombinationsgenie und übrigens, je älter, je mehr, ein keineswegs naiv-sabbernder, sondern selbstbewußter, unangenehm strenger akademischer Lehrer – es gibt da Berichte) konnte Maazel seine Auffassung sehr plausibel machen, auch wenn es ihm nicht völlig gelang, das erste Fortissimo genau abzusetzen und die Achtel-Triole, die später so wichtig wird, ruhig ausklingen zu lassen. Aber vielleicht war das Absicht. Denn in der Reprise erklang die gleiche Achtel-Triole der Streicher plötzlich wie mit Tiefsinn beladen. Die größten Schwierigkeiten hatte Maazel mit dem Adagio quasi andante. Nicht nur, daß er es zu rasch nahm, sondern das außerordentliche Stück hatte etwas allzu Gefälliges. Die schmerzliche Harmonik verflachte zur bloßen Reizharmonik. Im Scherzo kam das Orchester nicht zur vollen Fortissimo-Entfaltung. Im Finale störte ein wenig die affektiert-geistreiche Behandlung des zwar sublim komponierten, aber doch selbstverständlich heiteren Tanzthemas.

25. II. 1969

Bruckners 3. Symphonie – ihre zahllosen, immer wieder umgearbeiteten Fassungen – könnte Gegenstand ganzer Seminare sein. Aber auch wenn man das weiß, man vergißt es bei einer Aufführung, in der Vernunft, Kraft (etwas zuwenig), Überschwang und (immer noch etwas zuwenig) Andacht walten. Sawallisch vermochte den 651 Takte langen, also riesenlangen ersten Satz wie eine logische Entfaltung in sich logischer musikalischer Komplexe, Hochflächen, darzustellen. Was immer an Vorurteilen gegen Bruckner existiert, es müßte zuschanden werden gegenüber der großartigen Fortspinnungsfreiheit dieses ersten Satzes (der übrigens, wie das ganze Werk, weniger mit dem Beethovenschen Vorbild als mit Mozartscher Kirchen- und Schubertscher Instrumentalmusik in Verbindung zu bringen wäre). Immerhin: Die d-Moll-Triole, mit der das Kopfmotiv schließt, entspricht dem Triller-Nachschlag zu Beginn der Beethovenschen »Appassionata«. Doch die harmonischen und originalen Wunder, die Bruckner sogleich aus dieser Triole heraushört und herauslöst, haben mit Beethovens Verarbeitungstechnik genausowenig zu tun wie die d-Moll-Chromatik am Schluß dieses ersten Satzes mit der Koda des Kopfsatzes von Beethovens »Neunter«.

Sawallisch machte dies alles klar. Und es kam seiner Interpretation möglicherweise zustatten, daß der Dirigent erst zu Beginn der Durchführung mit wirklich größtem, glühendstem Engagement dabei zu sein schien. So wurde dieser Satz nicht, wie es sonst oft bei Bruckner-Aufführungen geschieht, allmählich schwächer, sondern immer stärker – als müsse erst ein »Misterioso« ausdrücklich vorgeschrieben sein, um den Dirigenten zu äußerster Hingabe zu animieren.

17. I. 1973

Neunte Symphonie

Bruckners 9. Symphonie erhebt nicht den übermäßig monumentalen Anspruch der »Achten«, sie leidet nicht an jenem sanften Bruch, der in der »Siebenten« die verhältnismäßig konventionellen letzten beiden Sätze von den herrlichen ersten beiden trennt. Instrumentation und Inspiration sind in der »Neunten« herrlich weltfern, effektscheu und doch nie matt oder langweilig.

Kubelík dirigierte den ersten Satz und das Adagio bewunderungswürdig. Im Gegensatz zu schlechteren Bruckner-Dirigenten betonte er nicht das Bestätigende, Hymnische, Erleuchtete, das sich bei Bruckner ohnehin von selbst versteht und auch von selber kommt, sondern er pointierte die Abweichungen. Im ersten Satz gelangen ihm Übergänge und ausschwingende Melodiepartikeln mit erhabener, zugleich spätromantisch musikantischer Innigkeit. Die Farben und die Feinheiten der Partitur leuchteten auf. Man durfte sich an Furtwänglers Interpretation erinnern. Das Scherzo – ein Strawinsky vorwegnehmendes, durchsichtiges Wunder – gelang am wenigsten. Der gebrochene

Orchestersatz kam nur routiniert, während doch die aus Bratschen, Pizzikato-Geigen, Stakkato-Bläsern und Elfentanz-Hörnern bestehende Allstimmigkeit ein Höchstes an Spannung und Delikatesse verlangt.

Im Schluß-Adagio war wieder fast alles gut und groß. Immer dann am größten, wenn Kubelík der Brucknerschen Langsamkeit, dem Ein- und Ausatmen der Seele traute und nicht unauffällig (zum Beispiel beim f-Moll-Gedanken) doch ein wenig rascher werden wollte, wie aus Furcht vor Länge. Längen aber gibt es bei diesem Bruckner nur, wenn ein Dirigent die Versenkung scheut und etwas rasch erreichen möchte.

7. I. 1968

Bruckner hat nie erlauchtere, sensiblere, delikatere Musik geschrieben. None und Septime, Intervalle, die später in der Wiener Schule zwischen Schönberg und Webern konstituierend werden sollten, stehen hier im Mittelpunkt. Man könnte die Symphonie geradezu interpretieren als ein Beispiel dafür, wie ein großer Komponist seine Themen und Thesen so aufstellt und abwandelt, daß sie immer wieder in das Licht dieser schärfsten Dissonanzen geraten. Für solche, weit über bloße Vorhaltsharmonik hinausgehenden Spannungen bietet die Durchführung des ersten Satzes ebenso viele Belege wie das Adagio, das programmatisch mit einer None beginnt und an entscheidender Stelle wiederum verschärfend auf dieses Intervall zurückkommt. Beispiellos die Eleganz des zwischen Hugo Wolf und Strawinsky eine Ehe herstellenden Scherzos. Nichts mehr von der oft ein wenig mechanischen Ländler-Seligkeit oder der vielberufenen »Tumbheit« Bruckners.

Nun hat man sich freilich bei Bruckner so auf Vokabeln wie »mystisch«, »österreichisch«, »naiv« festgelegt, daß Worte wie »delikat«, »sensibel« oder »progressiv« erklärten Bruckner-Liebhabern geradezu als Ketzerei erscheinen müssen. Und gewiß kann auch keine Rede davon sein, daß Bruckner ausgerechnet in dieser, dem lieben Gott gewidmeten Symphonie nun plötzlich hat mondän schreiben wollen. Nur trieb sein musikalisches Ingenium ihn über jede abgenutzte Formel hinaus zu immer neuen, immer kühneren, immer hinreißenderen Wendungen.

11. X. 1961

Kempes Darbietung der »Neunten« war exemplarisch, weil der Dirigent im ersten Satz zwar durchaus die Riesensteigerungen auskostete, aber auch, ohne Angst vor den »Längen«, das Ausatmen und Verhalten sorgfältig und umsichtig artikulierte. Bruckner, nicht nur verstanden als Komponist glühender, ekstatisch dissonanter Hochflächen, die kaum aufgelöst werden wollen, wird schwerlich langweilig. Vielleicht ließe sich der Stellenwert der einzelnen Themen und Themengruppen noch deutlicher hervorheben, zum Beispiel der erschütterte Trauermarschrhythmus am Ende der Durchführung. Das Scherzo müßte wohl im Trio noch flüchtiger und brillanter kommen; mit den heiklen Pianissimo-Achteln in Fis-Dur (Takt 79–85 usw.) haben auch Weltklasseorchester wie die Berliner und die Wiener Philharmoniker ihre liebe Not: das kann gar nicht sorgfältig genug studiert werden. Kempe nahm das Schluß-Adagio relativ bewegt, wie ein erregtes Andante. An Spannung und flimmernder Hitze und Feierlichkeit fehlte es trotzdem kaum. Das große Stück, dem man sich von Zeit zu Zeit aussetzen soll, wenn man »Mystik« nicht für ein überflüssiges Fremdwort von gestern halten mag, entfaltete seine Macht, seine freie, harmonische Herrlichkeit, war eher zu kurz als zu lang und erzwang stürmischen Beifall.

4. V. 1970

Kammermusik

So sicher Anton Bruckner im Gefühl katholischer Heilsgewißheit der anderen Welt gewesen sein mag, so unsicher und bestätigungsbedürftig war er hinieden. Er muß, auch noch, als er längst über eine gewaltige kontrapunktische Meisterschaft verfügte, geradezu süchtig danach gewesen sein, sich unterrichten zu lassen, Prüfungen zu bestehen, Examina abzulegen, von Lehrern und Ärzten sich »freisprechen« zu lassen. So nahm er 1862, also als 38jähriger Musiker, noch beim zehn Jahre jüngeren Cellisten und Kapellmeister Otto Kitzler in Instrumentation Unterricht. Studienhalber schrieb er damals ein Streichquartett in c-Moll. 17 Jahre später, 1879, entstand das Streichquintett F-Dur. Weil aber der Geiger Joseph Hellmesberger das d-Moll-Scherzo dieses Streichquintetts nicht mochte, komponierte Bruckner ein »Intermezzo« nach. Mittlerweile hat man zu dem Scherzo zurückgefunden. Das Intermezzo, eigentlich

Bruckners letztes gewichtiges Kammermusikstück, erklingt daher im Konzertsaal nahezu nie.

Hört man das sorgfältig ausgeschriebene, wenn auch fast überhaupt nicht mit Vortragszeichen versehene c-Moll-Quartett Bruckners, dann wird man berührt nicht nur von der schon ganz und gar brucknerhaften Ruhe des Andante, von einigen Bach- und Mozart-Anspielungen und von vielem, was sich erst später in den Symphonien entfalten sollte – sondern vor allem von der, mit höchstem Respekt sei es formuliert, Ungeschicklichkeit des Genius. Bruckner schrieb lieber leere, fast störrisch-klotzige Geigenpassagen nieder, als daß er sich in elegante Konventionen gerettet und die Möglichkeit, er selbst zu werden, gewissermaßen verklebt hätte. Es gibt in dem inspiriert geschriebenen, harmonisch reich ausgehörten Quartett nur ein paar Augenblicke solcher schöpferischen Ungeschicklichkeit, aber sie sind beinahe kostbarer als das, was hier schon an Erfüllung mitgeteilt wird. Die etwas eckigen Achtelfiguren der Violine warten darauf, daß jenes typisch Brucknersche Zweiunddreißigstel-Flimmern der Symphonie endlich erscheint. Während man die geschmackvolle, überdeutliche, das »Schulmeisterhafte« etwas zu sehr betonende Interpretation des Keller-Quartetts hört, ermißt man, wie verschieden die »Mühsal des Werdens« in der Biographie großer Komponisten zum Ausdruck kommt: Mozart, der sich noch vor und während der Pubertät blendend geschickt mit der Musik seiner Zeit auseinandersetzte und mit achtzehn fertig war; Beethoven, der mit kühler Sicherheit, so, als gäbe es für ihn kein Sonatenproblem, vom Werk 1 ab präzise Modelle schuf; Chopin, vielleicht der staunenswerteste Fall, der als 16jähriger seinen eigenen Ton hatte und nie mehr verlor; Wagner, der so wie Bruckner erst in einem Lebensalter zu sich selber kam, das die frühreifen Genies gar nicht mehr erreichen durften. Der perfekteste Satz des Brucknerschen c-Moll-Streichquartetts ist wohl das Scherzo, in dem der Haydn-Beethovensche Typ sicher übernommen wird, während das Trio schon von den Ländlern späterer Bruckner-Symphonien träumt. Schade, daß das Keller-Quartett nicht stürmisch und ernst genug an den Jugendtrotz des c-Moll-Finales glaubte, der ja einiges mit der von Bruckner damals gerade teilweise instrumentierten Beethovenschen »Pathétique« und natürlich mehr noch auch mit dem Ingrimm der Linzer Symphonie zu tun hat, die im Beinamen das Adjektiv »keck« trägt.

Und das Intermezzo? Dieses nachkomponierte Stück scheint

mir viel zarter und ausdrucksvoller als das Scherzo des Quintetts. Und weil Bruckner es ja schließlich durchaus für dieses Quintett geschrieben hat, dürfte man es ruhig gelegentlich spielen: Als Beethoven seinem späten B-Dur-Quartett auf Wunsch seiner Freunde ein neues Finale gab, hat man ja auch dieses Finale gewählt und die ursprünglich als Finale gedachte »Große Fuge« zum selbständigen Stück erklärt. Die vier Intermezzo-Minuten gehören zu den intimsten und bezwingendsten Eingebungen, die Bruckner je hatte. Sanft elegisch, ohne allen Weiherummel, aber auch ohne jede sentimentale Biedermeierlichkeit dreht es sich traurig um sich selbst, so, als ahne es eine nutzlose Unsterblichkeit.

5. VII. 1967

César Franck
Symphonische Variationen

Ein Werk, das schwärmerisch in melancholischen Dunkelheiten und in Pointen des Schmerzes schwelgt – um gleich darauf pompös aufbrausend mit Schwung und Charme zu betören.

Eine neunzehnjährige Pianistin, die aus jedem Ton eine Träne herauspressen möchte, ein siegreicher Tastengott, der von Entladung zu Entladung schreitet und mit hohem Kraftgefühl zeigt, was er kann: sie sollen dies herrliche Stück spielen, diesen Reißer, gehüllt in Hamlet-Melancholie, dieses Salonstück mit schluchzenden Festen am Kamin. Über Julian von Karolyis pianistischen Rang ist kein Wort mehr zu verlieren. Gleichwohl hatte ich ihn im Verdacht, er glaube nicht mehr genug an diese Variationen, er versuche zu dämpfen, Haydnsche Klarheit einzuführen, Reißerisches zu mäßigen. Ruhig und wohlabgetönt kamen die Einsätze des Vorspiels, die doch den Dialog zwischen Gewalt und Empfindsamkeit fortführen, der sich im langsamen Satz von Beethovens G-Dur-Konzert anspann. Karolyi ließ sich aufs »ad libitum«, also aufs freie Schalten mit dem Tempo und der Empfindung, kaum ein, er sagte nur klar, was zu sagen war. Und er verstrickte sich auch nicht genug in das Riesenrezitativ der großen cis-Moll-Einleitung, wo eine machtvolle Großraumbegleitung und stolze Oktaven den Schmerz der bewegten Seele verkünden. Gewiß: Karolyi spielte das Stück, und er hatte verdienten Erfolg damit. Aber er ist vielleicht darüber hinaus. Er leidet nicht mehr mit. Er setzt Routine ein (so schien mir).

14. XI. 1962

Charles Gounod
Faust

In dem Augenblick, da man bei einer Aufführung der Gounodschen »Faust«-Oper an Goethe zu denken beginnt, ist Gounod verloren. Wenn es einer Interpretation indessen gelingt, die Reinheit und die lateinische Rasse des Gefühls dieser Musik so darzubieten, daß unsereins nicht immerfort leise Goethe-Verse mitspricht, dann wird nicht nur ein hübscher, harmloser, melodischer, sondern sogar ein glänzend beeindruckender, großer französischer Opern-Abend herauskommen. Das nämlich geschah – mit einigen Abstrichen – bei der enthusiastisch aufgenommenen Premiere des Münchner Nationaltheaters.

Nun ist es aber gar nicht so einfach, Goethe-Assoziationen zu vermeiden. Denn das Libretto, das die Herren Jules Barbier und Michel Carré dem Komponisten zur Verfügung stellten, bezog sich nicht auf den Faust-Mythos als solchen, sondern ausdrücklich und unverkennbar auf Goethe. Hier tritt das Personal des Faust I auf. Nicht bloß die Fabel, auch die Gedankenführung des Dialogs erinnert an den Goetheschen Text: nur daß eben alle Personen Französisches zu singen und darüber hinaus gallisches Theatertemperament vorzuführen haben. In der Urfassung der Oper, die zunächst eine Opéra comique war, also Oper mit gesprochenem Dialog (jüngst noch hat man diese Dialog-Fassung in Nürnberg erfolgreich ausgegraben), *sprechen* die Faust-Figuren sogar französisch.

Was kann nun ein Regisseur tun, um gemütvoll biedere Faust-Assoziationen gar nicht erst aufkommen, und was ein Dirigent, um die gefühlvolle, seriös melodische Kantilenenmusik gar nicht erst in die Nähe deutsch-gemütvoller Liedhaftigkeit geraten (und auf diese Weise kitschig) wirken zu lassen? Wir erlebten im Nationaltheater einen Aufführungssieg, weil der Regisseur und Bühnenbildner Pier Luigi Pizzi entschlossen nach vorn floh – weg von Goethe, hin in die Welt der immer wieder zitierend beschworenen großen Französischen Oper, hin sogar zum Pomp einer klassischen Tragödie.

Manchmal weitete sich die in schmuckem Schwarz gehaltene, zwei Ebenen gegeneinander ausspielende Bühne zur Arena, als ginge es mindestens um Coriolan. Gretchen war nicht im Kerker gefesselt, sondern sie stand wie eine Tragödin der opera seria allein; die Walpurgis-Nacht fand statt in einem Nacht-Lokal der Bel Epoque – wo die Damen barbusig, zum Teil höchst wohlgestaltet, wenn auch etwas befangen und leblos mehr verharrten als lockten: Die sehenswerte, bestimmt sehr teure Szenerie verschwand freilich so rasch, daß vielen Premieren-Gästen der verstohlene Griff nach dem Operngucker nicht mehr gelang.

»Wenn der Deutsche graziös sein will, springt er zum Fenster hinaus«, hat ein boshafter Franzose einmal bemerkt. Wenn aber ein italienischer Regisseur und Bühnenbildner den Faust theatralisch aus inniger deutscher Elendsprovinz entfernen will, dann siedelt er ihn gleich irgendwo zwischen Monte Carlo und verschneiter »La Bohéme«-Landschaft an. Melodramatisches wird nicht gescheut: Gretchens Gesicht ist blutverschmiert, nachdem sie den erstochenen Valentin abschiednehmend umarmt hat. Sehr überflüssig wirkten die künstlerfest-artigen Triumph-Wagen, auf denen Chorgruppen hereingefahren wurden. Um so glänzender gelang die Inszenierung des berühmten Faust-Walzers. Der drehte sich vor tausend Spiegeln, die diesmal nicht nur ein Regisseur-»Einfall« waren, sondern wirklich etwas *brachten:* die ganze Welt als Wirbel, als bewegliches, sinnverwirrendes Fest.

So aufgedonnert und forciert die Inszenierung manchmal auch schien, als theatralisches Ereignis beeindruckte sie. Auch die Personen-Regie gelang sinnfällig und unpedantisch. Nur daß bei alledem der Faust selber schüchterner wirkte, als nötig.

Balzac hat sich einmal über den Faust amüsiert: Diesem deutschen Professor gelinge nicht einmal die Eroberung eines Mädchens ohne teuflische Hilfe. Im Hinblick auf Goethe sticht der Vorwurf nicht: »Hätt ich nur sieben Stunden Ruh' / Brauchte den Teufel nicht dazu, / So ein Geschöpfchen zu verführen.« Bei Gounod ist der Faust nicht »Denker«, sondern bloß noch ein antriebsarmer Verliebter. Im französischen Text wird der Faust verführt! Den Teufelspakt unterschreibt er nur, betört und abgelenkt, weil er gerade Gretchen erblickt. Sonst hätte er sich nicht mit Beelzebub eingelassen. Doch, wie in Pizzis Inszenierung der Mephisto dann dem armen schmächtigen Poeten namens Faust einfach sein Glück oder Unglück verordnet, wie er ihm, beim Zweikampf, den überlegenen Valentin elegant mit der Gitarre vom Leibe hält: Fast schien es, als sollte hier ein liebes Dichterlein blamiert werden . . .

Nun war der eingesprungene und so die Premiere rettende, ausdrucksvolle Faust des Luis Lima weder dem Herrn Mephisto noch dem Valentin gewachsen: Sehr viel lyrischer und unscheinbarer als Ruggero Raimondi oder Wolfgang Brendel, hatte er es schwer, die Vorzüge seines eher zarten Gefühls geltend zu machen. Auch gehören Fausts Solo-Stücke nicht zu den starken Nummern der Partitur.

Um so wirkungsvoller und kräftiger sang Wolfgang Brendel den Valentin. Die Stimme ist in allen Lagen ausgereift, männlich, schön. Der Künstler vermeidet alles Röhren und Brüllen. Er ist mittlerweile ein Bariton der Weltklasse.

Aber er war nicht der einzige Sänger so hohen Ranges, den das Nationaltheater (es sei dankbar vermerkt) aufbot. Neben ihm, mit bestechender, sehr italienischer Vis comica und derber Präsenz, brillierte Ruggero Raimondi. Dessen Mephisto gab sich weniger »dämonisch« und »abgründig« als vielmehr herzensböse und in mörderisches Intrigantentum jago-haft verliebt.

Gegen zwei Sänger solcher Klasse hätte es jede Sopranistin schwer. Nicht Mirella Freni, deren Technik, deren immer stärker hervortretende Charakterisierungskunst und deren ungekünsteltes Gefühl tief beeindruckten.

Nicht ohne Rührung sah ich vier Künstler nebeneinander in diesem Faust – die jeder mindestens ein Jahrzehnt lang Inbegriff großer, bewunderungswürdiger Opern-Interpretation waren. Was hat Astrid Varnay, die hier die Marthe Schwertlein rückhaltlos und mit Adele-Sandrock-Unwiderstehlichkeit bot, nicht in den fünfziger Jahren als Hochdramatische für Bayreuth bedeutet? Was wären Karajans unüberbietbare Puccini- und Verdi-Aufführungen während der sechziger Jahre ohne Mirella Freni gewesen? Raimondi bot immerhin »den« Don Giovanni der siebziger Jahre – hoffen wir, daß sich für Brendel eine entsprechende Karriere in den achtziger Jahren anbahnt! Auch Daphne Evangelatos, deren Hosenrolle des Siebel glücklicherweise nicht, wie sonst immer, zusammengestrichen war, vermochte mit sauber artikulierter Empfindsamkeit zu imponieren.

Trotz dieser vorzüglichen Stimm-Voraussetzungen wäre der Abend nicht zum Ereignis geworden ohne Georges Prêtre am

Pult. So wie Pizzis inszenatorische Flucht nach vorn diesen Faust vor Goethes Umklammerung rettete, so floh der Dirigent Prêtre vor allem naheliegend Süßlichen, sich anbiedernd Innigen, Banalen. Und wie? Indem er leidenschaftlich aggressiv dirigierte, indem auch er nicht auf diskreten »Geschmack« setzte, der hier ja doch nur zur geschmacklosen Verharmlosung des Faust geführt hätte. Statt dessen bot Prêtre die Partitur unermüdlich expressiv, als inspirierten theatralischen Gewaltstreich des französischen Genius. Der wohleinstudierte (Wolfgang Baumgart) Chor folgte ihm dabei, auch das Orchester ließ sich mitreißen, obwohl am Anfang leise Reserven erkennbar waren und ein französisches, brillanteres, hohes Blech am Platz gewesen wäre.

Bei den großen Komponisten des so gefährdeten 19. Jahrhunderts erlebt man das oft: Auch wenn wir ihrem Gefühlvollen mißtrauen, auch wenn wir die Mischung aus romantischer Religiosität und Effektsinn zurückweisen möchten – das meisterlich Gutgemachte, das Ehrliche, Ernsthafte (eben nicht bloß Ironische, Spöttische, Schlaue), alles das bewegt nach wie vor, schlägt bei einer guten Aufführung in seinen Bann, und erzwingt, wie soeben in München, Ovationen.

3. XI. 1980

Johannes Brahms

Die Fenster zur Welt haben sich geschlossen, für diese Musik gibt es kein Draußen mehr, sondern nur den erfüllten Innenraum des einzelnen. Bei Mozart klingt noch der gesellschaftliche Ton eines Zeitalters mit, Beethovens Pathos wendet sich an die Welt, durch Schubert spricht und klagt die Natur, selbst der introvertierte Chopin komponiert die Verzweiflung eines Volkes und die rauschenden Feste eines Standes. Nicht so Brahms.

Wo er ganz groß war, war er ganz verschlossen. Seine ungarisch-zigeunerhaften Ausflüge haben, wie schon Wagners böser Blick erkannte, etwas Unangemessenes. Doch wenn er nur von sich und für sich spricht, gesellschaftslos traurig sozusagen (nicht politische, soziologische oder zeitgeschichtliche Fakten waren der Widerstand seines Komponierens, sondern die Geschichte der Musik, deren Epochen und Formen er sich produktiv zu eigen machte wie kaum ein Komponist vor ihm), dann stellt sich eine großartig herbe, phrasenlose, melodiöse Anthropologie her, die eines »unglücklichen Bewußtseins«, vielleicht, aber eines doch in der Musiksprache technisch so produktiven Bewußtseins, daß immerhin Schönberg die Zwölftonverfahrensweise mit Brahms in Verbindung brachte.

Einem Komponisten so entschiedener Subjektivität verfällt man – oder man verfällt ihm nicht. In Brahms' vermeintlicher Schwerfälligkeit drückte sich, so hat man lange geglaubt, nur folgenlose spätbürgerliche Wehmut aus; für die »Modernen« war es ein Schimpfwort, »brahmsisch-empfindsam« zu komponieren. Aber der blonde Johannes überstand das alles.

Ein Deutsches Requiem

Dieses Werk bereitet ja sogar ausgesprochenen Brahms-Enthusiasten manchmal Verlegenheit. Die etwas nazarenerhafte Süße des ersten Satzes, diese vorbildlich tränenschwere Verhärmtheit, dieses milde Unglücklich-sein-Können einer vor lauter Ergriffenheit schwerfälligen Musik wirkt – trotz aller melodischen Kraft und Diskretion – weichlich gefühlvoll. Barenboim dirigiert das alles sehr ausdrucksvoll, gewiß, im zweiten Satz, dem großen »Trauermarsch«, donnern die Pauken, im dritten bringt Fischer-Dieskau etwas verhalten sein Solo, im fünften Satz singt Edith Mathis alles in allem zu konventionell, zu schmiegsam ergriffen das »Ihr habt nun Traurigkeit«.

Warum die Aufnahme hier trotzdem überschwenglich empfohlen wird? Nun, weil im großen Hauptteil, im »Denn wir haben hier keine bleibende Statt«, aus dem plötzlich grandios inspirierten Zusammenwirken von Dietrich Fischer-Dieskau, dem Chor, dem Orchester und dem Dirigenten etwas ganz unmittelbar Überwältigendes entsteht. Die prophetische Suggestivkraft, mit der Fischer-Dieskau sein »Siehe, ich sage euch ein Geheimnis« anstimmt und durchhält, die dramatische Gewalt der erschallenden Posaune und des »Tod, wo ist dein Stachel? Hölle, wo ist dein Sieg?« scheinen mir ohne Vergleich. Da bittet man Brahms alle Zweifel ab.

1. XII. 1973

Es ist ein Irrtum, aber ein angenehmer, manches leichter machender Irrtum: daß man sozusagen auf einen Schlag, in einem Augenblick begreifen könne, wie bedeutend, wie vielfältig irgendein Meisterwerk sei. Es dauert lang – oft lebenslang –, bis man die wahren Eigentümlichkeiten komplexer Kompositionen halbwegs begriffen hat. Nicht daß es der plötzlichen Erschütterungen, der jähen Enthüllungen nicht bedürfte! Irgendwann muß man durchaus wie von einem Schlag getroffen werden von einer Einzelheit, einer Interpretation oder einer Schönheit. So habe ich lange Zeit angenommen, das Adagio aus dem d-Moll-Klavierkonzert von Johannes Brahms sei nur hymnisch und ein wenig langweilig. Ein steifer Choral zwischen zwei Ausbrüchen. Seit aber Rubinstein an einem unvergeßlichen Abend vorführte, wie herrlich, wie fesselnd erhaben dieser langsame D-Dur-Satz doch sei, verstehe ich meinen früheren Irrtum nicht mehr.

Oder: Die Durchführung des Kopfsatzes kam mir im d-Moll-Konzert manchmal zu nur-pianistisch inspiriert, zu direkt virtuos vor. Im Zusammenhang des Maestoso doch ein wenig beiläufig. Aber dann las ich die ungemein überzeugende Monographie über dieses Klavierkonzert, die Carl Dahlhaus (Werner Fink Verlag, München 1967) verfaßt hat – und meine vage, uneingestandene Kritik war zugleich erklärt und aufgehoben. Dahlhaus macht nämlich darauf aufmerksam, daß die Sonatenform des Solokonzerts, und vor allem dieses Solokonzerts, andere Prinzipien entwickle, als wir sie von der Sonatenform entweder des Sonatensatzes selbst oder des Symphoniesatzes erwarten dürfen. Tatsächlich muß ja der Konzert-Komponist »eigentlich« zwei Expositionen komponieren: nämlich zunächst einmal das Orchestervorspiel, welches kaum umhinkann, quasi eine Symphonie-Exposition der Themen des Kopfsatzes zu sein, und danach die um solistische Episoden – nämlich um die Solointroduktion und um die meist nach dem Seitenthema dargebotene Soloepisode – bereicherte Wiederholung dieser bereits gebotenen Exposition, wie sie das Orchester und der Klaviersolist zusammen bieten. Hält man formalistisch an dem gegebenen Sonatensatz-Schema fest, das ohnehin in allen wahrhaft großen Sonatensätzen von einem Verlaufsformschema überlagert, ja vergewaltigt erscheint, dann muß man gewiß einiges als »verdoppelt« oder »exterritorial« oder sonstwie nicht-ganz-dazugehörig empfinden.

Der junge Brahms war ein viel zu intelligenter Formmeister, als daß er sich auf diese Schwierigkeiten eingelassen und ihr nicht etwas Spezifisches abgewonnen hätte. Im Klavierkonzert d-Moll ist nun die Orchesterexposition, der die Solointroduktion, der vom Klavier erweiterte Hauptsatz und das daran sich anschließende zweite Thema folgen, so reich, daß man diese doppelte Exposition bereits als meditativ durchgeführten Sonatensatz selber begreift. Die Durchführung übernimmt nach so viel Durchführungshaftem keineswegs die Aufgabe, das bisher vorgestellte Material steigernd zu entwickeln, sondern sie gleicht einer höchst glanzvollen und dramatischen Episode, die sich vor das Hauptereignis des Satzes schiebt – nämlich den grandiosen Eintritt der Reprise.

Etwa dies führt Dahlhaus in seiner Analyse aus, und auch die Größenverhältnisse sprechen für seine These. In der Tat kann von einer gleichsam klassischen, kanonischen Durchführung gewiß nicht die Rede sein, wenn eine Exposition über 200, die Durchführung selber nur 84 und die Reprise mit Koda nahezu wieder 200 Takte umfaßt.

Dem widerspricht nicht, daß Brahms in der zweiten Hälfte der Durchführung eine Lisztsche Themen-Metamorphose vorführt. Er gewinnt aus dem b-Moll-Nachsatz der Geigen, wie wir ihn im Orchester-Vorspiel gehört haben (Takt 46/47), die rhythmische, fast zigeunerhafte Figur, mit welcher sich am Ende der Durchführung das Klavier und die Streicher zu immer brillanterer Heftigkeit befeuern. Aber man sollte diese erhitzte und hinreißende Eskapade nur als ein beinahe ungarisches, rhapsodiehaftes Musizieren, jedoch um Himmels willen nicht als sozusagen die Durchführungsessenz des Maestoso-Satzes verstehen. Das ist nur ein virtuoses, spannungsvolles Intermezzo vor dem Eigentlichen, nämlich der donnernd wiederkehrenden, symphonischen Reprise des Hauptsatzes.

Was hier, beim Lesen, mühselig klingen mag, das klingt bei einer Aufführung überhaupt nicht mühsam, obschon es bestimmt schwer ist, mit der erforderlichen Leichtigkeit die Forte-Oktaven zu spielen. Hat man nämlich erst einmal diesen Aufbau begriffen, dann wird einem auch klar, warum höchste Virtuosität und hellstes Feuer sich hier nicht etwa gegen einen einschüchternden d-Moll-Satz vergehen, sondern für die konzertante Durchführungsepisode höchst notwendig sind. Horowitz, der das Konzert 1937 brillant spielte – einen »Brahms ohne Bart« wollte er interpretieren, denn auch Brahms war einmal ein junger Mann gewesen–, und Rubinstein mißverstehen also keineswegs tiefgründige deutsche Musik, wenn sie hier zeigen, was sie können. Eher diejenigen Pianisten freveln, die den Durchführungsteil des d-Moll-Konzerts so interpretieren, als handle es sich mindestens um die Durchführung des Kopfsatzes von Beethovens 9. Symphonie. Virtuosität gehört hier, wie bei aller großen, konzertanten Musik, zur Sache selbst. (Alfred Grünfeld, der witzigste Pianist, sagte mit Recht: »Über Technik hörte ich immer nur diejenigen Pianisten abfällig reden, die keine haben.«)

Den ersten Satz des d-Moll-Konzerts spielt Rubinstein, abgesehen von dieser Durchführung, sonst gerade nicht in dikkem Forte, sondern, vor allem natürlich während des Seiten-Satzes, in jenem sanft-vergrübelten Piano, das dem Klavier so schwer zu entreißen ist. Schon im Opus 15 entdeckt er jenes einsame Brahmssche Verdämmern, das so unendlich weit entfernt ist vom glücklichen Schumannschen Träumen. Kurz vor der Durchführung gerät ihm das Verklingen des Klaviers zum verschwebenden, entmaterialisierten Volkslied.

Aber Rubinsteins Interpretationskunst ermißt man erst ganz, wenn man einmal mitgefühlt hat, wie er auch in dem für undankbar geltenden hymnischen Adagio des Klavierkonzerts den weitgespannten Melodien ein Moment des Schweifenden, Grenzenlosen, Überschwenglichen und Wilden hinzufügt – ohne doch aus den unruhig suchenden Melodien gleich neue Dramen machen zu wollen. Rubinstein bereichert, aber er übertreibt nicht. Seine Freiheit führt nicht zu Haltlosigkeit oder expressiver Verzerrung. Der junge Brahms hat ja eine durchaus unkonventionelle Kantilene komponiert: Septime, Tritonus, None, dies alles synkopisch vermittelt, gegen eine unauffällige Baß-Linie harmonischer Füll-Akkorde frei abgesetzt.

Diese Improvisationsfreiheit trifft nun Rubinstein, indem er es fertigbekommt, sich gleichsam zu verlieren, sich herb zu verstricken. Da zielt eben nicht alles nur auf jenen kadenzierenden Abschluß, der gewiß auch diese wilde, schwellende Melodie irgendwann einmal domestizieren wird, sondern der Interpret scheint sich ins Nicht-mehr-Überschaubare zu wagen. Trotzdem zerstäubt die Stelle nicht. Rubinsteins Anschlag ist so klar, so männlich, die Unabhängigkeit der beiden Hände voneinander so groß, daß er aller Freiheit zum Trotz ein Ganzes geben kann.

So begriffen, so verstanden – und das braucht seine Zeit – sind die ersten beiden Sätze des Brahmsschen d-Moll-Konzerts wahrhaft außerordentlich. Aber gerade diese Außerordentlichkeit schafft dann ein neues Problem: Wie soll es weitergehen? Wie kann es weitergehen? Welch ein Finale vermag dergleichen aufzufangen? Brahms besaß wohl nicht mehr die Chopinsche Unbefangenheit, einfach ein virtuoses Solofinale anzuhängen, Futter für Virtuosen. Andererseits verlangte die verbindlich gesellschaftliche Form des Instrumentalkonzerts ein wirksames Schlußstück. Aus dem Finale eines Solokonzerts ein Analogon zum gewichtigen Finale etwa der Brucknerschen Final-Symphonien machen zu wollen: das traute sich erst Busoni zu. Vorher, in den Violinkonzerten von Beethoven und Brahms, aber auch in den großen Klavierkonzerten (abgesehen vielleicht vom Mozartschen c-Moll-Konzert KV 491), war das Konzertfinale, falls man es mürrisch als musikphilosophisches Ereignis werten will, natürlich immer etwas leichtgewichtiger gewesen. Effektbewußter. Brahms färbt – wir reden jetzt nicht von den Symphonien, wo die Finali ja durchaus Höhepunkte sind – seine Konzert-Schlußsätze gern ungarisch, macht sie tänzerisch-beschwingt.

Im d-Moll-Konzert versucht Brahms nicht, dem großen ersten Satz einen gleich bedeutenden letzten entgegenzustellen. Seine Lösung hier ähnelt derjenigen, die Beethoven in seinem c-Moll-Klavierkonzert fand. Das Finale nicht als verspielter, sondern als trotziger Abschluß. Aggressivität soll vor Verharmlosung schützen. Rubinstein hat übrigens einmal, als er das d-Moll-Konzert in Luzern spielte (mehr als in seinen mittlerweile vier Schallplatteneinspielungen, die er dem Konzert widmete), auf ein geheimes Zitat aufmerksam gemacht. In der »Cadenza quasi fantasia« zitiert Brahms ausführlich und wörtlich den »sanften Flügel« aus dem Finale von Beethovens 9. Symphonie.

Was mag dieses Zitat bedeuten? Wollte Brahms zum Ausdruck bringen, dieses d-Moll-Konzert sei seine Antwort auf Beethovens d-Moll-Symphonie? Wollte er zum Ausdruck bringen, daß er Beethovens exzentrische, symphonisch-chorische Finallösung wohl kenne, aber hier gerade nicht gewählt habe? Um einen billigen Wortwitz, obwohl Musiker stets zu dergleichen neigen, dürfte es Brahms wohl nicht gegangen sein. Denn der »Flügel«, der im Klavierkonzert d-Moll die Höllen von Oktav-Trillern und Akkord-Massen beschwören muß – er ist bestimmt alles andere als »sanft«.

1. V. 1977

Das Publikum – also wir alle – ist gern bereit, zu vergessen, zu verdrängen, etwas der Furie des Verschwindens anheimzugeben, sich den Moden zu überantworten, an allen vernünftigen Maßstäben zweifeln zu lassen. Das wirft man ihm vor, nennt es »Bestie« und gibt wenig auf seine momentane Reaktion. Indessen scheint es, als habe das Publikum ob solcher Unbeständigkeit auch ein schlechtes Gewissen. Manchmal entschließt es sich darum über Jahrzehnte hin zur Treue, zum herzlichen Respekt. Der heute 77jährige Wilhelm Backhaus hat diese Treue erfahren dürfen. Wo er jetzt auftritt, feiert ihn das Publikum, die Orchestermusiker applaudieren, und die Dirigenten verneigen sich.

Ob die Vertrauenden alle wissen, wie ungeheuer recht ihr Gefühl hat?

Es kostet einige Anstrengung, sich klarzumachen, was es heißt, daß Backhaus im Jahre 1903 zum erstenmal das Brahmssche B-Dur-Konzert, dieses gewiß schwierigste und gewichtigste Monument der klassisch-romantischen Tradition, öffentlich spielte. Backhaus war damals noch keine zwanzig Jahre. Als Dirigent und Berater stand ihm Hans Richter bei, eben jener berühmte Wagner- und Brahms-Dirigent, der noch zu Lebzeiten von Brahms so manche Brahms-Uraufführung geleitet hatte. Johannes Brahms war 1903 ja erst sechs Jahre tot. Es gibt keinen Schauspieler, der 60 Jahre lang den Hamlet oder den König Lear oder den Faust spielen darf (und überdies noch im Schatten des Autors die Rolle einstudierte). Im Bereich der Musik ist das möglich.

Ich habe Wilhelm Backhaus – da ja über seine Münchner Interpretation des Brahmsschen Klavierkonzertes in B-Dur Opus 83 keine landläufige Rezension mehr geschrieben zu werden braucht, das ist seit 1903 gewiß einige hundertmal geschehen – gefragt, welche Erfahrungen ihm wohl bei seiner unablässigen Begegnung mit diesem Stück zugewachsen seien. Backhaus ist ein viel zu konkreter Musiker, um sich in irgendwelche allgemeinen Sentenzen zu versteigen. Als er aber, die Partitur in der Hand, das Konzert mit dem Dirigenten taktweise vorbereitend durchging, da schwang in jeder Bemerkung eine Fülle verarbeiteter Erfahrung mit. Es mag nicht überflüssig sein, diese Erfahrungen hier zu fixieren, obschon es sich durchweg um »Einzelheiten« handelt. Denn Gott wohnt in den Details.

Das B-Dur-Konzert beginnt mit einem Hornmotiv. Drei

Viertelnoten, Achtel-Triole, danach eine gleichsam in die Ferne winkende Terz. Backhaus wies ein allzu hurtig schreitendes Eröffnungstempo zurück, er will das Tempo des Motivs aus den lyrischen Umspielungen entwickelt sehen, die es am Ende der Durchführung umgeben. Und er will die Verführung zum Ritardando von vornherein ausschalten. Er sagt: »Je älter man wird, desto lächerlicher wird jedes Ritardando.« Die Musik müsse aus sich selber sprechen, der Stütze hinzugefügter Ritardandi oder Accelerandi bedürften nur die zweitklassigen Kompositionen. In aller Ruhe sei die Triolenfigur des Horns zu nehmen, jeder Gefühlsdrücker schwäche die Wirkung ab.

Natürlich. Wenn man sich von den billigen sentimentalen Effekten lossagt, dann muß man um so sorgfältiger im einzelnen auf den Herzschlag des Motivs, der Musik, lauschen. Zu solchen Überlegungen gehört auch Backhaus' Bitte ans Orchester, im großen ersten Zwischenspiel kein übermäßiges Fortissimo zu entwickeln; es dürfe nicht nach Brucknerschem Forte klingen, sonst habe jedermann vergessen, daß da noch ein Klavier mitspielt. Beim expressiven Seitengedanken (»forte espressivo«) dürfe man nie vergessen, das zweite Achtel auszuspielen. »Sonst wird's trivial.« Solche Überlegungen mögen manchen Laien harmlos und unbedeutend scheinen; vielleicht hätten sie aus der Traditionsreihe, die von Brahms über Richter zu Backhaus reicht, mehr erwartet als nur handwerkliche Tips. Aber Backhaus erwog: »Soll ich meinen Akkord hier ins Horn hineinklingen lassen?« Oder: »Im Fortissimo der Koda kein Accelerando, eher das Gegenteil. Es muß groß, ganz und gar groß klingen.« Oder: »Tranquillo heißt nicht langsam, sondern ruhig.«

Es gibt da fast unspielbare, im Pianissimo vorgeschriebene Oktaven. Diesen Triosatz nehmen die Dirigenten gern viel langsamer, obwohl nur »largamente« (also »schwerer«) dasteht. Backhaus ermunterte darum zu einem verhältnismäßig scharfen Tempo, dessen Kosten freilich der Pianist tragen muß. Nicht jeder kann das. Immerhin dürfe das Tempo des Scherzos nicht so scharf sein, daß die synkopischen Pausen am Schluß nicht mehr herauskämen. Das Andante mit der (oft ein wenig schmalzigen) Cello-Kantilene sei beinahe als Adagio zu nehmen. »Je schlichter, desto schöner wird's!« Und ein Seitenthema des letzten Satzes sei einem Wiener Prater-Leierkasten nachgebildet. Bei einer effektiv unspielbaren Stelle müsse der Dirigent »Gnade vor Recht« ergehen lassen, wie Hubermann das genannt habe. Was das Rondothema angeht, das Backhaus entzückend zu pointieren wußte, so kommt es vor allem darauf an, die überleitenden Oktaven-Sechzehntel des vierten, sechsten und achten Taktes ganz präzise im Tempo zu nehmen. Auch die Geigen sollten das bei der Wiederholung des Themas tun. Dann erst entsteht jene köstliche Durchsichtigkeit, die aller hingeschmierten Virtuosität überlegen ist.

Als Backhaus das Konzert dann im Herkulessaal spielte, von Fritz Rieger beinahe allzu zurückhaltend, unter sorgfältigster Beachtung der Backhausschen Anregungen begleitet, da wurde ein schwer beschreibbarer Unterschied deutlich. Es gibt Pianisten, die sich auf die »Objektivität« des Werkes stur verlassen, sich keinerlei Modifikationen erlauben und einfach drauflosspielen, als gehe es um gar nichts. Doch zwischen einem Ritardando, das man nur deshalb nicht macht, weil man es nie empfunden hat, und einem Ritardando, das man sehr wohl zu empfinden fähig ist, sich aber streng versagt, besteht ein entscheidender Unterschied. Zum Höhepunkt der Backhausschen Interpretation wurde das Andante. Schöner, ruhiger, erfüllter, schwerer wird man es kaum hören. Und als Backhaus sich da beim vorgeschriebenen »molto ritardando« tatsächlich zu einer seelenvollen, wohlkontrastierten Verlangsamung bewegen ließ, da hatte diese Stelle nun eine wahrhaft rührende Kraft und melancholische Größe. Da durfte einem Goethe einfallen: »Das strenge Herz, es fühlt sich mild und weich.«

Natürlich sollen nicht alle Pianisten das B-Dur-Konzert so spielen wie der 77jährige Backhaus. Er setzt dem Brahmsschen Spätwerk seinerseits eine weise Ausdrucksaskese entgegen. Svjatoslav Richter spielt dieses Konzert mit innigem, jugendlich-lyrischem Elan – das darf man auch. Horowitz versteht es, ein Verdisches Brio aus Brahms' spätem Feuer herauszuholen – das mag vielleicht stilistisch nicht statthaft sein, doch wenn Toscanini dabei dirigiert, erweist sich rasch, daß dem Werk auch dieser Wesenszug abzugewinnen ist. Rubinstein schließlich verwandelt alles, was Brahms in dieses Konzert herb hineingeheimnißt hat, zurück in pianistischen Wohllaut, in seinen »Rubinstein-Ton«. Doch die Verdrossenheit, wehmütige Schwerfälligkeit, Introvertiertheit des späten Brahms: die hat es nur bei Backhaus.

19. I. 1962

Das B-Dur-Klavierkonzert von Brahms, mit dem das 3. Konzert des Rundfunk-Symphonie-Orchesters endete – vor der Pause waren kurz und unbefriedigend die Orchester-Variationen Schönbergs geboten worden –, ist wahrscheinlich das schwerste, anstrengenste Klavierkonzert der traditionellen Literatur. Wer sich die massiven Entladungen des ersten Satzes, die Oktaven und Akkorde des zweiten, aber auch die synkopierten Ballungen des Andantes vor Augen und Ohren hält, der wird schwerlich begreifen, warum ausgerechnet dieses vertrackte, großartige Werk immerfort als »pastoral«, als altersmilde, als versonnen oder besonnt bezeichnet wird. Damit wären doch die Schwierigkeiten, die wilden Sprünge, die Kraft-Ausbrüche des Klaviersatzes degradiert zur reinen Virtuosität, zum bloß pianistischen Überschuß, während sie in kaum einem Klavierkonzert so sehr zur »Sache« gehören. Gewiß, es gibt Stellen einer reinen, gewichtigen Schönheit, zarter Meditation. Große alte Pianisten, ein Rubinstein oder ein Backhaus, waren manchmal imstande, diese Momente hervorzuheben, ohne die Dramatik des Stückes zu unterschlagen.

Als Géza Anda jedoch am Freitagabend im Rundfunk-Symphonie-Konzert das »B-Dur« bot, »spielte« er es nicht, sondern er »wagte« es. Noch nie habe ich diesen Pianisten so entschlossen, so draufgängerisch mit so viel Mut zu expressivem Elan gehört. Sogleich wurde klar, daß die pianistischen Forderungen und Überforderungen hier drei Sätze lang Ausdruck sind, und zwar Ausdruck archaisierender Inständigkeit, Ausdruck heilloser Alters-Nervosität, Ausdruck dargestellter und bewältigter Zerrissenheit. Man spürte, daß erst der letzte Satz – bis auf jenen Moment, wenn das ungarisch gefärbte Seitenthema fahl verdämmert (was derartigen Melodien sonst nur bei Mahler passiert) – so »heiter« und sorgenfrei pastoral ist, wie es Programmhefte und Konzert-Führer sonst immer vom ganzen Konzert behaupten. Und weil man, bei Andas überlegen heiterer Darbietung dieses letzten Satzes endlich, sozusagen stilisiert sorgenfrei, den bewußten Entschluß zum Lächeln, zur abschiednehmenden Heiterkeit mithörte, darum war das Finale nicht harmloser Abschluß eines sonst hochbedeutenden Werkes, sondern es hatte eine Funktion.

Am Anfang hatte Anda seinen Ton noch nicht ganz gefunden: Die Einleitung blieb gemäßigt, gelang nicht völlig. Doch dann – komischerweise genau beim 100. Takt – wurde Anda völlig frei, geradezu exzentrisch. Er spielte die einzelnen

Brahms-Gesten gewichtiger und spannender, als ich sie je, selbst von Svjatoslav Richter oder Rubinstein, gehört habe; er entdeckte in der wild schwierigen f-Moll-Schlußgruppe den wahnsinnsnahen Zorn großer Musik über Vergänglichkeit, er interpretierte die Durchführung wahrhaft erleuchtet und fand sich bei der Überleitung von der Durchführung zur Reprise mit Kubelík traumhaft schön zusammen. Da zahlte es sich aus, daß Anda auch als Dirigent Erfahrungen hat: Es war vorbildlich, wie er auf das Orchester hörte und einging.

Bei der Wiederholung glückte dann die »schwere« Stelle nicht so gut, und Anda wurde ein wenig vorsichtiger. Leider. Denn »falsche« Töne, wenn sie nicht gerade dominieren, schaden wenig. Dieses Konzert ist so komponiert, daß man die »Arbeit«, die verzweifelte Darstellung und Selbstdarstellung des Pianisten durchaus miterleben soll. Glatte harmonisierende Reproduktion würde hier verfälschen. Während nun Anda etwa bei seiner Schallplatten-Aufnahme dieses Konzerts (mit Karajan) viel zu vorsichtig elegant und feinsinnig »auf Nummer Sicher« spielte, brachte er jetzt den pianistischen Furor mit, der hier zur Wahrheit gehört. Seine Darstellung des Werkes war durchdacht, war großartig, hatte »Welt-Niveau«. Was fehlte, war die Gleichmäßigkeit. Manchmal war die Differenz zwischen Mut und Treffsicherheit zu groß, etwa bei den endlich einmal als Presto-Oktaven gespielten Presto-Oktaven des Finales. Dem Solocellisten gebührt Lob für eine völlig kitschfreie Darbietung des Andante-Solos. Und weil Kubelík mit Recht dieses Andante nicht, wie es sonst üblich ist, als »Adagio« mißverstand, gewann der Verlauf der Musik eine große, zärtliche Schönheit. Als dann tatsächlich die Adagio-Verlangsamung eintreten durfte, war sie Höhepunkt tragisch-romantischer Meditation.

28. XI. 1972

Violinkonzert D-Dur

Ist es vielleicht möglich, das Brahmssche Violinkonzert ganz aus dem Geist apollinischer Wehmut zu spielen: zwar gegen des Komponisten Absichten und Vorschriften, aber eben mit einem Verklärungskonzept? Doch während Perlman mit makelloser Bogenführung und undramatisch zarter Melancholie sich in die Nachdenklichkeiten des ersten Satzes versenkte, der bei ihm ein mäßiges Moderato war, spürte man, daß es eben doch nicht denkbar ist, aus Johannes Brahms einen Ludwig Spohr zu machen. Denn: Alle langsamen und schmerzlich verhaltenen Episoden dieses Satzes haben nur Sinn, Gewicht und Funktion innerhalb eines fest konstituierten Allegro-Tempos. Sonst wird das Langsame immer noch langsamer, und man kann zum Schluß mit Liszt (dem die tranigen Tempi einer überempfindlichen Pianistin nicht gefielen) spötteln: »Jetzt wird sogar der Totengräber begraben.«

Heifetz spielt das Brahms-Konzert nicht so dramatisch wie die einzigartige Ginette Neveu, Milstein spielt es nicht so dramatisch wie Heifetz, Szeryng spielt es nicht so dramatisch wie Milstein, sondern schon bedenklich süß. Aber Perlman übertraf in München Szeryngs (bei Brahms) unangebracht glatte Empfindsamkeit noch beträchtlich. Sein auf Schallplatten leuchtender Paganini-Ton blieb relativ klein in jenem Kongreßsaal, der schon so manchem Geiger zur Falle wurde. Die dramatischen Riesensprünge der Durchführung, an deren wildem Ausdruck es wirklich nichts zu deuteln gibt, blieben bei Perlman gewichtslos, zart, sicher, aber ohne Risiko und pathetisch-aggressive Kraft. In der Kadenz, wo ihn das Alibi Kempe nun wirklich nicht mehr stören konnte, waren erstaunliche Unsicherheiten und Gleichgültigkeiten spürbar, der Abgesang nach der Kadenz setzte zwar wunderbar wehmütig ein, aber für die dann folgende »Crescendo animato«-Steigerung hatte Perlman entweder keine Kraft oder keine Lust. Sie klang wie drangeklebt.

Es geht hier nicht um ein normales Abonnement-Konzert, sondern um den seit zwei, drei Jahren berühmtesten Geiger seiner Generation, wenn nicht der Welt. Wie schön er Töne gleichsam aus dem Nichts herausspinnen kann, wie empfindsam und meist rein er zu artikulieren versteht, das braucht ihm wirklich nicht mehr attestiert zu werden. Aber auch im langsamen Satz blieb die abschiednehmende Geste, am Ende, neutral, und im Rondo gelang keine zwingende, sondern nur eine gute Wiedergabe. Dem Schlußpresto fehlte es sogar an Glanz und Paprika.

4. IV. 1973

Sarasate spöttelte noch über das Violinkonzert von Brahms: Bedeutungsschwere Musik sei das sicherlich, aber so tief wolle er denn doch nicht sinken, ein Stück vorzutragen, wo er tatenlos mit der Violine in der Hand herumstehen müsse, während der Oboist die einzige richtige Melodie des Werkes vortragen dürfe.

Als der Geiger Gidon Kremer dieses Konzert vortrug im Kongreßsaal des Deutschen Museums, da drängte sich die Frage auf, was Sarasate wohl gesagt hätte, wenn er als Zuhörer dabeigewesen wäre. Denn melodischer, empfindsamer, ja – in einem hohen und gewagten Sinne – schöner, reicher an melodischen Gefühlswundern ist dieses gefürchtete Werk im Konzert kaum je zu hören gewesen. Es war aufregend, ja atemberaubend, wieviel Geigen-Emotion der genialische, erst 28jährige russische Geiger aus dem Werk herausspielte. Nicht nur die melodischen oder thematisch bedeutsamen Stellen artikulierte er durchdacht und intensiv, sondern auch alle Auftakte, alle Verzierungen, Passagen, Achtel-Überleitungen. Das, was bei anderen Geigern als Begleitfigur, als unauffälliges oder widerhaariges Passagenwerk mitläuft, mit-unterläuft, wurde bei Kremer von Takt zu Takt zum Ereignis.

Der kulturkritische Jargon unserer siebziger Jahre hat dafür eine Phrase bereit, die übrigens gerade bei den brillant-souveränen, aber meist auch roboterhaften jungen russischen Künstlern nur selten angewendet zu werden verdient: neue Sensibilität. Sagen wir statt dessen hier lieber: neue Beseeltheit. Wenn die Geige nach ihrem ersten Einsatz in Verzierungen überzugehen scheint, dann wird Kremers Ausdruckswille weder von den Schwierigkeiten (die er überlegen meistert) noch von den Verhaltenheits-Konventionen unterdrückt: Man hört die Vorbereitung jedes Trillers, jede vermeintlich abgespielte Figuration neu – und es ist des Staunens, ja der Rührung kein Ende.

Kremer zielt mit entschlossener, sanfter Freiheit weniger auf die Passagen als auf das, was sie musikalisch »intendieren«; ein Verfahren übrigens, das beim Brahmsschen Subjektivismus statthaft ist, bei Mozart und Beethoven aber gefährlich werden könnte, weil »Klassik« nicht in lauter überfreie Expressions-Partikeln zerlegt werden darf, ohne Schaden an ihrer Form zu nehmen. Doch auch bei Brahms kann ein solcher, fast manieristischer Empfindsamkeitskult riskant werden, wenn er zu übermäßiger Verlangsamung führt. Vor allem der Kopfsatz verliert dann seinen Allegro-Charakter, seine »Größe«. Um das zu verhindern, stellt Gidon Kremer eine Art Affekt-Parallelogramm her. Er wagt nicht nur immensen Ausdruck beim Brahmsschen Parlando, sondern er besitzt Technik und glühende Nervosität genug, um bei den Ausbrüchen und bei den Doppelgriff-Marcato-Augenblicken immer wieder den archaisierenden Brahmsschen Allegro-Ingrimm als eine Art Fallhöhe herzustellen. So wird kein sentimentales Andantino aus dem gewaltigen Allegro non troppo. Daß Kremer bei der wunderbaren, auf und ab schwebenden Dolce-lusingando-Stelle ein ausgeschriebenes Riesen-Ritardando entdeckt, daß er imstande ist, die Brahmssche Phrasierung sorgfältig zu beachten, die gerade während der emphatisch melodischen Momente das Dolce nicht wie eine Soße über die ganze Phrase ergießt, sondern in einem Ton konzentriert: es sei als weiteres Wunder hier mitgeteilt.

Auch die Brillanz des zigeunerhaften Allegro-giocoso-Themas kann niemand pointierter und rhythmisch richtiger: Dieser Geiger vermag eben Doppelgriffe unglaublich rasch zu greifen. Zwischen Einzelheits-Beseelung und hitzig durchdachter virtuoser Brillanz spannte sich also der Bogen einer außerordentlichen Wiedergabe, deren geradezu beglückende Reinheit auch daran erinnerte, wie ungenau und verschmiert normalerweise Geige gespielt wird. Kein Wunder, daß Kremer Kreislers Kadenz wählte und überhaupt auf Fritz Kreislers Spuren das »gegen die Violine« gerichtete Brahms-Konzert in Musik verwandelte, freilich viel emphatischer, übertriebener, als es je Kreisler oder Oistrach gewagt, vermocht hätten. Einige, wenige Male mißlang auch Kremer etwas – denn er schenkte sich nichts, ging nie auf Nummer Sicher, kriegte beispielsweise die letzte Passage vor der Kadenz gar nicht in den Griff. Aber das störte nur ihn, kostete ein wenig Freiheit während der Kadenz und vielleicht den Anfang des vom Orchester ohnehin allzu rasch genommenen Adagios. Im übrigen war es eine grandios persönliche Interpretation. Und was fehlte? Was mußte fehlen bei einem solchen Konzept? Nun, alles sonore, bärenstarke Pathos. Die singende hochdramatische Gewalt, mit der einst Ginette Neveu dem Werk beikam. Die voluminöse Selbstherrlichkeit donnernd »tragischer« Interpretationen.

Kremers Ton ist groß, aber nicht riesig, seine Phantasie blühend reich. Aber er möchte Brahms nicht mit niederschmetternder Gewalt beikommen, sondern mit menschlich-melancholischem Ausdrucksreichtum.

30. X. 1975

Halten wir uns an das, was wir haben: also an die vier Symphonien, denen der berühmteste Dirigent (zumindest) Europas sich hier, samt den Berliner Philharmonikern, stellt. Rafael Kubelík hat in einer fast gleichzeitig herausgekommenen Kassette die vier Brahms-Symphonien mit den Wiener Philharmonikern eingespielt. So liegen jetzt also, dargeboten von zwei traditionsreichen Brahms-Orchestern, jene vier Symphonien vor, die von den vielen Musikfreunden als das überhaupt Bedeutendste betrachtet werden, was das späte 19. Jahrhundert dem Orchester schenkte.

Die künstlerische Ökonomie, mit der sich in jeder Symphonie die Sätze und sogar die Satzteile korrespondierend zueinander verhalten, die grandiose Entwicklung, die der Typus des Adagios unter Brahms' Händen nahm, die Bedeutung der in jeder Symphonie an zentraler Stelle stehenden, reich ausharmonisierten und dann doch oft in einen Trugschluß sich wandelnden Kadenzen: alles das reizt zu umfänglicher Spekulation.

Die vielgescholtene deutsche Musikkritik hat es sich bisher mit Karajans Brahms-Kassette keineswegs leichtgemacht und zumindest zwei Auseinandersetzungen hervorgebracht, die sich sehen lassen können: Wolf Eberhard von Lewinski wies im *fono forum* auf den wienerisch seidigen Ton des Karajanschen Brahms hin und darauf, daß Karajan in »allererster Linie die Melodik mit bewußter Akzentuierung« dirigiert, »die die anderen Stimmen, die Gegenmotive, die rhythmische Konstruktivität und die klangliche Formung absichtlich vernachlässigt«. Ulrich Dibelius stellte folgendes in der *Opernwelt* fest: »Kein sinfonischer Prozeß wird in Gang gesetzt, es ist vielmehr sogleich alles da und hat unmittelbare Gegenwart.« Beide Beobachtungen scheinen zuzutreffen: Sowohl die forttreibende Macht der Bässe und der harmonischen Verstrickungen wird von Karajan unterdrückt als auch die Dramatik des musikalischen Werdens. Wir müssen uns fragen, ob ein Prinzip hinter diesen Interpretationen steckt oder ob sich da ein Mangel dartut.

Wenn man nur »Einzelheiten« vornimmt, dann ist Karajans Brahms von durchsichtiger, unverqualmter Herrlichkeit. Die Berliner Philharmoniker wissen nur zu genau, was sie tun, und Karajan – durchaus ein Mensch des elektroakustischen Zeitalters – berücksichtigt klug die Möglichkeiten wie die Grenzen der Apparatur. Obschon auffällt, daß die Platten der Deutschen Grammophon eindeutiger »überzeugen«, als noch keine Stereoprobleme zu bewältigen waren.

Doch die vorzüglich durchdachten Einzelheiten mögen beim punktuellen Vergleich immer wieder bestechen – aufs Ganze gesehen genügen sie nicht. Bei Karajan hängt alles so nahtlos und glatt miteinander zusammen, daß man einen inneren Zusammenhang sogleich unterstellt. Aber eben der wird fraglich. Die einzelnen Gestalten scheinen nichts voneinander zu ahnen. Wenn in der Einleitung zum ersten Satz der 1. Symphonie die Pizzikato-Geigen im Piano auf den Forte-Akkord antworten (Takt 9), dann ist die Antwort keine Antwort, sondern eine glatte Folge. Käme die Antwort weniger glatt, dann würde sie wie ein (musikalisches, nachzitterndes) Reagieren wirken. So aber erscheint der Dirigent als ein Puppenspieler, der nacheinander verschiedene Klanggestalten in die musikalische Bühne hineinhängen läßt, die nichts voneinander wissen. Vergleicht man Karajans Musizieren mit Furtwänglers Brahms, so könnte man das eine Mal von »außengeleiteter«, das andere Mal von »innengeleiteter« Musik reden. Denn es sind ja gerade die Atempausen zwischen den Tongestalten, die übereinstimmenden Affekte zwischen den Klanggruppen, die eine Beziehung herstellen und verraten.

Bei Karajan aber scheinen die ungerührt ihre Begleitstimme zupfenden Celli nichts davon zu wissen, daß gerade mit großer Gebärde über Dur nach Moll das Drama des ersten Satzes der 1. Symphonie zu Ende geht; bei Karajan wird die namenlos schöne Koda des Allegro non troppo der »Zweiten« nicht wie etwas Herrliches und Neues präsentiert, sondern das Horn hebt sich allzu spät heraus, und die Geigen schwelgen nur in Wohllaut. Die Krönung ist unvorbereitet geblieben.

Alles das hat seine Gründe. Karajan war es gelungen, dem pathetischen Beethoven-Bild einen »modernen«, einen gespannten neuen Beethoven entgegenzusetzen.

Diese Züge fehlen seinem – oft perfekten – Brahms. Hört man den ersten Satz der e-Moll-Symphonie von Karajan und danach von Furtwängler, dann ist man über den Qualitätsunterschied erschüttert. Karajan hat keine tragische Fülle, die ja bei Brahms eine rein musikalische, eine keineswegs rhetorische Fülle ist. Das Stück fließt dahin. Im langsamen Satz wird jene berühmte, einem Farbfleck ähnelnde Formausweitung kurz vor

Schluß – eine herrliche Bläser-Extravaganz – »eingemeindet«, als sei sie nichts Besonderes.

Aber Karajan hat gegenüber Brahms auch nicht Toscaninis Unschuld. Er bevorzugt verhaltene Tempi – das Finale der 2. Symphonie ist bei ihm fast langweilig –, nimmt, wie auch im Finale der »Ersten«, ein relativ gemessenes Anfangstempo, dafür verfehlt er die Lyrik der Tranquillo-Stellen, weil er zu diskret ist, einen starken Tempounterschied zu machen. Da wird gewiß immer glänzend musiziert: Die Stretta aus dem Finale der »Ersten«, die Klangfarben der Bläser, alles das hat größte Herrlichkeit – und wenn man nicht gleich an Furtwängler denkt, dann ist auch der Beginn des langsamen Satzes der »Vierten« von einer bezwingenden, erstarrten Magie. Um zu ermessen, wieviel (fast allzu durchdachte) Kunst in den Einzelheiten steckt, vergleiche man nur einmal das Finale der »Dritten« zwischen Karajan und Kubelík. Bei Karajan klingt es konzentrierter, rascher – und die Posaunen sind bei ihm auch im Pianissimo noch eine Farbe, während Kubelík da nur Töne gibt, aber kein Klang-Charakteristikum. Freilich hatte der gleiche Kubelík die wehe Sentimentalität des Poco allegretto (dritter Satz der »Dritten«) weit schöner und unschuldiger dirigiert, die Wiener Streicher hatten da innig ausmusizieren dürfen.

Karajan bleibt also gegenüber der vergrübelten Empfindsamkeit des sorgfältigen Architekten Brahms neutral. Beethovens Logos war für ihn ein dankbares Objekt; bei Brahms triumphieren zwar wieder ein herrliches Orchester und ein Dirigent, der Bläser zu führen und Steigerungen zu türmen versteht; doch die spezifisch Brahmssche Tragik kann Karajan weder treffen noch durch ein anderes Moment hinreichend und hinreißend ersetzen. Kubelík bleibt im einzelnen fast immer hinter Karajans Orchesterstolz zurück. Er betont sehr das »pastorale« Moment, erlaubt in den dritten Sätzen eine unbefangene Dramatik, freut sich am Schwung der Finali und hat da seine besten Augenblicke, wenn die Geigen in singendem Sextenkummer ein wenig böhmisch schwelgen dürfen.

Kubelík forciert nirgendwo. Bei ihm werden auch dämmernde Stellen, die bei Karajan oft so leer sind, direkter, das heißt: selbstverständlicher in den musikalischen Verlauf hineingenommen – zum Beispiel in der Durchführung des Kopfsatzes der »Ersten«. Kubelík dirigiert um eine Spur konservativer: Das Allegretto e grazioso der »Ersten« hat durchaus Freude am Pomp, im Finale der »Dritten« herrscht immerhin die titanische

Gebärde, und dem langsamen Satz der »Dritten« gewinnt Kubelík den Ausdruck atmender Einsamkeit ab: Die Pausen sprechen, Klarinette und Fagott entdecken da geradezu eine sonst oft etwas triste Stelle. Überhaupt sind die Solobläser bei den Wiener Philharmonikern den Solisten der Berliner manchmal überlegen, während die angeblich unübertrefflichen Geiger der Wiener nicht durchweg mit Berlin konkurrieren können. Auch Kubelík weicht allerdings immer wieder dem »tragischen Ton« aus. Der erste Satz der »Vierten« ist bei ihm nur fließend und beseelt, im Andante moderato singen die Geigen einen schwingenden schönen Kontrapunkt zur Cellomelodie – aber die Steigerungen, die Sechzehntel-Triolen im Fortissimo haben nicht genug Kraft und Macht.

Fazit: Zwei Schallplattenfirmen haben uns mit großer Mühe erarbeitete Brahms-Kassetten vorgelegt, die viele Herrlichkeiten bergen, aber weder ein neues Brahms-Bild prägen noch den besten Brahms-Interpretationen von Furtwängler, Knappertsbusch oder Bruno Walter ganz ebenbürtig sind. Man redet soviel von »Krisen«. Hier ist eine.

20. II. 1965

Kammermusik-Stilprobleme

Wenn Brahms im a-Moll-Streichquartett vorschreibt, ein Seitenthema solle leise, graziös und bewegt gespielt werden, dann ist diese Vorschrift doch nur im Kontext der herben, empfindsamen Brahmsschen Gewichtigkeit sinnvoll: nur leise, nur graziös, nur bewegt genügt nicht, alle diese Eigenschaften müßten vielmehr einem melancholischen Grund abgewonnen werden. Daran fehlte es aber vor allem bei den leisen Partien des Werkes. Wenn die Musiker im Affekt aus sich herausgehen und Forte spielen durften (sie riskierten immer noch zuwenig dabei), dann waren gleich mehr Gewalt und Ernst zu spüren. Doch während langer Partien des ersten, zweiten und dritten Satzes wurde Brahmssche Musik zum wohllautenden Opfer einer verbindlichen Tonschönheit.

23. XI. 1972

Klavierquintett f-Moll

Wenn Brahms so dargeboten wird, wie ihn Previn und das Yale-Quartett auffassen, dann vibriert seine Musik von pointierter Strenge, tragischem Glanz und faszinierendem, rauschhaft rhythmischem Feuer. Dann nimmt dieses Meisterwerk des jungen Brahms ganz nebenher alle Barbaro-Kühnheiten Bartóks, alle Ekstasen Prokofieffs vorweg, nur eben ohne Banalität. Man begreift wieder einmal, warum Schönberg Brahms' konstruktive Genialität bewunderte. Das f-Moll-Quintett scheint in jedem Takt von Noblesse und Dignität erfüllt, aber gleichwohl klingt es nicht im mindesten so klassizistisch-akademisch wie die meisten Kammermusikwerke, die im 19. Jahrhundert nach Beethoven und Schubert komponiert wurden.

Aber warum ist diese Einspielung um eine ganze Dimension interessanter, aufregender, richtiger und »moderner« als etwa die Einspielung des Brahmsschen g-Moll-Klavierquartetts mit Emil Gilels und Mitgliedern des Amadeus-Quartetts, die doch allzu »verhalten«, allzu »weise«, allzu unekstatisch ausfiel? Warum läßt sich diese neue Darbietung auch nicht in einem Atem nennen mit der Interpretation des Werkes durch Svjatoslav Richter und das Borodin-Quartett, die, gegenüber dieser Neueinspielung, seltsam sentimental, rubatoselig, dicklich und »privat« anmutet, trotz oder wegen Svjatoslav Richters konzertantem »Einsatz«? Auch die Einspielung, die Clifford Curzon und das Budapester Streichquartett dem f-Moll-Klavierquintett angedeihen ließen, demonstriert beim Vergleich nur eine vornehme Befangenheit in dem Vorurteil, Kammermusik müsse immer edel, unaufgeregt, diskret und wie auf Goldgrund dargeboten werden.

Die neue Interpretation läuft keineswegs darauf hinaus, daß André Previn und die Musiker des Yale-Quartett alles immer bloß »schneller« oder »stromlinienförmiger« spielen. Im Gegenteil, der erste Satz wird sogar auffallend verhalten begonnen, der langsame keineswegs unmäßig dramatisch gestaltet; das Scherzo (dessen Interpretation wirklich als »sensationell« zu bezeichnen ist) nehmen die Musiker auch nicht eigentlich rascher, sondern eben nur entschiedener als alle Vorgänger. Und auch das Finale gewinnt Glanz, Zielbewußtsein und immense dramatische Spannung nicht aus aufgesetzten Effekten, sondern aus der klar begriffenen, feurig dargestellten und bei der Presto-Stretta niederschmetternd affektvoll dargebotenen inneren Logik. Diese fünf Künstler haben ihren Brahms verstanden; sie haben die Struktur des Werkes begriffen und gleichwohl genug Temperament bewahrt, nicht bloß diese Struktur kalt darzustellen, sondern, Gott sei Dank, auch feurig-vernünftig darzubieten, was diese Struktur an Musik trägt.

André Previn, 1930 in Berlin geboren, 1939 nach Kalifornien ausgewandert, mittlerweile zum Chefdirigenten des London Symphony Orchestra avanciert, ist, obwohl 43, immer noch so etwas wie ein »Wunderkind« – zumindest auf dem pianistischen Sektor. Er ist auch als Jazzmusiker bekannt geworden und als Komponist leichter Musik (ähnlich wie Bernstein). Jetzt macht Previn Dirigentenkarriere.

Nun ist die Beziehung zu einem anderen Lager, die Vertrautheit mit Jazzmusik (solange sie nicht Kräfte und Interessen zu sehr absorbiert) für die Interpreten »klassischer Musik« manchmal durchaus unkonventionell-segensreich. Man denke nur an die Impulse, die von dem Jazzklarinettisten Benny Goodman oder von dem zwischen U- und E-Musik rastlos hin und her wechselnden Friedrich Gulda ausgingen. Beim offenbar hochbegabten und hochintelligenten André Previn läßt sich folgendes beobachten: Zusammen mit dem anscheinend interessantesten Künstler des Yale-Quartetts, dem Cellisten Aldo Parisot, stellt er im Brahmsschen Klavierquintett – natürlich ohne gefühllos, ausdrucksarm, mechanisch-monoton zu spielen – zunächst und zuerst das rhythmische Rückgrat her. Er hält die rhythmische Intensität einer jeden Phrase wirklich bis zum Ende durch. Nie erstickt die Lebendigkeit eines synkopierten Stakkatos in mulmigem Gefühl. Nie drängt sich sauertöpfische Sentimentalität vor. Beim Anhören dieser Platte bemerkt man, wie oft Brahms hier fürs Cello Stakkato- und Pizzikato-Wirkungen vorgeschrieben hat. Das klingt manchmal fast wie ein Schlagbaß. Doch dabei halten die Musiker sich strikt an den Notentext, an Takteinteilung und artikulierte Kraft. Sie meiden nur eben Sentimentalität.

Am wenigsten kommt das »Neue« im ersten Satz heraus. Zwar hört man sogleich helle Entschiedenheit und Klarheit. Aber Previn ist viel zu musikalisch, um diesen Satz einer unpassenden Zielstrebigkeit zu opfern. In der wunderbaren Durchführung kommt es sogar zu einem fast magischen Stillstand; um so zwingender entfaltet sich dann, am Ende der Durchführung, die Macht der zum ff gesteigerten Bewegung. Im langsamen Satz, der schön, ruhig, männlich, aber nicht durchgehend homogen gerät, werden minimale Schwächen des Quartetts und des Zusammenspiels erkennbar. Beim Scherzo ist das wie weggewischt: Wenn erst ein solches Ausdrucksgerüst existiert, dann gerät jeder Takt, jede melodiöse Wendung zum fesselnden Wunder. Und im Finale zeigen die Musiker, wie sehr sie auch aus verhaltenen motorischen Effekten eine blühende, klare und zwingende Musik herauszuholen vermögen.

23. VI. 1973

13. Kapitel
Friedrich Smetana · Anton Dvořák · Modest Mussorgski · Georges Bizet · Alexis Emanuel Chabrier · Henri Wieniawski · Peter Tschaikowsky · Giacomo Puccini · Hugo Wolf · Claude Debussy

Friedrich Smetana
Die verkaufte Braut

Es spricht einiges dafür, daß Smetana selbst nicht wußte, wie genial, wie reich an harmonischen Schattierungen und zwingend zu Ende geführten Melodien die »Verkaufte Braut« sei. Sonst hätte der Komponist sich nicht so oft über den Erfolg der »Komischen Oper« beklagt, die seine anderen, gewichtigeren Werke in den Schatten singe. Und, was vielleicht noch auffälliger ist: Sonst hätte er den Reichtum eines so unwiderstehlich strömenden, böhmischen Moll nicht auch Textstellen zugedacht, die teils harmlos lustig, teils nichtssagend sind. Vielleicht, trotz allen Künstlertums, war sich Smetana doch nicht ganz darüber klar, daß jene Wendungen, die er wie eine natürliche Tonsprache niederschrieb, schon voller melancholischen und melodiösen Zaubers sind. Ein Genie weiß nicht immer genau, was er tut.

Dadurch entsteht an mehr als einer Stelle der »Verkauften Braut« eine keineswegs unbeträchtliche Differenz zwischen Text und Musik. Dann muß sich der Regisseur entscheiden, ob er die Absicht des Textes unterstreicht oder der Musik den letzten Ton läßt.

Kümmern wir uns also zunächst um die Musik. Denn es ist ja ein modern-feinsinniger, durch Mißtrauen in die Opernform und Mangel an Tenören hervorgerufener Irrtum, anzunehmen, Opern seien hauptsächlich zum Inszenieren da. In Wahrheit sollen sie zunächst gesungen und gespielt werden. Darin, sich tönend ausdrücken zu können, liegt ja nicht nur die zufällige Besonderheit, sondern die Freiheit, die »Kunst-Wahrheit« jedes Opernhelden.

Es schien mir richtig, daß Eichhorn einen deutschen – das heißt: einen sentimentalischen – Smetana wollte. So wird in Prag beispielsweise der vielleicht schönste Augenblick der Oper, nämlich das erste Duett zwischen Hans und Marie, viel unbedenklicher, derber genommen, als wir es uns wünschen. Eichhorn hielt da das Tempo sinnig zurück, konzentrierte sich auf die Harmonien und machte es den Sängern leicht. Schlimm genug, daß diese Nummer so früh kommt. Die B-Dur-Kadenz muß a capella gesungen werden – und wenn Sänger ohne Begleitung sind, dann detonieren sie so haarsträubend wie die Geiger beim Anfang der »Kreutzer-Sonate«: Kaum ist die Begleitung wieder dabei, werden die Untaten mißtönend aufgedeckt. Da kann der Dirigent wenig helfen; auch beim Sextett am Schluß muß er – am Ufer des schweigenden Orchesters stehend – hilflos mitansehen, wie die Künstler im Meer unkorrigierbar unrichtiger Töne ertrinken.

Elisabeth Szemzö sang eine herbe, eine dramatische Marie. Und wenn sie sich dabei auch noch ganz dem Gefühl hingab – wie im ersten, dem stärksten Akt –, dann glaubte man dem jungen Mädchen gern allen Kummer und alle unbedingte Forderung. Leider schadete sich Frau Szemzö durch einen offenbar schwer korrigierbaren technischen Fehler: Bei allen Fortestellen bringt sie ihre Tonerzeugungsinstrumente schon beim Einatmen zum Schwingen, zum rauhen Tönen. Dadurch wird der Ansatz oft hart, und die Künstlerin betrügt sich um die glänzenden Wirkungen. Überhaupt, wenn sie erst in Affekt gekommen ist, dann drängt es sie manchmal doch über Smetanas Innigkeit hinaus. Die große, verzweifelte f-moll-Arie, Moderato assai überschrieben, war viel zu rasch und zu wild. Da wollte offenbar auch Eichhorn nicht stoppen.

Gegenüber der Kraft dieser Marie hatte es Anton de Ridder mit der ohnehin schwächeren Rolle des Hans sehr schwer. Zumal im ersten Akt trübten Intonationsunsicherheiten die Freude, doch gewann er im gleichen Maße, in dem (so geht es ja oft auch in Wirklichkeit) die Partnerin nachließ. Kezal, vom unternehmungslustigen Regisseur gelegentlich wie eine dämonische Mischung aus Jago und Kaspar inszeniert, durfte sich auf kräftige Bonhomie und einen ebenso kräftigen Baß verlassen. Ob Oskar Czerwenka nun hinter, über oder vor seinem Opfer stand: immer war er Herr der musikalisch-dramatischen Situation.

Wenn Kurt Pscherer, der Regisseur, einen Intendanten »über« sich hätte, dann hätte ihm dieser Intendant bei der Hauptprobe wahrscheinlich gesagt: Sie sind zu ehrgeizig! Warum verlassen Sie sich nicht darauf, daß Sie jene Konventionen, die bei der »Verkauften Braut« getroffen werden wollen, so glänzend, theaterkundig und wirbelnd treffen können? Warum probieren Sie unbedingt Neues aus? Sparen Sie sich doch bitte Ihre Extravaganzen für unsere nächste Egk- und Offenbach-Premiere auf! (Oder reden Intendanten anders mit ihren Regisseuren?)

Da nun aber Pscherer selbst Intendant ist, müssen wir hier leider freundschaftlich mit ihm rechten. Wie gut gelingt ihm alles, wenn er auf der vorgeschriebenen Basis halbrealistischen Operntheaters bleibt. Der Auftritt Wenzels von ganz hinten in all seiner kümmerlichen Beklommenheit (wenn er da ist, hat er bereits verloren), die Aufmöbelung der sonst oft so faden Zirkus-Szene, ja ruhig auch die Klamotte, wenn die Eltern hilflos sind und der Kezal ein Schwätzer ist: alles das hat Hand und Fuß, unterstützt die Musik, hilft über leere Stellen, verrät den Fachmann am Regiepult. Doch der Fachmann muß mehr auf die Musik hören – der Dirigent sich mehr gegen Eingriffe der Bühne ins musikalische Geschehen wehren. Der Einleitungschor voller Daseinsfreude, Frühlingsmelancholie und Schwung in eine herrliche, niemals karikierende Musik (trotz des Textes). Selbst wenn da Eheungemach beschrieben wird, verliert die Musik nie ihren reinen Zauber, der um keinen Preis durch Inszenierungsgags verdeckt werden darf. Daß die herrliche harmonische Steigerung, die auf einen 4 Takte langen Forte-Akkord hinausläuft (es geht um »wahre Liebe«), einer der größten Ausbrüche dieser Partitur ist, muß entweder der Regisseur respektieren oder der Dirigent durchsetzen. Smetana ist wichtiger als Karel Sabina, der Librettist. Überdies darf man beim ersten Finale (der Polka aller Polkas) nicht das Volk durch Ballett ersetzen und aus Fenstern im ersten Stock blicken lassen; denn in der »Verkauften Braut« ist das Volk Instanz, nicht nur Dekor. Pscherer aber pendelte zwischen ballettösem Abstrahieren Neu-Bayreuther (dort jedoch diskutablerer) Prägung, konservativer Lustspielregie und pfeiferauchendem Realismus hin und her. Plötzlich erschien ein Fensterrahmen für die Arie des Hans, der nicht nötig war, den Sänger jedoch technisch beschäftigte. Und daß die Liebenden in einer Schaukel gerade jenes Duett singen müssen, bei dem die Tempowechsel das wichtigste sind (die aber nicht vom Schaukelrhythmus befohlen werden dürfen), ist Schulbeispiel für eine falsch vergagte Regie. Alles das hat Pscherer nicht nötig.

22. III. 1965

Die Teufelswand

Der Anfang hatte etwas Verzweifeltes. Smetanas letzte Oper ist kein Nummernstück, sondern ein frei deklamierendes, auf nur wenige Arien beschränktes Werk, in dem Leitmotive, eine relativ komplizierte Harmonik und – wie es sich für solche Tondramen gehört – der Text eine wichtige Rolle spielen. Doch das Libretto der Frau Krásnohorská wird sogar in einer sonst überaus freundlichen Smetana-Biographie als »vollkommen unmöglich und verwirrt« bezeichnet. Wenn man nun kein tschechisches Wort versteht, aus dem Ablauf jedoch immerhin erschließt, daß auch die deutsche Inhaltsangabe des Programmhefts ihres Stoffs keineswegs Herr wurde, sondern höchstens eine vage Zusammenfassung bietet, die mit dem Geschehen auf der Bühne nur gelegentlich, zufällig und offenbar unbeabsichtigt übereinstimmt – dann befindet man sich in der Lage eines sprachunkundigen deutschen Detektivs, der in Schanghai einen verwickelten Fall von Erbschleicherei aufklären soll.

Folgendes habe ich ermittelt: In dieser Oper nimmt der Teufel gelegentlich die Gestalt eines mönchischen, machtgierigen Eremiten an. Derart maskiert, verhindert er Eheschließungen hoher Herren, indem er ihnen anti-eheliche Eidäußerungen entlockt oder sie darauf festnagelt. Zum Schluß wird der Teufel natürlich um seine wohlverdiente Beute betrogen. War die Bühne von beiden Eremiten, die sich wie eineiige Zwillinge gleichen, dem echten und dem teuflischen, zugleich erfüllt, dann konnte man sich immerhin noch daran orientieren, daß der Teufel etwas besser sang und gelegentlich in höllisches Haha ausbrach. Trat hingegen nur ein Eremit auf, dann tappte das Wiesbadener Publikum sozusagen im dunkeln, bis irgendwann grünliches Licht Aufklärung brachte. Die für Modefragen aufgeschlossenen Zuschauer registrierten überdies erstaunt, daß starkhüftige Sopranistinnen schon im 13. Jahrhundert bequeme und trotzdem pralle Reittrikots tragen durften. Nur langsam setzte sich die Erkenntnis durch, daß dies Weib eigentlich als Mann und die Starkhüftigkeit eigentlich als Bestandteil einer Hosenrolle aufzufassen sei. Verglichen mit dieser »Teufelswand« hat der »Troubadour« Lessingsche Prägnanz. Zwei Jahre vor seinem schrecklichen Tod in der Landesirrenanstalt, also 1882, fiel der stocktaube Friedrich Smetana mit dieser seiner achten Oper vor einem höhnisch lachenden Prager Publikum durch. Der Mißerfolg setzte dem leidenden Komponisten bitter zu. Smetana schätzte nämlich seine komplizierten Werke weit mehr als die naive »Verkaufte Braut« und äußerte sogar: »Falls Sie glauben, mir eine besondere Freude zu machen, wenn Sie die ›Verkaufte Braut‹ so in den Himmel heben, so irren Sie. Wenn ich Sie so reden höre, will es mir scheinen, daß Sie für meine andern und bessern Opern kein Verständnis haben. Meine Kraft und Freude liegt ganz woanders.«

Ich muß gestehen, daß ich slawischer Musik gegenüber nicht »objektiv« sein kann. Sie gefällt mir, grob gesagt, immer weit besser, als sie vielleicht ist. Dem Zauber vor allem böhmischer Harmonik kann ich mich nicht entziehen – auch wenn gelehrte Freunde nachweisen, daß da immer eine gewisse Seichtheit, Sentimentalität und Potpourrihaftigkeit mit im Spiel sei. In Smetanas »Teufelswand« nun besitzt die Tonsprache oft das harmonische Niveau des mittleren Wagner, etwa zwischen »Tannhäuser« und »Rheingold«. (Smetana hat sich gründlich mit Wagner beschäftigt und beispielsweise die »Tannhäuser«-Ouvertüre für vier Klaviere arrangiert.) Doch nichts Eklektisches haftet dem Werk an, obwohl der Komponist da vom Gift der unendlichen Melodie und des Tondramas getrunken hat. Die Oper besteht aus einem ziemlich zähflüssigen, rhapsodisch exponierenden ersten, einem relativ konventionellen dritten und einem wahrhaftig hinreißend inspirierten zweiten Akt. Da schwingt die Kantilene frei und selig aus, da findet Smetana ganz seinen Spätstil: inspirierte, böhmisch-unendliche Melodie. Um dieses zweiten Akts und einiger übriger Perlen willen sollte sich die deutsche Opernbühne bemühen, sich das Werk in einer (ruhig rücksichtslosen) Umarbeitung anzueignen. Es ist vielen Ausgrabungen zwischen E.T.A. Hoffmann, Marschner und Kienzl um die Differenz unüberhörbarer Genialität überlegen – trotz schwacher Aktschlüsse und manchmal aussetzender Inspiration.

Die Aufführung des Nationaltheaters Prag war authentisch. Eine Musik, die darauf hinausläuft, daß auch in der Hölle hauptsächlich Polka getanzt wird, haben die Tschechen natürlich im Handgelenk beziehungsweise im Kehlkopf, so daß sie nicht zu forcieren brauchen. Vor ein paar Jahren fiel mir in Prag auf, daß man dort geradezu einen Kult des Bühnenbilds betreibt. Über die Ausstattung also dringt da gewissermaßen experimenteller Formalismus in die Aufführungen ein: Man spielt mit Licht, vielfarbigen Dimensionen, expressionistischen Übertreibungen, man macht aus dem Geist von Hamlets Vater ein

Strahlenbündel, man abstrahiert, zaubert und witzelt – je nachdem. All das gilt nicht nur für den berühmten Svoboda, sondern auch, in etwas geringerem Maße, für Kretoslav Bebenik, der diese »Teufelswand« bildlich in Kokoschka-Nähe brachte. Die Inszenierung selbst jedoch war konventionell: traditionelle Gesten, harmlose Komik, landläufiges Ballett. Was die gesanglichen Leistungen betrifft, so scheint Prag gleichfalls von der weltweiten Opernkrise betroffen. Die Sopranistinnen waren gut, aber keineswegs Sonderklasse (manchmal klangen die Stimmen ein wenig scharf). Auch die Herren kamen keinesfalls über das hinaus, was eine gute deutsche Großstadtbühne leistet. Immerhin, die Namen Vera Soukupová und Vaclav Bednář muß man sich wohl merken. Begeisterter Beifall für alle und alles.

8. V. 1963

Anton Dvořák
Die slawischen Tänze

»Doch fehlt seinem Schaffen für unser Gefühl durch das ewig sprudelnde Musikantentum meist die letzte Tiefe und Konzentration« – schrieb hochmütig, untief und unkonzentriert Hans Joachim Moser in seinem »Musiklexikon«, wo man eigentlich Belehrung anderer Art erwartet, über Dvořák. Dvořák mag sich damit trösten, daß immerhin ein Brahms, ein Bülow, später ein Casals ihn liebten.

Die Dvořák-Verehrer können, und zwar authentisch von der Tschechischen Philharmonie (Dirigent Karel Sejna) eingespielt, die zweimal acht »Slawischen Tänze« Opus 46 und Opus 72 erwerben. Die unbekannteren Stücke – die nicht in tausend Wunschkonzerten, als unwiderstehliche Zugaben, als Kaffeehausreißer und Solistenturngeräte abgenutzt sind – machen deutlich genug, wie zwingend das melodische und auch das formend-instrumentatorische Genie Dvořáks war. Es sind empfindsame und doch derbe, gleichsam öffentliche, gemeinsamkeitsstiftende Tänze; sie wären eher auf einer Festwiese nächst der Moldau als im Chopinschen Salon vorstellbar. Manchmal spielen die Tschechen – es handelt sich um eine klangtechnisch nicht sehr brillante Neuauflage – diese Musik fast zu selbstverständlich, zu robust, zu unbefangen, nicht allzu gefühlvoll und »delikat«; dafür gesund, selbstverständlich. Etwa die entzückende »Polka« (Opus 46 Nr. 3) würden Nicht-Tschechen um eine Dimension besinnlicher erklingen lassen. Dafür ist der berühmte e-Moll-Tanz, den die Geiger so lieben, hier ein wahrhaft symphonischer, tiefsinniger Höhepunkt. Wie musikalisch und natürlich diese Tänze sind, wird in dem Moment klar, da man sie etwa mit Offenbach vergleicht, der dann dünn und papieren wirkt, oder wenn man reizende Bruckner-Anspielungen heraushört, Bizet-Wendungen. Der ambitionierteste Tanz (Nr. 16, As-Dur) ist gewiß nicht der bedeutendste; er wirkt wie mittlerer Tschaikowsky. Doch diejenigen Stücke, die sich auf ruhig-melodische, böhmische Wendungen verlassen, die gar nicht mehr wollen als sich drehen, als feurig, zärtlich oder traurig sein: ihnen kann kein musikalischer Mensch widerstehen, höchstens ein Musikprofessor, der genau Bescheid weiß über erstens Tiefe, zweitens Konzentration und drittens darüber, was einem deutschen Gefühl hier fehlt.

11. XII. 1971

Achte Symphonie

Warum war Kubelíks Darbietung von Dvořáks »Achter« so fesselnd? Die Antwort ist leicht gesagt, aber schwer gespielt. Kubelík holte aus jedem Einfall Dvořáks nicht nur die melodische Süße mit letzter Hingabe heraus (das liegt nahe, das versuchen viele), sondern er verstand es, allen diesen Gedanken darüber hinaus noch einen weiter forttreibenden rhythmischen Impuls zu entlocken. Dvořáks wohl schönste Symphonie wurde auf diese Weise eben nicht zu einem Sammelsurium herrlicher Einfälle, die sich schmachtend im Wege stehen, sondern zu einer Komposition fast aus drängendster Fortbewegung und schönster Einzelheit. Paradox ausgedrückt: Gerade weil Kubelík keine Themengruppe in genau dem gleichen Tempo wie die andere nahm, hielt die Symphonie zusammen, denn er holte aus jedem Moment zugleich direkte Gegenwärtigkeit und äußerste Bewegungsimpulse heraus. Das Stück stand gleichberechtigt und gleichwertig auf einer Linie zwischen Schubert, Brahms – und Gustav Mahler, der Dvořák nicht nur gelegentlich zitierte, sondern sich offensichtlich auch von der »symphonischen Erzählhaltung« des späten Dvořák hat beeinflussen lassen. Klarinetteneinsätze im Anfangs-Allegro, Spannungen zwischen dem böhmischen Mysterium und den ruhigen, gleichsam retardierenden Quarten im zweiten Satz machten das deutlich. Das sonst immer süß und volksliedhaft interpretierte Allegretto grazioso ließ Kubelík in ungewohntem Forte spielen. Das war aber keine »Auffassung«, sondern die Partitur schreibt es vor. Die übliche Verhaltenheit ist da vielmehr Auffassung.

14. XI. 1966

Die Brünner Philharmonie spielte Dvořáks 8. Symphonie weit weg von aller musikantischen Tändelei. Aus dem Werk wurde ein slawisches Bekenntnis. Nicht Schwung und Eleganz, sondern glühende Ernsthaftigkeit und fast erhabenes Melos zeichneten die Interpretation aus. Wenn etwa im Andante zwischen der naturstimmenhaften Leere reiner Pianissimo-Dreiklänge der Flöten und dem dunklen Gesang schmerzlich bewegter Klarinetten eine tiefsinnige Beziehung sich herstellte, wenn die bittere Ausweglosigkeit verzagter Terzen und Sexten hörbar wurde, dann war plötzlich zu erkennen, wieviel Dvořák mit Gustav Mahler zu tun hat, der ja auch ein geborener Böhme war. So kam die Brünner Aufführung von Dvořáks 8. Symphonie einer Entdeckung gleich. Das Orchester, in unwiderstehliches Feuer geraten, gab noch einige »Slawische Tänze« zu, die mit einem harmonischen Ingrimm und einer rhythmischen Variabilität sondergleichen gespielt wurden. Betäubt erkannte man, was gelangweilte deutsche Rundfunkorchester diesen Stücken normalerweise antun. Slawische Musik hohen Ranges wird nicht dadurch gerettet, daß man »musikantisch« sagt, die Jacke ablegt und alles quasi in Hemdsärmeln herunterfiedelt. Man muß diese Musik ernst nehmen: dann ist sie ernst. Stürmischer Beifall. Im Publikum schienen viele Ex-Tschechen, viele Emigranten zu sitzen. Man sah und konnte begreifen, daß sie am Ende gerührt waren und Heimweh hatten.

22. X. 1964

Stabat mater

Das »Stabat mater«, ein abendfüllendes Werk für Chor, großes Orchester und Solisten, hat Anton Dvořák, nach dem mit großem Enthusiasmus aufgenommenen »Hymnus«, wohl den ersten Welterfolg gebracht. Nur wenig später setzten sich dann die »Slawischen Tänze« unwiderstehlich durch. Man kann sagen, daß Dvořáks sich bis zu weitester Popularität steigernde Beliebtheit also auf zwei gleichsam parallelen Entwicklungsbahnen erkämpft wurde. Dvořák wußte seine Zeitgenossen davon zu überzeugen, daß er als »absoluter« Komponist Bedeutendes zu sagen habe – und er vermochte sie zugleich dadurch zu entzücken, daß er unerschöpflich innige böhmische Musikantentöne traf. In den großen Werken der späteren Zeit durften sich diese Parallelen schneiden.

Nun sind ja Werke, die einen Komponisten durchzusetzen helfen, oft und begreiflicherweise eher konservativer Natur. Sie bestätigen gewissermaßen die Hörgewohnheiten des Publikums und führen Neuerungen nur verstohlen ein, wie Konterbande. Das gilt für Beethovens Septett ebenso wie für Brahms' erste Erfolge oder Chopins Es-Dur-Nocturne. Auch Dvořáks »Stabat mater«, nach schweren Schicksalsschlägen entstanden, bekennt sich deutlich zur Vergangenheit und zur Zeitgenossenschaft. Oft denkt man an Brahms, wenn etwa das Allegretto-Thema aus Brahms' g-Moll-Klavierquartett imitiert oder der Rhythmus des langsamen Satzes aus der 4. Symphonie wörtlich vorweggenommen wird, manchmal auch an Verdi, ja gelegentlich sogar an Tschaikowski und Bruckner. Die späte Mitte des 19. Jahrhunderts hatte eben durchaus ihre »internationale Tonsprache«. In dieser Sprache hatte nun Dvořák auch schon im »Stabat mater« durchaus Eigenes zu sagen.

Bevor man dem heute nicht mehr sehr bekannten Werk begegnete, machte man sich die naheliegende Sorge, ob Dvořák den durch große Tradition und Innigkeit beglaubigten »Stabat mater«-Text nicht ein wenig zu böhmisch, zu tänzerisch, zu melodienselig und unterhaltsam komponieren würde. (In dieser Sorge steckt viel germanischer Hochmut: Ernste, weihevolle Musik ist unsere Sache – Ländler und Mazurkas dürfen auch die anderen komponieren.) Im Herkulessaal nun zeigte sich, daß von einer solchen »Musikantierung« nicht die Rede sein kann. Im Gegenteil: Nicht die melodiösen Partien des Stückes waren problematisch, sondern die eher »steifen«. Denn nicht die in lastend ernstem Gleichmaß dahinschreitende Musik erreicht ja bei Dvořák ein Äußerstes an Trauer und Empfindung, sondern doch sein gleichsam in belebtes Schwingen geratendes Melos. Da vermag er, im dritten Satz der 8. Symphonie, in der Dumka des A-Dur-Klavierquintetts, in gewissen cis-Moll-Passagen der 9. Symphonie oder in den Flöte-Cello-Dialogen des Cellokonzertes sein Bedeutendstes zu geben.

So wurde auch das »Stabat mater« desto ernster und eindringlicher, je tschechischer es sich aussprach. Wenn nach der großen, hallend-bedeutenden Einleitung und Steigerung eine von kaum mehr Musica-sacra-haften Pizzikato-Akkorden begleitete h-Moll-Melodie einsetzt, dann geht diese Musik, ohne sich das geringste populär zu vergeben, zu Herzen. Der Gegensatz zwischen symphonischer Steigerung und ruhig-böhmischer Musiksprache wird so zum Kern des Werkes. Wenn hingegen der Anfang des dritten Stückes noch klassizistisch an Schubert erinnert oder das Baßsolo (Nr. 4) deklamatorische Expressivität anstrebt, dann spürt man Schwächen. Überhaupt ist dem Werk, das ja fast nur aus langsamen Sätzen besteht (von zehn Nummern sind nicht weniger als sieben »Andante« überschrieben, die übrigen noch langsamer), ein gewisser Mangel an polyphoner Phantasie anzumerken.

21. III. 1964

Cellokonzert h-Moll

Dvořáks Cellokonzert in h-Moll ist das Glanzstück der Literatur für Cello und Orchester. Es hat für Cellisten etwa die Bedeutung, die für die Geiger das Violinkonzert von Brahms und für Pianisten Beethovens Es-Dur-Konzert besitzt.

Bei Dvořáks Cellokonzert verwandeln die Zuhörer sich fast immer in besorgte, hilfswillige, pflegebereite Besucher an einem Solistenkrankenbett. Das Tutti triumphiert, sterbend stöhnt undeutlich ein besiegter Solist in edlem Holzsarg aus dumpfer Tiefe. Gegen Dvořáks Orchester, man spürt es oft mitleidig, kann kein irdisch-gebrechliches Cello an. Trotz der sorgfältig durchdachten, die Bläser bevorzugenden und die tiefen Streicher zurückdrängenden Instrumentierung vermag, wie oft hat man es nicht schon erlebt, das Cello immer nur dann zu exzellieren, wenn es allein auf weiter Orchesterflur steht und weint. Doch damit wenigstens diese Soli sich hinreichend individuell abheben und auswirken können, neigen selbst Weltklassecellisten dazu, ihre Solomomente dann ausdrucksmäßig zu übertreiben und zu verzerren. Man hört in Dvořáks Cellokonzert (bei Schallplattenaufnahmen ist es natürlich anders) meist Solisten, die einerseits der Kraft des Orchesters nicht gewachsen sind und, andererseits, als Äquivalent, ihre Idyllen forcieren. Dessen wird kein Mensch froh. Unwiderlegbar stellt sich der Eindruck her, Dvořáks Cellokonzert biete zwar schöne Musik, aber das Cello eigne sich nicht zum großen Soloinstrument.

Diese traurigen Erfahrungen hat nun Rostropowitsch mit einer Kraft der Attacke, der Autonomie und des solistischen Überlebenkönnens widerlegt, die bisher unmöglich schienen. Er war nicht nur mit den beim Cello sonst so schwachen tiefen Lagen (C- und G-Saite) ein siegender Solist, er ging nicht nur das erste, alles entscheidende Solo mit dramatischer Leidenschaft und schwärmerischer Härte an, sondern er vermochte, bei alledem, auch Dvořáks Melos, die slawische Inbrunst und das rhapsodische Moment dieses Allegros improvisatorisch frei darzubieten. Er ging den Affekten nach. Er ließ hören, daß Dvořáks Konzert sich im ersten Satz zwar formal an die Wiener Klassik anlehnt, aber über knöchernen Klassizismus hinauswächst, weil es durchblutet ist von böhmischer Empfindsamkeit. Und als dann, bei atemloser Stille, die wohl schönste Stelle des Konzerts heranrückte, die Durchführung, wo Flöte und Cello einander zuflüstern, wie unheilbar traurig sie sind, und immer noch einen süßen Kummervorschlag mehr machen, da wurde wohl auch dem skeptischsten Musikfreund klar, daß man dieses Allegro wohl kaum je freier, kräftiger und rhapsodisch-empfindsamer hören wird.

Es sei nicht verschwiegen, daß Rostropowitsch im langsamen Satz auch den Preis für so viel Cellokraft und Celloglanz zahlen mußte. Die – von Mainardi einst so tiefsinnig ausgedeutete – immer wieder sehnsüchtig ums G-Dur kreisende Monotonie des Satzes erklang zwar nobel, ausdrucksvoll und schön. Aber man kann sich das Stück süßer vorstellen, traumverlorener, intimer. Natürlich wurde der letzte Satz, den der sorgfältig begleitende, hier scheu auf Rostropowitschs Freiheiten eingehende Heinrich Bender allzu unvermittelt und rasch begann, wiederum zum Triumph. Das Wunder des ersten Satzes jedoch blieb unwiederholbar.

4. IV. 1968

Modest Mussorgski
Boris Godunow

An der Salzburger Premiere von Mussorgskis Oper »Boris Godunow« hat Karajan mit phantastischer Hingabe gearbeitet. Er hat der Welt einen Sänger (Nicolai Ghiaurov) vorgestellt, dessen Stimmvolumen das meist gedankenlos benutzte Wort »unerhört« verdient; er hat monatelang geprobt. Die Premiere hätte notfalls auch ein paar Tage vorher stattfinden können. Die Wiener Philharmoniker, der Bühnenbildner, die aus dem Osten geholten Sänger, sie alle wurden für eine große Karajan-Produktion in Bewegung gesetzt. Schneider-Siemssens Bühnenbilder, Vielfalt, Farbigkeit und Aufwand waren in jedem Sinne erschlagend. Eine solche Schloßterrasse mit langen Wegen, Brücken, Riesenbauten rechts und links hat es, meines Wissens, noch auf keiner Opernbühne des 20. Jahrhunderts gegeben.

Gegenüber einer solchen Lust am Aufwand werden die kritischen Bremsen schwach. Zu gern möchte man sich wie ein Kind im Märchen dieser Pracht verlieren, aller kritischen Meditation enthoben. Aber es gelingt nicht. Der Salzburger »Boris« offenbarte die Grenzen des Gigantismus.

Schuld daran trugen die Disproportion zwischen visueller Fülle einerseits und der Begrenztheit der menschlichen Stimme andererseits sowie die hier glatt wirkende Harmlosigkeit von Mussorgskis nur partienweise bedeutender, oft recht neutraler, potpourrihafter Musik. Beinahe jede Szene hatte stets dann ihren gößten Augenblick, wenn sie begann. Wie eine Woge überspülte die bildliche Fülle alle Beeindruckbarkeit der Zuschauer; wenn dann die Sänger anfingen zu singen, auf ihre Zerrissenheiten und Leiden aufmerksam zu machen, wirkte es allzu leise, allzu privat. Nur Nicolai Ghiaurov und Sena Jurinac waren den Ausmaßen des Bildes und des Orchesters gewachsen. Doch schon Gerhard Stolze blieb allzu leise, das Trinklied des einen Bettelmönchs klang kläglich arm und unimposant, die Kinder des Boris verzwergten. Hinzu kam, daß Karajan sowohl die Mazurka-Rhythmen des Marina-Bildes als auch die Polonaise allzu elegant, allzu feinnervig dirigierte. Das hatte alles weit weniger rhythmische Urwüchsigkeit als Chopin, obschon jener sensible Pole sein Temperament doch im französischen Salon geläutert hatte, was man einem Mussorgski oder gar den polnischen Zuständen um 1600 wahrlich nicht unterstellen kann.

Quälend drängte sich die Frage nach dem »Warum« der ganzen Veranstaltung auf. Gegenüber der Fülle des Pomps sind Kontraste nötig, Innenspannungen, große, mitreißende Steigerungen. Der Regisseur Karajan beraubte sich solcher Möglichkeiten, weil er immer von vornherein auf das Äußerste setzte. Mangel an Maß versehrte auch die Personenregie. Da erschienen alle Gesten immer so gesteigert, daß sie Effekten ohne Ursachen glichen.

Das kolossalische Bühnenbild erzwang vielleicht diese Wiederholungen und Übertreibungen. Wenn dann wiederum leichte wippende Kinderbewegungen inszeniert waren, wirkte es bei den Ausmaßen des Kreml drollig unangemessen. Manchmal nutzte der Regisseur Karajan die Simultan-Verlockungen der Salzburger Riesenbühne geschickt aus. Man sah nicht nur die Schenke, in der ein falscher Zar den Häschern entgegenbangt, sondern auch weites Land um die Schenke, konnte beobachten, wie Patrouillen sich näherten, ein anderes Häuschen umkreisten usw. In den Zwischenräumen dieses Bühnenbildes hätten bequem noch ein paar andere Opern stattfinden können.

Und so komme ich zum Haupteinwand: Es ist die Verdrängung der Musik durch große Oper. Mussorgskis Kurzatmigkeit wurde keineswegs durch den Aufwand verbrämt. Die volksliedhaft reiche, oft auch dunkel expressive Musik wirkte angesichts der Fülle schlechthin unkomponiert, seltsam aphoristisch. Selbst ein so berühmter Moment wie der Tod des Boris vollzog sich kurz und fast unbeträchtlich, als ob im gigantischen Jupitertempel von Baalbek jemand ohnmächtig würde.

Wenn man sich vergegenwärtigt, wie sehr die Komposition sich auf charakterisierende Stimmungen verläßt und wie wenig eigenes Gefüge sie besitzt (man denke nur einmal daran, wie ungeheuer Wagner die Gralsglocken zu steigern vermag, während Mussorgski beim Krönungsbild ein paar große Effekte kurz nebeneinandersetzt), dann begreift man, warum sogar Strawinsky die Oper seines Landsmanns tadelte. Oder ist »Boris« etwas ganz anderes: nämlich eine Volksoper? Wahrscheinlich. Trotzdem ist der Partitur nur mit Masse nicht beizukommen. Sie verlangt dann eher nach Zerrissenheit, grüblerischer Härte.

In Salzburg hat sich niemand mit irgendeinem »Boris«-Element ernsthaft identifiziert. Die Wiener Philharmoniker taten tapfer, aber doch nur wohlklingend mit, die Gewissensproblematik und der russisch-religiöse Überschwang waren Genußmittel. Der Text selbst bietet ohnehin nicht die Entwicklung von Leidenschaften, sondern er verknüpft sorglose Einzelszenen. Er ist ein Bilderbogen. Wenn nun jenes Element, von dem alle Freunde der russischen Sprache so inständig schwärmen, nämlich die unübertragbare Poesie der Puschkin-Sprache, entfällt, wenn sich die Musik auf einen Text bezieht, dem man nur folgen, dessen Qualitäten man aber nicht ästhetisch wahrnehmen kann, dann hat eine solche Produktion es verzweifelt schwer. Werden die besten musikalischen Elemente nun aber noch von dem aberwitzigen Aufwand eines verschwenderischen Bühnenbildes verschluckt, dann bleibt fast nichts mehr übrig als Bewunderung für ein paar tapfere Einzelleistungen – und teure Langeweile.

Es gibt mannigfache Fassungen und Textgestaltungen dieser Oper. Karajan entschied sich, man kann ihm keinen Vorwurf daraus machen, für den Schluß mit dem Tod des Boris. Viele halten es für sinnvoller, wenn die Oper mit dem verzagten Gesang des Irren abbricht, der für das arme hungernde Volk klagt. Karajan hatte auch auf jene ergreifende Szene verzichtet, die in der russischen Schallplattenaufnahme des »Boris« sehr wohl erscheint: auf den Zusammenstoß zwischen dem Zaren und dem Irren. Der Irre nennt da den Boris, der ja einen Kindermord auf dem Gewissen hat, »Herodes« – und Zar Boris ist mittlerweile so weit gereift, daß er dem Irren zuhört (während die entsetzte »Umgebung« des Zaren den vorwitzigen Irren natürlich am Weiterreden hindern will).

1. X. 1965

Bilder einer Ausstellung

Ich habe nie begriffen, was die Dirigenten an diesem Mussorgski-Bilderbogen so fesselt: Alle wollen ja immer wieder wie Pult-Cäsaren durchs große Tor von Kiew in den Musiker-Himmel hinein. Dabei ist aber die Musik so plan, so exakt durchgeführt, daß kaum etwas anderes übrigbleibt, als die genauestens kolorierten Bilder nachzuzeichnen. Ja die Orchester-Palette nimmt der Hörerphantasie noch jenen wichtigen Spielraum, der notwendig bleibt, wenn ein großer Pianist auf dem Steinway die Originalfassung vorträgt. Cluytens hatte weder Lust, die »Promenaden« – die meditativen Gänge zwischen den Gemälden – sorgfältig abzustufen, noch fiel ihm zu den Bildern etwas wirklich Stichhaltiges ein. Es war eine magere, am Schluß aber furios dröhnende Wiedergabe: laut, ein wenig langweilig und manchmal sogar trivial.

22. IV. 1967

Warum aber konfrontierte Karajans Aufführung so wenig mit dem Carmen-Drama? Es lag gewiß nicht daran, daß für die Präzisierung der Hauptrollen Carmen und Don José zuwenig Kunst oder Liebe aufgewandt worden wären. Nur bildete das Schicksal der Zigeunerin und ihres Liebhabers nicht den dramatischen Mittelpunkt, auf den alle Vorgänge und Bewegungen zielten. Wenn da auf übervoller Bühne, beispielsweise im ersten Akt, ein Kellner rechts vorne seine zahlreichen Gäste versorgte, Gruppen sich an Wände drückten, unter Brücken Zuflucht suchten, Buben hin und her liefen, buntestes Sevilla-Gewimmel nicht ganz zwanglos sich vollzog, dann hätten alle diese Vorgänge oft genausogut in einen Breitwandfilm über Spanien gepaßt wie zur Geschichte der Verführung eines Soldaten. Nichts gegen eine dynamisch aufgelockerte Statisterie! Doch Karajan, konsequent und durchgreifend wie immer, ging im Zeitalter des Pluralismus mit der »Belebung« und Vervielfältigung so weit, daß man unversehens an eine alte Wahrheit erinnert wurde, laut der die Bühne ein Ausschnitt ist. Ein Ausschnitt, in dem ein Bühnengeschehen sinnvoll isoliert (und seien noch so viele daran beteiligt) erscheint, auf *einen* Zweck hin geordnet. So hatte es zum Beispiel Zeffirelli in seiner »Romeo und Julia«-Inszenierung demonstriert, wo auch ganz Verone mitspielte. Wenn jedoch die Bühnenereignisse zum lustigen Jahrmarkt der Fülle werden, die das Hauptgeschehen weder ergänzen noch gezielt unterbrechen, sondern daneben herlaufen, dann ist es allmählich kaum mehr einzusehen, warum es überhaupt eine Grenze gibt, warum das Auge nicht noch ganz andere Stadtteile und Vorgänge erblicken darf.

Diese Explosion der Großen Oper in einen Breitwandnaturalismus wäre nur ein harmloser Regieschönheitsfehler, wenn nicht der Dirigent Herbert von Karajan im Augenblick mehr denn je ein Meister und Liebhaber des Leisen, Zarten, feinsinnig Kammermusikalischen wäre. So kommt es, daß auch die Musik angesichts entfesselter szenischer Fülle die Hauptvorgänge nicht derb akzentuiert. Mitunter weiß man kaum, wohin man schauen und hören soll. Das Orchester, oft von betörendem, wienerischem (Wiener Philharmoniker) Wohllaut, musiziert eine delikate Kammeroper. Es ist, als hätte sich der Dirigent Karajan nicht genügend mit seinem Regisseur gleichen Namens verständigt.

29. VII. 1966

Karl Böhm endlich wieder einmal am Münchner Opernpult nicht nur dirigierend, sondern eine Aufführung ganz einstudierend; der Hausherr und Regisseur Günther Rennert mit intelligenter Leidenschaft auf Mérimées, Bizets und Felsensteins (dessen deutsche Übertragung benutzt wurde) Spuren; die jäh und strahlend berühmt gewordene Tatiana Troyanos in der Titelrolle: das mußte doch die »Carmen« dieses Opernjahres, wenn nicht sogar dieses Opernjahrzehnts werden.

Denn an irgend etwas waren ja auch die bestbesetzten »Carmen«-Darbietungen der letzten Zeit gescheitert. Otto Schenks Wiener Staatsopern-Inszenierung mit Christa Ludwig hat Lorin Maazel denn doch nicht kraftvoll genug dirigiert, Karajan hatte sich in Salzburg zu sehr um Festspiel-Luxus, seidenweiche Finessen gekümmert; Carlos Kleiber meisterte zwar in Stuttgart die sonnenerhitzte Partitur hinreißend grell, schattenlos, feurig, und er wußte auch die sanft trivialen Stellen rhythmisch schlank zu machen. Doch weil er keine stimmkräftige Carmen, keinen Escamillo, gleich zwei Regisseure im Programmheft, aber dafür keinen verantwortlich auf der Bühne stehen hatte, blieb die Stuttgarter »Carmen« nur ein Orchester-Ereignis. Und was geschah in München?

Es gibt eine geheimnisvolle Beziehung zwischen »blindem« Trieb und Freiheitsverherrlichung. In der vor »Carmen« wohl berühmtesten Oper über einen dämonisch triebbesessenen, anarchisch Antibürgerlichen und Besitzergreifenden, in Mozarts »Don Giovanni«, steht an zentraler Stelle der im Maestoso auskomponierte Hymnus »Viva la libertà« – »Hoch leb' die Freiheit, hoch!« Dieser unübersehbare, unüberhörbare Gegensatz erscheint in Gestalt der Zigeunerin wieder. Sie ist die Herausforderung aller Männer, ja aller gesitteten Zivilisation durch ihr So-Sein. In ihrer Courage, ihrem Ungebändigten verbirgt sich aber eben nicht so sehr Überlegenheit, Freiheit, Emanzipation, Überschreitung der Grenzen des »Weiblichen« und des »Bürgerlichen« – sondern erst recht radikale Naturverfallenheit. Das macht die Sache finster.

Wie mischen sich in diesem Wesen dumpfer Aberglaube (»die Karten lügen nicht«), einspruchsloser Fatalismus und absoluter

Unabhängigkeitstrieb? Carmen ist nicht »aufgeklärt«, dennoch läßt sie sich nicht gängeln von Angst, Vorsicht, Zwang.

Ist sie ein Luder oder ein Naturereignis – oder beides? Ist Don José ein Waschlappen mit Mutterbindung, ein richtig spanisch eifersüchtig-ehrpußliger Kerl – oder beides? Ist der Escamillo ein affiger Gladiator oder ein Held – oder beides? Ist Fräulein Micaela naiv oder verkitscht – oder beides?

Tatiana Troyanos, die für eine potentielle Weltkarriere so viele Monate brauchte wie andere Künstlerinnen Jahre, tritt über eine mühselige Blechbrücke auf: Sofort beherrscht sie die Situation. Alles dreht sich um sie, sie genießt das. Nur – ein witziger Einfall Rennerts – Don José schaut nicht nach Carmen: Er putzt sein Gewehr, hat zu tun. Das mag sie nicht ertragen. Und so wirft sie gerade ihm die Rose zu. Die Tragödie kann beginnen.

Die Troyanos sieht gut aus. Ihre Stimme hat eine kräftige, für meinen Geschmack etwas scharfe Höhe, eine Mittellage, die sich manchmal beim Lagenwechsel noch nicht ganz perfekt mit der Höhe verbindet, und eine sehr ausdrucksvolle, gerade für die Carmen-Partie wichtige Tiefe. Tatiana Troyanos singt sehr sauber und sehr sicher. Sie erfüllt Titelpartien und füllt große Opernhäuser.

Aber – und das mag ihren Publikumserfolg zumal in Deutschland ebenso erklären wie ihre Grenzen als Carmen – sie wirkt unangemessen souverän. Wenn sie, während der ersten beiden Akte vor allem, ausdrucksvoll und verführerisch sein will, dann lächelt sie mit Gesicht und Stimme. Das ist ein harmonischer Mensch. Eine souveräne, wenn auch zigeunerschwarze Lyzeistin – gewohnt, daß ihr die Männerwelt zu Füßen liegt. Manchmal hat sie etwas geradezu Holdseliges, einen Maria-Schell-Charme. Sie ist dann ein großes, offenes Wesen, eine freundliche Walküre aus Spanien. Wenn sie böse imitatorisch die zur Pflicht rufenden Trompeten nachschmettern müßte – mit gehässigem »traterata« –, wenn sie ihren Kastagnetten-Tanz in B-Dur ohne jeden betörenden Ausdruck nur knapp und wild und ohne verbindliches Espressivo darzustellen hätte: dann fehlt es ihr an Härte, an Naturverfallenheit, an zwingend-selbstverständlicher, schwarzer Sinnlichkeit.

Später, während des finsteren Karten-Todesmonologs: da lächelt sie nicht mehr. Doch die fatalistische Verfallenheit wirkt hergestellt, sängerisch-musikalisch, aber bezwingt nicht.

Im letzten Akt dann scheint sie, nach großem Beginn, am

Schluß theatralisch die Nerven zu verlieren; kein Wunder, wenn dem José der Morddolch wie in schlechter Opern-Parodie durchaus nicht aus der Scheide will.

Robert Ilosfalvy, der vermeintliche Schwächling des Stückes, hat die stärkste Stimme von allen. Wie er sich entfaltet, wie er eine gewisse Darsteller-Schwerfälligkeit einbezieht, immer stärker werdend, das ist fast konkurrenzlos.

Victor Brauns kleinkehliger Escamillo kommt jedenfalls als Konkurrenz nicht in Frage; die ein wenig zu deutsch-singspielhaft agierende und tönende Micaela der Helen Donath wohl auch nicht, trotz phantastischen Publikumserfolgs.

Was Karl Böhm betrifft, so geriet die Aufführung als ein fesselndes Lehrstück. Aber nicht immer ein Lehrstück darüber, wie die »Carmen« dirigiert werden müsse, sondern manchmal auch darüber, welche Ausdrucksmittel, welche Tempi, ja ich möchte sagen: welche deutsch-symphonische Geisteshaltung nicht ganz angemessen scheinen.

Während der Ouvertüre war noch alles ganz selbstverständlich, richtig und fesselnd. Böhm betonte das Rhythmische, die Pauken, forcierte das melodische Element nicht. Merkwürdig, gewiß, daß die Tremoli der Geigen nicht nach Sevilla, sondern in ihrer erregten Expressivität doch nach Nibelheim zu gehören schienen. Man glaubte sich diese Hörbeobachtung sozusagen selber nicht: Warum denn immer überall Gesamtkunstwerkgras wachsen hören?

Aber während des ersten Akts, während einiger Chöre und des etwas mühseligen Duetts José/Micaela wurde klar: Der große – Mozart und Brahms, vor allem Schubert und Wagner unantastbar dirigierende – Karl Böhm musizierte nicht in erster Linie die Knappheit, die Schlankheit, das schattenlos feurige Melos Bizets. Seine relativ langsamen Tempi, die Ausdrucksbereitschaft, die harmonische Ernsthaftigkeit hatten manchmal etwas sehr Deutsches. Die naiveren Stellen klangen singspielhaft harmlos, die Entladungen kamen wagnerisch selbstbewußt, das Triviale wurde vergebens geadelt, statt süß leichthin gespielt. Man war manchmal auf einer gedachten Linie zwischen Lortzing und »Lohengrin«. Eine Linie, die nicht gerade nach Sevilla führt.

31. X. 1969

Nicht nur aus »Carmen«-Besessenheit inszeniert Felsenstein das Werk wieder und wieder, sondern wohl auch, weil ihm daran liegt, seine intelligente Fassung durchzusetzen und die weniger genau motivierende, übliche »Carmen« des Repertoire-Theaters durchs Gegenbeispiel zu blamieren. Bei Felsenstein, in der Premiere vom März 1972, werden im wesentlichen folgende Zusatzinformationen geliefert:

Erstens: Der Escamillo, den Siegfried Vogel männlich spielte und akzeptabel sang, ist kein eitler Affe, kein Stierkämpfer, der absurderweise sofort im Duell gegen den ungeschickten Don José verliert, sondern er ist ein brillanter Matador, seinem Nebenbuhler in jeder Hinsicht überlegen.

Zweitens: Micaela fällt nicht – wie sonst so oft – gleichsam vom Himmel in die wilde Gebirgsgegend der Schmuggler, sondern ein Bergführer bringt sie hin; sie beteuert da, sie habe keine Angst, obwohl ihr schaurig zumute ist; ganz ähnlich sprach einst Leonore angstzitternd im Kellergewölbe zu Rocco – in Beethovens »Fidelio«.

Drittens: Man erkennt amüsiert die Machtverhältnisse innerhalb der Schmugglerbande – und die proletarische Bravour, die triumphale »Alles oder nichts«-Stimmung, die immerhin dazu führt, daß die Outcasts einen Leutnant »fesseln« und festsetzen.

Viertens: Einige allzu betuliche Dialogwendungen wurden – nicht immer mit Glück – durch Konkreteres ersetzt.

Das sind zwar keineswegs umwerfende, aber doch gewichtige und wichtige interpretationsgeschichtliche Einsichten, mit denen sich jeder zukünftige »Carmen«-Regisseur zumindest auseinandersetzen müßte, zumal die Schwäche der alten Rezitativ-Fassung paradoxerweise gerade mit der Kunst jenes Ernest Guiraud zusammenhängt, der die Rezitative hinzukomponierte und dabei so geschickt zu Werke ging, daß man die Naht-Stellen kaum bemerkt. Alles Hinzugefügte wirkt leider immer ziemlich authentisch, kein klärender Kontrast stellt sich ein, sondern meist nur eine leichte Rezitativ-Langeweile, für die man dann Bizet verantwortlich macht, weil sie mit seiner Musik verschwimmt. Diese »Carmen«-Mißverständnis-Möglichkeiten hat Felsenstein also beseitigt. Schön und gut. Aber Opern-Darbietungen sind ja keine höhere Form der Rechthaberei, sondern – und das gilt wahrlich für die »Carmen« – eine Kunst-Mischung aus Musik und Szene; sie sollen Wahrheiten über menschliche Passionen, Haltungen und Handlungen vermitteln. Davon aber war Felsensteins Aufführung weit entfernt.

Und warum? In seiner Inszenierung blieb die Musik ohne Gewicht, ohne bestätigende, charakterisierende, mitschaffende

Funktion. Überprobiererei kann es eigentlich, zumindest im Hinblick auf die Musik, nicht gewesen sein, denn Patzer und falsche Töne gab es mehr als genug. Nur: Der Dirigent Dmitri Kitajenko dirigierte so stur, so ledern, so ohne jede Brillanz, ohne dramatische Crescendo-Fähigkeit und Artikulationslust, daß diese Aufführung nicht gelingen konnte.

3. III. 1972

Alexis Emanuel Chabrier
Étoile

Chabriers Opéra bouffe »Étoile« – in der deutschen Fassung von Walter Brandin heißt sie »Das Horoskop des Königs« – wird zwar von deutschen Liebhabern der französischen Geistigkeit als etwas Besonderes gerühmt. Aber wer hat sie je gesehen? Warum das Werk in Paris nach der erfolgreichen Uraufführung so rasch verschwand, ob die als deutsche Erstaufführung bezeichnete Darbietung nicht nur die Erstaufführung der neuen Fassung war (nachdem das Stück anscheinend schon vor dem Ersten Weltkrieg in Berlin unter dem Titel »Lazuli« über die Bühne gegangen ist), man weiß es nicht genau und muß es auch nicht allzu genau wissen, da die komische Muse meist gesundheitliche Schäden davonträgt, wenn sie von der Philologie umarmt wird.

Der von Eugène Leterrier und Albert Vanloo hergestellte Text ist von monumentaler Albernheit. Ein König, der seinem Volk gefälligkeitshalber jährlich eine Todesstrafe servieren will und deshalb Delinquenten sucht. Ein hübscher Delinquent, dessen Leben auf Grund astrologischer Erkenntnis mit dem des Königs schicksalhaft verknüpft ist. Eine junge Prinzessin, die den Delinquenten wachkitzelt, liebt, schließlich als erschossen beweint und dann heiratet. Nein, beim Text wollen wir uns nicht aufhalten. Weder die Diskussion um die Todesstrafe noch auch unsere Kenntnis des Menschenherzens wird da entscheidend gefördert. Muß ja auch nicht sein.

Musikdramaturgisch hat die Sache einen winzigen Haken: Die männlichen Partien sind fast ausschließlich Buffo-Partien. Es bleibt wenig Raum für sentimentale Identifikation. Muß aber gleichfalls nicht sein.

Und die Musik? Sie entstand 1877, also zwei Jahre bevor der

damals 36jährige Chabrier sich endgültig zum Wagner des »Tristan« bekannte. Die oft geistvoll durchbrochene Instrumentation deutet freilich schon vor dieser Konversion darauf hin, daß Chabrier von Wagners Bläserbehandlung fasziniert war; einigen melodischen Sequenzen merkt man an, daß der Komponist einst bei einem persönlichen Freund und Schüler Chopins gelernt hatte. Daß Chabrier die Tradition der französischen Opéra comique kannte, bedarf keiner Betonung. Wenn man das Stück mit den Ohren von 1967 hört, dann sind weniger die hübschen, leichten, mitunter auch arg banalen Themen und Melodien faszinierend als vielmehr die Übergänge, die gelegentlichen delikaten Modulationen, die harmonischen Rosen, die im verborgenen blühen. Gerade die Musik der Prinzessin Laoula hat nicht nur Charme, sondern auch Schmelz, manchmal sogar schmerzlichen. Der erste Akt erquickt, weil er durchsichtig und finessenreich gearbeitet ist, der zweite läßt nach, wird seicht und arm, aber für den dritten haben sich Chabrier und sein Bearbeiter dann wieder ein paar Köstlichkeiten aufgehoben. Manchmal wirkt die Partitur sozusagen »musikalischer« als entsprechende Arbeiten Offenbachs. Man hört ihr an, daß ihr Autor mehr sagen könnte, wenn er wollte. Es ist kein großer musikalischer Eindruck, aber doch ein interessanter, ein hübscher, ein nicht überflüssiger. Vor allem dann nicht, wenn man ein wenig historisch hinhört, das ironische Moment (Donizetti-Parodie) beachtet und der Instrumentation Aufmerksamkeit schenkt.

Natürlich wird gelegentlich noble Delikatesse nie einen mitreißenden Effekt haben, sondern immer nur einen höchstens interessanten, bestenfalls bezaubernden.

30. V. 1967

Henri Wieniawski
Zweites Violinkonzert d-Moll

Alle Musikfreunde glauben von allen Musikfreunden, sie hätten etwas gegen Henri Wieniawski. Und dann hören sie eines dieser perfekten Geigenstücke und sehen sich lächelnd an und sagen, sie hätten eigentlich nichts dagegen. Und was sollte jemand, der die Geige liebt, auch dagegen haben! Die Scherzo-Tarantella, die Mazurken, die russischen Sachen – lauter treffliche Musik, die nur eben den Vergleich mit Chopin nicht verträgt, sonst aber jede vernünftige Belastung, denn sie hält auch kompositorisch so viel, wie sie rein virtuos verspricht. Darum war der junge Geiger Charles Treger gut beraten, als er Wieniawskis 2. Konzert aufs Programm des Graunke-Abends setzte. Der erste Satz ist edel, sowohl im direkten wie auch im etwas pathetischen Sinn, die Romanze muß man retten, weil sie zu süß wird, das Finale aber braucht keine Entschuldigung. Wieniawskis 1. Konzert, in manchen Einzelheiten interessanter, klingt als Ganzes indessen doch zu dick.

Treger kann's. Ein temperamentvoller Ton, bemerkenswerte Reinheit, manuelle Sicherheit helfen ihm. Wenn er sich nur noch bemühte, die Passagen, zumal im ersten Satz, genauer zu gliedern und die Steigerung oder Bereicherung der Bewegung strahlend zu präzisieren, dann bliebe kein Wunsch offen. Doch vielleicht hingen die Unebenheiten auch mit dem begleitenden Orchester zusammen, das diesmal schwerblütig und schleppend musizierte.

21. IV. 1967

Peter Tschaikowsky
Vierte Symphonie

Tschaikowsky hat in Deutschland eine auffallend schlechte Presse. Seitdem 1948 in einer »Philosophie der Neuen Musik« zu lesen war, daß der allbeliebte Tschaikowsky »noch die Verzweiflung mit Schlagermelodien porträtiert«, wenden sich immer mehr Fachleute von Tschaikowskys Banalität und Brutalität ab – obschon gerade das Geschmacksgenie der Neuen Musik, Strawinsky, nicht müde wird, Tschaikowsky mit Hingabe und Genauigkeit zu dirigieren. Des Rätsels Lösung ist einfach. Während die meisten Interpreten bei Tschaikowsky-Konzerten gerade das kultivieren, was sie für »typisch« russisch halten – stampfende Kraft, Wolga-Sentimentalität, horizontale Steppentrauer –, begegneten die französischen Musiker der 4. Symphonie in f-Moll Opus 36 mit Intelligenz. Natürlich auch mit Klangsinn, virtuoser Lust an Entladung, rauschender Freude an Leidenschaft. Aber vor allem sahen die Franzosen auf die Nuance, auf die geniale Vieldeutigkeit des Tschaikowskyschen Melos, auf die wuchernde Fülle der Farben.

So war der Klarinetteneinsatz des Seitenthemas eine melancholische Sensation, und die Celli deklamierten die entzückende Melodie, die sich beinahe unmerklich unter dies Seitenthema schiebt, mit überwältigender Grazie. Das Rhythmische kam nie dumpf-derb, sondern immer aufgehellt durch musikalischen Scharfsinn, durch Lust am Höhepunkt. Man ist es gewohnt, von französischen Orchestern exzellente Bläser zu hören – sie waren zur Stelle (beispiellos gut: Klarinette und Fagott; nur erstklassig: die Flöte). Auffallend indessen die rauschende Klangkultur der tiefen Streicher, die musikantische Genauigkeit der Geigen. Jean Martinons Dirigieren bestach durch gescheite Disposition. Noch nie, auch bei russischen Aufführungen nicht, war so genau zu spüren, welch verschiedene Kontrapunkte Tschaikowsky dem Thema des langsamen Satzes beigibt, wie harmonisch er die Steigerungen erfüllt, zu denen die Ecksätze drängen. Freilich, diese 4. Symphonie ist wohl auch sein frischestes, reichstes symphonisches Stück.

29. III. 1963

Giacomo Puccini
Tosca

In gedankenlos inszenierten »Tosca«-Aufführungen begreift man nicht, warum der Maler Cavaradossi von Scarpia eigentlich zum Tode verurteilt wird, obwohl der Tenor doch die Folter hinter sich und Tosca das Geheimnis mitleid-gedrungen verraten hat. Man tröstet sich damit, daß die fahle Süße von Puccinis Mord-Musik den Helden einer solchen Tragödie nichts anderes übrigläßt als eben den Tod. In Hans Hartlebs Münchner »Tosca«-Inszenierung war der dramatische Höhepunkt zugleich auch Aufführungshöhepunkt. Wie ein von Goya gemalter Freiheitsheld stand Cavaradossi da und sang mit wahnsinnigem Enthusiasmus jene verräterisch-rücksichtslose Freiheitshymne »Tage, leuchtendes Rot«, um derentwillen er sterben muß. Keilberth trieb das Orchester zu jener ungestümen Wildheit an, nach welcher der harmonische Entladungsdruck der schweren Taktteile verlangt, der Regisseur begriff die »Unwahrscheinlichkeit« dieses Ausbruchs als das psychologisch Wahrscheinliche und machte aus dem Maler einen Bruder Florestans, der sich ja im Kerker der Beethovenschen »Fidelio«-Oper »in eine an Wahnsinn grenzende Begeisterung« hineinzusteigern hat.

So wurde – nicht nur dank dieser Einzelheit – in einem auch durch die Anwesenheit des Bundespräsidenten festlich gestimmten Haus der zweite »Tosca«-Akt zu einem Opern-Bacchanale. Hildegard Hillebrecht, der ja zwischen Mozart und Strauss nichts Gesangliches mehr fremd ist, eroberte sich mit erstaunlicher Kraft ihr eigentliches, dramatisches Fach. Selbst das zweigestrichene C bereitete ihr keine hörbare Mühe. Sie war musikalisch genug, sich dann sofort zu korrigieren, wenn sie (was übrigens zwischen der Callas und der Rysanek den meisten Sopranistinnen zustößt) die Spitzentöne um eine Spur zu tief angesetzt oder zu schrill gebracht hatte.

Puccini hat mit glänzendem Kunstverstand die Wirkung angewandter Grausamkeit dadurch verstärkt, daß er sie in Gegensatz bringt zur relativ harmlosen ästhetischen Sphäre von Gavotten-»Gekratze« und Kantatenmusik. Die Kraft der »Tosca«-Partitur zwingt Böse und Gute zu gemeinsamem Ensemblesingen. Solange der Gefolterte musikalisch antwortet, ist es nicht »peinlich«, sondern Oper. Doch wenn Cavaradossi realistisch und gräßlich schreien muß, wird's für eine Sekunde unerträglich, weil zuviel Direktheit auf die Bühne dringt.

Hartleb hat sich für diesen zweiten Akt von Ekkehard Grübler, dem auch die Engelsburg des dritten Akts gut gelang, ein düster schimmerndes Kabinett bauen lassen, wo Scarpia zunächst allein seine Mahlzeit einnimmt (seit »Don Giovanni« speisen in den Opern die Bösen immer einsam) und sich später, nach vollendeter Folterung, um alle »guten Sachen« besorgt zeigt. Keine Figur dieses Grusicals ist sorgfältiger charakterisiert als Scarpia. Die Liebe, so tönt Scarpia, lasse ihn um Toscas willen sogar Gott vergessen. Aber ein konventioneller Liebhaber könne aus ihm nicht werden, weil Widerstand und Haß ihn erst eigentlich reizen. Kein Zufall, daß Tosca für den Erstochenen sogar den Segen des Himmels erfleht, Kerzen um die Leiche stellt, nachdem sie sich vorsorglich versichert hat, daß der Böse wirklich tot ist, ein Kruzifix auf die Brust des Reglosen legt und sich die Haare ordnet. Doch die Oper besteht ja nicht nur aus diesem zweiten Akt. In den beiden anderen jedoch stellte sich die schwungvolle, musikalisch-dramatische Vollendung nicht her. Der erste Akt litt daran, daß Jess Thomas anscheinend mit Ansatzschwierigkeiten zu kämpfen hatte. Seine Stimme, deren Schmelz wir schon oft bewunderten, sprach nicht hinreichend leicht an. Thomas war kein typisch italienischer Cavaradossi – woraus man ihm noch keinen Vorwurf machen kann –, sondern geradezu das Gegenteil davon; freilich nur im Hinblick auf den Gesang. Darstellerisch fehlte nichts. Doch auch Hartleb, Keilberth und Grübler trugen einiges zum Mißlingen des ersten Akts bei. Es war keine Konzeption erarbeitet worden, sondern man beließ es bei bloßer, harmloser Vorbereitung auf das Kommende. Dabei wäre doch Tosca als eifersüchtige, bewegliche Künstlerin zu exponieren, deren Ausbrüche im Gegensatz zu den Ekstasen des zweiten Akts noch etwas Spielerisch-Mondänes haben; dabei wäre doch eine Kirche von St. Andrea herzustellen gewesen, die nicht ganz so unübersichtlich und ungeschlossen hätte bleiben sollen; dabei wäre auch dem Orchester etwas mehr charakterisierende Glut zu wünschen gewesen.

Wer »Tosca« aufführt, soll sich nicht darum kümmern, zu dämpfen und erträglich zu machen, sondern der soll mit aller Leidenschaft Effekte suchen. Daran aber schien auch Keilberth erst im zweiten Akt wirklich interessiert, wo er den Sängern oft ein donnerndes Orchester entgegenstellte, die Hintergrundsmusiken fast zu laut darbot, die Kantate aber dennoch nicht hinreichend klar vortrug. Immerhin war nichts von Streicherschlendrian oder Bläserroutine zu spüren. Nur im ein wenig schwächer komponierten dritten Akt, wo Keilberth das reine Blitzen der Sterne recht passiv dirigierte, schienen die Celli beim Dolcissimo espressivo völlig die Nerven verloren zu haben. Selbst phantastische Unsauberkeiten täuschten nicht hinreichend darüber hinweg, wie schmalzig die Melodietöne hätten dargeboten werden sollen, wenn sie getroffen worden wären.

Doch kein »richtiges« Opernpublikum hat ein Ohr für derartige Nebensächlichkeiten. Es will die Sänger und sonst gar nichts – und läßt sich berechtigterweise von keinem Regisseur der Welt darüber hinwegtäuschen, daß die Stimmen entscheiden. Hans Günter Nöcker legte den Scarpia nicht auf Tiefengewalt an, wie etwa ein Tito Gobbi, sondern er machte ihn eher zum Verwandten des Grafen Almaviva, den ja schon Fischer-Dieskau mit einer Reitpeitsche ausgestattet hat. So wie Nöcker den Scarpia anlegte – als eleganten, intelligenten und zynischen Kavalier bösester Schule –, brauchte der Sänger nicht einmal bis an die Grenze seines Stimmvolumens zu gehen. Infolgedessen blieb ein Überschuß an Kraft, eine gleichsam potentielle Energie übrig, die diesen Scarpia noch drohender machte.

26. II. 1965

Wieder eine Meisterleistung könnte man Karajans diesjährige Salzburger Darbietung nennen – aber es gäbe auch Argumente dafür, diese Überschrift ein wenig anders zu buchstabieren: *Wider eine Meisterleistung*. Denn die allzu große, vielleicht unvermeidliche Bewußtheit, die Routiniertheit und die beinahe spannungslose Sicherheit der Aufführung: dies alles ließ sich doch nicht überhören. Puccinis Musik, eine flüssige und konzentrierte Großform motivischer und melodischer Variationen, setzt ganz eigenständig fort, was der späte Verdi (im »Falstaff«) vorbereitet hat. Andererseits lassen die harmonisch-expressiven Momente, zumal des wunderbaren dritten Akts, auch erkennen, wie sehr Puccini den späten Wagner kannte und bewunderte. Diese (wagnerianischen) Momente des Ausdrucksvollen und Gewichtigen hat Karajan früher (und auch auf den Schallplatten) ernster genommen. In Salzburg dirigierte er sehr zügig und fast allzu süß nur Puccinis Belkanto. (Ganz weg von Wagner, zurück zu Verdi.) Es gab zwar große Lautstärken, aber überhaupt keine Ecken, Kanten, Betroffenheiten mehr: Sterben in Schönheit.

Diese wohllautende Gefahr liegt natürlich schon in der Sache selbst. Von allen berühmten Opern des 19. Jahrhunderts handelt zwar keine so heftig von Armut, Hunger und Elendstod, aber es gibt gleichwohl in der ganzen Literatur kein luxuriöseres Elend: Die Entbehrungen junger Menschen werden bei Puccini so wunderschön romantisch verklärt, daß bestimmt jeder Millionär im Parkett sogleich mit diesen hungernden Künstlern tauschen würde, wenn die Bohemiens ihn nur in ihren Kreis aufnähmen. Aus Hungersnot macht diese Musik eine Süßspeise, aus Winterkälte strahlend melodisches Feuer – und dies wirklich im Übermaß, wenn die Berliner Philharmoniker an Puccini ihre Kräfte messen dürfen, wozu sie normalerweise ja selten Gelegenheit haben.

So unbezweifelt Mirella Freni ihren Rang als Mimi Nr. 1 der Welt hielt, so sehr schadete der Abend Luciano Pavarotti. Zwar besitzt der Sänger ein genaues, unverkitschtes Stilempfinden und in der Mittellage wunderschöne Töne, aber die Höhe klang oft gequält, anfangs einfach falsch, nie wahrhaft leicht und frei. Anscheinend mutet der Künstler sich viel zuviel zu, was er nicht dürfte, da die Tonschönheit sein Hauptalibi war und ist, gegenüber einer störend stämmigen Gestalt. Der Salzburger Pavarotti hält einen Vergleich etwa mit Nicolai Geddas Souveränität schwerlich aus, und an den jungen Giuseppe di Stefano darf man gar nicht denken.

24. III. 1975

Das fing gefährlich laut an und konnte darum auch nicht ganz gut ausgehen: Jesús López-Cobos dirigierte Puccinis »La Bohème«, eine weithin in leichtem, melodiösem Parlando gehaltene Oper, allzu massiv und grell. Er verwechselte Lautstärke mit Brillanz, erreichte »Elektra«-Hitze und verwandelte die impressionistische Lyrik der Partitur in eine Kette aufgeregt expressiver Entladungen.

Zunächst schien es, als ob das Nicolai Gedda nur recht sein könne. Denn Kostas Pascalis, der einen ausgezeichneten Marcel sang, machte aus seinem Kavaliersbariton einen Heldenbariton, war also keineswegs geneigt, vor dem berühmten Gast zu kuschen. Die beiden steigerten sich rasch zu einem donnernden Forte-Fortissimo, was das Publikum lebhaft zu befriedigen schien. Karl Christian Kohn mit seiner Bombenstimme konnte da auch ohne weiteres mithalten, nur Benno Kusche, der den Musiker Schaunard sang, fiel ein wenig zurück.

Doch im Laufe des Abends zeigt sich, daß Nicolai Gedda von der Robustheit des Orchesters zwar nicht zum Forcieren gezwungen wurde, wohl aber zu einer befremdenden Monotonie. Sein Tenor ist sehr hell timbriert, spricht ungemein leicht an, kennt offenbar keine Ermüdung. Manchmal schleicht sich leider ein gewisses Lehár-Lächeln in die Stimme, was gerade beim Geschmacksgrenzfall Puccini gefählich ist. Schon winzige Stilunsicherheiten oder Sorglosigkeiten schaffen sofort ein Schnulzenfluidum. Möglicherweise ließ das allgemeine Forte-Klima dem Gast auch keine Zeit oder Lust, verschiedene Farben, Artikulationsformen, Nuancen vorzuführen. Alles klang immer gleich hell, gleich strahlend, gleich effektbesessen. Nur beim träumerischen »O Mimi, tu più non torni«-Andante des Rudolf (O Mimi, du kehrst nie wieder) im vierten Akt ahnte man, wie zart und innig die Stimme klingen könnte, wenn ihr Besitzer es wollte.

Angesichts solcher bravourösen Stärkegrade hätte sich so manche Mimi von vornherein auf ihr Lungenleiden berufen müssen. Nicht Erika Köth, die während des ersten Aktes kultiviert musikalisch mithielt, dafür aber ihre ff-Ausbrüche im dritten Akt doch nur allzu schmächtig zu produzieren vermochte.

Beim Sterbe-Ende im vierten Akt Thränenfluthen, danach allerdings Beifallsstürme.

17. III. 1975

Hugo Wolf
Liederabend

Im ausverkauften Münchner Herkulessaal hat sich Elisabeth Schwarzkopf jüngst weniger an dem gemessen, was die Kolleginnen können, als an Hugo Wolf, an dem gewaltigen Anspruch seiner Lieder und Nuancen. Denn der Abend war einzig und allein Hugo Wolf gewidmet – er war eine Probe dafür, wie sich eine große Sängerin mit dem gewiß differenziertesten Liedkomponisten, den es je gegeben hat, auseinanderzusetzen weiß. Die technisch-musikalischen Voraussetzungen sind bei Frau Schwarzkopf optimal: Es ist undenkbar, daß irgendein Lagenwechsel, irgendeine komplizierte Intonation, irgendeine noch so entlegene Schattierung zwischen Piano, Pianissimo und völligem Verschwinden ihr die geringsten Schwierigkeiten bereiten könnten. Und doch gefährdete – legt man den allerhöchsten Maßstab an – gerade die perfekte Handhabung der Mittel die Kunst. Man hörte oft nur eine Folge von Abtönungen, aber keine Lieder. Es gibt ja bereits im Schaffen Hugo Wolfs den grandiosen Zwiespalt zwischen pointierter Deklamation (man hat ihn den größten Psychologen genannt, den die deutsche Musik seit Mozart erlebt habe) und typisch liedhafter Melodik. Elisabeth Schwarzkopf trägt diesen Widerspruch nicht aus; sie unterschlägt oft zugunsten einer Nuance den musikalischen Fluß, das liedhafte Strömen, die Macht des Melos. Wenn sie sich aber, häufig mit überbetonter, vorlauter Gestik, »engagiert«, dann bricht sie opernhaft-direkt aus dem exklusiven Bezirk des Liedes aus. So kam es, daß einerseits die ganz stillen Lieder, in denen sich keinerlei Möglichkeit zu dramatischem Brillieren bot, am besten, ergreifendsten gelangen – etwa »Anakreons Grab« oder »Herr, was trägt der Boden hier« – und andererseits jene explosiven Partien aus der »Zigeunerin« oder »Das Köhlerweib ist trunken«, in denen ein dramatischer Ausbruch noch einigermaßen gerechtfertigt ist. Aber die Mitte, die musikalische Mitte des gemessenen, nuanciert-bewegten Liedes blieb in diesem Konzert eigentümlich blaß und leer. Sie ist durch keine artifizielle Manipulation aufzufüllen.

Vielleicht traten alle diese Probleme so deutlich zutage, weil die Künstlerin ein überaus heikles Programm zusammengestellt und die todsicheren Reißer fast ganz verschmäht hatte. Trug sie aber ein bekanntes Lied vor, dann verfremdete sie es geradezu, wie zum Beispiel das »Elfenlied«, welches sie merkwürdig langsam und zurückhaltend brachte, so daß man den Vorgang wie durch ein umgekehrtes Fernglas zur Kenntnis nahm. Erstaunlich war auch der spöttische Ton, in dem die erste von Kellers »Alten Weisen« erklang. Ob die Dame, die ihren Geliebten mit einem ironischen »Tretet ein, hoher Krieger, der sein Herz mir ergab« empfängt, es wirklich so böse gemeint hatte?

Da wir hier ein Konzert ungewöhnlichen Ranges vorbehaltlos an dem Gegenstand messen, dem es sich unterordnete, darf die Bemerkung nicht unterdrückt werden, daß Hermann Reutter als Begleiter oft einfach nicht ausreichte. Natürlich ist die Musikalität dieses geschätzten Komponisten, Hochschuldirektors und Künstlers kaum genug zu rühmen, aber es fehlen ihm doch die pianistischen Mittel, immer vollkommen umzusetzen, was er offenbar will. Die »Nixe Binsefuß« ist ein Kabinettstück auch für die Sechzehntel beziehungsweise Zweiunddreißigstel der linken Hand, die Begleitung des »Nachtzaubers« darf den klingenden Zauber nicht trocken schuldig bleiben, der Tanz des Köhlerweibes ist eine Orgie und keine pianistische Angstpartie.

28. II. 1959

Die Mörike-Lieder

Von den etwa 50 Mörike-Liedern mag ein gutes Dutzend ins allgemeine Bewußtsein eingegangen sein, ein Teil der übrigen erscheint selten, ein weiterer fast überhaupt nicht auf gängigen Konzertprogrammen und Schallplatten. Barenboim und Fischer-Dieskau machen evident, was für ein Verlust das ist: Gerade die unbekannteren, die rezitativischeren Lieder des dritten und des vierten Bandes enthalten tiefsinnigste Musik. Mag es auch eine Binsenweisheit sein, daß Mörikes Texte sich ungeheuerlich über die allermeiste Liedlyrik nicht nur des 19. Jahrhunderts erheben: Überwältigt, erschüttert fast erlebt man hier das Zusammentreffen von erlauchtester Sprach- und Kompositions-Inspiration. Lieder wie »Die Geister am Mummelsee«, »An den Schlaf«, »Karwoche«, aber auch das Couplet »Auftrag«, die »Peregrina«-Gesänge oder die archaisierende Bildbeschreibung »Schlafendes Jesuskind« werden zu Entdeckungen, die staunen und stumm machen. Daß Fischer-Dieskaus Stimme in der Höhe immer weniger voll klingt, daß er sich – so blendend komödiantisch er Mörikes gelegentlich grandiosen Witz auch bietet – hin und wieder zu fast forciertem Charakterisieren hinreißen läßt, man hört es bedauernd. Aber dem Gelingen tut es wenig Abbruch. Denn die artikulierende Intelligenz des Künstlers, seine nach wie vor großartig subtile Rezitationskunst, seine ergriffene Selbständigkeit gegenüber diesen hochdifferenzierten, keineswegs nur melodienseligen Gebilden treffen, vor allem in den philosophischen und meditativen Liedern, fast immer das Zentrum der Mörike-Wolfschen Wahrheit.

Daniel Barenboim hat gewiß noch nie besser »begleitet« als hier, wo seine immense Musikalität und seine genialische Hellhörigkeit extrem herausgefordert scheinen. Er spielt seinen Part voll und vielstimmig aus; man begreift endlich, daß Hugo Wolf, weit über »Parsifal«-Assoziationen und spätes 19. Jahrhundert hinaus, als direkter, genialer Antipode von Skrjabin gelten muß, daß auch seine Harmonik, jenseits von allem Gewohnten, den mystischen Akkorden, ja der freien Atonalität Neuer Musik nahesteht.

Fischer-Dieskaus darstellende und charakterisierende Sicherheit ist so groß, daß Barenboim sich in diesen Klavierliedern überhaupt nicht mit der Rolle eines einfühlsamen und anpassungsfähigen Begleiters zu bescheiden braucht. Barenboim stellt psychologisch und musikalisch einleuchtende Klavier-Gedichte dar, denen Fischer-Dieskau spannungsvoll die manchmal führende freie, manchmal kommentierend untergeordnete Lied-Stimme entgegensetzt. Man muß schon an jene berühmte Platte zurückdenken, auf der Alfred Cortot, zusammen mit Charles Panzera, Schumanns »Dichterliebe« ausdeutete, um ein Analogon für diese Wolf-Interpretationen zu finden.

Ein solcher Rezensions-Hymnus kann nicht ohne eine melancholische Feststellung enden. So schön und dankenswert es ist, daß die Deutsche Grammophon ihrem Fischer-Dieskau einen musikalischen Klavierpartner solchen Ranges verband, so unwahrscheinlich dürfte es doch sein, daß der vielbeschäftigte Barenboim sich bereit findet, mit Fischer-Dieskau auf Liederabend-Tourneen zu gehen. Wie aber wird der Sänger – und werden seine Hörer – sich jetzt vorkommen, wenn Fischer-Dieskau statt eines solchen Partners wieder mit Begleitern arbeiten muß, die richtige und falsche Töne spielen, aber halt nie tun, was hier Ereignis geworden ist: nämlich große, durchdachte, tief verantwortliche und schwungvoll inspirierte Musik machen.

27. XI. 1974

Claude Debussy
Pelléas und Mélisande

Heute traut sich kein Opernfreund, der für Verdis »Otello« oder Wagners »Meistersinger« oder Mozarts »Figaro«, vielleicht sogar für Bergs »Wozzeck« schwärmt, aufrichtig und rüde zu schimpfen: »Ich finde den ›Pelléas‹ langweilig, zu wenig opernhaft, das Orchester ist nicht dramatisch und die Singstimmen verharren in ewigem Sprechgesang, ohne sich je melodisch oder arios zu erheben.« Das sagt niemand. Wer wäre schon so unverbildet, diesem Werk nicht zuzugestehen, daß es exquisite Nuancen berge, Instrumentations-Geheimnisse aufweise. Und so weiter. Doch während man mit hochgezogenen Augenbrauen wohlinformierte Anerkennung für etwas formuliert, was einen nicht wirklich angeht, traut man sich, so geht es den meisten, einfach nicht, zu bekennen, daß man sich bei den Damen Carmen und Aida wohler fühlt als bei Fräulein Mélisande, und mit den Herren Figaro und Tristan heftiger sympathisiert als mit dem Jüngling Pelléas.

Schlagen wir irgendeinen Opernführer, zum Beispiel Rudolf Kloibers wohlinformiertes »Handbuch der Oper« auf. Was dort steht, umschreibt genau jene deutsche Distanz zu Debussy. »Das Musikdrama ›Pelléas et Mélisande‹«, lesen wir bei Kloiber, »verzichtet gänzlich auf die sogenannten dankbaren Opernwirkungen, wie auf die Entfaltung der Schönheit und des Glanzes der Singstimmen in Arien, Monologen, Duetten usw. oder auf Chor- und Ensemblewirkungen, es verlangt aber außergewöhnlich intelligente und musikalisch-sensible Darsteller, insbesondere in den beiden Titelrollen, und einen ebensolchen Dirigenten, ohne die jegliches Bemühen um dieses Ausnahmewerk von vornherein zum Scheitern verurteilt ist.«

Auf diese Charakterisierung hin lechzt man nicht gerade nach einer Begegnung mit einer Oper, die ungefähr so spannend zu sein scheint, wie wenn Georg Philipp Telemann den »Rheingold«-Text komponiert hätte.

Da wir gegenwärtig dazu neigen, aus Debussy eine Art Anti-Helden zu machen: er habe gegen Wagner, gegen die große Oper, gegen die klugen Monologe Wagnerscher Bewußtseins-Riesen ankomponiert, scheint es notwendig darauf hinzuweisen, daß der Rang von »Pelléas« keineswegs in dem bestehen kann, was da alles *nicht* passiert, also in lauter gebildeten Negationen, sondern Gott sei Dank und unvermeidlich darauf beruhen muß, was als Position, Kraft und Musik geboten wird!

»Pelléas und Mélisande« ist ein Liebesdrama. Der Prinz Golaud hat die wunderschöne rätselhafte Mélisande kennengelernt und geheiratet. Er sieht nun, daß sein jüngerer Halbbruder, nämlich Pelléas, sich in Mélisande mehr oder weniger kindlich verliebt. Zunächst lacht er grimmig über diese Verliebtheit; er bittet seinen Halbbruder, sich doch ein wenig zurückzuhalten, und zwar unauffällig, damit Mélisande nichts bemerke. Aber dann beobachtet er mehr, und im vierten Akt bricht seine Wut offen aus. Mélisande hat tief herabhängende blonde Haare, die die Liebe des Pelléas und nun den Grimm des Ehemannes reizen. Sie solle vor ihm knien, herrscht er seine junge Frau an. Dann schreit er: »Absalon, Absalon«, was bekanntlich eine biblische Anspielung auf Haare ist, auf Absalons Zopf. Und zerrt die tränenüberströmte Gattin an den Haaren durchs Gemach ... Seine Wut ist wahnsinnsnah. Der alte König Arkel, Golauds Großvater, hält ihn für betrunken, und das entflammte Eifersuchtsnachspiel entbindet im Orchester Töne, die glühender sind und großartiger als Puccinis Tosca-Ekstasen.

Debussys Fortissimo-Töne können sich ohne weiteres auch mit Strauss oder Wagner vergleichen – und man muß krampfhaft fixiert sein auf Worte wie »Impressionismus« und »Symbolismus«, um dergleichen nicht mehr wahrzunehmen und von der Spannungslosigkeit der »Pelléas«-Musik zu faseln.

Doch zum Eindringen in die subtileren Geheimnisse dieses Werkes bedarf es nicht nur des guten Willens, sondern besonnener Hör-Arbeit.

Debussy war aufgewachsen im Schatten Chopins und Wagners. Seine Klavierlehrerin ist noch Schülerin Chopins gewesen. Richard Wagner war für den jungen Musiker, überhaupt für das intellektuelle Frankreich des ausgehenden 19. Jahrhunderts, eine große, bestimmende Erfahrung. Aber dann machte sich Debussy, der als glänzender Pianist oft genug Wagners Klavierauszüge und Partituren sich und Freunden vorgespielt hatte, sacht und unnachsichtig von Wagner los zu den Wurzeln und Verästelungen französischer Musik. Er entdeckte neue Ausdrucksmöglichkeiten, die Ganztonleiter, wunderbar verschwimmende Mixturklänge. Ohne sich völlig von den Dur-Moll-Skalen zu entfernen, umschrieb dieser große Meister eine schwebende Tonalität, hörte er in die zugleich klaren und raunenden Tiefen einer damals völlig neuen Ausdruckskunst.

Der »Pelléas«-Text stammt von Maurice Maeterlinck. Von dem Ruhm, den Maeterlinck zu seiner Zeit genoß, kann man sich heute kaum mehr eine Vorstellung machen. Maeterlinck wurde über Shakespeare gestellt. Seine Stücke, zum Beispiel das Drama »Die Blinden«, wo eine Gruppe blinder Menschen ihren Führer verliert und hilflos auf einer Insel dem Toben der Elemente ausgesetzt ist, umschreiben schreckliche, unheimliche Visionen. Das Wort »symbolistisch« ist dafür natürlich auch nur ein Wort. Tolstoi spöttelte über Maeterlincks, wie er meinte, absurde Verzweiflungs-Szenarien. Dieser Maurice Maeterlinck ist Verfasser des Dramas von Pelléas und der schönen Mélisande. Als Debussy sich zum Vertonen des Textes entschloß, waren die Beziehungen zwischen den beiden Künstlern gut. Maeterlinck muß dann der Musik, die ihm Debussy nach und nach auf dem Klavier vorführte, einigermaßen hilflos gegenübergestanden haben. Schließlich kam es sogar zum regelrechten Krach zwischen den beiden Künstlern, weil nämlich Debussy nicht bereit war, die Freundin von Maurice Maeterlinck mit der Hauptrolle zu betrauen, so daß der gereizte Dichter die Pariser Öffentlichkeit in einem Zeitungsaufsatz wissen ließ, er hoffe auf einen Durchfall des Werkes. Künstler sind so. 1902 wurde dann der »Pelléas« des damals bereits 40jährigen Debussy uraufgeführt, es war kein Skandal, aber auch kein durchschlagender Erfolg. Allmählich jedoch setzte die Oper sich nicht nur in Frankreich durch. Mittlerweile gilt sie, mancher Schwächen des Textes zum Trotz, als eine der großen Partituren nicht nur Debussys, sondern überhaupt der Musik.

Pierre Boulez hat intelligent und witzig darauf aufmerksam gemacht, daß Debussy immer dann sozusagen zu Wagner zurückfiel, wenn er allzu rasch oder ermüdet komponieren mußte. Der Pelléas knüpft, was die Handlung betrifft, an Wagners »Tristan« an, aber die Musik setzt fort, was Wagners Alterswerk, nämlich der »Parsifal« begann, der ja seinerseits schon indirekt Kritik an der Nibelungen-Tetralogie übte.

Es trifft nicht zu, daß dieser Partitur alle Aufschwünge, Leitmotive und symphonischen Verdichtungen fehlen. Aber es ist leider allzu wahr, daß viele von lärmender Musik stumpfgemachte Opernbesucher sie nicht hören und viele Interpreten dergleichen nicht herauszubringen verstehen.

Debussys Exklusivität ging so weit, aus dem Maeterlinckschen Text die Volks-und Mägde-Szene zu entfernen. Er konzentrierte sich auf einige Individuen; »Volk« tritt, wenn überhaupt, nur in geheimnisvoller, nicht aber in realistischer Funktion auf.

Ein ruhiges Quintenmotiv, zweitaktig, wird zunächst vorgestellt und dann, etwas bewegter, wiederholt. So stellt sich ein viertaktiger Vordersatz her. Ihm folgt ein harmonisch reich ausgestatteter Nachsatz, der gleichfalls beim erstenmal weniger bewegt erscheint als bei der Wiederholung. Für unsere Ohren mag das Quintenmotiv, das auf sogenannte Leittöne verzichtet, weil es der von Debussy so geliebten Ganztonleiter nahesteht, vielleicht etwas fremd klingen, aber nicht unidentifizierbar. In seiner a-Moll-Klaviersonate hat Franz Schubert ein ähnliches Quintenmotiv als Hauptthema verwendet.

Bei Debussy hat dieses Anfangsmotiv eine durchaus nachvollziehbare, wenn auch verhaltene quasi-leitmotivische Funktion. Der französische Komponist verändert es sogar, das heißt, er spinnt es fort. Wenn zum Beispiel der überraschte Golaud fragt, warum das junge Mädchen weine, dann führt Debussy das Pianissimo-Thema des Anfangs verändert weiter. Wenn man dergleichen nicht mithört, schwimmt man. Aber es läßt sich durchaus hören. »Warum weinst Du?« fragt der Prinz, der selber von der rätselhaften Situation ergriffen scheint. Möglich, daß diese Nuancen, diese Mini-Leitmotive manchen Hörern allzu zart erscheinen, aber sie sind keineswegs verschwommen oder gar konfus. Hat man sein Ohr für solche Feinheiten, für Mélisandes Seufzen, für Golauds sensible Herbheit geschärft, dann ist man um so empfänglicher für die beträchtliche emotionale Spannweite zwischen den grausamen Ausbrüchen des Hasses, der Leidenschaft, ja der Perversion, von denen das Werk handelt.

Höhepunkte der Partitur sind die Orchesterzwischenspiele. Selten drängen sich die Figuren ganz arios vor. Vielmehr hat Debussy einen ausdrucksvollen Sprechgesang erfunden, der etwas mehr ist als Rezitativ, aber weniger als Arie. Französische Kunstsprache, gesteigert und unpedantisch belebt durchs musikalisch nachzeichnende Medium. In »Pelléas und Mélisande« treffen wir auf ein hochstilisiertes, dabei gleichsam geschichtsloses Bilderbuchmittelalter, das uns anfänglich märchenhaft anmutet, bis es späterhin finsterere Perspektiven sichtbar macht.

Golaud führt Pelléas in die unterirdischen Verließe des Schlosses, es riecht nach Tod und Verwesung, ein falscher Schritt, ein jähes Erschrecken, und Pelléas würde rettungslos ertrinken. Fast geschieht es. Und dann geschieht doch nichts. Debussy und Maeterlinck versetzen den Betrachter in Unruhe. Bilden wir uns die Gefahren ein, oder existieren sie? Unter solcher Ungewißheit scheint freilich Golaud am schmerzlichsten zu leiden. Und so ereignet sich am Ende des Aktes ein Vorgang wo Eifersucht in Perversion umschlägt, und die Leidenschaft des Sich-selbst-quälen-Wollens zum fürchterlichen Ausbruch führt. Es ist hier nicht einfach Othello, der zu sehen meint, wie Desdemona mit einem verhängnisvollen Taschentuch laboriert, sondern Golaud erlebt seine halbberechtigte Eifersucht doppelt schmerzlich, nämlich gebrochen durch die Augen eines Kindes. Französische Grausamkeit und ein schneidend guter Geschmack vereinen sich zu einer Szene, in der Wut und Voyeurtum beklemmend, ja fast widerlich in eins gesetzt scheinen. Was ich hier so massiv formuliere, läßt sich auch zurückhaltender umschreiben, aber es wird davon nicht harmloser. Golaud kommt am hochgelegenen Schlafzimmer seiner Gattin vorbei. Er fragt sein kleines Söhnchen aus. Und dann hebt er das kleine Söhnchen in die Höhe, damit Yniold ins Fenster Mélisandes sehen und alles berichten könne. Harmlos hat das Kind schon erzählt, Pelléas und Mélisande hätten sich wohl auch einmal geküßt. Golaud verspricht dem Jungen Spielzeug, falls er noch mehr plaudert. Dann hebt er also sein Kind hoch und der Kleine, ins Schlafzimmer starrend, berichtet dem Vater, der gar nicht genug erfahren kann, und auch dem Publikum, das sicherlich gleichfalls von einer unguten Neugier ergriffen ist, zu erfahren, was eigentlich in Mélisandes Gemach geschieht.

Sie ist also nicht allein. Pelléas befindet sich auch im Raum. Doch die beiden Liebenden stehen einander stumm gegenüber und starren sich an. Würde man diese Szene konkret beobachten, so wäre sie längst nicht so faszinierend und entsetzlich wie jetzt, da man sie durch das Periskop eines kindlichen Gemütes betrachtet. Übrigens ist natürlich Golaud keineswegs der entsetzliche Bösewicht, als welchen ihn das Drama hier erscheinen läßt. Im Gegenteil. Wir erinnern uns ja noch daran, daß sein Bruder Pelléas ihm einst herzliche Briefe schrieb, und auch das Söhnchen Yniold spricht teils vertrauensvoll, teils freilich auch verängstigt mit dem immer verzweifelteren Vater, der aus innerer Erregung seinen kleinen Jungen, um ihn zum Beobachten anzuspornen, sogar schmerzhaft hart anfaßt und anschreit. »Wovon sprechen Pelléas und deine Mutter miteinander, wenn sie zusammen sind?« fragt Golaud. »Immer von mir«, antwortet Yniold. Golaud begreift auch, wie würdelos seine Situation ist. »Ich sitze hier wie ein Blinder, der seinen Schatz in der Tiefe des Ozeans sucht«, schreit er, das sei der Fluch seines Lebens. Und dann erfährt er von seinem Sohn, was er wissen will, daß die beiden verliebt sind und daß sie lachen. Er läßt sich daraufhin von dem Jungen, den er zum Fenster hinaufgehoben hat, erläutern, daß Pelléas und Mélisande auf etwas zu warten scheinen, daß sie ins Licht starren, und daß sie nicht sprechen. Ein Bett könne man nicht sehen. Angst ergreift das Kind, es schreit.

Was sich in der Schluß-Szene des dritten Aktes und in der Musik ereignet, ist entsetzlich, ist anders, als es uns jene Opernführer einreden wollen, die immer nur von Geschmack, Feinsinnigkeit und den Pianissimo-Effekten des »Pelléas« reden.

Die Oper »Pelléas und Mélisande« leugnet nicht, daß es Bosheit gibt, daß es Schuld gibt, Irrtum und Armut. Aber sie ist nicht auf der Seite des Fortschritts. Debussy unterstellt nicht, genauso wenig wie Maeterlinck, daß es nur einiger kluger Handgriffe, einiger humaner Einrichtungen bedürfe, um solche Schmerzen und Träume ein für allemal zu verdrängen. Sondern diese hochentwickelte Musik klärt, weit über Maeterlincks verblassenden Text hinausgehend, voller Wahrheitsliebe darüber auf, welche archaischen, finsteren und unausweichlichen Gewalten und Gestalten vor langer Zeit das Schicksal der Menschen beherrschten, es auch in einem poetisch fernen Mittelalter lenkten, bedrohlich waren für die hochentwickelte Kunst des späten 19. oder frühen 20. Jahrhunderts – und noch nicht ausgestorben sind bis auf den heutigen Tag.

11. VII. 1979

14. Kapitel
Gustav Mahler · Leos Janacek

Gustav Mahler
Erste Symphonie

In der 1. Symphonie Mahlers finden sich Zitate aus den »Liedern eines fahrenden Gesellen« sowie häufige Hinweise, etwas müsse »wie aus der Ferne«, »aus weiter Entfernung« klingen. Das heißt: Hier ist die romantische Vergangenheit selbst Ziel romantischer Sehnsucht. Doch während die Romantik ihrerseits im selbstbewußt kräftigen Gestus des Mittelalters ihr Idealziel suchte (das klingt bei Schumann und bei Brahms deutlich nach), träumt hier ein Späterer vom romantischen Traum. In eine Interpretationsaufgabe übersetzt heißt das: Es muß das Bewußtsein des Träumenden, die Erinnerungshaltung, die Zerbrochenheit des Erinnerungshorizontes mitinterpretiert werden. Nie war Romantik so – außer im Gefühl dessen, der sie wiedererlangen möchte. (Gleiches gilt natürlich auch für Novalis' romantischen Traum vom Mittelalter.)

21. X. 1967

Zweite Symphonie

Zunächst muß ja die Popularität der »Zweiten« stutzig machen. Möglicherweise hängt sie mit der inständigen und direkten »Botschaft« dieses riesigen Stückes zusammen – die übrigens nicht nur von den Vokal-Sätzen, sondern auch vom tragisch-theatralischen Anfangs-Allegro ausgeht. Theodor W. Adorno, dessen gewiß von seinem Gegenstand begeistertes Mahler-Buch die deutsche Mahler-Renaissance bestärkte und die Mahler-Bewunderung brillant-gescheit artikulierte, schrieb recht skeptisch über die »Zweite«: »Das Werk, an dem wohl die meisten Mahler lieben lernten, die Zweite Symphonie, dürfte am raschesten verblassen, durch Redseligkeit im ersten Satz und im Scherzo, durch einige Primitivität des Auferstehungsfinales ... Der lange instrumentale Teil plaudert zuviel vom Vokalen aus und scheint lose gereiht, auch bei den Rufen überrieselt es einen schwerlich mehr; nur der Pianissimo-Einsatz des Chors und dessen Thema bewahrt die suggestive Kraft.«

Kempes Interpretation dieser langen und anstrengenden, aber trotzdem keineswegs übermäßig komplizierten Symphonie warf geistig-stilistische und orchester-technische Probleme auf. Kempe ging an die Symphonie nicht als »Mahlerianer« heran, er interpretierte sie also nicht aus der Perspektive späterer Mahler-Symphonien, sondern eher aus dem Kontext Schubert-Wagner-Bruckner-Brahms-Strauss. Dieser Zusammenhang besteht natürlich; aber gerade weil die Symphonie (was weder ein positives noch ein negatives Kriterium darstellt; Mozart eignete sich ebenfalls bedenkenlos Fremdes an) unentwegt an irgend etwas erinnert, Lesefrüchte mitteilt, geniale Kapellmeistermusik auch in dem Sinne ist, daß man ständig irgendwelche Materialverwandtschaften heraushören kann, ist Kempes traditionalistische Auffassung gefährlich. Sie überdeckt und verfehlt das Eigentümliche, das natürlich auch in der »Zweiten« aus Vorgegebenem etwas Besonderes, Neues macht.

Am deutlichsten wurden die Grenzen dieses Konzepts immer dann, wenn Kempe sich besonders leidenschaftlich, schön und fesselnd ins Zeug legte. So kulminiert der dritte Satz in einer Katastrophe (Analoges hat Mahler wohl nur noch in der 5. und in der 6. Symphonie komponiert). Das ist aber kein Genre-Stück mit Fortissimo-Ausbruch, sondern genau das Gegenteil: ein Vorgang, der nach wüst-kurzem Beginn gefährlich harmlos anläuft, dann aber zum irrbewegten, grellen Roman über ein Thema wird und einen Zusammenbruch erlebt, dem eigentlich nichts anderes mehr folgen kann als das Altsolo: »O Röschen roth! Der Mensch liegt in größter Noth!« Kempe dirigiert die Zusammenbrüche wie Ausbrüche, mit zu selbstsicherem Richard-Strauss-Pomp. Und was noch schlimmer ist: Er glättete das scheinbar Mittlere, entschärfte das »Grelle«, dämpfte den karikaturistischen Klarinetten-»Humor«. Auf diese Weise wirkten die Katastrophen wie Effekte. Im ersten Satz hatten die Fortissimo-Stellen gewiß fesselnde Wucht, aber da blieb der Unterschied zwischen Ekstase und klassizistischer Verhaltenheit doch zu groß. Es fehlte an Fieberhaftigkeit, die ja keineswegs Formlosigkeit sein müßte. Weil es also statt des »Mahler«-Tons Stil-Synkretismus gab, hörte man überdeutlich die Anspielungen: Der Beginn gleicht dem Anfang des ersten »Walküren«-Akts, merkwürdigerweise zitieren die Achtel-Triolen, die dann in den tiefen Streichern folgen, sogar die harmonisch und rhythmisch gleichlautende Fortspinnung des Hunding-Themas. Im letzten Satz, dem Maestoso, huldigt Mahler dem Kopfthema aus Beethovens Klaviersonate Opus 111, die Mahler übrigens wunderbar gespielt haben soll; und wenn vom »Beben« die Rede ist, wird die Trost-Wendung aus Schuberts »Der Tod und das Mädchen« zitiert. Aber alles das wird zu »wichtig«, wenn Mahlersche Orchester-Exzentrik nicht auch das Leise oder Mittlere durchdringt.

24. IX. 1971

Vierte Symphonie

Der erste Satz seiner 4. Symphonie, so vertraute es Gustav Mahler einer Freundin an, »beginnt, als ob er nicht bis drei zählen könnte, dann aber geht es gleich ins große Einmaleins und zuletzt wird schwindelnd mit Millionen und aber Millionen gerechnet«. Was für ein erstaunliches Programm. Und, noch erstaunlicher, man kann dieses Programm auch hören, verfolgen. Man kann miterleben, wie Motiven, die beinahe leichthin, beinahe elegant, beinahe harmlos-empfindsam aufzutreten scheinen, gleichsam Schritt für Schritt, Akt für Akt, vom Hundertsten ins Tausendste der Prozeß gemacht wird. Dies das eine.

Das andere: Mahler hat auch in seiner »Vierten« ungemein sorgfältige und differenzierte Artikulationsvorschriften gegeben. (Er war Dirigent, kannte seine Orchester-Pappenheimer.) Für einen einzigen Takt, den ersten Geigentakt samt Auftakt, ist also vorgeschrieben: »Grazioso«, »Etwas zurückhaltend«, »Recht gemächlich«, »Piano«, ein Crescendo-Zeichen, dann »Pianissimo«, überdies »Espressivo«. Außerdem mehrere Artikulationsbögen.

Wie aber läßt sich die Schein-Naivität des kleinen Einmaleins mit so vielen überexakten Anweisungen zusammenbringen? Genau das ist die Frage, die sich bei Wolfgang Sawallischs sorgfältiger Interpretation des ersten Satzes von Mahlers 4. Symphonie erhob. Mahler selbst hat ja gestanden, daß ihm die Instrumentierung des »so kindhaft einfachen und seiner selbst ganz unbewußten Themas die größte Mühe gemacht hat – wie kaum der polyphonste Satz«.

Diese Artikulationsmühe hörte man überdeutlich bei Sawallischs Interpretation. Die hochkomplizierten Mittel, die hier zum Zwecke einer zweiten Naivität angewendet werden, erschienen noch nicht selbstverständlich genug, blieben darum ein wenig Selbstzweck. Wir hörten viel Übernuanciertes, begriffen aber die Absicht, die »Richtung« aller dieser Nuancen nicht völlig. Fast möchte man den Musikern des Staatsorchesters raten, bei der nächsten Aufführung der 4. Symphonie, zumindest ihres Kopfsatzes, gleichsam zu vergessen, was sie sich da im einzelnen zurechtgelegt haben – um des Ganzen willen.

Ein so absurder Ratschlag legte sich nahe, weil der menuettähnliche zweite Satz in ebendieser Weise nahezu vollendet vorgetragen wurde. Da wurden die Nuancen, die Finsternisse, die das Altväterliche und das Grelle zusammenzwingenden Mahlerschen Visionen vom Dirigenten und von seinem Orchester genauestens wiedergegeben. Doch drängte sich dies alles nicht vor, sondern man erlebte ein mit ungeheuerlicher Unruhe in sich kreisendes Tanzstück mit. Das Klangergebnis imponierte. Nie mußte man sich gebildet daran erinnern, was über Mahlers »Vierte« zu lernen ist, also etwa an die von Milhaud gerühmte, bewundernswerte Sparsamkeit, mit welcher Mahler in dieser Symphonie die Kontrabässe benutzt habe, oder an den bedeutsamen Umstand, daß hier die Posaunen fehlen.

Dem Adagio gab Sawallisch hymnische Innigkeit. Aber die Mahler-Schwäche, daß oft für langanhaltende Momente größter Ergriffenheit ein musikalisch gar zu dürftiges, zu sehr nur demonstratives Material benutzt wird (Adagio-Schluß), konnte auch er nicht ganz vergessen machen.

Über den Final-Text der 4. Mahler-Symphonie hatte einst Goethe, nicht ohne Gönnerhaftigkeit, geschrieben, das sei »eine christliche Cocagne, nicht ohne Geist«. (Eine Cocagne, man kann ja mal nachschlagen, ist so etwas wie ein Volksfest, bei dem es viel zu essen gibt, etwas Schlaraffenlandähnliches.) Vergleicht man Mahlers Textgestaltung mit dem Vorbild (in »Des Knaben Wunderhorn«), dann stellt man freilich enttäuscht fest, daß Mahler aus dem bayerischen Volkslied »Der Himmel hängt voll Geigen« einige gastronomische Konkretionen herausgestrichen hat: »Sollt etwa ein Fasttag ankommen, / Die Fische mit Freuden anströmen, / Da laufet Sankt Peter / Mit Netz und mit Köder / Zum himmlischen Weiher hinein; / Willst Karpfen, willst Hecht, willst Forellen, / Gut Stockfisch und frische Sardellen?« Reri Grist sang das Sopransolo leicht, süß, reizend. Aber eine hier gewiß sehr schwer herstellbare Ausdrucksrichtung oder gar Erklärung gab sie dem rätselvollen Satz auch nicht. Weder erklang er als unerfüllbarer Traum vom goldenen (gefräßigen) Zeitalter noch mit jener innigen Unstetheit, die indirekt Sehnsucht oder Unglück verraten hätte. Es blieb beim sachten Wohlklang.

8. VI. 1977

Fünfte Symphonie

Als Gustav Mahler Wiener Hofoperndirektor war, nahm er sich bekanntlich sehr freundschaftlich und fürsorglich Arnold Schönbergs und der jungen Atonalen an. Bei einem Spaziergang sagte Mahler, ein produktiver Künstler müsse Dostojewski lesen. Darauf kam, wenn ich nicht irre, von Anton von Webern folgende, zugleich bescheidene und generationsbewußte Antwort: »Herr Direktor, wir haben den Strindberg.«

Wer weiß, ob Leonhard Bernstein diese Anekdote kennt. Aber er hat Mahlers 5. Symphonie so dirigiert, als wolle er die Dostojewski-Assoziation in die Tat umsetzen. Es war beklemmend, wie spannend das fünfsätzige, siebzig Minuten dauernde Stück wurde. Etwa der Trauermarsch am Anfang: zuerst ein sonores, grandios-pathetisches Triolenthema. Wie halt Trauermärsche sind. Aber der Marsch macht dann einen wahnwitzigen b-Moll-Mittelteil durch, in dem dieser »stolzen Trauer« der Boden unter den Füßen weggezogen wird. Und wenn dann der Marsch wiederkehrt, ist er fahl geworden, etwas irre. Und die Triole am Schluß zerflattert wie geisterbleicher Spuk. So erzählt Bernstein Mahler. Das »Wunderhorn«-Thema im dritten Satz wird zu einer Mischung aus geheimem Märchen und verlorenem Choral: keine kräftigende Rückbesinnung, sondern ein gequältes Bewußtsein, das für eine Traumsekunde in die Tiefen der Kindheit flüchtet. Den vierten Satz dirigiert Bernstein als Paraphrase auf Mahlers Lied »Ich bin der Welt abhanden gekommen« – die Ähnlichkeit ist ja auch schlagend. Nur im Rondo-Finale, dem wohl schwächsten Satz der Symphonie, überläßt er sich wütender Virtuosität.

Bekanntlich wird Bernstein gegenwärtig von vielen avancierten Musikern und Kritikern abgelehnt: ein Clown, der auf Kosten von Komponisten Musik mache. Der sehr originelle und kundige Wolf Rosenberg zum Beispiel hat Bernsteins Mahler-Aufnahmen in einer Schallplattenzeitschrift, die sonst selbst mittelmäßige Routineleistungen provinzieller Gestalter mit mittelnetten Noten auszeichnet, die allerschlechtesten Zensuren erteilt, die es da je gab. Und auch in Berlin neigt man dazu, mehr über Bernsteins Sprungkraft – hält er seine Bestform, sprang er höher als dreißig Zentimeter, gab er beim Beifall häufiger Küßchen? – zu sinnieren als über die Musik. Mir scheint das banausisch. Bernstein gibt sich bei alledem nicht nur bis zur Erschöpfung aus (das ist seine Privatsache), sondern er dirigiert wie ein produktiver Musiker, der meist genau beim Notentext bleibt und ihn doch zur Konfiguration eines Romans macht, den die Interpretations-Positivisten nicht zu erspüren verstehen. Fast unspielbare Vorschriften, wie ein Pianissimo, das zugleich gemäßigt und schwungvoll sein, oder wie ein Flöteneinsatz, der verlegen wirken soll, kamen ganz präzise. Die Temposchwankungen wirkten nicht äußerlich. Manchmal überspielte der Schwung freilich – das waren die schwächsten Stellen der Interpretation – Mahlers Piano. Und überhaupt, es kann an der Akustik der Berliner Philharmonie gelegen haben, schien das Blech den ersten Geigen im Tutti allzu überlegen. Aber, um noch einmal auf Dostojewski zurückzukommen, Bernstein hat mit überwältigendem Erfolg eine Mahler-Symphonie öffentlich vorgeführt, die beispielsweise auf Münchner Konzertpodien idiotisch vernachlässigt wird. Er hat in dem Werk eine Dimensionenfülle zum Klingen gebracht, die wahrlich mit Dostojewski zu tun hat, wo etwa der Prozeß am Schluß des »Karamasow«-Romans den ganzen Roman neu interpretiert. Vielleicht sind Taten wie diese nicht ohne ein gewisses Maß an Übertreibung möglich.

26. IX. 1968

Sechste Symphonie

Bei Mahler sei die Symphonie vor ihren Themen da – hat Paul Bekker einmal bemerkt. Soll heißen, daß die Idee der Symphonie sich gleichsam ihre Themen sucht. Wenn für irgendein Werk, gilt das für Mahlers »Sechste«, die »Tragische«. Sie ist Mahlers »Götterdämmerung«. Nur: Der Abstand zwischen dem allzu offenkundigen inneren Programm und der manchmal hinter diesem Programm sozusagen musikalisch zurückbleibenden auskomponierten Partitur läßt sich nicht überhören. Zwar kann man gewiß immer begründen, warum alles so sein muß, wie es erklingt; doch ist etwa der Scherzo-Einfall eine langweilige, literarische Vorlage, die auch durch brillante Manipulation nicht viel gewinnt, weil das thematische Material zwar keineswegs neutral und entwickelbar, aber auch gewiß nicht fesselnd wirkt. Noch ärger steht es um das empfindsam triviale Andante. Was den hochdramatischen ersten und den wüsten, langen letzten Satz betrifft, so machte der glanzvoll souverän dirigierende Abbado wohl den Fehler, die Symphonie (eine Feuerwehrkapelle, die zum Jüngsten Gericht aufspielt?) gleichsam »retten« zu wollen. Er betonte das konstruktiv fortschreitende Moment, die zügigen rhythmischen Fortschritte hatten etwas Verdihaftes; aber alles Grelle erschien verklärt, möglichst schön dargestellt statt verzerrt. Doch ebendiesen Anspruch, sehr gelungener Tschaikowsky zu sein, hielt die 6. Symphonie nicht aus. Ihr Bruckner-Pathos erinnerte an den größeren Bruckner, ihr »Götterdämmerungs«-Versprechen an den – es ist nicht als Pointe gemeint – lakonischeren, grimmigeren Wagner. So, wie die Wiener in Salzburg die »Sechste« spielten, war sie mehr Dokument als Kunst.

23. VIII. 1972

Neunte Symphonie

Gerd Albrecht vermochte den Ländler-Satz sehr präzise, kräftig und durchdacht zu akzentuieren, er hielt das Orchester in der Burleske vorzüglich zusammen, vermied um der Deutlichkeit willen ein allzu hitziges Tempo und erreichte dank klarer Artikulation ein um so schneidenderes, negativ-brillanteres Ergebnis. Albrechts größtes Kunststück war es sicherlich, den abschließenden Adagio-Satz zu »retten«.

Dieser Satz, er dauert 22 Minuten, zerfließt ja, wird er allzu traurig-überschwenglich verstanden, in eine Mischung aus Empfindsamkeit und Peinlichkeit. Albrecht brachte es fertig, den Satz, in welchem Mahler beinahe für jeden Takt eine andere Ausdrucksvorschrift gegeben hat, nicht als Leidens-Exhibition, sondern als großartig verhaltenes Adagio darzubieten. Trotzdem verharmloste er nicht. Denn die relative Mäßigung von Hauptstimmen und Melodien führte bei Albrecht nicht dazu, daß alle Kontrapunkte, Nebenstimmen, Einwürfe unzulänglich blaß blieben. Im Gegenteil: Innerhalb des Adagio-Kosmos entwickelte sich verzehrendes, glühendes, leises Leben. Kunstvoller, richtiger dürfte dieses penible Finale kaum darstellbar sein.

Freilich, das bedeutendste Stück dieser Symphonie, nämlich den ersten Satz, hat Albrecht, wie mir schien, verfehlt. Inwiefern? Vielleicht, weil er sich allzusehr von der ausufernden Sekundärliteratur über Mahler hat beeinflussen lassen, davon, daß in dieser Neunten« die Neue Wiener Schule beginne, Kontinuität und Diskontinuität ununterscheidbar geworden wären, und so weiter. Über Mahlers wahrlich Respekt gebietendes letztes Werk gibt es riesige Thesen: da sei Mahler nur noch »Sprachrohr« eines verborgenen Autors, es fehle der Ich-Ton (so Arnold Schönberg), auch da erweise sich der »élan vital« als Krankheit zum Tode, Mahlers letztes Werk sei »das erste der Neuen Musik« (Adorno).

Vielleicht wollte Albrecht im ersten Satz das Versteinerte, Unhomogene, Nicht-sinnfällig-Logische allzu absichtsvoll demonstrieren, die Einsätze, die Fortissimo-Steigerungen gleichsam als »Felder« statt als Momente eines wohlformulierten symphonischen Kosmos darbieten. Die Folge davon war jedenfalls, daß der aufregend kolportageromanhafte Zug (dabei handelt es sich natürlich um einen Kolportageroman der Seele), der dieses Andante commodo durchwaltet, verlorenging. Drei Komplexe, einander verwandt und doch gegenübergestellt, steigern sich hier auf eine Katastrophe hin. Wie im Krimi eines unglücklichen Bewußtseins muß man, wenn anfangs die Harfe ihren Schicksalsrhythmus andeutet, ahnen, daß da später die Pauke wüste, entsetzliche Gong-Wirkungen herausholen wird: Harmlos vertraute Themen werden in, wenn man so will, pseudochinesischer Gong-Schreckenslandschaft zugrunde gerichtet, und wenn die Musik nach dem ersten wütenden Ausbruch noch weiterweiß, so überlebt sie nach dem zweiten bloß noch phantasmagorisch.

Albrecht dirigierte dieses epische Moment nicht. Die Crescendi kamen zu überraschend, der Trauermarsch am Schluß blieb zu uneinsichtig, und wer weiß, ob die Hörer begreifen konnten, daß Mahler hier an entscheidender Stelle den Jubel-Choral aus dem Finale von Brahms' 1. Symphonie zitiert und entstellt und dann noch einmal auf den langsamen Satz dieser Brahms-Symphonie zurückkommt. Wie antizipatorisch dieser Satz ist, erfährt man, besser und richtiger, wenn er gleichsam traditionell episch genommen wird. Albrecht dirigierte das Ergebnis, statt es zu produzieren.

Um so genauer machte er dann im zweiten Satz klar, daß es dem nichtsnutzigen Ländler-Thema überhaupt nicht hilft, sich naiv zu stellen und grob alle bösen Ahnungen zu dissimulieren. Auf dem Höhepunkt der Ländler-Steigerung kann niemand mehr entscheiden, ob es noch der Lärm eines ekstatischen Festes oder schon die Detonation einer Weltkatastrophe sei. Die Burleske geriet Albrecht deshalb so interessant, weil er sie nicht von vornherein als »Virtuosenstück der Verzweiflung« auffaßte, sondern in diesem manchmal Max Reger nahen Satz tatsächlich burlesk zu sein versuchte; um so grimmiger beeindruckte das Mißlingen dieses Versuchs. Und die relative Verfremdung des Adagios hatte positiv zur Folge, daß man nicht nur hörte, wie Mahler hier zunächst den Gestus des gleichfalls abschließenden Schluß-Adagios aus Bruckners »Neunter« reproduziert, dann Beethoven andeutet und als zweites Thema ein »Meistersinger«-Zitat bietet. In der überlegenen Interpretation wurde die Trauerhaltung selber zum bemerkenswerten Kunsteindruck.

2. XI. 1974

Lieder

»Mutter, ach Mutter, es hungert mich. Gib mir Brot, sonst sterbe ich!« jammert ein Kind – »unheimlich bewegt«. Die Mutter verspricht denn auch, zu ernten, zu dreschen, Brot zu backen, während das Kind immer heftiger klagt. Ende vom Lied: »Und als das Brot gebacken war, lag das Kind auf der Totenbahr'!« Diesen verzweiflungsvollen Text hat Gustav Mahler aus der Sammlung »Des Knaben Wunderhorn« entlehnt. Bei Arnim und Brentano heißt er, höchst berechtigt, »Verspätung«. Hilfe, die nicht zur rechten Zeit kommt. Bei Gustav Mahler hat das Lied eine umfassendere, weitreichendere, wenn man so will, theologischere Überschrift. Nämlich: »Das irdische Leben«. Wäre demnach das irdische Leben so eingerichtet, daß niemand niemandem helfen kann, weil man sterben muß, bevor man vom Brot des Lebens gegessen hat?

Genau davon tönen Gustav Mahlers Lieder. Durch die melodische Hülle schaut man in metaphysische Finsternis. Volksliedhafte Vorwände werden vom Ausdruck und von Verzweiflung aufgezehrt. Übrig bleibt, manchmal, das bare Nichts. Und das bare Dur. Mit Trost hat es wenig zu tun. Ob da unglückselige Tambourgesellen dem Galgen entgegengehen oder Deserteure zu Straßburg auf der Schanz' die Hinrichtung erwarten oder die Gebeine Gefallener sich erheben: die Opfer machen ihren Henkern keine Vorwürfe, Mahler greift nicht die Gesellschaft an, sondern die gottlose Welt, in der Gott so etwas zuläßt. Was für eine finster-säkularisierte jüdische Theologie! Mahler selber hielt es ja, leidensstolz, oft eher mit den Großen als mit den Kleinen. Bei der berühmten Auseinandersetzung zwischen Friedrich dem Großen und dem Müller von Sanssouci stellte er sich auch auf die Seite Friedrichs von Preußen. Als Musiker wußte er, was Störung durch Müller-Lärm bedeuten kann.

Übrigens, verglichen mit den großen Liedern großer Liedmeister haben Mahlers Lieder eine schwer definierbare Schwäche. Sie bestehen nämlich teils aus sentimentalisch reduzierten Volksliedmelodien, teils aus Katastrophe. Melodien werden vom Ausdruck, von messianisch tönender Verzweiflung aufgezehrt. Doch zwischen diesen beiden Polen findet zuwenig Musik statt. Die Entfaltung der Musiksprache weicht der Volksliedsüße oder der Verzweiflung. Das macht die Lieder teils hysterisch, teils ergreifend.

22. VII. 1975

Leos Janacek
Jenufa

Leos Janacek stammt aus einem kleinen mährischen Bergdorf nahe der schlesischen Grenze, aus Hukvaldy oder eben Hochwald. Dort wurde er 1854 als zehntes Kind eines musischen Schulrektors geboren. Auffällig an Janaceks Karriere ist der sehr späte Durchbruch des Künstlers – er mußte über 60 Jahre alt werden, bis er endlich mit seiner Oper »Ihre Ziehtochter« – die wir unter dem Namen »Jenufa« kennen, wirklich überregionalen Erfolg hatte. Verwunderlicher noch als dieser späte Durchbruch ist die außerordentliche Produktivität Janaceks noch im sechsten und siebten Jahrzehnt seines Lebens! Die meisten der Werke Janaceks, die man heute im Konzert oder auf der Opernbühne hört, stammen aus der Feder eines über sechzig-, ja über siebzigjährigen Komponisten. Nicht zu Unrecht hat man die Statur und Karriere Janaceks mit derjenigen des ja auch erst relativ spät genial produktiv werdenden, gleichfalls scheinbar naiven Anton Bruckner verglichen.

Wir erörtern hier Janacek und seine Karriere so, wie man heutzutage allgemein über ihn redet: das heißt, als ob sich Janaceks Werk und Genie zweifelsfrei durchgesetzt hätten. Als wäre er, nach Smetana und Dvořák, der dritte, der modernste, große tschechische Komponist. Fraglich ist freilich nicht, ob Janacek unter Musikschriftstellern, Fachleuten und Opernspezialisten gewissen Ruhm genießt. Oder ob einige wenige von Janaceks Werken relativ häufig aufgeführt werden. Die Frage ist vielmehr, ob das musikliebende, musikverständige, ob das sogenannte »bürgerliche« Publikum Janacek so begreift, wie es andere Komponisten offensichtlich akzeptiert. Ich meine, das ist nicht der Fall. Janaceks Werke bieten zweifellos den Vorwand für interessante Inszenierungen, zugegeben. Doch Janaceks Musiksprache wird, so scheint es, nach wie vor nicht angemessen verstanden, und darum auch nicht wirklich geschätzt oder gar geliebt. Man darf ihm nicht zuhören, als wäre er eine Art progressiver Smetana. Ein Smetana mit mehr Dissonanzen, mehr Ostinato-Modellen – und weniger Melodien ...

Jeder Literat kennt den Namen Janacek. Und zwar deswegen, weil der Freund und Herausgeber der Werke Kafkas, also Max Brod, nicht nur Kafkas Romane der Nachwelt erhalten und vorgelegt hat, sondern auch den Komponisten Janacek durchsetzte. Brod hat im November 1916 die deutsche Öffentlichkeit in der Berliner Zeitschrift »Schaubühne« auf Janacek hingewiesen und auf des Komponisten Bitte Janaceks Opern ins Deutsche übertragen. Zu denken, daß ein Karl Kraus diesen Max Brod arrogant verachtete ...

Max Brod beschreibt in seiner Autobiographie »Streitbares Leben«, welche Zufälle nötig und welche dummen Widerstände zu überwinden waren, bis endlich, elf Jahre nach der Brünner Uraufführung, die Prager Aufführung herauskam, und bis dann die Wiener Universal-Edition sich bereiterklärte, Janacek in ihren Musikverlag zu übernehmen. Brod berichtet: »Ich schrieb an Direktor Hertzka von der Universal-Edition in Wien, er möge sich die tschechische Aufführung in Prag anschauen ... Ich war damals in meinem Enthusiasmus völlig überzeugt davon, daß solch ein Verleger die herrliche Musik nur zu hören brauche und daß er selbstverständlich mit beiden Händen zupacken werde. Wie sehr hatte ich mich da aber geirrt! Hertzka kam nicht allein nach Prag, sondern hatte als Sachverständigen den Komponisten Julius Bittner aus Wien mitgebracht, dessen Oper ›Höllisch Gold‹ damals gerade ein Erfolgsstück der Universal-Edition war und der daher für Hertzka eine Autorität vorstellte.

Wir drei (Hertzka, Bittner und ich) waren von der Direktion

in die Prozeniumsloge eingeladen, knapp über dem Orchester, und gleich das angstvoll-klopfende Vorspiel mit der Begleitung des Mühlrades versetzte mich in Trance. Dann Jenufas leidenschaftliches Gebet. Es dauerte eine Weile, ehe ich bemerkte, daß meine beiden Nachbarn meine beglückte Aufregung durchaus nicht teilten. Da und dort ließ Bittner gewichtige Kritik hören. Zuerst strafte ich ihn mit schweigender Verachtung. Als ich aber bemerkte, daß Hertzka unter die Suggestion seines Landsmannes geriet, begann ich durch Gegenreden zu protestieren. In der ersten Pause sagte mir Hertzka, er werde die Oper wahrscheinlich nicht annehmen, schon des Textes wegen, in dessen Mittelpunkt der Mord an einem Säugling steht. ›Einem europäischen Publikum‹, sagte er, ›kann eine derartige Barbarei nicht zugemutet werden‹« – »wir standen« – ergänzt Brod diesen Feinsinn wegen einer Kindstötung ironisch – »mitten im ersten Weltkrieg, schrieben das Jahr 1916!«

1916 war Janacek noch kein durch Ruhm und Autorität vor allzu heftigen Schmähreden geschützter Mann. Die »Jenufa« stellte sein erstes wichtiges Opern-Werk dar. »Die Ausflüge des Herrn Broucek«, »Katja Kabanowa«, »Die Sache Makropoulos«, »Das schlaue Füchslein« und »Aus einem Totenhaus« hatte der damals 62jährige Komponist alle noch vor sich.

Wenn man die Anfangs-Szene mit sozusagen traditionalistischen Ohren und traditionalistischen Erwartungen hört, dann bietet sie nur eine möglicherweise fesselnde Untermalungsmusik, eine Klangkulisse. Aber traditionalistisches Hören sucht immer nach etwas, was diese Musik nicht verspricht, während man das, was sie bietet, vor lauter unbewußtem Suchen gar nicht recht vernimmt.

Die Atome der ersten acht Takte sind: Xylophon, Baß-Pizzicato, Halbton-Melodie, Nachsatz. Man muß ganz präzise und genau diese scheinbare Kulissen-Musik erkennen – um zu begreifen, wie charakteristisch die Komposition sich verändert, wenn sie in scheinbarem Ostinato weiterströmt. Da handelt es sich weder um Leitmotive noch auch um Neutrales von Janaceks Sprache. Die wiederholten Momente wirken vielmehr wie charakteristische, ausdrucksstarke Stereotypen, welche die Voraussetzungen bieten für Veränderung, für plötzliche Geschehnisse, für szenische Räume. Doch man muß dergleichen ganz anders, nämlich viel bestimmter zur Kenntnis nehmen als eine entsprechende Entwicklung etwa bei Dvořák. Bei Dvořák – beispielsweise zu Beginn der Durchführung des Cello-Konzertes – entwickelt sich alles zur melodischen Krönung hin: Zunächst erscheint das Hauptthema, dann folgt eine Abwandlung, danach ein überleitendes Leiser-Werden, ein geheimnisreicher Übergang. Endlich langsam und wunderschön, das Cello mit seiner melancholisch rührenden Melodie.

Über solche motivische, thematische oder leitmotivische Arbeit ist die erregte, eigenständige und dramatische Sprache Janaceks in der Jenufa-Oper hinaus. Wenn man diese zu Beginn des 20. Jahrhunderts komponierte Musik so hört, wie man Dvořák hört, hört man nur wenig. Janaceks Partitur hat, während die Modelle erregt wiederholt und abgewandelt werden, während ihre Ostinato-Wirkungen unablässig ertönen und dann neuen Modellen weichen, gewiß auch eine Zukunft, ein »Ziel«, ein »Vorwärts«. Aber, so formulierte es der Musikologe Peter Gülke, in der Entwicklung und Dynamik Janaceks sei »die Unruhe dessen, der zu einem Ziel kommen muß, das er noch nicht kennt«.

Jenufas Unruhe zu Beginn der Oper hat guten, beziehungsweise schlimmen Grund: Sie ist schwanger vom hübschen, reichen, leichtsinnigen Stewa, einem Tenor. Falls Stewa bei den Soldaten eingezogen wird, muß sie ihr Kind in Schanden zur Welt bringen: Kommt Stewa frei und heiratet er sie, dann wäre sie gerettet. Stewas Halbbruder, ein ziemlich stiller, finsterer Mensch namens Laca, liebt die Jenufa auch, hat aber bei ihr einstweilen keine Chance. Er beklagt sich denn auch bitter darüber, alle Welt ziehe ihm seinen Halbbruder vor. Sowohl die alte Großmutter, wie auch Jenufa. Und was hat es eigentlich mit der vieldiskutierten charakteristischen Sprach- oder Sprechmelodie Janaceks auf sich? Janacek bemühte sich um eine Theorie der Sprachmelodie, er notierte sich über die Jahre hin zahllose Eigentümlichkeiten des klanglichen und rhythmischen Verlaufs der menschlichen Redeweise. Janacek nannte das Aufschreiben solcher Sprachkurven ein »Aktzeichnen der Musik«. Das war aber bloß die Vorbereitung seines keineswegs naturalistischen, sondern kunstvoll durchstilisierten Komponierens! Janacek hat böhmische oder mährische Volksmelodien nicht etwa zitierend übernommen, sondern komponierend als Ideal-Typen erfunden. Das ist oft keine hübsche, liebe, herzliche Volksmusik – sondern schnöd verzerrte, grimmige Folklore, Strawinskys grellen Wildheiten näher als etwa Smetanas slawischer Herzlichkeit.

Lyrisch empfindsamer Höhepunkt des ersten Aktes ist ein

wunderbar meditatives Ensemble. Alle denken traurig nach und geben gleichsam ihres schweren Lebens Essenz: »Jedes Paar muß im Leiden seine Zeit überstehen.«

Seltsamerweise sah sich Janacek genötigt, die Berechtigung dieses schönen Chores zu verteidigen. Einem Prager Kritiker hatte die Stelle nicht gefallen: das plötzliche Ensemble sei unmotiviert. Janacek erklärte, warum alle in den tief-melancholischen Gedanken einstimmen, daß sich für jedes Paar während des ganzen Lebens Liebe mit Leid verbindet. In Janaceks späteren Opern kommen solche rein musikalisch ausgesponnenen freien Ensembles so kaum mehr vor. Für Verstörtes, Erregendes, Fliehendes findet Janacek in der »Jenufa« überzeugendere Töne als fürs Herzliche, Innige, Harmonische. Er ist expressionistischer, grimmiger Tragiker – und nur selten Tondichter des Zarten, Liebevollen, Lyrischen.

1. III. 1980

15. Kapitel
Richard Strauss

Salome

Daß es sich bei der »Salome« in doppeltem Sinn um ein Welten-Wende-Stück handelt (sowohl, was den Beginn des christlichen Zeitalters im Sujet angeht, als auch, was den Anfang der modernen Musik in einigen exponierten Stellen der Partitur, ohne die »Wozzeck« und »Jakobsleiter« nicht gedacht werden könnten, betrifft), kann man in jedem Opernführer nachlesen. Doch selten erlebt man es deutlich und bezwingend auf der Opernbühne. Rennert hat sich selbst übertroffen. Außerordentlich war die Darbietung der immensen Spannungen zwischen Figuren, die hier einander fremd sind oder einander begehren, die sich hassen und nie werden verstehen können.

Salome wirkte wie von Beardsley angezogen und dennoch wie ein unbeschriebenes Blatt. Sie kam hastig und neutral auf die Bühne, ein Königskind, aber dennoch manchmal zu trivial. Als sie die ersten Prophetentöne aus der Zisterne hörte, stockte sie. Da war das »ganze andere«, das sie faszinierte. Sie umschritt die Zisterne, als ahne sie darin ihr Grab. Um den unerschütterlichen Propheten zu erschüttern, nahm sie mitunter die Pose einer Sphinx ein. In unanständigem Exzeß warf sie sich sogar auf die Materialien, mit denen die Zisterne nach dem ersten Abgang des Propheten verschlossen wurde. Jedesmal paßte der musikalische Ausdruck zum Vorgang: Sowohl der rasche Stakkato-Ton als auch der jähe schrille Ausbruch wirkten begründet. Und als im Schlußgesang das perverse Leid unversehens in allgemeinere große Klage mündete, kam das ganz zwanglos. Man erlebte wirklich einmal modernes Musiktheater mit. Und wer bei diesem etwas unsympathischen Begriff Assoziationen von karger, antimusikalischer Langeweile hat, der darf im Hinblick auf diese Strauss-Oper guten Mutes sein. Denn Luxus, Überfluß, Sichtbares und Sinnliches gehören hier zur Sache, müssen integriert und in einen großen Zusammenhang gehoben werden.

Aber auch Rennerts sorgfältige Salome-Führung konnte nicht verhindern, daß man der Schwächen von Frau Gunilla af Malmborg ebenso gewahr wurde wie ihrer offenkundigen Vorzüge. Die Absicht, hier den schrecklichen Kurzroman einer verwöhnten Jungmädchenseele mitzuteilen (»Scherzo mit tödlichem Ausgang«, laut Richard Strauss), mag sich wie eine Notlösung nahegelegt haben. Sie wurde erfüllt. Die Sängerin selbst besitzt eine große, anfangs etwas flackernde Höhe, sie riskiert an entscheidender Stelle auch einmal Pianissimo-Gis (wenn sie, lächelnd, den Kopf des Jochanaan will), sie hat in der Mittellage saubere, in der Tiefe schwächere Töne. Aber manchmal singt sie, als ob sie auf ihren Stimmbändern Klavier spiele. Die Töne kommen dann allzu detachiert, verbindungslos. Das Legato ist für sie weder ein Kunstmittel noch eine Selbstverständlichkeit. Viel zu selten benutzt sie die Ausdrucksmöglichkeiten sorgfältigen Bindens. Man kann auch nicht überhören, daß die Stimme schwer, also manchmal zu spät, anspricht. Von der Tonbildung bis zum Ton dauert es um einen entscheidenden Augenblick zu lange. Alles das hat den Gesamteindruck beeinträchtigt, aber nicht beschädigt. Fremd, faszinierend, unerreichbar und gerade darum so rasend von ihr begehrt war für diese Salome der Prophet Jochanaan. Thomas Stewart gab ihm die brutale, konzessionslose Kraft des absolut Selbstgewissen, Unerschütterlichen, Wilden. Ein phantastischer germanischer Amfortas, ein christlicher Rasputin mit schwarzem Bart und nacktem Oberkörper unter judäischem Himmel. Thomas Stewart sang mit großem, beeindruckendem Forte über seine im Verhältnis zur Salome-Partitur doch relativ romantischen, harmlosen Themen hinweg. Er lieferte an Ausdruck und Kraft nach, was das Drama braucht. Er war der König der Aufführung. Dabei ließ es der brillante Gerhard Stolze als König Herodes an Intensität wahrhaftig nicht fehlen. Daß er mit seiner großartig ordinären, zugleich welk, vornehm und schamlos wirkenden Gattin (Astrid Varnay) keine ruhige Sekunde hatte und je haben würde, stand für jeden Zeugen dieses königlichen Ehelebens sofort fest. Daß ein inzestuöser Dolus eventualis in ihm wütete, bekam das angeekelte Töchterchen zu spüren. Schade, daß er nur die Angst vorspielte und nicht auch eine fast heitere Befriedigung, wenn der Prophet der Gemahlin die Leviten las.

Es gibt nicht viele Opernhäuser auf der Welt, die bei einer »Salome«-Aufführung auch den Narraboth so gut besetzen könnten (Horst Hoffmann), die die Wotansstimme von Heinz Imdahl für den Ersten Soldaten, Kurt Böhme für einen Nazarener und fünf namhafte Solisten fürs Juden-Quintett aufzubieten hätten. Rennert bediente sich mit großem Geschick dieser fünf gläubig keifenden Männer: Sie waren immer auf der Bühne, schufen historische Atmosphäre, stritten pharisäerhaft herum, riskierten gleichwohl einen interessierten Blick auf den nackten Busen des Königskindes, hatten nichts gegen den Tod des Jochanaan, aber alles dagegen, daß der Prinzessin als Äquivalent der »Vorhang des Allerheiligsten« angeboten wurde. Die belebte Anwesenheit aller dieser teils verirrten, teils verwirrten, teils ahnungslos konservativen, teils ahnungsvoll zukunftsängstlichen Figuren schuf ein unverwechselbares »Salome«-Klima. Zwei kleine Streitpunkte blieben offen. Meint Narraboth wirklich Salome, wenn er von einer Prinzessin, deren Füße weiße Tauben sind, spricht – und nicht vielmehr den Mond? Oscar Wilde würde sich doch kaum als Metapher für eine Prinzessin das Wort Prinzessin ausdenken. Und ist es sinnvoll, daß dieser Narraboth diskret beiseite geht, um seinen Warnselbstmord auszuführen? Der könnte und müßte doch vor den Füßen Salomes blutüberströmt zusammenbrechen. Die Aufmerksamkeit des Königskindes ist ja längst auf den Propheten gerichtet, sie kann sich schließlich nicht um alles kümmern.

So, wie wir »Salome« im Nationaltheater gesehen haben, war es ein Drama fehlgeleiteter »Reinheit«. Von nichts ist ja auch häufiger die Rede als von »weiß«. Gunilla af Malmborg hat diese Konzeption kenntlich gemacht, wenn auch nicht stets überwältigend erfüllt. Zum Luxus fehlte es ihr an Überschwang. Diesen Überschwang bot um so bezwingender Heinrichs kluges und klares, von phantastischen Rot-Modulationen erfülltes Bühnenbild. Keilberth, der endlich wieder einen großen, kraftvollen Abend dirigierte, könnte vielleicht noch mehr auf die Differenzierungen des Piano (vermeintlicher Sturmwind, und so weiter) achten. Es gibt auch in der »Salome« noch unentdeckte Melodien, zum Beispiel den stets verlorengehenden cs-Moll-Gedanken der Geigen, wenn Herodes »sehr schnell« seines Eides gedenkt. Und gar nicht entfesselt genug kann das tonalitätsferne Chaos vor der Tötung Jochanaans sein, das eigentlich noch aufregender ist als der berühmte hohe Herzton der Salome während des Mordes.

18. VII. 1968

Elektra

Einmal im Jahr, wenn man des verspielten Feinsinns, der Musik über Musik und der parodierten Parodien müde ist, muß man sich auch der musikalischen Schlangengrube aussetzen: dem klingenden Existentialismus der Straussschen »Elektra«-Musik.

Wenn dann nach zwei Stunden das Rachegeschäft vorüber ist, geben die frenetisch klatschenden, schreienden und trampelnden Zuhörer der Heldin die Ekstase gleichsam wieder zurück, gereinigt oder berauscht von durchstandenem Schrecken und Mitleid.

Das moderne Theater hat mittlerweile so viele Elektren an uns vorüberziehen lassen, so viele vertrotzte Teenager, verträumte Bestien, verkrampfte Aschenbrödel aus Mykenä, schwarzhaarige, von Neurosen verwirrte und von Komplexen gehetzte Spezialistinnen des Muttermordes, daß uns Hofmannsthals rachsüchtiges Königskind keineswegs mehr als das erscheint, was alle Opernführer von ihm versprechen: als pervers. Im Gegenteil. Die Elektra der Straussschen Oper ist nur bös und unablenkbar entschlossen, sie kennt kein Zögern, von ihrem ersten bis zu ihrem letzten Wort bedenkt, betreibt, beschwört sie die Rache. Hofmannsthals Text wirkt um so vieles undramatischer als Shakespeares Hamlet, als seine Heldin zielbewußter scheint. Allerdings, im entscheidenden Augenblick versagt sie, und das Mordbeil für Orest bleibt unausgegraben.

Elektra spricht unentwegt von der »Tat«, und die Musik tanzt ihren Rachetanz von Anfang an – ergreifend ist eigentlich weniger Elektras blinde Wut als ihre Einsamkeit. Mit dem Aufschrei »Allein!« betrat Inge Borkh die Szene, grandios war ihr vergebliches Werben um Verständnis bei Chrysothemis, hinreißend die kurze Seligkeit, da sie den Bruder erkannte. Eine der schönsten Stellen des Textes, jener Augenblick, da die Unglückliche ihr Glück nicht glauben mag: »Traumbild, mir geschenktes ... o bleib bei mir! Lös nicht in Luft dich auf, vergeh mir nicht«, ist erst von der Logik der Komposition erzwungen worden (Strauss an Hofmannsthal: »Könnten Sie mir da nicht ein paar schöne Verse einfügen«); so wurde das von Strauss geplante »zärtlich bebende Orchesterzwischenspiel« zum großartigen, psychologischen Motor.

Karl Böhms keineswegs harmonisierende, sondern die zackigen Linien der Partitur (etwa die gewaltige Dissonanz des Wiedererkennens) scharf nachzeichnende Interpretation machte deutlich, warum gerade die »Elektra« jenen letzten Punkt der Operngeschichte darstellt, an dem die Linien der Avantgarde und des Konservativismus sich noch einmal berühren. Sowohl die um jeden Preis modernen als auch die etwas vorsichtigeren

Musikfreunde berufen sich auf den Expressionismus der »Elektra«, der schwärmerisches As-Dur und fast freie Atonalität ein letztes Mal zusammenzuzwingen vermag.

Inge Borkhs Elektra gilt als die unwiderstehlichste Verkörperung dieser Rolle, die das moderne Operntheater kennt. Möglicherweise hat ihre Stimme einiges von der atemberaubenden Kraft verloren, mit der sie noch vor fünf oder sieben Jahren alle ästhetischen Bedenken entmachtete. Um so entschiedener haben sich die Bewegungen der Künstlerin von allem Realismus gelöst: Inge Borkhs Elektra ist ein Ausdruckstanz der Rache geworden, expressionistischem Ballettstil näher als der gängigen Opern-Konvention.

24. VIII. 1959

Der Rosenkavalier

Es gab vor dem »Rosenkavalier«, dessen Wiener Ostersamstag-Premiere Leonard Bernstein einstudiert hatte, mindestens vier große Zweifel.

Würde Leonard Bernstein, der noch nie den »Rosenkavalier« dirigiert hat, trotz seiner immensen Musikalität und seiner unanfechtbaren Werkkenntnis dieses wienerische Festspiel ohne jede Routine bewältigen können?

Müßte nicht gerade in einer übermäßig ehrgeizigen Aufführung die Diskrepanz zwischen der oft schon angefochtenen »Rosenkavalier«-Musik, von deren Saccharin-Gehalt beispielsweise Adornos »Philosophie der Neuen Musik« spricht, und Hofmannsthals die ständische Ordnung feierndem Textfeinsinn besonders deutlich hervortreten, wie es so oft in jenen »Rosenkavalier«-Aufführungen geht, denen der unerzwingbare Zauber fehlt?

Würde nicht Otto Schenk, der glänzende, gesellschaftskritisch aufgelegte Horváth-Regisseur, Hofmannsthals in die Vergangenheit zurückprojiziertes, verträumtes Phantasie-Wien unbillig-bitter zu entlarven versuchen?

Und bestand nicht die Gefahr, daß die wienerische Anti-Karajanus-Coriolanus-Hysterie den Leonard Bernstein um jeden Preis – indem man krampfhaft Augen und Ohren verschließt – zu einer Art Gegenfeldherrn, zu einem Musik-Aufidius würde steigern wollen?

Solche Sorgen machten sich nicht nur die Eingeweihten (wobei erschwerend hinzukommt, daß man in Wien kaum »Rosenkavalier«-Uneingeweihte findet; um ein paar Ecken ist da jeder entweder mit den adligen Heroen des Stückes oder zumindest mit den Faninals oder doch wenigstens mit Hofmannsthal verwandt).

Die Aufführung, zweifellos, zumindest vom Orchester und von Christa Ludwigs Marschallin her, die fesselndste »Rosenkavalier«-Darbietung der Gegenwart, machte alle diese Zweifel mit einem interpretatorischen Elan und einer Noblesse des Herzens zunichte, über die selbst diejenigen überrascht waren, die nach Bernsteins »Falstaff« bereits Äußerstes erwarteten. Selten sah und hörte man einen Dirigenten so »arbeiten«. Jedes Viertel, jeden Auftakt, jede Überleitung, jede echte oder scheinbare Polyphonie ausdirigierend und ausmodellierend, begriff Bernstein die Strausssche Partitur im Geiste Gustav Mahlers. Und das Wunder geschah: Die Partitur hielt diesen Anspruch, vor allem im ersten Akt, aus.

Vielleicht gibt es einige wienerische Selbstverständlichkeiten, die sogar jeder zweitklassige österreichische Kapellmeister ungezwungener herausbringt. Aber was über diese Selbstverständlichkeiten hinausreicht, was die Partitur zu einem späten, ungemein geistvollen, zugleich populären und dekadenten Stück des Jahres 1911 macht, brachte Bernstein mit klarster Beschwingtheit. Die Dirigenten, die uns dieses Stück manchmal als einen süßlichen, für ein Lustspiel allzu massiven, dicken und zeitraubenden Melodienbrei vorführen, hätten diesem genialischen Amerikaner in Wien zu Füßen sitzen müssen; die Kulturkritiker, die Richard Strauss' Wurschtigkeit so bereitwillig mit Hofmannsthals Nuancen vergleichen, hätten hören sollen, wie Bernstein aus den zahllosen harmonischen Abwandlungen allzu geläufiger Leitmotive Farben und Finsternisse herauszubringen weiß, von denen sich Hofmannsthals letztlich doch recht menschenfreundlicher, optimistischer Text samt allen elegischen Einlagen kaum etwas träumen läßt.

So, wie Bernstein die Musik des »Rosenkavalier« versteht, ist sie nicht nur Rokokostil-Exerzitium mit Walzereinlagen (Strauss hat dem Wiener Walzer des 19. Jahrhunderts in diesem Stück, das ja bereits 1740 spielen soll, eine dramaturgische, bewußt anachronistische Funktion verliehen). Über allem liegt auch die ahnungsvolle Zerrissenheit des Spätwerkes und der Endzeit. Dirigiert Bernstein den »Rosenkavalier«, dann weiß die Musik, daß sie eine Vergangenheit erträumt, die nie wirklich so war, die – wie in Mahlers »Wunderhorn«-Symphonien – immer nur vorgibt, es sei so gewesen. Ein goldenes Wiener Zeitalter wird hergestellt. Die Aura des Traums und des Abschieds durchdringt alles.

Aber Leonhard Bernsteins Interpretation wäre eine langweilige, die Partitur höchstens irgendwie originalitätssüchtig mal »ganz anders« vorführende Demonstration gewesen, wenn man die Wiener Aufführung so verstehen müßte, als sei da eine Kunstabsicht stur in die Musiktat umgesetzt worden. Die musikalische Essenz ergab sich vielmehr aus tausend Einzelheiten: aus Bernsteins grandioser, temperamentvoller Wachheit, aus dem Umstand, daß die ihrem Chef am Schluß dankbar und stehend applaudierenden Wiener Philharmoniker das Traditionsmoment ja ihrerseits mitbrachten, und schließlich daraus, daß eine Christa Ludwig (Marschallin) sowie, in einigem Abstand, Gwyneth Jones (Oktavian), Reri Grist (Sophie), ein Walter Berry (Ochs von Lerchenau), Erich Kunz (Faninal) die musikalische und dramatische Ganzheit ihrer Partien selbst dann herzustellen wissen, wenn das Orchester nicht nur dient, verdoppelt, unterstützt, sondern kontrastierende, ungewohnte eigene Wege geht. Der »Rosenkavalier« zielt nicht auf Kammerbesetzung, sondern auf ein großes, symphonisches Orchester. Unter Bernsteins Stab werden die Zusammenhänge mit Strauss' frühen Tondichtungen erfrischend deutlich.

Nach ein paar Takten Ouvertüre war klar, daß ein großer Abend bevorstand. Bernstein befeuerte alles, aber er ließ nichts laufen. Die Kraft, mit der er Strauss' Modulationen und Schlußwendungen so zu beleben wußte, daß sie einerseits noch als ruhiger Ausklang der Phrase erschienen und andererseits doch wieder eine neue musikalische Gestalt vorbereiteten, war zwingend.

Strauss' »Rosenkavalier«-Partitur ist gewiß, verglichen mit »Figaro«, »Fidelio« oder »Tristan«, keine ganz große Musik. Strauss selbst hätte das als erster zugestanden. Bernstein, dem ja vielleicht die große Klassik auch nicht so liegt wie die Musik aus der zweiten Hälfte des 19. und der ersten Hälfte des 20. Jahrhunderts, kommt Strauss' relativer Schwäche mit dem Respekt und dem Temperament des produktiven Künstlers entgegen. Aber der »West Side Story«-Komponist Bernstein verwandelt den »Rosenkavalier« gerade nicht in ein Musical vom Flowerboy. Er macht das geschmacklose Witzwort vom Sklerosenkavalier vergessen.

Die Fülle der Übergänge und Spannungen ermöglicht es ihm, während ruhiger Episoden entspannt auszuharren. So nimmt er beispielsweise beim A-Dur-Frühstücksmenuett kein allzu flottes Tempo, sondern die Musik klingt graziös-behaglich. Wer trinkt seine Schokolade schon in Allegro-Hast? Daß die um die Feldmarschallin kreisenden Melodien manchmal von drohenden Pauken entstellt, manchmal von Kontrapunkten und Synkopen bedrängt werden, also gerade nicht als stets wiederkehrende, identische Melodien wichtig sind, sondern im Hinblick auf ihre jeweiligen Schicksale: man hat es in Wien gehört und dem oft so langweilig heruntergespielten Richard Strauss manchen ungerechten Vorwurf abgebeten.

Bernstein selbst mag es als komisch empfunden haben, daß er den Wiener Philharmonikern Eingehendes über die Interpretation von Wiener Walzern zu erklären sich vermaß. Doch nicht nur die Vorbereitung des »Rosenkavalier«-Walzers gelang, sondern Bernstein putzte die Walzer blank. Entweder er rückte erstes und zweites Viertel um eine alles bedeutende Winzigkeit aneinander und verstand das dritte nicht nur als unbetonten Taktteil, sondern fast wie einen Auftakt. Beschrieben klingt das kompliziert, hört sich aber gut an! Oder er nahm dem Walzer alles Auftrumpfende, indem er den betonten ersten Schlag nur im Hörbewußtsein erscheinen ließ, um dann den zweiten und den dritten zu betonen. Was die Berliner Philharmoniker in Salzburg mit ihrem für sie ungewohnten Wagner-Opernspiel vorführten, erlebte man nun unter Bernstein in Wien wieder: Routine ist etwas Fabelhaftes, wo ausgebügelt, wo Schwächen überspielt, wo Zufälligkeiten neutralisiert, wo Opernalltagsmenschlichkeiten beseitigt werden müssen. Doch wenn's aufs Ganze geht, dann ist der frische, unbefangene, genialische Zugriff immer noch mehr wert als traditionelles Mittelmaß.

Nur einmal, beim möglichst schnellen Vorspiel zum dritten Akt, leistete Bernstein sich eine drollige Manier: Er ließ die Philharmoniker so rasch wie möglich spielen und hörte unbewegt zu.

Christa Ludwig sang ihre Marschallin so, daß man den Oktavian im ersten Akt, wenn er sie liebt, besser verstand als im dritten, wo er sie verläßt. Otto Schenk hatte Frau Ludwig, Eros sei Dank, anfangs in entzückendem Negligé ins Bett gelegt, um das sich hier alles dreht. Sie war keine feierliche große Dame, sondern ein zwar nicht mehr teenagerhaftes, aber doch süßes Wiener Mädel aus besten Kreisen. Keine Intellektuelle, die hauptsächlich über Vergänglichkeit sinniert, sondern eine ihrer Wirkung sehr sichere, blutjung wirkende Frau. Naiv davon überzeugt, daß alle Welt – vom gelähmten Onkel Greifenklau bis zum Herrn von Faninal – selig sein muß über ihre huldvolle Gegenwart, was Geographie betrifft nahezu dumm, dafür in Ehebruchsachen von gestern, heute und morgen um so gescheiter: so war die Figur wienerisch und leibhaftig.

Weil Christa Ludwig glockenrein, überwältigend ausdrucksvoll und sicher sang, durfte das Orchester den Straussschen Pessimismus ausspielen. In der großen Soloszene des ersten Akts steckte schon der Abschied vom jungen Liebhaber, den dann die Handlung bloß noch nachliefert. Dieser leise, sichere Ansatz selbst bei exponierten Tönen, diese lässige Herzlichkeit, mit der sich da eine Frau auf der Hochebene der Gesellschaft, von der Kirche und dem Liebhaber getröstet, von den Vornehmen und dem Volk bestätigt, zum atmenden Mittelpunkt des »Rosenkavalier«-Kosmos machte: Wer kann das heute der Frau Ludwig nachsingen?

Ochs von Lerchenau soll bekanntlich kein grober alter Clown, sondern ein etwa 35jähriger verbauerter Edelmann sein. Dieses Konzept schien Otto Schenk, der sich in Rudolf Heinrichs nicht überladenen Bühnenbildern als Regisseur offenbar wohl fühlte und die Handlung mit witziger Genauigkeit präsentierte, auch gehegt zu haben. Aber der Ochs von Walter Berry wirkte am Anfang um eine entscheidende Spur zu frech und im zweiten Akt nicht humorvoll genug. Die Wiener haben ihn zwar bejubelt, doch weder der Marschallin noch vor allem dem von Bernstein mit hinreißender Phantasie immer wieder neu abgewandelten Lerchenau-Leitmotiv war er völlig gewachsen. Bei dem Faninal von Erich Kunz wirkte die neureiche Angst vor Blamage und öffentlicher Meinung überzeugender als der Neureichtum selbst. Kann ein offenbar erfolgreicher Geschäftsmann so unbedeutend sein? Aber das war kein Stimmproblem. Zum regelrechten musikalischen Ausfall mißriet nur die Tenor-Arie im ersten Akt. Man wirft der Wiener Staatsoper ja seit langer Zeit die Bevorzugung italienischer Sänger vor. Daß dann ausgerechnet die Rolle des italienischen Tenors mit dem momentan indisponiert wirkenden Waldemar Kmentt besetzt wird, entbehrt nicht der Ironie. Doch da bei Richard Strauss ja ohnehin die Frauenstimmen fürs Eigentliche einstehen, da Gwyneth Jones den Oktavian mit wachsender Intensität sang (Christa Ludwig ließ im dritten Akt eher ein wenig nach) und Reri Grist im Zusammenspiel mit diesem Oktavian Zartheit und Ausdruck vorführte, ohne doch ganz jene Sopran-Leuchtkraft zu erreichen, die für die Rolle der Sophie wünschenswert wäre, spielten alle diese Einschränkungen keine wichtige Rolle.

Es war der »Rosenkavalier« des Jahres. Wien feierte ihn und sich selbst.

19. IV. 1968

Ariadne auf Naxos

Daß die »Ariadne« selbst in ihrer beliebteren zweiten Fassung keinen wahrhaft vollendeten Theaterabend zuläßt, spürt man erst, wenn ein Regisseur sich um Vollendung ernsthaft bemüht. Solange man diese Oper nur als ein durch grobe Nähte zusammengehaltenes Potpourri bedeutender und genialischer Stellen versteht, mag es durchaus möglich sein, eine relativ perfekte Aufführung zu erreichen. Günther Rennert, der Regisseur dieser Salzburger Eröffnungsoper, wollte aber mehr. Manchmal schien es, als beabsichtige er, gewissermaßen zu Ende zu inszenieren, was das aphoristische Vorspiel und der recht starre zweite Akt der »Ariadne« nur andeuten. (Rennert hat sich über diese Fassung der »Ariadne« noch jüngst in einem Aufsatz recht kritisch geäußert.) Doch wenn ein Regisseur den durchaus lohnenden Versuch macht, das große »Vorspiel« sinnvoll realistisch und die eigentliche Oper dann dekorativ-improvisatorisch zu entwickeln, muß er wohl noch weiter gehen, als Rennert es in Salzburg tat. Dann darf im Vorspiel überhaupt kein sinnloser Gang mehr übrigbleiben. Dann muß der Regisseur wirklich für alles das aufkommen, was Hofmannsthal und Strauss in der zweiten Fassung nur antippen. Ohne jedes affektierte Commedia-dell'arte-Getue verstand es Rennert – dem die Inszenierung der Erstfassung in Stuttgart weniger gut gelang –, im Ariadne-Akt die Zerbinetta zur Regisseurin zu machen (was sie ja auch sein soll). Man sah und spürte, daß die Buffo-Figuren eben nicht einen studierten Text vortrugen, sondern sich immer wieder bemühten, »irgendwie« szenisch einzugreifen, von Zerbinetta durch ein paar Handbewegungen dirigiert. Ein paar »Hasch mich«-Augenblicke kamen mit entzückender Delikatesse. Man nahm auch den so schwer darstellbaren Unterschied wahr zwischen dem einsamen Kummer der Ariadne und ihrer schweigenden Verachtung fürs Buffo-Personal. Die Liebesszene am Schluß hatte Deutlichkeit und Spannung. Bedauerlich fand ich nur, daß der Bacchus, der ja ohnehin keine fünfzehn Minuten zu singen hat, allzu lang hinter der Bühne tönen mußte (statt »auf einem Felsen am Meer« zu erscheinen). Es war ein Versuch, der »Ariadne«-Oper szenisch intelligente Rechtfertigung widerfahren zu lassen. Dabei half freilich auch Ita Maximownas heiter inspiriertes Bühnenbild. Im wirklichkeitsnahen Vorspiel (eine Art Vorstufe des »Capriccio«, wo gleichfalls über die Kunstform Oper gehandelt wird) bestach die Fülle der Realitäten und Kostüme, die alle höchstens noch einen Schuß Neureichtum und Protzigkeit vertragen hätten. Das Inselbild war perfekt. Nicht nur, daß man im Meereshintergrund noch andere Inseln sah – was die Einsamkeit paradoxerweise vergrößerte –, sondern die hereinhängenden Kronleuchter und die hereindrängenden Logen (von den Schauspielern gut genützt) schufen eine entzückende Überschneidung zwischen Illusionsförderung und Illusionsvernichtung.

Karl Böhm, dem gewiß erfahrensten Strauss-Dirigenten unserer Zeit, gelang das fast Unmögliche: Er holte zwar aus dem mit unerreichbar ruhiger Schönheit spielenden Orchester der Wiener Staatsoper blühende Magie und hellenistische Leichtigkeit heraus, aber er brachte die Partitur trotz aller Durchsichtigkeit nie in die Nähe Mozarts, mit dem sie nichts zu tun hat, oder Wagners, mit dem sie nichts zu tun haben darf. Böhm fühlt auch, daß zuviel effektsichere Einzelpointierung den Fluß des Ganzen hemmt. Er läßt darum die Wiener Musiker ohne allzu scharfe Leitung so schön musizieren, wie sie können: Ganz unauffällig gibt er die Tempi, nur manchmal und nur an den entscheidenden Stellen prägt er die Ausbrüche. Damit das Ganze nicht in harmonischer Selbstgenügsamkeit verharre, wirf er die kühnen Bläserakzente mit erstaunlicher Schärfe dazwischen. Es hing wohl mit Rennerts durchartikulierter Inszenierung zusammen, daß der »Komponist« um eine Spur herber, härter und hochdramatischer wirkte, als er vielleicht sein dürfte. Sena Jurinac sang und spielte die Partie mit hoher, kämpferischer Entschlossenheit. Aus den gleichsam taufrischen Zorn- und Unmutsbekundungen des Jünglings, der zum erstenmal mit den teils herben, teils liebenswürdigen Realitäten dieser Welt zusammenstößt (mit der Gedankenlosigkeit eines Mäzens und dem Liebreiz einer Koketten), wurden fast Ausbrüche. Doch vielleicht nahm Frau Jurinac gerade darum so gefangen, vielleicht berührte gerade ihre Absage an allzuviel Cherubino-Schmelz manche Zuhörer wohltuend!

Christa Ludwig hatte für das lyrische Piano der Ariadne berückenden Wohllaut und große Noblesse. In der Höhe schien mir die Stimme zunächst eine Spur schärfer als sonst, aber das legte sich bald. Zu einer stürmisch bejubelten Entdeckung wurde die dunkle Reri Grist. Anfangs schien diese Zerbinetta noch ein wenig befangen, und in der flüchtigen Liebesszene mit dem Komponisten überzeugte sie mehr schauspielerisch als musikalisch. Doch im Ariadne-Akt gewann sie dann perfekte Sicherheit und auch Farbigkeit. Sie brauchte nicht über die Oktaven »hinwegzuschmieren« und Holdseligkeit zu erschleichen, sondern sie intonierte genau und überwand auch koloraturtechnisch die meisten Schwierigkeiten. Daß Jess Thomas ein idealer Bacchus ist, wissen die Opernfreunde längst. Seine Stimme strahlt, seine Erscheinung besticht: Mehr ist nicht zu wünschen. Da auch der Musiklehrer (Paul Schöffler), das Najaden-Terzett und der Haushofmeister (Erik Frey) vorzüglich besetzt waren, gelang eine würdige Aufführung. Um so unerklärlicher blieb, warum das kleine F-Dur-Lied des Harlekins so forciert, derb und lieblos heruntergesungen wurde. Daraus könnte doch eine Nummer werden, die durchaus an die Arie des Sängers im ersten »Rosenkavalier«-Akt heranreicht! Allein wenn man in dem »Kleinen Lied« die dynamischen Vorschriften verständnislos unterstreicht und die Fortspinnung verschenkt, dann wird nur zu begreiflich, daß Ariadne »nicht einmal den Kopf« hebt. Hier bliebe noch eine Strauss-Melodie zu retten.

28. VII. 1964

Frau ohne Schatten

Zwei schöne und tiefsinnige Akte lang mußte das Premierenpublikum im Salzburger Festspielhaus nicht nur an ein Märchen, sondern auch an ein Wunder glauben. Es war, als sei man der für so schwierig und überladen geltenden Strauss-Hofmannsthalschen »Frau ohne Schatten«-Oper bisher immer nur in konfusen symbolischen Alptraumverzerrungen begegnet – und als erlebe man sie nun endlich einmal selbstverständlich authentisch. Nämlich bunt und sinnvoll, durchsichtig und mächtig, menschlich und märchenhaft. Nicht bloß als librettogeschädigtes Virtuosenstück oder als Meistermachwerk des alles könnenden Richard Strauss, sondern als Ehemysterium von prächtiger Zartheit und mitleidvoller Humanität. Ein Richard Strauss ohne alle aufdringliche Schmissigkeit, ohne scheußliche Siegerpose, ohne Leichtfertigkeit.

Was die Wunder des Textes oder die grandiose Gemessenheit, ja Signalhaftigkeit der Spätwerk-Musik angeht, so ist die »Frau ohne Schatten« natürlich weder der immer wieder irreführend beschworenen »Zauberflöte« benachbart noch gar der glühenden Lauterkeit des »Fidelio«, sondern am ehesten den magischen, abgründigen Verwandlungen der »Parsifal«-Partitur.

Dieser Rehabilitierungsvorgang kündigte sich nach etwas undeutlichem Beginn während des ersten Akts an, und er ereignete sich während des zweiten. So rechtfertigte sich die Überlegung der Salzburger Festspielleitung, aus der Sensation des Salzburger Festspielsommers von 1974 die Eröffnungspremiere des Jahres 1975 zu machen. Es müssen ja nicht immer die Neueinstudierungen am Anfang stehen.

Leider konnte der letzte Akt nicht halten, was die ersten beiden Akte versprochen und was auch die Anfangsszenen des Schlußakts eingelöst hatten: Wenn die Krisen und Nervositäten, die finsteren Zauber und Ängste vorbei sind, wenn auf mehreren Etagen eheliches Glück – das feinere Paar, Kaiser/Kaiserin, steht sich bedeutungsschwanger gegenüber, die Färberin und ihr Mann küssen sich, der Chor der »ungeborenen Kinder« jubiliert, weil er sozusagen »Land in Sicht« hat –, dann ist die Oper plötzlich schwach und langweilig, positiv und aufgeplustert ziellos. Eheliches Glück, symbolisch befrachtet, gehört nicht zu den fesselndsten Theatersujets, und den überirdischen Jubelschwung des einsamen Beethoven konnte Strauss hundert Jahre später nicht mehr wiederholen.

Doch diese Schwäche liegt tief in der Sache und muß ertragen werden.

28. VII. 1975

Intermezzo

Von Richard Strauss' »Intermezzo«-Oper pflegt man mit jenem verzeihenden Lächeln zu reden, mit dem gutgelaunte Musikfreunde sich gern über die kleinen Fehltritte großer Meister hinwegsetzen. Die Naivitäten des Textbuchs, so heißt es dann, ließen eine vollwertige Strauss-Oper nun einmal nicht zustande kommen. Der Tondichter habe sich da als sein eigener Librettist sozusagen zu einem »ehelichen Offenbarungseid« hinreißen lassen; kein Wunder, daß das Werk nur ganz selten auf irgendeiner Bühne erscheint.

Die Wirklichkeit ist zugleich harmloser und schlimmer. Von den feinsinnigen Bedeutsamkeiten der »Frau ohne Schatten« (»Daran erkenn' ich Keikobad!«) erschöpft, die lakonische Expressivität des ersten »Arabella«-Akts probierend, hat Strauss mit vollen Händen ins eigene Eheleben gegriffen. Und wo er's faßte, da wurde es ebenso charakteristisch wie seicht. Weil die Gattin ein versehentlich falsch zugestelltes Billett erhielt und ihren Gatten darum äußerster Untreue bezichtigen zu müssen glaubte – darum kam es zunächst zum handfesten Krach und dann zur kintopphaften Versöhnung. Wüßte man nichts von Strauss' vehementer dramatischer Begabung: selbst aus diesem Libretto könnte man sie erschließen. Die Figuren haben alle sogleich Profil, was sie sich sagen, leuchtet immer durchaus ein, auf eine epische Schnur sind die Alltäglichkeiten wie blinde Perlen gespannt. Dabei ist aus der Kapellmeistersgattin sogar eine kleine Studie geworden: das kokette Luxusweibchen, ein bißchen hysterisch, sehr verliebt in den eigenen Mann, zanksüchtig, spießig, drollig, fesch. Immerhin, eine Nuance in der Reihe Straussscher Soprane: Nach der perversen Passion der Salome, der dissonanten Wut und der getanzten Rache Elektras, dem elegisch-aristokratischen Ton von Ariadne, neben Marschallin, Arabella, Frau ohne Schatten und glücklich liebender Schweigsamer Frau steht hier die zivilisierte Katze vor uns, reich, trotzig und beneidenswert. Die simple Eindeutigkeit des Librettos ließ Strauss' Musik freien Lauf: Da war keine Metaphysik mißzuverstehen oder zu umgehen, sondern ein musikalisch gescheiter Konversationston zu finden. Und er ward gefunden: in ihren besten Augenblicken steht die Oper den Dissonanzen von Bergs »Lulu« überraschend nahe.

Doch lassen wir den Text, dessen dramatische Realisierung sogar Max Reinhardt erwogen haben soll, im Isolierungsfeld seiner eigenen Harmlosigkeit. Weniger harmlos ist schon die hemdsärmelige Lust an der Selbstdarstellung, die er verrät. Richard Strauss, der im »Heldenleben« eigene Kompositionen zitierend als »Werke des Helden« ausgibt, der in der »Sinfonia domestica« und nun in diesem »Intermezzo« Privatissima auszubreiten nicht müde wird, offenbart zugleich einen grauenhaften Un-Ernst. Nicht daß er sich wichtig nimmt, ist entscheidend – jeder Künstler muß das, und manchmal hängt Größe fast mit dem Gewicht zusammen, das man dem Selbst beimißt (Thomas Mann) –, sondern wie leicht er dabei in den Kitsch ausgleitet und wie leicht ihm jener überströmende Ton von der Hand geht, auch wenn er dramatisch ganz und gar nicht gerechtfertigt scheint.

Nach dem Skatspiel, nach läppischen Konflikten und Versöhnungen jauchzt die Musik da in den Zwischenspielen ungebrochen und kantabel vor sich hin. Der Musiker, der von sich bekannte, daß er auch eine Speisekarte komponieren könne, verrät zugleich, inwiefern ihm das so leicht möglich ist: weil er nämlich über diese Speisekarte genauso unbefangen hinwegmusizieren würde, wie die einander so ähnlichen Zwischenspiele des »Intermezzos« hier am Text vorbeirauschen. Es klingt immer wohlig und schön; ja der Walzer nach der Schlittenpartie ist meisterhaft entfaltet, und manche Modulation rauscht mit süßester Macht ins Ohr. Doch weit weg ist die wahre Poesie der Apotheose des »Till Eulenspiegel« oder der wahrere Ernst des Wiedererkennungsakkords von Elektra und Orest.

1. X. 1961

Die ägyptische Helena

Was überhaupt an der Opernform und an Opernaufführungen fragwürdig, verdächtig, peinlich und (vital-unüberwindlich) scheint, trifft bei einer Darbietung der »Ägyptischen Helena« von Richard Strauss beklemmend zusammen. Hofmannsthals Text läßt sich nicht als ein naives Libretto betrachten, dem gegenüber relativ gleichgültig bleibt, ob man nun die Zusammenhänge durchschaut oder nicht. Die »Ägyptische Helena« ist ein höchst indirektes, absichtsvolles literarisches Kunststück, voller Ironie, Spiegelungsfreude und Bezüglichkeit. Dieser sehr manierierte Text erläutert – in der literarischen Fassung – seine für genießendes Verständnis höchst notwendigen Voraussetzungen durchaus. In der Opernfassung sind einige dieser »Klärungen« weggestrichen. Selbst wenn man jedes gesungene Wort verstünde, was man beileibe nicht tut, bleibt man dem Ganzen gegenüber jetzt recht hilflos. Die parodierte Undeutlichkeit des halb-grausamen Muschel-Orakels, die erzauberte und darum unwirkliche, von Elfen verlachte Liebesnacht, die sich überschneidenden Wirkungen mannigfacher Tränke: alles das war von Hofmannsthal zweifellos gemeint und wird von der Straussschen Musik (notwendig?) ignoriert.

Diese Musik kümmert sich auch nicht um die Leichtigkeit und Lustspielhaftigkeit, auf die es Hofmannsthal anlegte, sondern sie geht dem nach, worauf es der Oper und den Opernfreunden ankommt: der Stimmentfaltung.

Da alle Indirektheit auf der Opernbühne nur zu leicht übertönt wird, geriet die »Ägyptische Helena« durchaus in die Nähe eines Heroenstückes (Regie Rudolf Hartmann), trotz der leise komischen, schattenhaft hin und her huschenden Statisterie. In dem Maße aber, in dem die Vorbehalte unerkennbar blieben, kam die Aufführung an den Rand einer ungewollten Parodie, woran das Kostüm und die mangelnde Spielsouveränität Fritz Uhls wohl die meiste Schuld trugen. Dabei hätte das sehr stilisierte Bühnenbild des verstorbenen Helmut Jürgens durchaus in die Richtung einer brillanten »Verfremdung« weisen können. Aber was soll ein Regisseur tun, wenn Strauss in majestätischem E-Dur schwelgt und eine Opernwirklichkeit genau zu den Direktheiten gravitiert, die das Textbuch umgehen wollte? Überdies steht sich in der »Ägyptischen Helena« Strauss selbst im Weg. Er will anscheinend keine abgerundeten, eingängigen Melodien mehr schreiben, sondern eine melodische Deklamation erreichen, die über alle sechzehntaktigen Gebilde hinaus ist. Auf diese Weise entsteht aber der Eindruck eines ziellosen Strömens. Melodische Gesten treten an die Stelle von melodischen Charakteren, und oft weicht die Musik, deren Tonalität und Diktion förmlich zur Melodieentladung zu drängen scheint, diesen Forderungen gleichsam übervornehm aus. Aber was tut's: Die Sänger können sich entfalten, und das stimmengierige Publikum jubelt ihnen zu.

27. I. 1964

Arabella

Die Arabella der Lisa della Casa ist nicht nur eine Kokette, die auf jene Stunde wartet, in welcher der »Richtige« erscheint. Gewiß, kokett und spielerisch gibt sie sich auch. Die Wünsche und die Versagungen ihres Herzens nimmt sie wie ein Naturereignis, von dem sie wie von einer achtunggebietenden Instanz spricht: Ich verliebe mich rasch, aber ich wende mich auch rasch wieder ab. Mehr noch ist sie eine Stolze, eine Gläserne, der Inbegriff hoher Noblesse in ramponierter Umwelt. Desto mehr wird es zum Ereignis, mit ihr die »Entscheidung« herannahen zu sehen. Sie blieb, obwohl das Orchester ungeniert ausspielte, keinen Spitzenton, keinen Ausbruch schuldig.

Vor dem Mandryka, mit dem sie in die Ehe tritt, kann man Angst haben. Fischer-Dieskau spielte die naiv-neureichen, die klobig-gewalttätigen Züge mit großer Beherrschtheit aus. Er machte eine spannungsvolle Rolle aus der einfältigen »geraden« Figur, einen ländlichen Vulkan in chevaleresken Formen.

Das Werk selbst wirkte auf mich manchmal sentimental-berechnet. Die Musik ist meist nur lecker und besitzt selten die Süße Mozartscher Wahrheit. Eine genußsüchtige Innigkeit hat sich da in Töne verwandelt, deren Grenzen in einem entzückenden Hedonismus liegen. Der erste Akt baut noch konsequent auf kurze Motive und Einwürfe, aber im zweiten und im dritten sind die Geigen nur beschönigend, nicht beseligend, steckt mehr Strauss-Parfüm als Strauss-Essenz. Der angestrengte Feinsinn des oft affektiert schlichten Textbuchs paßt ziemlich genau zu alledem: Weder im »Rosenkavalier« noch auch in der »Elektra« stimmen Text und Musik so überein.

16. VIII. 1963

Die schweigsame Frau

Die Ouvertüre knüpft weniger an den Kammerspielton der »Ariadne« oder an die gedrängte Gestik der »Arabella« an als an den frühen Strauss, an Schwung und Pomp des »Till Eulenspiegel«, dessen Furioso man gelegentlich wiederzuerkennen glaubte. Dann gibt der Vorhang eine Art Marinemuseum frei. Es ist die mit Segelschiffen und nautischen Reminiszenzen angefüllte Wohnung des ehemaligen Seeadmirals Sir Morosus, der da, lärmempfindlich und hagestolz, seinen Lebensabend verbringt. Die Ruhe seines Alters hört jedoch in dem Augenblick jäh auf, da der heißgeliebte und totgeglaubte Neffe Henry wiederkehrt. Henry gibt sich zum Widerwillen des Admirals (»Ein Morosus, der singt, ist kein Morosus!«) als Mitglied einer Operntruppe zu erkennen, die sogleich lärmend das Seemannsheim erfüllt. Der alte Herr tobt und flucht, wird aber auch betrübend konkret, indem er seinen Neffen verstößt und enterbt.

Da hat der gerissene, die Handlung jederzeit flott weitertreibende Barbier eine Idee: Er schwätzt dem Alten Aminta, Henrys geliebte Gattin, als schweigsame und doch einsamkeitverscheuchende Frau auf. Nach der fingierten Trauung soll sich Aminta, so wird verabredet, als Teufelin entpuppen. Man nimmt mit Recht an, der Alte werde so froh sein, die böse Gattin an Henry loszuwerden, daß er die Enterbung dann rückgängig macht. Alles klappt programmgemäß. Zwar bereitet es der sanften Aminta kein Vergnügen, den gutwilligen Alten zu quälen, aber sie tut es um Henrys willen gleichwohl so nachdrücklich, daß es sofort zur Scheidung kommt: Allerdings nicht, weil Aminta sich aus einer schweigsamen Frau unvermutbar in eine Furie verwandelt hat (»Diesem Irrtum verfällt jeder Mann«), sondern weil Aminta der Unschuld bar war, als sie die Pseudoehe einging. Der Alte verzeiht dann sowohl den Opernleuten, die ihn düpierten, als auch dem jungen Paar und hat endlich seine Ruhe.

Die Handlung setzt sich, was kein Schaden ist, aus altbekannten Motiven zusammen: Sie erinnert an Vorgänge des »Don Pasquale« ebenso wie an »Così fan tutte« oder an berühmte Evergreens der Wiener Operette. Strauss nutzt die Gelegenheiten, die Zweigs geschicktes, wenn auch allzu handfest-derbes Libretto bietet, mit überlegener Meisterschaft aus. So prägt seine Musik die Aminta zu einer jener großen Sopranrollen, die für die Straussschen Opern so charakteristisch sind: Hier steht eine von Anfang an glücklich Liebende vor uns, keine Dame, der mythologische Bezüge Perspektiven und Dimensionen verschaffen müßten, sondern eine Opernsängerin, deren ruhiges wolkenloses Liebesglück sich in beinahe jedem Ton dieser faszinierenden Partie zugleich nobel und sinnlich niederschlägt. Wann immer Aminta sich zu ihrem Henry bekennt, gewinnt der melodische Bogen Leuchtkraft, haben die kommentierenden Bläser noch etwas ganz besonders Bestätigendes, Nachdrückliches und Charmantes dazu zu sagen.

Auch dem Sir Morosus ist viel Reizvolles mit auf Fahrt gegeben: So darf er sich über das Geläute beschweren (die Musik dazu klingt wie eine Parodie auf die Grals-Glocken des »Parsifal«; es bedurfte gewiß großer Kunst, Glocken tönen zu lassen und dennoch Feierlichkeit zu vermeiden). So darf er am Ende der Oper in jene Ruhe eintauchen, die seine Figur plötzlich über allem Lustspieltrubel verklärt. Gewiß hängt die unvergleichliche Wirkung des ersten Akts vor allem damit zusammen, daß alle Figuren ihre wahren Wünsche und Interessen vertreten. Der Alte kann da poltern und das Künstlervölckchen beschimpfen, die beleidigten Sänger ihrerseits finden sich begeistert zum Komplott – einem brillanten Finale – zusammen, und die Liebenden gestehen sich unverhohlen, was sie sich zu singen und zu sagen haben. Dann beginnt leider ein Reigen falscher Gefühle: Alle verstellen sich, täuschen ungültige Verträge vor und quälen den beinahe unschuldigen Seebären bis aufs Blut. Aminta hat zwar Hemmungen, die sie ehren, aber trotzdem findet sie sich dazu bereit, den Morosus von einer Ohnmacht in die andere zu stürzen. Der bleiche Seemann gleicht plötzlich dem Fliegenden Holländer, der bei einer Brautschau hereingefallen ist.

Natürlich bleiben die Schwächen des Librettos nicht ohne Einfluß auf die Musik. Magie und Stufenreichtum der Partitur finden im Text nicht jene Korrespondenz, der Strauss bei Hofmannsthal so überreich gewiß sein durfte. Darum pendelte die Musik zunehmend zwischen äußerstem, das Melodram streifendem Parlando und operettenhafter Unbedenklichkeit des Melos hin und her. Man merkt ihr an, daß sie sich von der Entwicklung zeitgenössischen Komponierens vollkommen abgetrennt hat, während die »Salome« und selbst die »Ariadne« noch zur jeweiligen Moderne in einiger Beziehung standen. Es ist kein Kunststück, Dutzende von bewußten oder unbewußten »Anspielungen« auf Eigenes und Fremdes herauszuhören. Da findet sich eine Wendung aus dem letzten Satz des 1. Brandenburgischen Konzerts von Johann Sebastian Bach neben Zitaten aus der »Bürger als Edelmann«-Suite, neben Bizet und Wagner. Manchmal ist die Schönheit etwas hemdsärmelig hergestellt, verraten Redseligkeit und humorvoller Eklektizismus die Schwächen des Spätstils. Trotz allem gehört die Oper zu Richard Strauss' bedeutenden, ja zu seinen bühnenwirksamsten Stücken. Wenn die unnötig erschreckenden Kraßheiten, die der dritte Akt bei der Verhandlung über Amintas fehlende Unschuld verlauten läßt, getilgt oder gemildert wären: dann hätte die deutsche Oper ein glänzendes Spätstück ihres Richard Strauss zurückgewonnen.

10. VIII. 1959

Friedenstag

Am Frieden klebt viel Blut. Ähnlich der von den Germanisten hitzig umkämpften »Friedensfeier«-Hymne Hölderlins geriet auch die »Friedenstag«-Oper von Richard Strauss in eine undeutliche, schmähliche Kontroverse, die das Werk auch heute noch so belastet, daß es nach 1945 nicht mehr aufgeführt wurde. Im Uraufführungsprogrammheft hieß es nämlich, der »Friedenstag« stelle die erste Oper dar, »die aus nationalsozialistischem Ethos geboren ist«. Überblickt man einige Kritiken, die damals erschienen, so wird noch klarer, warum unsere demokratischen Bühnen nur zögernd an den »Friedenstag« herangehen. Strauss habe da nämlich einen »Aufstieg aus der bürgerlichen Welt in die nationale, aus der privaten in die Welt der Gemeinschaft« zurückgelegt. An die Stelle einer »launig-launenhaften Weltauffassung« sei nun die »heroische« getreten. Strauss selbst trat solchen Interpretationen zumindest nicht in den Weg, wenn er Pressevertreter auf den »militärischen Charakter« mancher Stellen der Partitur hinwies.

Doch so lächerlich es ist, eine Oper mit nationalsozialistischem Ethos in Zusammenhang zu bringen, so wenig kommt auch dabei heraus, wenn man sie späterhin auf ihre demokratische Musterhaftigkeit untersucht. Gewiß, es gibt den Typus einer ungebrochen heroischen Staatsaktion, in der kein Wort vom Nazireich zu fallen braucht und die dennoch faschistischen Geistes voll ist. Alle jene psychologischen Finessen, die Hofmannsthals Texte für Strauss zu einem so fesselnden Objekt, ja Widerpart machten, fehlen hier, und das Ganze steigert sich durchaus zu pompösen Massenaktionen. Aber man braucht sich zur Widerlegung solcher völkischen Deutung, die das Werk wenigstens im ersten Augenblick für faschistische Kulturpolitik akzeptabel machen mochte, gar nicht auf die Geschichte seiner Entstehung zu berufen. Schließlich war es Stefan Zweig selbst, der in einem Brief an Strauss bemerkte, die Hofmannsthalschen Texte schienen ihm mit Symbolgehalt überfrachtet, eben jener Stefan Zweig, der sich (nachdem er wegen des Nazi-Antisemitismus nicht mehr offiziell mit Richard Strauss zusammenarbeiten wollte und nur noch anonym seine Hilfe angeboten hatte) von der Idee bis zur Endredaktion durchaus entscheidend am Gregorschen Libretto beteiligte. Doch wie gesagt: Selbst wenn man von diesem – mehr vor eine Spruchkammer als vor ein künstlerisches Tribunal gehörenden – Hinweis absieht, so kann für mein Gefühl kein Zweifel daran bestehen, daß hier eine rauschhafte Apotheose des Friedens über allen Heroismus siegt und die großherzige Leuchtkraft eines hochdramatischen Soprans eigentlich das letzte Wort behält.

In der von Rudolf Hartmann, dem Regisseur bereits der Münchner Uraufführung, sehr überlegen in Szene gesetzten diesmaligen Münchner Aufführung offenbarte das Werk vor allem die Meisterschaft kluger Disposition. Es ist gewiß kein origineller, die Operngeschichte irgendwie vorwärtstreibender Wurf, sondern nur abgeleitete Musik: dem eigenen Werk und dem großen 19. Jahrhundert deutlich verpflichtet. Doch die Oper des fünfundsiebzigjährigen Komponisten kennt kaum Redseligkeit. Kein Takt, der von völkischer Primitivität angekränkelt wäre. Solange die Musik das trost- und hoffnungslose Ausharren einer belagerten hungernden Stadt und Zitadelle darzustellen hat, liegt ein bitterböser Götterdämmerungs-Ton über dem Ganzen – nicht nur weil ein punktierter Rhythmus, der immer wieder aufflackert, dem Gibichungen-Motiv aus der »Götterdämmerung« ähnelt. Doch diese bis an die Grenze des ästhetisch Vertretbaren gehende Spannungsarmut, diese Lethargie ist nur raffinierte Vorbereitung. Mit dem Auftritt der Gattin des Festungskommandanten hebt der eigentliche Strauss-Ton an. Freilich, die melodischen Wendungen folgen einander manchmal gleichsam steuerlos, scheinen ein Ganzes zu versprechen und sind doch nur Fragment. Doch nach dem tragisch umdunkelten, verbissenen Ton des Kommandanten, dem elegischen Liebeslied des Piemontesers – in dem auch die melodische Geste über die Melodie triumphiert – wirkt bereits die Gattin Maria wie ein freier, aus dem bleiernen Schicksalszusammenhang herausgenommener Mensch. Während nun der Kommandant sich zur Selbstaufgabe entschließt, die verderbliche Lunte ist bereits entzündet, kommt die Friedensbotschaft, an die der allzu starre, dem Gesetz des retardierenden Moments pflichtbewußt gehorchende Kommandant zuerst nicht glaubt. Wiederum vermittelt seine Gattin, und dann hebt brausend ein ekstatischer Hymnus an, dessen Würde wenig davon beeinträchtigt wird, daß die Finali des »Fidelio« oder der »Meistersinger« seine großen, reineren, vom Zeitgeist machtvoller beglaubigten Vorgänger, Vorsänger gewesen sein mögen. Die unstillbare Sehnsucht einer ewig gequälten Menschheit nach Frieden ist hier pompös, ja fast martialisch, wahrhaft überwältigend zur Sprache gebracht. Man kann einwenden, Strauss habe, auf eine beinahe sechzigjährige Kompositionserfahrung zurückblikkend, einen Reißer geschrieben. Doch gehört ein Moment des Reißerischen nicht auch zur Oper?

16. VIII. 1961

Eine Operndarbietung hängt nicht unwandelbar im Rahmen, sondern bewegt sich wandlungsfähig auf der Bühne; darum wirkt die Bezeichnung Museums-Aufführung als Schimpfwort, zumindest als Abwertung.

Aber nehmen wir einmal an, es gäbe auf der Welt keinen »Capriccio«-erfahreneren Regisseur als Rudolf Hartmann; nehmen wir weiter an, seine fürs Cuvilliéstheater erarbeitete, mittlerweile dritte oder vierte Einstudierung dieses Straussschen Alterswerkes sei richtig, sei authentisch, hielte etwas Bewahrungswürdiges fest, nämlich die aus intimer Strauss-Kenntnis und -Bewunderung kommende Reproduktion eines kleinen Meisterwerkes. Was spräche dann dagegen, ebendiese Aufführung all denen, die sie nicht kennen und die es der Mühe für Wert halten, einem solchen Werk einen Abend zu widmen, so zu zeigen, wie in der Pinakothek die Dürerschen »Apostel« gezeigt werden? Nichts spräche dagegen. Oder doch eines: Aufführungen, die nur sie selber bleiben wollen, die nur bewußtlos wiederholt werden – bleiben halt nicht sie selber! Sie verschlampen, verschmutzen, verderben, wenn nicht an ihnen gearbeitet wird.

Bei der Wiederbesichtigung des »Capriccio« im ausverkauften und herzlich applaudierenden Cuvilliéstheater zeigte sich, daß Leitner und Hartmann die Aufführung keineswegs haben verrotten lassen. Es ist offenkundig neu geprobt, Staub gewischt, restauriert, kurz: ein lebendiges Museum geschaffen worden.

In der Pause oder am Schluß sollten die Museumsbesucher dann darüber diskutieren, ob nicht die große Des-Dur-Melodie vor dem Monolog der Gräfin halt doch der unmittelbarste Einfall des Werkes ist – freilich gut 25 Jahre vor der »Capriccio«-Komposition entstanden. Oder ob der Streit zwischen Wort und Ton nicht recht müßig ist, ob nicht die Bescheidenheit und der Charme der unentwegt graziös lächelnden Gräfin irritierenden Hochmut ausdrückten (*nimmt ihm das Notenblatt aus der Hand*: »Wenn Sie erlauben, gehört es jetzt mir! Als schönes Geschenk des heutigen Tags«).

Die Musik, manchmal zu virtuos, manchmal auch fahrig verspielt, erreicht während ihrer hübschesten Momente die unverkennbare Alters-Serenität: Sie erinnert da an Bachs 6. Brandenburgisches Konzert, an Brahms-Sextette und – gespenstisch antizipatorisch – sogar an den Tonfall der Straussschen »Metamorphosen« des Jahres 1945.

14. VII. 1975

Feinsinn, Feinschmeckerei, ja fast frivole Feintuerei herrschen in diesem Konversationsstück, dessen Komponist Richard Strauss mit geradezu unheimlich ungetrübter Opernleidenschaft davon absehen konnte, daß sein Stück kurz vor der Französischen Revolution bei Paris spielt und daß er es komponierte, während nebenan der Zweite Weltkrieg begann. Angesichts solcher Exklusivität müßten nun, zur Rechtfertigung gleichsam, Ästhetizismen von Valéryschem Niveau herauskommen. Die bietet der harmlose Clemens Kraussssche Text freilich nicht, aber die Musik von Strauss besitzt jene sanft rauschhafte Altersmagie, die die allerletzten Werke von Strauss (»Metamorphosen«, das Oboenkonzert, die vier späten Lieder) so positiv von mancher schwachen Straussschen Arbeit aus den späten zwanziger Jahren abhebt.

Bei der Gräfin der Lilian Sukis ertappt man sich plötzlich bei der Frage, ob diese so ungeheuer schöne, für Kunst und Glück schwärmende, Liebhaber bedeutungsvoll abweisende und anziehende Dame nicht doch aus Porzellan sei. Reine, affektierte Empfindsamkeit, die Nähe der Karikatur gerade noch meidend. In der Mittellage hatte die Stimme einigen Zauber, die hohen Register waren nicht gleichmäßig genug, zuviel ehrliches Tremolo, zu mattes Timbre, ein wenig gläsern uninteressant. Also nicht unpassend zum »Capriccio«, wo eine beschwipste Italienerin (sehr lustig Ingeborg Hallstein) sozusagen die schroffste Wirklichkeit verkörpert, wo der ungemein kultivierte Barry McDaniel als Dichter aufs reinste in seinem Element scheint und wo Donald Grobe mit seiner Komponistenpartie souverän spielen kann.

Ferdinand Leitner ist ein Strauss-Dirigent von bezwingender Intensität. Unter seinen Händen entfaltet sich die Piano-Schönheit geradezu verklärt – leider gibt er beim Fortissimo ein wenig der Effekthascherei des alten Strauss nach, der's halt nicht lassen konnte, zu zeigen, wie gut er's nicht lassen konnte.

Die Aufführung war Prunkstück der vorjährigen Festspiele, sie könnte der Geheimtip der diesjährigen sein. Schade nur, daß die Gräfin bei der Spiegelszene wie Wolfram von Eschenbach an der Harfe sitzen und vom Blatt spielen mußte; eine weniger künstliche, diskretere Lösung sollte möglich sein. Herzlicher Beifall aller der Zuhörer, die es übrigens nicht leicht hatten: denn wenn man nicht ganz genau hinhört, nicht jedes Wort versteht, dann entgeht einem nicht bloß der Text, sondern es entgehen einem Sinn und Zweck dieses opernmanischen, antiopernhaften Spätwerks.

21. VII. 1971

Burleske und Don Juan

»Don Juans« Jugendschwung, der nicht verwelken wird, solange die Menschen noch Sinn haben für Überschwang, Jugendstil, Pathos, Lust, sentimental-melodiöse Klage und den ekstatischen Schwung eines großen Orchesters, wurde im Richard-Strauss-Gedächtniskonzert von Karl Böhm und den Musikern des Bayerischen Staatsorchesters mit beinahe rücksichtslosem Einsatz dargeboten. Der Dirigent, einer der großen Richard-Strauss-Statthalter unserer Zeit, schien nicht nur abzutönen, zu leiten, zu überwachen, sondern er teilte Energien mit, heizte – man verzeihe den Ausdruck – das Orchester an, ließ keinen Moment des Nachlassens zu. Dabei spielte sich das Blech in den Vordergrund, ohne daß freilich die reizenden Damen, deren Porträts die von Strauss hier sehr solistisch behandelten Holzbläser zeichnen dürfen, zu kurz gekommen wären. Publikum und Orchester schienen von dieser brillanten Tondichtung gleichermaßen elektrisiert.

In einer solchen Nachbarschaft hatte es die »Burleske« nicht leicht. Nach dem Don Juanesken Lärm wirkte das Jugendwerk für Klavier und Orchester zunächst ein wenig dünn. Dabei gibt es kaum eine Komposition, die dem Klavier größere Griffschwierigkeiten abnötigt als ebendieses Konzertstück. Bereits der Einsatz ist abenteuerlich schwer – potenzierter Brahms in raschem Tempo. Und was die Sache noch unangenehmer macht: Man würde jeden falschen Ton hören und jeden weggelassenen bemerken. Jakob Gimpel, der Solist, muß Nerven aus Stahl haben. Sonst hätte er sie nämlich angesichts des ein wenig forcierten Tempos, das Karl Böhm anschlug, verloren. Es blieb wenig Zeit, die prächtige Fülle der Akkorde und den Charme der Melodien auszukosten. Allmählich jedoch erzwang sich das »richtige« Tempo Geltung, so daß die brahmshaft umspielten Walzerthemen, die geistreichen Dialoge zwischen Pauke und

Klavier, die hinreißend frischen Verschiebungen des Rhythmus deutlich und mächtig herauskamen. Richard Strauss hat einmal von sich gesagt, seine größte Stärke sei wohl das Fortspinnen, das Weiterführen einer Melodie. Man kann auch in der »Burleske« einen Beleg dafür finden: Nach der Kadenz, wo es ja auch in den klassischen Klavierkonzerten immer besonders poetisch zugeht, führt das Orchester die Melodie träumerisch zart weiter, und das Klavier sagt ein melancholisches Wort dazu (wenn ein Musikstück »Burleske« oder »Humoreske« heißt, dann muß man offenbar eher mit Melancholie als mit Lustigkeit rechnen – Dvořák, Schumann!). Von Strauss' Burleske ist gesagt worden, sie sei ein Reißer, aber ein genialer. Ich möchte das abwandeln: Wenn der liebe Gott je in ein Kaffeehaus ginge, dann würde er dort solche Musik hören wollen.

10. IX. 1960

Till Eulenspiegels lustige Streiche

Rieger begann den »Till« entzückend behaglich, steigerte ihn dann zum Drama, das ja in der Tat mit einem Prozeß und einer Hinrichtung schließt. Trotzdem fiel Rieger dabei ein wenig aus dem Stil. Die drohenden f-Moll-Akkorde des Tribunals, denen Till zunächst gleichgültig, dann nervös werdend antwortet, beenden bei allem Ernst nicht gerade eine Götterdämmerung.

Man kennt das ausführliche Programm, das dem »Till« unterlegt worden ist. Der zunächst nur lustige Schalksnarr wird boshaft und frivol, nachdem seine Liebeserklärung (Geige, F-Dur) verworfen wurde. Er wagt es dann sogar, Religiöses zu verspotten, läßt sich vom Todesahnungsschauer nicht warnen. Kein Dirigent ist verpflichtet, das minuziös nachzudirigieren. Rieger jedenfalls tat es nicht. Freilich, wenn ein Zug trostlos trockner Gelehrter in senilem a-Moll einhertrotten muß, von Till mit ein paar kecken Thesen verwirrt und zu einer wüsten Diskussion provoziert wird, auf deren grotesk babylonischem Höhepunkt Till dann, »einen Gassenhauer pfeifend«, enteilt – dann darf ein allzu vitaler Dirigent aber nicht bereits das trockene »Schreit«-a-Moll gewissermaßen mit Pfiff dirigieren, sonst ist die Pointe erwürgt. Auch die Röchel-Fermate des erhängten Till kann gar nicht lang genug sein. Sonst begreifen die Zuhörer nicht, daß Till am Galgen endet, und irren sich ebenso fröhlich wie jüngst noch der Sprecher einer beliebten Sendung des Bayerischen

Rundfunks, der den »Till« erläuterte und fand, der Held schreite am Schluß aus allen Anfechtungen siegreich hervor. Das tut er eigentlich gar nicht – doch jeder Hörer muß die hinreißende Apotheose (die Strauss eben seinem Don Juan nicht gönnte) mit einem Happy-End verwechseln, wenn diese letzten, vielleicht schönsten Takte der Straussschen Muse nicht durch eine riesige, himmlisch-irdische Fermate vom realen Lebenslauf des Schelms abgetrennt sind. Auch das gestaltete Rieger immer noch zuwenig. Aber er dirigierte doch einen eigenen feurigen, zugleich behaglichen und vom Orchester stürmisch gespielten »Till«.

18. VII. 1964

Ein Heldenleben

Das »Heldenleben« von Richard Strauss lieben, glaube ich, nicht allzu viele Menschen auf der Welt. Da aber diese wenigen sämtlich Dirigenten sind, hört man das glanzvoll instrumentierte Stück mit dem eingebauten Violinkonzert unverhältnismäßig oft. Es ist schwer, sich eine noch üppigere Wiedergabe vorzustellen, als sie seitens der Berliner Philharmoniker geboten wurde. Eigentlich müßte das Programmheft gerade bei dieser Programmusik präzise nachhelfen: Kein Publikum der Erde kann erkennen, daß beispielsweise die Solovioline als »Gefährtin des Helden« nacheinander »heuchlerisch schmachtend«, »leichtfertig«, »zart, etwas sentimental«, »übermütig«, »getragen«, »lustig«, »plötzlich wieder ruhig und sehr gefühlvoll« sein soll: Die Leute hören da immer nur Doppelgriffe – und es wäre ihnen so leicht klarzumachen, um was es geht. So, wie beispielsweise auch erläutert werden müßte, daß Strauss als »Des Helden Friedenswerke« einfachheitshalber aus lauter eigenen Schöpfungen zitiert. Die meisten Opern lagen damals noch nicht vor, sonst würde das »Heldenleben« wohl noch länger dauern müssen als vierzig Minuten. Trotz phantastischer Orchestereinzelheiten und brillanter Zerrissenheitseffekte begriff man vor allem die Vergangenheit dieser Musik.

8. IV. 1971

16. Kapitel
Carl Nielsen · Jean Sibelius · Ferruccio Busoni · Sergej Rachmaninow · Max Reger

Carl Nielsen
Fünfte Symphonie

Von dem Werk des dänischen Komponisten Carl Nielsen (1865–1931) hat man hierzulande, wenn überhaupt welche, dann nur ganz undeutliche Vorstellungen. Konservativ, ausführlich, metiersicher, fad: Das sind die ein wenig albernen Stichworte, die sich im Zusammenhang mit dem Namen Nielsen einstellen. Es gibt zwar kluge Orchestermusiker und unkonventionelle Dirigenten, die gern darauf hinweisen, daß an diesem Nielsen etwas »dran« sei – aber Musikkonsumenten glauben an die Urteilskraft des Faktischen. Wenn verhältnismäßig »verständliche« Symphonien nie aufgeführt werden, dann wird das schon einen Grund haben. Zu deutsch: Dann haben die Werke schuld.

Die intensive Interpretation, die der schwedische Dirigent Herbert Blomstedt Nielsens 5. Symphonie im Herkulessaal zuteil werden ließ, dürfte manche Anti-Nielsen-Vorurteile erschüttert haben. Offenbar hat man sich getäuscht, wenn man (wie zum Beispiel ich) bei früheren Aufführungen anderer Nielsen-Werke annahm, eine derart konservative, dazu noch schwerblütig-skandinavische Musik sei doch zumindest leicht überschaubar. Wenn aber ein Komponist so deutlich sage, was er meint, dann lasse sich gewiß rasch erkennen, wie belanglos Gesagtes und Gemeintes seien.

Das stimmt nicht. Möglicherweise sind Werke, die sich der Tonalität, wenn auch modifiziert, bedienen, sogar schwerer gerecht zu würdigen als Stücke, welche eine jeweils ganz neue, spezifische, atonale Sprache entwickeln. Die späte Wiederentdeckung der Symphonien Mahlers hat damit zu tun, die Verkennung Nielsens wohl auch.

Die Themen entfalten sich scheinbar ruhig, stetig, aber nicht idyllisch, sondern mit einer stillen Besessenheit. Das Stück hat dabei einen großen, manchmal etwas quälenden, bei der Entfaltung von Gesangsthemen auch nordisch-süßlichen Atem. Weil Nielsen sein thematisches Material von vornherein konsequent durchführt, entwickelt er die einleuchtende Formidee, sich der spezifischen (Sonatensatz-)Durchführung zu enthalten. An deren Stelle tritt Langsames. Mit Ausnahme eines gar zu simplen Scherzo-Fugato-Themas scheinen mir der Rang und die Gediegenheit von Nielsens Orchestersprache unbestreitbar. Es ist eine spätromantisch-karge Sprache.

Nielsen besitzt nicht die folkloristische Eindeutigkeit und die typischen Eigenarten von Sibelius. Das mag seinem Erfolg im Wege gestanden haben. Manchmal wirkt sein thematisches Material, so eindringlich es auch behandelt wird, ein wenig unpersönlich. Zugegeben. Doch die eigenwillige Nervosität seiner Entwicklungen, seiner ruhig-verhängnisvollen Ostinato-Klangteppiche, die Kraft der Steigerungen und die Logik der gedankenreichen Entfaltung lassen es unbegreiflich erscheinen, daß man ihn überhaupt nicht kennt. Statt des andauernd wiederholten »Heldenlebens« von Strauss, statt mancher oft gespielten Kompositionen von Pfitzner oder Sibelius wäre die gelegentliche Aufführung einer Nielsen-Symphonie durchaus eine Bereicherung. Das Publikum hörte ruhig, ja gespannt zu und geizte nicht mit Beifall.

15. XII. 1973

Jean Sibelius
Violinkonzert, erste und siebente Symphonie

Hatten wir nicht vermutet, die Zeit würde sein – also Jean Sibelius' – Werk bewältigen, würde es mit ihrem ungeheuren Schweigen bestatten und uns die Auseinandersetzung ersparen? Zurück blieben dann, als Fazit großer Lebensmühe, ein ungenaues Vorurteil und eine Zufallsessenz: beispielsweise das Violinkonzert, ein paar Lieder und ein paar Stücke effektvoller Programmusik.

Denn dieses allmähliche, ungerechte Vergessenwerden ist kaum je das Ergebnis sorgfältiger Bestandsaufnahme, sondern es ähnelt immer viel mehr einem Verwelken, wogegen es ja auch keine Berufung gibt. Große Musiker mußten das schon hinnehmen. In papierenen Gräbern (Gesamtausgaben) warten sie auf die letzte Trompete. Wer zum Beispiel kann – um im Bereich der Spätromantik zu bleiben, zu dem der 1865 geborene Sibelius wohl auch gehört – begründen, warum von Max Bruch nur das Violinkonzert überlebt hat und eigentlich keine andere seiner gewiß durchaus gediegenen und inspirierten Kompositionen? Über Pfitzners Werk senkt sich anscheinend auch das Schweigen, trotz der »Palestrina«-Enthusiasten und der Bewunderer des cis-Moll-Quartetts.

Nicht nur Lebendiges muß sich immerfort bewähren; auch der Vergessensprozeß verläuft ganz einspruchslos. Irgend jemand, aus was für Gründen immer, zeigt sich angerührt, setzt sich ein, lenkt die Aufmerksamkeit auf. Manchmal zündet der Funke. Gustav Mahler – zur Zeit ein beliebtes Vorlesungsobjekt unternehmungslustiger junger Musikprofessoren – ist anscheinend der Vergänglichkeit entrissen worden: Während populäre Konzertführer über ihn sprechen wie über einen Irrtum von gestern, wächst die Zahl der Musiker, die ihn aufführen, und die Zahl der Musikfreunde, die ihn hören wollen.

Wir hörten Jean Sibelius' 7. Symphonie, das Violinkonzert, die 1. Symphonie.

Kennt man Sibelius nur aus »Finlandia« und »Valse triste«, so könnte man versucht sein, dem Komponisten sentimentale Simplizität vorzuwerfen. Aber damit tut man ihm Unrecht. Die Kopfsätze der 4. und der 5. Symphonie sind bedeutend und herb verhäkelt, muten den Geigen Befremdend-Unspielbares zu, versagen sich Direktheit. Doch dieser mürrisch-pathetische Tonfall zwängt sich nicht oft durch die Fugen einer mitunter erschreckend platten Symphonik. Aus der 7. Symphonie etwa hörte ich doch nur die neblige Mischung von Introvertiertheit, Gestaltenarmut und Filmmusiksüße heraus. Manchmal einen Folklorehauch, eine eigenwillige Bläserbewegung – aber im übrigen ist die Musik so platt, so »obvious«, so schlecht-eindeutig und sichtbar auf Effekt hin gearbeitet, daß ich schwerlich an ihr Überwintern glauben mag. Das Städtische Symphonieorchester Helsinki, unter dem kräftig mitsingenden Sir John Barbirolli (schöner Streicherton, gute Holzbläser, Zusammenspiel nicht besonders exakt, aber »zuverlässig«), täuschte, hob, trug über nichts hinweg.

Nicht einmal ein so phantastischer Geiger wie Henryk Szeryng vermochte beim Violinkonzert (dem meistgepielten Werk von Sibelius) für mehr zu interessieren als für seine perfekte Kunst, der lange Flageolett-Kantilenen oder Doppelgriffpassagen keinerlei Mühe bereiten. Dies Violinkonzert (Opus 47, wie Beethovens »Kreutzer-Sonate«) ist ja mit fast raffinierter Bravour geschrieben. Aber die geigerischen Einfälle verhehlen nicht, daß die musikalische Substanz entweder schwungvoll-banal ist oder schwunglos-zerfahren.

Sibelius' 1. Symphonie müßte man Tschaikowsky-Gegnern wiederholt vorführen. Weinend würden sie zum Grab des großen russischen Melodikers nach Leningrad pilgern. Denn ist die slawisch-tragische Attitüde schon manchmal bei Tschaikowsky etwas aufdringlich, so wirkt diese Attitüde geradezu sinnlos, wenn sie nicht von dröhnend musikantischem Erfindungsreichtum beglaubigt wird. Starker Beifall im nicht allzu gut besetzten Herkulessaal.

20. IV. 1965

Ferruccio Busoni
Konzert für Klavier und Männerchor

Man kann über Ferruccio Busonis Klavierkonzert, das in dem Pianisten Pietro Scarpini einen überlegenen, leidenschaftlichen, stets präzis formulierenden und mit allen technischen Wassern moderner Klavierkunst gewaschenen Anwalt fand, auf zwei Weisen schreiben: Man kann die genialische Musikalität, die Erfindungskraft und Freiheit Busonis rühmen, die sich hauptsächlich im ersten, zweiten und vierten Satz zwingend niedergeschlagen hat – und man kann das Unmaß, die Übertriebenheit des Unternehmens belächeln. Das Konzert wirkt stellenweise wie eine Parodie über das Thema »Vollgriffigkeit«, schwerste Klavierkaliber donnern aus allen Tasten. Während der Aufführung blickten sich die Zuhörer übermüdet und hilfesuchend an wie Reisende, die in langer Nachtfahrt zu einer Notgemeinschaft zusammenwachsen. Und auch die Orchestermitglieder machten, wenn sie gelegentlich ein paar tausend Takte Pause hatten, undurchdringliche Gesichter.

Aber ist es wirklich die Länge, die dies Konzert gefährdet? Busoni hat oft zwingend melodische Einfälle großartig ausgebreitet. Der erste Satz beginnt mit einem liedhaften, schön ausharmonisierten Thema, das von Reger sein könnte, dann macht das Klavier sich selbständig, indem es gleichsam über den Anfang des Tschaikowsky-Konzerts phantasiert, aber viel mehr rhythmische und harmonische Kraft investiert. Das Seitenthema der Blechbläser scheint von Mendelssohn inspiriert. Im zweiten Satz, Pezzo giocoso, stand Liszt Pate (der Hinweis auf solche Zusammenhänge enthält natürlich nie einen Vorwurf). Zunächst wird aufs Hauptthema der »Dante-Sonate« angespielt, dann erscheint eine Melodie aus Liszts »Venezia e Napoli«, aber nicht in Dur, sondern in der Moll-Stimmung eines Lisztschen Petrarca-Sonetts. Der dritte, langsame Satz kann die Spannung nicht aufrechterhalten, der vierte ist ein trefflich gesteigertes, wenn auch nicht sehr wählerisches Effektstück. Der fünfte, in dem der Männerchor einsetzt, bildet demgegenüber keine Steigerung, sondern eher einen bläßlich-lyrischen Ausklang. Erstaunlich, in wie erschreckendem Maße Busoni da von allem Formsinn verlassen blieb. Wenn die Romanen über die Stränge schlagen, dann tun sie es aber auch gleich viel ausführlicher als die nebligsten germanischen Gemüter!

Aber nicht der Mangel an Inspiration ist es, der das Konzert gefährdet, nicht die Überlänge, die durchaus begründet sein könnte, sondern Busonis Unfähigkeit, sich ein hörbares Stilprinzip aufzuerlegen. Gerade die entschlossenen neoklassizistischen oder neoromantischen Kompositionen bedürfen dieses selbstgewählten »Verzichts« auf vielerlei pianistische oder harmonische Wirkungen. Kein Wunder, daß bei Strawinsky, dem größten Neoklassizisten der Musikgeschichte, der Begriff des »renoncement« (Entsagung, Verzicht; so auch bei Cocteau und Valéry) zentral stand. Busoni aber breitet freimütig aus, was es alles an Akkord-, Passagen- und Oktavenwerk bei Liszt und anderen gibt. Er hindert sich an nichts: Das schafft zum Schluß das Gefühl einer gewissen Beliebigkeit und Spannungslosigkeit. Erstaunlich, daß dem so hochbewußten Ästhetiker Busoni so etwas passieren konnte.

Striche würden das Konzert zwar verkürzen, aber nicht prinzipiell verändern können. Doch weil es auch Musik von großer Frische enthält, muß man Kubelík doch danken, daß er es aufs Programm setzte, und Scarpini, daß er so aggressiv spielte. Oft möchte man diesem Mammut gewiß nicht begegnen, aber um in papierenen Friedhöfen zu ruhen, ist er noch zu lebendig.

26. XI. 1966

Sergej Rachmaninow
Rhapsodie über ein Thema von Paganini für Klavier und Orchester

Die Rhapsodie für Klavier und Orchester über ein Thema von Paganini ist doch wohl Sergej Rachmaninows spirituellstes, witzigstes, elegantestes Werk für Klavier. Rachmaninow hat in diesem durchaus melodiösen, aber auch vielstimmig und souverän durchbrochenen Werk eben keine tränenschweren Melodien, keine russisch-dräuenden Affekte komponiert. Er hat dies alles übersetzt in eine geistvolle, gescheit durchdisponierte, fast nie banale, dafür oft geniale, feingliedrige Musik. Gerade Rachmaninow-Verächter könnten am lakonischen Esprit dieser Rhapsodie begreifen lernen, was für ein Künstler, was für ein Meister jener Sergej Rachmaninow auch gewesen ist.

Unter den witzig-souverän miteinander verwobenen Variationen dieser Rhapsodie kommt der 15. Variation eine Sonderstellung zu. Nachdem die Anfangs-Nummern fast alle im magischen Moll-Bann jenes Paganini-Themas verharrten – das übrigens auch Schumann, Brahms, Blacher, Liszt und andere faszinierte –, macht sich die 15. Variation, ein Scherzo-Stück, vom Bann des finsteren Moll oder des forcierten magisch-träumerischen Dur ganz frei. »Orchestra tacet« heißt es da. Und nun beginnen, während das Orchester längere Zeit den Mund hält, Sternmomente reizvoller, getupfter, perlender Klaviermusik. Rachmaninow geht gleichsam stilistisch klug zurück: Im Gegensatz zum Paganini-Moll-Sound benutzt er nun ältere Tokkata-Verspieltheit. Paganini, im Gespräch mit Scarlatti.

Das fängt mit einer mehrfach neu abgewandelten Phrase an und läuft so entzückend weiter, als gäbe es kein Leid, keinen Zwang, kein Donnern und keinen Kitsch in dieser (Rhapsodie-) Welt. Aber beim Historisieren kann es nicht bleiben. Pianissimo mischt sich allmählich das Orchester ein, und das Klavier ändert folgsam seine Sprache. Mit überwältigender, melodiös triumphierender Zartheit stellen melodiöse Gesten allmählich die empfindsame Rachmaninow-Wirklichkeit wieder her. Am Ende setzt ein ruhiger F-Dur-Akkord einen eigenwilligen Akzent. Stille ohne Dissonanz: Das wär's gewesen.

30. 1. 1976

Vladimir Ashkenazys mit so großer Spannung erwarteter Klavierabend hatte glücklicherweise auch eine zweite, freilich kürzere Hälfte. Es war dies jener Programmteil nach der Pause, da Ashkenazy Rachmaninow spielte: vier der »Études-Tableaux« (Opus 33) und eine repräsentative Auswahl aus den Préludes (Opus 23 und 32), die Ashkenazy ja jüngst sämtlich in einer glänzenden, originellen und stilbildenden Langspielplatten-Kassette vorgelegt hat. Nun hörten wir also im Kongreßsaal (wer weiß, ob sich das noch in der 40. Reihe oder hinten im Rang mitteilte, vorn war es jedenfalls ein Erlebnis), was Ashkenazys Rachmaninow-Interpretationen so bedeutend macht, daß sie zu einer Rehabilitierung für den oft geschmähten Komponisten und zu einem Ruhmesblatt für den vierzigjährigen Pianisten wurden.

Ashkenazy spielt Rachmaninow, als ob er nicht wüßte, daß es Rachmaninow sei. Er versucht also nicht, wie es selbst Svjatoslav Richter und die Horowitz-Epigonen tun, Rachmaninow unbedingt als nostalgischen, schwärmerischen, hysterisch-eleganten, »noblen« Salon-Dekadenten darzustellen. Bei Ashkenazy erscheint Rachmaninow nicht im Schatten der Titanen Chopin und Tschaikowsky. Ashkenazy benutzt Rachmaninows Kompositionen nicht als Vorwand für die Produktion eines spezifischen »Tones«, der teils aus Parfüm, teils aus Virtuosität und wattierter Wehleidigkeit besteht. Sondern er bezieht sich ganz konkret auf den komponierten Gehalt dieser Musik. Der aber ist größer, ist solider und ergiebiger, als die Rachmaninow-Verächter glauben. Und für Rachmaninows-Schwäche, für diesen durch Rußland-Ferne und Emigration womöglich noch verstärkten, sentimentalen Überschwang findet Ashkenazy ein Äquivalent, das weder denunziert noch verspottet oder abtötet, sondern vielmehr rettet; es ist dies eine verhaltene, rhythmisch straffe, vibrierende Unruhe. Aufgehobener Schmerz.

Dabei geht es nie um virtuose Meisterschaft, die einem Ashkenazy fast zu selbstverständlich zur Verfügung steht, sondern stets um eine Haltung. Rachmaninows Musik, harmonisch so ernst genommen, als ob sie von Schubert wäre. In ihrer Finsternis so zurückhaltend dargestellt, als ob es sich um Brahms handelte. Salontränen erstarren auf diese Weise zu bedeutender Musik, von der ergriffen zu werden kein Mensch sich schämen muß. Die letzten Préludes aus Opus 32 waren, so, wie Ashkenazy sie darstellte, Funde. Erlebnisse. Eine neue Welt irgendwo zwischen Schuberts »Moments musicaux« und Rimsky-Korsakows »Hindu-Lied«. Danach enthusiastischer Beifall. Und keine Zugaben.

16. V. 1977

Max Reger
Serenade G-Dur

Karl Richter, der als Organist immer wieder Reger aufs Programm setzt, ist davon überzeugt, daß es bald eine Reger-Renaissance geben werde. Während der schönsten Stellen der G-Dur-Serenade mußte jeder empfängliche Zuhörer an Max Regers nähere und fernere Zukunft glauben: Seit Schubert hat kein Komponist seine melodischen Einfälle so »aushören«, so zwingend und kühn und schön harmonisiert präsentieren können. Demgegenüber scheint Pfitzner trocken und Richard Strauss oberflächlich. Was, so meint man während solcher Augenblikke, für den ja gleichfalls anstrengenden und vom Jugendstil versehrten Gustav Mahler möglich war – eine Rehabilitation im Weltmaßstab –, das müßte beim nicht weniger kühnen Reger ebenso vorstellbar sein. Kubelík scheint das gleichfalls zu glauben, sonst hätte er sich nicht schon vor einiger Zeit für Regers genialen »Symphonischen Prolog« (Opus 108) eingesetzt.

Aber vierzig Musikminuten sind eine lange, im Falle der G-Dur-Serenade eine allzu lange Belastungsprobe für eine solche, während der ersten beiden der vier Sätze durchaus noch mögliche Überzeugung. So rein und wehmütig Regers Genie sich ausspricht, wenn der Komponist einen Gedanken präsentiert und variiert, wenn er – im ersten Satz – das Seitenthema bedeutungsvoll ankündigt und bezwingend darbietet: diese manchmal derb dazwischenfahrende, meist resigniert kopfschüttelnde, süß wehmütige Musik klingt (man denke an die benachbarten Klaviersonatinen Regers, an die schönsten der Mozart-Variationen, an den Gestus der Bach-Variationen) doch oft zu selbstbefangen, nicht nur wehmütig, sondern wehleidig. Vielleicht liegt es daran, daß zuwenig Idee die Serenade zusammenhält. Kaum hört Reger auf, derb oder überwältigend verweint zu sein, dann klingen die symphonischen Aufschwünge gleich befremdlich, gleich nach Brahms. Die Banalität kleiner Überleitungsgedanken (auch bei Beethoven gibt es Grobes und Simples, aber der Gesamtzusammenhang integriert dergleichen) fällt bei Reger immer sofort auf – und heraus. Der eben noch unmäßig Differenzierte wirkt dann wie eine Mischung aus Humperdinck und Brahms-Nachfolge.

Dies das eine. Merkwürdiger, paradoxer und bedenklicher das andere: gerade die ausgesprochen empfindsamen, lyrischen, von ihrer Wehmut melodisch durchdrungenen Komponisten haben große Schwierigkeiten mit der Form des langsamen Sonatensatzes. Schon in den Sonatenwerken solcher lyrischer Genies wie Chopin und Schumann sind die langsamen Sätze keineswegs die besten; für Reger (und Mahler) gilt das gleichfalls. Auch das Andante semplice der G-Dur-Serenade hat etwas süßlich Sentimentales. Woran mag das liegen? Bietet der langsame Satz dem Sentimentalen zuviel Zeit und Freiheit, über sich und sein Weh nachzugrübeln? Ist es vielleicht doch kein Zufall, daß gerade die von jeder Sentimentalität freien Künstler wie Haydn, Mozart, Beethoven, Bruckner so große Adagio-Komponisten gewesen sind? Bei Reger jedenfalls zerfließt die Musik in den langsamen Sätzen oft. Und das Finale der Serenade ist zwar »con spirito« komponiert, wird aber nicht vom Geist beherrscht.

16. III. 1970

Symphonischer Prolog zu einer Tragödie

Es gibt von Rachmaninow ein Prélude, das wie ein ungeheuer harmonisierter Polonaisen-Rhythmus klingt, der beinahe zu grandios ist, als daß noch eine Polonaisen-Melodie dazu erfunden werden könnte. Das Stück ist ein fesselndes Versprechen für ein ungeschriebenes Werk. Max Regers »Symphonischer Prolog zu einer Tragödie«, Arthur Nikisch zugeeignet, darf nicht als verkappte Symphonie mißverstanden werden, sondern ist auch ein solches Versprechen. Ein großartiges, zwischen Bruckner und Wagner völlig selbständig vermittelndes Stück, das bereits durch seine Existenz eine wahrhaft große Symphonie Regers unmöglich zu machen scheint: wenn schon der »Symphonische Prolog« so klingt, dann kann kein Gott, zumindest kein Bruckner, Mahler oder Reger die Symphonie komponieren, die dem entspräche. Kubelík stellte Regers sich selbst erfüllendes Versprechen mit ausdrucksvoller Kraft dar.

Er hätte übrigens den (von der Partitur konzedierten) Strich gar nicht zu machen brauchen; dann wäre die Koda noch beglükkender herausgekommen. Regers sublime, melodisch sich gebende Kontrapunktik machte den Unterschied zwischen Kantilene und Begleitung vergessen; darum sind die Stellen auch am schwächsten, in denen das Seitenthema singen soll. Man hört seine Stimme nicht, weil eigentlich alles singt. Doch die harmonische Macht der Aufschwünge, die Drohung des tiefen Blechs, die Fülle des Pianissimo, alles das müßte selbst herbe Reger-Gegner bekehren können. Die Orchester-Kultur, mit der Kubelík etwa ein pppp-Streicherunisono atmend gleichmäßig darzubieten vermochte, ist unüberbietbar.

7. XII. 1964

17. Kapitel
Arnold Schönberg · Alban Berg · Igor Strawinsky

Arnold Schönberg
Der Unüberschätzte

Schönbergs Prophezeiung, die zweite Hälfte des Jahrhunderts werde durch Überschätzung an ihm und seiner Musik wiedergutmachen, was die erste infolge von Unterschätzung versäumte, scheint sich nicht zu erfüllen. Immer noch haben die Werke der Wiener Schule eine Ausnahmestellung in unseren Konzertprogrammen, immer noch wundern sich die Zuhörer darüber, wie wenig sie sich wundern, wenn sie plötzlich an den »Wiener Atonalen« Gefallen finden. Zwar sind einige Werke Schönbergs auf mancherlei Umwegen doch ins musikalische Bewußtsein gedrungen. Die »Verklärte Nacht« dient als Ballettvorlage; der »Überlebende aus Warschau« wird wahrscheinlich als ungeheuerliches Dokument übriggeblieben sein, wenn die Nazi-Greuel längst »Geschichte« und historische Literatur geworden sind; das Violinkonzert und das etwas schwächere Klavierkonzert tauchen gelegentlich auch in »neutralen« Konzertprogrammen auf. Aber kein einziges Werk Schönbergs gehört zum selbstverständlichen Erfahrungsschatz eines interessierten Nichtprofessionellen. Dafür spricht gerade der Umstand, daß man auch heute noch, bei den Wiener Festwochen, die Werke der Wiener Schule in das Getto von 21 nur dieser Schule gewidmeten Konzerten sperrt.

Natürlich kann man sich fragen, ob es nicht gewissermaßen gesünder und ehrlicher gewesen wäre, die Werke Schönbergs, Bergs und Weberns in gemischten Programmen mit anderen Stücken der Musikliteratur aus dem 17., 18. und 19. Jahrhundert zu konfrontieren. Schließlich müssen, gerade in Wien, ja die modernen Bauwerke auch die Konkurrenz der Tradition aushalten – wobei sich übrigens immer zeigt, daß Stilunterschiede nichts ausmachen, wenn es sich nur um jeweils Erstklassiges handelt. Doch die Demonstration einer »Schule«, die hier mit einer keineswegs unwienerischen Gründlichkeit und Verbissenheit vorgenommen wird, hat auch ihr Gutes. Man kann hören, wie bedeutende Musiker und Orchester mit den Werken und Stilen zurechtkommen.

Das Publikum geht dabei übrigens ohne jedes Zögern mit. Nachdem Joseph Suk Bergs Violinkonzert gespielt hatte, applaudierten die Leute, als wäre gerade Tschaikowskys »Fünfte« zu Ende gegangen. Und nach dem »Überlebenden aus Warschau« klatschte man, als hätte gerade jemand mit Liszts Es-Dur-Klavierkonzert brilliert. Da gab es überhaupt keine Pause des erschreckten Innehaltens, des Schweigens und der Betroffenheit. Man kann auch Scham wegapplaudieren.

2. VI. 1969

Von heute auf morgen

Arnold Schönbergs oft erwähnte und gepriesene, aber nur selten aufgeführte Oper »Von heute auf morgen« – der erste großangelegte, kunstvoll ausgeführte Versuch, die »Reihentechnik« auch der Opern-Form dienstbar zu machen – wurde im 3. Münchner Musica-viva-Konzert vor einem heiter mitgehenden und zum Schluß enthusiastisch klatschenden Publikum konzertant geboten. Rafael Kubelík dirigierte schwungvoll, das Protagonisten-Quartett musizierte und agierte trotz offenkundiger Indisposition der Hauptfigur temperamentvoll und gutgelaunt. Mit außerordentlicher Technik und Tapferkeit, auch im Liebes-Duett immer wieder zum Wasserglas greifend, rettete die Sopranistin June Card sich über eine schwere Heiserkeit hinweg; es war eine »tour de force«, wie man sie selten erlebt hat. Die Zuhörer dankten jubelnd. Es waren viele Begeisterte zu sehen, die sonst selten oder nie in Konzerte gehen. Schönberg, ein Jahr nach den Feiern zu seinem 100. Geburtstag, ist gegenwärtig eben »in«.

Text und Musik dieser heiteren 50-Minuten-Oper polemisieren nur gegen eines: gegen die »Mode«. In seinem Einführungsvortrag – gehalten 1930 in der Funkstunde Berlin – machte Schönberg mit aller Vehemenz klar, wie sehr er die Schlagworte der Mode haßt. Er zitiert als Kernsatz der Oper die Einsicht der »Frau«: »Soll ich wieder ich sein, die nicht, wenn ein Modequartal Verruchtheit diktiert, bereit ist, Mann und Kind aufzugeben?«

Also: eine gnadenlos simple Handlung. Kommentiert von einem kleinen, süßen Mädchen, das schlichte, aber aufrichtige Fragen stellt: »Mama ist bös auf den Papa?«, abschließend sogar: »Mama, was sind das, moderne Menschen?« Dazu eine von heiklen Entsprechungen, von Wiederholungen in verändertem Tempo, aber auch von Wagner- und Puccini-Anspielungen erfüllte Musik – das ist der gegebene Sachverhalt. Ich gestehe, daß mich der unproduktive Kontrast zwischen Text und Partitur sowie die wenig verdeutlichende, sondern derbe, ja verderbende Aufführung sehr verunsicherten, ja bestürzten. Zwischen bedeutenden Werken wie dem 3. Streichquartett Opus 30, den Orchestervariationen und dem Violinkonzert entstanden, scheint (mir) die Oper »Von heute auf morgen« als Ganzes tief zwiespältig, ja mißlungen zu sein. Es ist nicht nur absurd, sie (Leibowitz tut es) mit einem Meisterwerk wie »Così fan tutte« in einem Atem zu nennen; dieser schwerfällige Versuch eines großen Expressionisten, Heiteres und Leichtes zu bieten, darf auch nicht mit Schönbergs Bestem verglichen werden.

Leider kann man hier sowenig wie bei irgendeiner anderen Oper vom Libretto absehen. Frau Gertrud Schönberg hat es geschrieben. Nur zu verständlich, daß diese enge, geradezu spießbürgerliche Allegorie zunächst unter dem Pseudonym-Autor-Namen Max Blonda aufgeführt wurde. Inhalt: Ehemann und Ehefrau kehren von einer Party heim. Ihn hat eine elegante, aber, wie sich später zeigt, doch flache Schönheit bezaubert. Sehr direkt sagt er darum zum Eheweib: »Sie ist eine Frau von Welt, und du die brave Hausfrau.« Man ahnt ohne Mühe die Katastrophe. Aber die Gattin weiß Rat. Sie legt Tänzerinnenkleidung an und erscheint dem sogleich entflammten Ehemann in neuem, kokettem Licht. Zumal sie auch aufs attraktiv-verruchteste ihren Hausfrauenpflichten entsagt. Beispiel: »Ach, ich glaube, die Milch ist angebrannt. Willst du nicht nachsehen?« sorgt sich der Gatte. »Bist du verrückt, mein Lieber? Mich interessiert das nicht«, weist sie ihn, und die Milch, ab. Weil sie überdies Interesse für einen Tenor bekundet, wird der Gatte zusehends kleinlauter, nämlich eifersüchtig. Und zum Schluß triumphiert, fragloser als in jedem Boulevardstück, die Gewalt der Ehe über jenen arg modischen Partnertausch.

Das alles ist nicht ironisch gemeint. Es wirft vielmehr ein Problem auf, dem die Schönberg-Exegeten unmöglich ausweichen dürfen. Nämlich: Wie ist zu erklären, daß Schönberg zwar bis zu den George-Liedern und auch dem »Pierrot lunaire« bedeutend interessante, geschmackvolle Texte komponierte – aber sich dann an so heikel-verblasene Stücke wie »Die glückliche Hand« machte, selber so bedenklich Sektiererisches und

Reaktionäres wie »Moses und Aron« schrieb, einem Quark wie »Von heute auf morgen« aufsaß?

Der »Stoff« allein ist es natürlich nicht. Harold Pinter hat (im »Liebhaber«) etwas Ähnliches weit besser dargestellt – und Samuel Becketts »Spiel« führte grandios polyphon eine Boulevard-Platitüde durch – nur eben in höllischem Licht, dantesk vertieft, eindringlich und genial.

Eine solche Vertiefung bringt in »Von heute auf morgen« auch die Musik nicht zuwege. Der Zwölftontechnik ein Parlando abzugewinnen, wie Berg es in der »Lulu« gelang, daran scheint Schönberg nicht interessiert. Die Musik gerät nur da in großartig durchrhythmisiertes Feuer, wo sie zürnen darf, wo der Haß auf die Modischen Rhetorik und Brillanz erlaubt, vor allem im Schlußquartett. Doch zum leichten, harmlos realistischen Dialog paßt die dodekaphonische Kontrastfülle kaum. Sie bereichert nicht, sondern wird von den albernen Harmlosigkeiten des Vorgangs eher neutralisiert.

Hier wäre der Punkt, wo eine Aufführung, zumal eine konzertante, helfend hätte eingreifen und Musik-Partei nehmen können. Aber genau das geschah nicht, konnte unter den gegebenen Umständen wohl auch nicht geschehen. Denn: June Card in der Hauptrolle der »Frau« müßte zunächst ruhig, herzlich und natürlich singen, später aber, wenn sie den eleganten Vamp bietet, forciert und affektiert. Da jedoch die heftig indisponierte Sopranistin von vornherein zum stimmlichen Forcieren gezwungen war, fiel dieser Unterschied fast völlig weg. Partitur und Musik klangen darum etwas sinnlos. (Besser wäre es halt doch, unter solchen Umständen, an denen niemanden Schuld trifft, eine Aufführung ausfallen zu lassen.)

Keinerlei Indisposition war dem »Mann«, nämlich Hans Günter Nöcker, anzumerken. Man könnte versucht sein, zu sagen, leider nicht – denn nun war er imstande, unentwegt sehr laut zu singen. Viel zuwenig piano, viel zuwenig Ausdrucksregie (etwa beim Sich-Erinnern am Anfang), immer nur Forte-Fortissimo. Es war ein temperamentbeschwingter Energieakt, der dem Publikum zu imponieren schien. In der Rolle des »Sängers« nahm Theo Altmeyer ungehindert jene Möglichkeiten effektvollen Karikierens wahr, vor denen Schönberg ausdrücklich gewarnt hat. »Schameckest du mir ihn zu«, blödelte er beim »Walküre«-Zitat, und das Publikum jauchzte. Marjorie Wright (als Freundin) blieb zurückhaltender. Um so wirkungsvoller sprach und verbeugte sich das Kind: Alice Martina Eichleiter.

Vielleicht hätte der Abend eine andere Wirkung gehabt, wenn Kubelík und sein Symphonieorchester die Chance des Konzertanten viel expressiver und greller genutzt hätten. Also: wenn Kubelík nicht rasch und die Kontraste assimilierend dirigiert, sondern das Ausdruckspotential eines jeden Taktes unterstrichen hätte, weil ja kein Bühnenvorgang, keine Handlung ein flott gleichbleibendes Tempo erzwang. Aber zumindest der Erfolg gab ihm recht.

20. I. 1975

Moses und Aron

Arnold Schönberg bietet ein aufregendes Beispiel für die seltsam typische Wiener Flucht vor aller Größe, aller Repräsentanz, für diese typisch österreichische Geniemischung aus privater Kühnheit und Tüfteligkeit. Zu Wien gehört weiterhin, daß die österreichischen Genies oft in einen preußisch-prinzipiellen, unnachgiebigen Extremismus getrieben werden (Mahler, Schönberg, Kraus und so weiter), gerade weil sie sich von der kennerhaften Genußsucht des Wiener Publikums nicht aufweichen oder korrumpieren lassen wollen.

Auffallenderweise haben sich Götz Friedrich (der Bayreuther »Tannhäuser«-Regisseur), Rudolf Heinrich (der schon das Bühnenbild der eindringlichen Nürnberger Aufführung von »Moses und Aron« schuf) und der Dirigent Christoph von Dohnányi in Wien zu einer opernhaften, teils aufwendig realistischen, teils kunstgewerblich stilisierten Aufführung entschlossen, einer Aufführung, die es sogar wagte, die offenbare Tendenz des Werkes umzudrehen. Man ließ nämlich den unvollendeten dritten Akt ganz weg, wo Aron stirbt und Moses triumphiert. Jetzt lagen die Sympathien auf Arons Seite, der volksverbunden, umgänglich, verständlich und bilderfreundlich sein möchte, während der schwerfällige Moses mit einem verzweifelten Monolog schließt: »O Wort, du Wort, das mir fehlt.« Dieses Verfahren hat etwa den Effekt, als wenn man Lope de Vegas »Kolumbus«-Schauspiel mit jenem Aktschluß enden läßt, wo Kolumbus hoffnungslos betend klagt, er werde nie an Amerikas Küsten geraten. Gewiß: »Moses und Aron« ist ein Fragment; rein methodisch läßt sich nichts dagegen sagen, mit dem Ende des zweiten Akts, also mit der Erniedrigung des abstrakt-elitär strengen Moses und mit der Erhöhung des menschenfreundlich-volkstümlichen, jubelden Aron, zu schließen – statt Geist und Buchstaben des ja von Schönberg zu Ende geschriebenen Textes in der Aufführung irgenwie plausibel zu machen. In Wien drehte man die Tendenz um.

Weit bedenklicher noch als dieser Eingriff in die Substanz war der falsch realistische Mittelweg der Darbietung. Da floß Opfertier-Blut, da wälzten sich splitternackte Mädchen, da war des Moses Stab, der ohnehin aussah wie Wotans Speer, ein regelrechtes Zauberrequisit, so, als sei auch dieses Stück eine Opernmischung aus Wundertheater und tieferer Bedeutung. Nur das Goldene Kalb, das wirklich konkret, anfaßbar, handgreiflich die Szene beherrschen müßte (statt des unsichtbaren, unvorstellbaren einzigen Gottes), dieses Goldene Kalb hing als Pseudosymbol in hohen Wolken. Dann wieder rollten sich Greise verzückt in den Tod, und Bettler opferten ihre Fetzen. Manchmal sah es auch aus, als werde Barlach in Bethel zelebriert.

Falscher Mittelweg? Das heißt, Handlung und Text gerieten ambitioniert, und die Musik mußte zur Hintergrundmusik verkümmern. Pianissimo-Stellen wurden von der Bühnengeschäftigkeit gleichsam übertönt. Die neutralisierte Partitur wirkte tatsächlich neutral und starr, weit weniger beeindruckend und artikuliert als Schönbergs auskomponierte Kammermusik.

Bei dem Text handelt es sich nicht um irgendein beiläufiges Libretto, sondern um eine gespannte Auseinandersetzung, die Schönbergs schriftstellerische Möglichkeiten oft zu überfordern scheint. »Mein Bruder, gab der Allmächtige mich dir als Gefäß, auszuschütten über unsere Brüder des Ewigen Gnade?« fragt Aron. Moses sagt: »Unerbittliches Denkgesetz zwingt zur Erfüllung.« Er fordert: »Reinige dein Denken, lös' es von Wertlosem, weihe es Wahrem ...«

Was in der Zeit furchtbarster Verfolgung von Schönberg als gewaltiger Widerspruch gegen den antisemitischen Weltgeist des 20. Jahrhunderts gemeint war, als jüdisches Weihefestspiel (vergleichbar »Heinrich V.« von Shakespeare, den »Meistersingern«), das erschien in Wien, gerade wegen Schönbergs ehrlicher Genialität, tief gefährdet, weil weder die Sprache noch auch die Musik sich zur opernhaften Verklärung, zur bestätigenden Positivität hergaben. Statt aber nun auf die Gewalt aufmerksam zu machen, die in einzelnen Partikeln der Musik und in einigen Intentionen des quälenden, oft sektiererisch wirkenden Textes beschlossen liegen mag, förderte die opernhaftkunstgewerbliche Wiener Aufführung die Wunden des Werkes zutage. Unter falscher Geschäftigkeit, falscher Kompaktheit, falschem Staatstheaterschreiten des Moses (Rolf Boysen), unter falscher Hektik wurde es begraben: trotz wohlprobierter Chöre, Sven Olof Eliassons bemühten Arons und unendlich viel guten Willens.

22. V. 1973

Händel-Bearbeitung

Schönbergs freie Instrumentations-Phantasie über ein Concerto grosso von Händel ist ein unangenehm selbstgerechtes Stück. Der alte Musikerwitz, demzufolge Bachs Musik manchmal besser »gemacht« sei, als sie klingt, während Händels Partituren unter Umständen besser »klingen«, als sie gemacht sind, wird durch Schönbergs Eingriff in Händels Konzert indirekt bestätigt. Da hat ein Späterer nun alles besser (nämlich logischer, exzentrischer, überraschender, umwegreicher) machen wollen. Und immerhin erreicht, daß es tatsächlich sehr viel schlechter, zerrissener, quälender klingt. Keine Frage: Schönbergs Eingriffe verraten Insistenz und Witz. Sie verwandeln überschaubare Heiterkeit in verbiesterte Abenteuer. Sie muten den Solisten hysterisch heikle Aufgaben zu. Sie verlängern Barock bis zu den Höhepunkten etwa des Doppelkonzerts Opus 102 von Brahms und darüber hinaus. Weil nun aber die Händel-Ähnlichkeit bei Brahms eine natürliche, wenn auch manchmal einengende, Gegebenheit ist, während umgekehrt in Händel selber kein so offen zukunftsweisendes Potential steckt wie in den (vielfach von modernen Komponisten bearbeiteten) Werken Bachs, wurde die Intention dieser Umgestaltung nicht ganz klar. Doch weil kluge Leute bekanntlich nie geistreicher sind, als wenn sie irren, war Schönbergs Händel – Verfremdung.

4. IV. 1979

Kammermusik von Schönberg, Berg und Webern

Eine technisch ehrgeizige, grandios durchsichtig und fesselnd eingespielte Kassette, die die elf Streichquartette der sogenannten Wiener Schule enthält (fünf Werke von Schönberg, zwei von Berg, vier von Webern), ein undeutlicher, aber eindeutiger

Ruhm, der diesen fünf Langspielplatten vorausging, ein wirklich beispielhaft (oder beispiellos) fesselnder Begleittext von exaktem Informationswert, kein Reklamewisch also, sondern ein Buch von 185 Seiten, der Kassette beigelegt – das ist die Situation nach Erscheinen dieser fünf Platten, die für mich zu den wichtigsten Schallplatten-Einspielungen nicht nur der letzten Zeit, sondern der Geschichte der Schallplatte gehören.

Aber ich kenne auch die Reaktion musikalischer, kammermusikfreundlicher Leser, die folgt, ja die folgen muß, wenn sie hören und achselzuckend gottergeben glauben, daß da irgend etwas Unspielbares (für sie, wenn sie intelligente Dilettanten sind und die Musik zwischen Schütz und Reger lieben oder gar bewältigen) herausgekommen sei. »Wird schon stimmen«, denkt jeder. »Über die LaSalle-Leute hat man ja viel Gutes vernommen. Aber für mich ist das nichts, ich verstehe Schönberg oder Webern eben nicht; und wo ich etwas verstanden zu haben glaube, da mag ich's zumindest nicht lieben. Also kaufe ich mir doch lieber eine schöne Aufnahme des Mozartschen Jagdquartetts und überlasse die atonale Kammermusik den Zwölftönern.«

Diese Reaktion ist, nachdem Gutwillige so oft von grellem Gefiedel, das sich »avantgardistisch« nannte, enttäuscht wurden, keineswegs unbegreiflich. Darum, bevor ich hier um Gerechtigkeit bitte für eine Kassette, die ihrerseits Schönberg, Berg und Webern eine großartig enthüllende und bestätigende Gerechtigkeit widerfahren läßt, ein »privater« Hinweis. Sozusagen auf musikalisches Ehrenwort: Ich habe einige, freilich die besten, dieser Platten vor Freunden ablaufen lassen, die gewiß musikalisch, aber bestimmt keine Zwölftonsektierer oder Atonalitätsapostel sind. Sie alle waren nicht nur angetan, sondern überrascht. So fesselnd, richtig, einleuchtend hätten sie diese Musik nicht nur noch nie gehört, sondern sie hätten das auch keineswegs von Schönberg oder Webern geglaubt. (Am ehesten vom relativ bekannten Alban Berg, dessen zwei Quartette hier, bei LaSalle, in Relation vor allem zu Schönberg, aber auch zu Webern, verhältnismäßig schwach wirken.)

Dies voraus. Das Neue an diesen Aufnahmen, die tatsächlich eine neue Epoche des Hörens und vielleicht sogar auch der »klassischen« Streichquartett-Erwartung einleiten könnten, ist nicht, daß die LaSalle-Vereinigung in jedem Fall »besser« spielt, als etwa das Juilliard-Quartett Alban Berg oder das Neue Wiener Streichquartett Schönberg spielt. Es gibt Stellen, gerade die homophonen, leidenschaftlichen, die bei den Juilliards mehr Glanz und Tempo haben (auch der Intermezzo-Beginn aus dem 3. Quartett von Schönberg), und die Neuen Wiener spielen das Largo-Unisono aus dem 4. mit größter Emphase. Aber um solche Einzelheiten geht es überhaupt nicht.

Neu und schlicht überwältigend ist bei den LaSalle-Leuten die interpretatorische Perspektive: Sie haben, wohl zum erstenmal in der Streichquartett-Interpretations-Geschichte, mit dem Gedanken der Total-Polyphonie Ernst gemacht. Wenn man etwa den ersten Satz von Schönbergs (zwölftönigem) 3. Quartett – und um der Verdeutlichung willen muß ich den glänzenden Juilliards jetzt vergleichsunrecht tun, d. h. ihre Fehler zugunsten von LaSalle nennen – hört, dann wundert man sich bei den Juilliards irgendwann, etwa beim Einsatz der zweiten Themengruppe, darüber, daß man doch nicht mehr folgen, zuhören, sich konzentrieren möchte. Auch bei den Neuen Wienern setzt eine aufgeregte Langeweile ein. Warum? Nicht weil die alle »schlecht« spielen. Sondern weil sie doch vom Modell des klassischen Streichquartetts her empfinden und sich dann irgendwie »modern« umwandeln. Also: Die Erste Geige artikuliert, was sie zu sagen hat, um eine Spur freier, oberstimmenhafter als die Mittelstimmen. Wenn Zweite Geige und Bratsche sich aussprechen dürfen, dann klingt es, beim »normalen« Quartett, immer um eine entscheidende Nuance reservierter, geduckter, zurückhaltender, matter. Und wenn sie regelrecht »begleiten« zu müssen glauben, dann wühlen sie in irgendwelchen Harmonien herum, bieten graue Folie, sozusagen Erde, von der sich die Lerche (sprich: Erste Violine) jubilierend abstößt. Das Cello knurrt entweder vor sich her, oder es benimmt sich fett sonor wie ein Sarastro aus Holz. Das führt aber unvermeidlich dazu, daß man sich ein wenig langweilt, wenn Total-Vierstimmigkeit, wenn Total-Melodiosität nicht die Ausnahme ist, sondern die Regel.

Bei den LaSalles haben die vier Musiker nicht nur alles »kapiert« (das müßte man zumindest ihren besten Kollegen auch einigermaßen zugestehen), sondern es herrscht ein neuartig-klares, fesselndes expressives Gleichgewicht. Es ist alles viel durchschaubarer, eine Synthese – sozusagen – aus spätem Beethoven und Bach. Weil sie aber nicht zwischen chromatischem Grau-in-grau-Geschabe und wüsten Ausbrüchen hin und her schwanken, sondern – nie überhastet – die totale melodiöse Durchorganisiertheit direkt, voraussetzungslos, als wäre es ihre Natur, herstellen: darum wird das Zuhören zum Wunder. Die

Musik ist schwer, groß, konzentrationsheischend; aber sie ist nicht in jenem mühseligen, Goodwill heischenden Maß freudlos, wie man es aus so vielen unbeherrschten Interpretationen kennt, wo man im Namen der Zeitgenossenschaft litt und sehnsüchtig an Mozarts Klarinettenquintett dachte.

Die Kassette enthält fünf Platten. Auf der ersten findet man Schönbergs d-Moll-Quartett Opus 7. Ein Werk, das zeigt, wieviel Unrecht man dem jungen Schönberg tut, wenn man ihn für einen Wagner-Epigonen, einen asketischen (und das hieße: verdammt langweiligen) »Tristan«-Zweitkomponisten hält. Die Beziehungen zu Brahms, zu herrlich sublimen Dvořák-ähnlichen Terzmelodien (Schönberg hat Dvořák genausowenig verleugnet, wie Mahler es tat) und zu Beethovens Durchführungstechnik sind faszinierend. Das Werk will – man spürt es – heraus aus dem Überschaubaren; es irrt gleichsam unbeirrbar herum, wirkt freilich redselig wie die meisten Jugendwerke. Manche melodischen Entwicklungen haben nicht ihresgleichen. Dagegen scheint plötzlich Brahms bürgerlich und Debussy dünn. Es wäre vielleicht denkbar, daß dieses Werk noch schwungvoller gespielt werden könnte, wenn man es erst einmal so verstanden hat. Das 2. Quartett Schönbergs (Opus 10), wo die großartige Margaret Price das Sopransolo mit Christa-Ludwig-Format singt, ist von überwältigender Reinheit. Als es 1908 im Bösendorfer-Saal zu Wien vom Rosé-Quartett gespielt worden war, sagte ein ewig witziger Wiener zu Herrn Bösendorfer, der verzweifelt den Skandal, das Lachen und Schreien der Wiener Musikfreunde mitansah: »Jetzt wird Beethoven gespielt werden, lassen Sie doch vorher den Saal lüften.« Wenn man vernimmt, wie ausdrucksvoll das Vorspiel zum dritten Satz hier durchartikuliert ist, und danach das Stück in anderen Aufnahmen hört, kann man mit dem hier vertonten George sagen: »ich fühle luft von anderem planeten.«

In Schönbergs 3. Quartett kommt, man muß es mehrmals hören, bei den LaSalle-Leuten die Spannung aus den Intervallen, aus der Sache. Die spielen nicht von oben her »expressionistisch« und (zu) schnell wie die Juilliards, auch nicht konzeptionsarm positivistisch wie die Neuen Wiener. Wir treten mit diesen Aufnahmen in eine neue Phase der Aneignung der »Zwölftonmusik«. Jetzt geht es nicht mehr um Sektenbildung, auch nicht mehr darum, ob das »Prinzip« in sich widerspruchsfrei ist oder nicht (wohl nicht; aber das Prinzip des Sonatensatzes, der zum Klavierkonzert mit Orchestereinleitung verdoppelt werden mußte, ist auch nicht widerspruchsfrei; trotzdem gibt es schwache und starke Klavierkonzerte); jetzt endlich wird die Musik als Ausdruck in der Nachfolge Beethovens hörbar. Schönberg hatte recht, als er sich gegen das Reihenzählen verwahrte: »Ich kann nicht oft genug davor warnen, diese Analysen zu überschätzen, da sie ja doch nur zu dem führen, was ich immer bekämpft habe: zur Erkenntnis, wie es *gemacht* ist; während ich immer zu erkennen geholfen habe, was es *ist*! Ich habe das dem Wiesengrund schon wiederholt begreiflich zu machen versucht und auch dem Berg und dem Webern. Aber die glauben mir nicht.« Beim 3. Quartett sollte man zuerst in den überwältigend noblen langsamen Satz einzudringen versuchen. Der erste Satz, bei wiederholtem Hören der stärkste vielleicht, ist zunächst abweisend. Auch das 4. Quartett (mit dem ich es etwas schwerer habe) ist übers Largo am leichtesten begreifbar.

Bergs Quartett Opus 3 wirkt, nach Schönberg, sanft, etwas willensschwach. Die LaSalle-Interpretation ist nicht so empfindsam (Schluß des ersten Satzes) wie diejenige der Juilliards, die da etwas mehr herausholten. Vielleicht spielen die LaSalles das Stück zu schönbergisch. Die »Lyrische Suite« gelingt besser, brillant; der fünfte Satz, Presto delirando, ist eine der großen Erfahrungen neuerer Musik.

Bei Anton von Webern spielen die LaSalle-Musiker gerade die langsamen Sätze ohne jede expressionistische Schmiere. Die Magie kommt mit niederzwingender Zartheit aus Klarheit und Artikulation. Was Weberns ganz frühes Streichquartett betrifft (1905), so klingt es wie ein gereinigter, brucknerisch veredelter Richard Strauss; in den kurzen Sätzen von Opus 5 wird reduzierter »Parsifal« erkennbar, die Bagatellen sind klare Mysterien, und Quartett Opus 28 hat etwas wunderbar differenziert Erstarrtes. Die Partitur, in der B-A-C-H zitiert wird (und die auch Konsonanzen entstehen läßt), gibt hier, klug gespielt, übrigens ganz der Interpretation von Rudolf Stephan recht, der über dieses Werk einst mit Herbert Eimert polemisierte.

»Ich bin ganz bei meiner Arbeit«, schrieb der antipolitische Webern damals, am 12. März 1938, »und mag nicht gestört sein.« Aber die Störungen hatten Methode und nahmen zu; gerade am 11. März rückten die Nazis in Österreich ein. Webern kümmerte sich nicht viel darum; sieben Jahre später erschoß ihn ein amerikanischer Soldat.

Alles in allem: Das LaSalle-Quartett hat endlich, für alle Bereiten, einen Bezirk großer Musik heimgeholt in unser Geister-Reich. Mögen manche auch dumm darüber hinaus oder stur darunter weg sein.

25. XI. 1971

Alban Berg
Lulu

Alban Berg zog sich 1934/35 kränkelnd und unter der Kulturpolitik der Nazis leidend in sein Haus am Wörther See zurück, um dort ungestört die »Lulu«-Oper vollenden zu können. Den Ort, wo er sich auf diese Arbeit zu konzentrieren hoffte, nannte er gespensterischerweise: sein »Konzentrationslager«. Auf die Nazi-Terminologie ging er aber auch in anderer Weise, wie auf etwas selbstverständlich Gegebenes ein. Er schrieb: »Diese stillschweigende Ausschaltung unserer Musik aus den deutschen Programmen muß entweder aufgehoben werden – oder man muß mir beweisen, daß unsere Musik nicht deutsch ist ...«

Aber Berg, der sich als Glied großer deutscher Musiktradition empfand und nicht aufhörte, Aufführungen seiner Kompositionen auch in Nazi-Deutschland zu erhoffen, starb am 24. Dezember 1935, bevor er die »Lulu« vollendet hatte. Vollkommen fertig waren zwei Akte, überdies die herrliche, sogenannte »Lulu«-Symphonie, die auch zwei wichtige Teile des Schlußaktes auskomponiert enthält und die bereits zu Lebzeiten Bergs veröffentlicht und gespielt wurde. Berg nannte diese Lulu-Symphonie zutreffend witzig: »Propaganda-Suite« (nämlich für die Zwölfton-Oper »Lulu«).

Was aber ist nun mit dem dritten Akt? Für diesen liegt vor (und wird eifrig verborgen) ein sogenanntes Particell – also präzise und fast lückenlose Instrumentationsangaben. Kann, soll, darf man dieses Particell ausführen, den Schlußakt »herstellen«? Darüber wird seit 45 Jahren erbittert gestritten. Nun aber hat Bergs Verlag, die Universal Edition, den in Wien sehr bekannten und geschätzten Komponisten Friedrich Cerha gebeten, die Arbeit auszuführen. Er tat es. Kein Geringerer als Pierre Boulez setzt seine große Kompetenz für diese Fassung ein. Sie wurde als dritter Akt einer Lulu-Premiere nun in Paris uraufgeführt. Titelrolle: Teresa Stratas. Regie: Patrice Chéreau, der mit dem Lulu-Stoff wohlvertraut ist. Er hat Wedekinds Stück ja bereits

1972 – und zwar auch damals mit dem Bühnenbildner Peduzzi – im Mailänder Piccolo Teatro inszeniert.

Dies alles liest sich gewiß ganz normal. Ein Werk, von dem viel mehr vorliegt als bisher vorgeführt wurde, wird endlich so vollständig wie möglich geboten. Aber, wie in der Oper selber, vermischt sich auch hier unentwirrbar Glasklares und Skandalöses.

Bereits der juristische Sachverhalt ist heikel. Helene Berg, die Witwe des Komponisten, hat als alte, aber ihrer Sinne noch völlig mächtige Dame die Vollendung des dritten Aktes ausführlich untersagt! Sie hat sogar verboten, daß irgendjemand die Photokopie des Particells einsehen dürfe!

Sie hat 1969 eine – im übrigen sehr noble und hilfreiche – Alban-Berg-Stiftung gegründet, die sich nun auch die Verhinderung der Lulu-Komplettierung zum Ziel macht. Warum aber wollte Frau Berg, von allen juristischen Möglichkeiten einmal abgesehen – den dritten Lulu-Akt, das Particell also, gleichsam verdrängen? Darauf gibt es zwei sehr verschiedene Antworten. Einmal Helene Bergs eigene Argumentation, die darauf hinausläuft, daß dergleichen nie gelingt. Mahlers 10. Symphonie sei von fremder Hand scheußlich vollendet worden, auch Richard Strauss habe den »Idomeneo« klug aber störend bearbeitet: dies alles sei doch eine Lehre gewesen.

Die Befürworter der Herstellung des dritten Aktes legen das Verdikt von Frau Helene unfrommer aus. So wie Alban Berg seine »Lyrische Suite« zur – wie mittlerweile detektivisch ermittelt worden ist – programmatischen Verherrlichung einer Frau Hanna Fuchs-Robettin gemacht habe, so sei auch die »Lulu« im Zusammenhang mit einer fremden Frau und Bergs keineswegs monogamer Pan-Erotik entstanden.

Hat also eine Mischung aus Eifersucht, Verzweiflung und Prüderie das Testament der Witwe entstehen lassen? Frau Berg nannte freilich auch sachliche Gründe: Wenn Schönberg, Zemlinsky und Webern das Particell nicht ausführen wollen, dann dürfe irgend ein Alban Berg fernerstehender Musiker es doch erst recht nicht!

Über die zahlreichen Facetten dieses leidenschaftlich geführten Streites – in dem Adorno, Křenek und Boulez *für* die Vollendung eintreten und viele Berg-Experten und -Freunde *dagegen* – kann hier nicht einmal andeutungsweise Auskunft gegeben werden. Drei Argumente müssen wir gleichwohl aus alledem ableiten.

Erstens: Wenn man sich über den Witwen-Willen hinweggesetzt und das Werk vollendet, dann muß man auch das »Particell«, also die Grundlage der Neukonstruktion, veröffentlichen. Warum in einem Fall respektlos sein und zum anderen testamentsfromm? Jetzt muß die Öffentlichkeit glauben, ohne nachsehen zu dürfen.

Zweitens: Schönbergs Verdacht, Bergs »Lulu«, wo Worte wie »Saujud« und »mauscheln« vorkommen, enthalte opportunistische antisemitische Tendenzen (die Berg, wie Schönberg giftig feststellte, damals trotzdem nichts nützten), ist vollkommen irrig. Der gegebene Kontext macht eigentlich das Schimpfwort zum Ausdruck eines dummen arabischen Ressentiments. Und wenn man weiß, wie unvergleichlich tiefsinnig und barmherzig Franz Kafka das Verbum mauscheln in einem Brief an Max Brod erklärt hat, dann ist es krankhaft, Berg einen verborgenen Antisemitismus zu unterstellen.

Drittens schließlich: Jean Paul hat einmal gesagt, er vermöge nicht einzusehen, warum nur beim ersten Entwurf die Inspiration walten könne und nicht auch bei der Korrektur. Anders ausgedrückt: Was ein Alban Berg nicht ganz fertiggemacht hat – ist unfertig. Analogien, Vergleiche, Vermutungen dürfen diesen Sachverhalt nicht vernebeln.

Nun aber nach Paris. Im Uraufführungsparkett saß Peter Handke hinter Arthur Rubinstein, Bundeskanzler Schmidt neben Premierminister Barre. Festlich das Haus, festlich der Ton. Und groß die Erwartung, aber auch die Angst. Hatten nicht noch unmittelbar vor der Premiere Streikdrohungen den Opern-Chef Liebermann zum Schwitzen gebracht? Ja, während der Pause zum dritten Akt wußte man noch nicht ganz genau, ob er stattfinden werde, Gerüchte durcheilten die wunderbare Bibliothek, in der Liebermann einen Empfang für Auserwählte gab. Teresa Stratas hatte sich nämlich in unüberhörbare Heiserkeit hineingesungen: Es hieß, sie wolle sich weigern, im dritten Akt aufzutreten und zu sterben ... Glücklicherweise, Liebermann sei Dank, ließ sie sich doch überreden.

Die Aufführung war erfüllt von Glanz und Feuer. Noch nie habe ich das Pariser Opern-Orchester und auch Pierre Boulez besser erlebt: kräftiger, deutlicher, engagierter.

Was ist, was »bedeutet« eigentlich die Lulu, deren animalischem Zauber alle Männer ausweglos verfallen, deren Amoralität Morde und Selbstmorde verursacht, bis sie schließlich als Dirne in London selbst einem Lustmörder erliegt?

Berg hat ja diese Frau zugleich als etwas Wunderschönes und Animalisch-Tierhaftes dargestellt, mit Hilfe des genialen Einfalls, aus der Lulu eine Koloratursopran-Partie zu machen. Aber wir erleben keineswegs nur eine eiskalte, männermordende Kunstfigur. Die Lulu ist auch kein Engel, der sich erst im Jenseits den Schlaf aus den Augen reibt. Sondern sie ist bereits auf Erden tüchtig, bemüht, glücksüchtig und entwicklungsfähig. Während des dritten Aktes sagt sie ausdrücklich, im Krankenhaus seien ihr die Augen über sich aufgegangen: »Und ich erkannte mich.« Also ist sie keine reine Naive ... Sondern was? In dem Werk überlegt der junge Komponist Alwa, ob er nicht eine Lulu-Oper verfassen solle. Und er erläutert skeptisch genau eben jenes Szenarium, das wir gerade auf der Bühne gesehen haben. Dieser Sachverhalt legt nun einen poetischen Rückschluß nahe: in der Oper ist Lulu nicht nur – wie sie in ihrem Liede singt – ein Versprechen, ein eindeutiges Angebot. Sondern wir erleben sie gleichsam in Alwas verklärender Perspektive. Die Musik besteht in der Tat aus vielfältigen Variationsformen, welche oft schlechthin nur Konstruktionsvorwand sind für typisch Bergsche Verlangsamung und für die verklärende Coda. Seit Beethoven und Brahms sind so herrliche Codas nicht mehr komponiert worden – auch wenn Alban Berg selber sagte: »Beim Komponieren komm' ich mir immer wie der Beethoven vor, erst hinterher merk' ich, daß ich höchstens der Bizet bin.«

Pierre Boulez freilich, der schon schrecklich langweilig seinen Beethoven dirigiert hat, legte sich bei Alban Berg überraschend temperamentvoll ins Zeug. Nicht nur Alwas Verklärungsperspektive wurde auf diese Weise Klang, sondern auch Alban Bergs hinreißender Trauerrausch. Daß die Menschen lieben und sterben müssen: bei Berg wird es nicht soziologisch analysiert, seine Musik spöttelt kaum, sondern sie läßt Schmerz und Glanz in eins verfließen.

Wir haben also zwei Akte lang eine majestätisch-symphonische Berg-Oper gehört. Das Orchester – keineswegs kammermusikalisch dezent, dominierte, donnerte die »Schicksalsrhythmen«, ließ Blech glänzen. Aus Wagners Liebestod-Erlösungsorchester wurde ein »Es-ist-schade-um-diese-Menschen«-Hymnus.

Dabei war es freilich auch etwas schade um die Sänger. Teresa Stratas schaffte – indispositionshalber? – die exponierten Passagen ihrer Lulu-Partie nur schrill. Sie verwandelte notgedrungen und vom Orchester genotzüchtigt in Hochdramatisches, was

Koloraturhaftes sein müßte. Die großen Bögen gelangen ihr nicht immer. Und man verstand sie schlecht. Yvonne Minton, Franz Mazura (Dr. Schön), Kenneth Riegel, Robert Tear und Toni Blankenheim waren ein außerordentliches Solisten-Ensemble.

Die Inszenierung von Patrice Chéreau wirkte anfangs meisterhaft, gegen Schluß hatte sie mit dem dogmatischen Bühnenbild zu kämpfen. Ohne jeden Exhibitionismus wurde Lulus Herrlichkeit zu faszinierender Gestalt und Bewegung. Die Männer brauchten keine Karikaturen zu sein. Auf allen Zirkus-Klimbim hatte Chéreau verzichtet. Leider verlegte der Regisseur die Handlung immer mehr vom Spätbürgerlichen ins Frühfaschistische. Was zunächst vom Bühnenbild her noch wie Kalt-Marmorhaftes, Art-deco-Anspielung wirkte, wurde später, im Haus des Dr. Schön, zur Mischung aus Albert-Speer-Entwürfen und Karinhall. Und auf dem Bild der Lulu sah man eine blonde Germanin, wie ein Titelbild der Berliner Illustrierten von 1936. Warum? Das alles ist doch bereits Kommentar statt Interpretation. Und die von Wedekind/Berg gebotenen Saturnalien spätbürgerlichen Nicht-leben- und -lieben-Könnens verändern sich zu faschistischen Unmenschlichkeiten. Mit zum Teil sehr geistreichen Einzelheiten wiederholte Chéreau sowohl sein Bühne als auch seine Mailänder Einfälle (erster Dirnen-Kunde: ein Zwerg; eine Riesentreppe als Mord-Weg usw.).

Als der dritte Akt begann, spitzten die aus aller Welt herbeigeeilten Musikkritiker unübersehbar die Ohren. Und es konnte ihnen nicht entgehen: Der »Sound« änderte sich plötzlich. Der dritte Lulu-Akt beginnt mit einer sanft-konfusen Szene, die übrigens auch in Dieter Dorns Münchner Kammerspiel-Inszenierung mißlang. Man ist in Paris, Spielsaal, Aktienhandel, eine mörderische Intrige, Lulu soll Objekt eines Mädchenhändlers werden. Dies alles müßte doch luxuriös klingen, es wirkte aber, was die musikalischen Themen betrifft, zwar authentisch, jedoch merkwürdig dünn, flach, rhythmisch undifferenziert, ja ein wenig langweilig. Unbegreiflich, daß der folgende Übergang zum tristen Londoner Huren-Milieu (Variationen über Wedekinds Bänkelsänger-Lied) durchaus voller, ja glanzvoller klang, als dieser pariserische Pseudoluxus. Auch schien das Blech – sowohl in der Höhe, wie als Orchesterpedal – auffallend spärlich eingesetzt.

Ganz deutlich wurde weder der katastrophale Pleitenumschwung der Szene noch überhaupt die Situation. Erster Rückschluß: Entweder ist also Berg selber diese Szene nicht gelungen, oder sie ist nach wie vor unfertig, leer. Plötzliche Forte-Stellen stechen seltsam heraus.

Wir haben also eine recht leere Viertelstunde erlebt, vor dem großartigen Schlußbild. Doch diese leere Viertelstunde schadet nicht nur sich selber als etwas Überflüssiges und Wirres, sondern sie gefährdet auch den Spannungszusammenhang bis zum Ende. Wenn man erst einmal aus dem glühenden musikalischen Kontext gerissen ist, stellt er sich schwerlich wieder in wünschbarer Fülle her.

So läßt sich, ohne daß man das Particell kennt, schwer entscheiden, ob der Fehler bei Berg selber liegt, der mit einer Szene, die ihm nicht lag, schlecht fertig wurde. Oder ob es sich um eine Schwäche der Aufführung handelte. Denn die Indisposition von Frau Stratas nahm zu, und Chéreaus Regie wirkte nicht mehr so konzentriert wie am Anfang. Einstweilen legt sich folgende Schlußkonsequenz nahe: Die letzte Szene der Lulu wirkt in ihrer Vollständigkeit authentisch, aber die erste Szene des dritten Aktes ist eine ziemlich überflüssige und unergiebige Unterbrechung. Man kann sich fragen, ob sie überhaupt fürs Gesamte nötig sei. Vielleicht gibt darüber eine konzertante Aufführung gültige Auskunft.

Darum jetzt folgendes Fazit: Die Vervollständigung der »Lulu« ist nur ein halber Sieg. Boulez hat sicherlich recht, wenn er sagt, man tue dem Ganzen mehr Gewalt an, wenn man den dritten Akt nicht spielt, als wenn man ihn in dieser Wiederherstellung aufführt. Trotzdem darf, um des authentischen Eindrucks willen, nun um keinen Preis die vervollständigte »Lulu« an die Stelle der von Berg tatsächlich komponierten treten. Die Universal-Edition wäre gut beraten, wenn sie Regisseuren und Dirigenten freistellte, entweder, wie bisher, die von Berg fertiggemachten zwei Akte zu spielen oder eben diese mit viel Fleiß und Kunstverstand hergestellte End-Redaktion. Das Publikum in Paris applaudierte zwischen den Akten lebhaft und am Ende enthusiastisch.

26. II. 1979

Igor Strawinsky
Die Psalmen-Symphonie

Strawinskys »Psalmen-Symphonie« für Chor und Orchester hat zwei Adressaten. Sie ist einerseits ausdrücklich zum Ruhme Gottes komponiert, andererseits dem Boston Symphony Orchestra zum 50jährigen Bestehen im Jahre 1930 zugeeignet. Und beide, sowohl der liebe Gott wie auch die Bostoner, können sich nicht beklagen. Die »Psalmen-Symphonie« gehört zu den bedeutendsten Kunstprodukten unseres Jahrhunderts. Sie hat jenen Rang, jene Ernsthaftigkeit und jene Authentizität, wie sie nur ganz wenige Werke der religiösen oder auch der weltlichen Kunst auszeichnet.

Trotzdem ist die »Psalmen-Symphonie« eher berühmt als bekannt. Hin und wieder wird sie aufgeführt – nicht immer gut. In München fand beispielsweise vor einiger Zeit eine Darbietung des Stückes statt, wo die beiden Klaviere des Orchesters am Anfang ein doppelt zu rasches Tempo anschlugen, infolgedessen sehr viel schneller zum Ziel kamen und sich dann ebenso verdrießlich wie verdutzt darüber wunderten, daß die übrigen noch nicht so weit waren. Das Publikum klatschte trotzdem.

Über die »Psalmen-Symphonie« sind auch negative Urteile im Schwange. Adorno nannte sie in seiner »Philosophie der Neuen Musik« »verbissen-kümmerlich«. Im vielbändigen Lexikon des Bärenreiter-Verlages »Musik in Geschichte und Gegenwart« steht, ebenso nichtssagend wie ablenkend, die »Psalmen-Symphonie« sei ein »hierarchisch« konzipiertes Werk. Dabei kann man sich als betroffener Leser alles mögliche denken.

Doch kommen wir zur Sache: die »Psalmen-Symphonie« besteht aus drei Teilen. Der erste Teil ist, laut Partitur, dem 38. Psalm entnommen, der zweite dem 39. Psalm, und der dritte schließlich vertont den ganzen 150. Psalm. Und zwar jeweils in der lateinischen Fassung (und nach der Zählung) der Vulgata. In der Luther-Bibel sind die Psalmen anders numeriert (38 = 39; 39 = 40; der abschließende 150. Psalm ist auch in der Luther-Bibel der 150.).

Das Werk baut sich folgendermaßen auf: Der erste Teil, ein gebetsartiges Präludium, ist der kürzeste; er dauert etwa drei bis dreieinhalb Minuten. Der zweite Teil, eine Doppelfuge, nimmt doppelt soviel Zeit in Anspruch: zwischen sechs und sieben Minuten. Der dritte Teil schließlich, also der ganze 150. Psalm zum Lobe Gottes, dauert wiederum etwa doppelt so lange, nämlich elf bis zwölf Minuten. Es handelt sich also um ein klares Verhältnis 1 : 2 : 4. Aber die ungeheuer durchkalkulierte Musik ist überhaupt nicht »schwierig«. Jeder aufgeschlossene Mensch kann sie, auch ohne Fachmann zu sein, verstehen, ja er wird sie vielleicht sogar leichter und besser verstehen, wenn er kein Fachmann, wenn er nichts mit den Parteilichkeiten der Neuen Musik zu tun hat.

Strawinsky hat die »Psalmen-Symphonie« selber dirigiert, und zwar mit dem (nicht gerade überwältigenden) Festspielchor Toronto und dem dortigen CBC-Orchester. Diese authentische Darbietung soll Grundlage unserer Interpretationsüberlegungen sein. Wir wollen zu beschreiben versuchen, wo andere Dirigenten – nämlich Karel Ančerl, Ernest Ansermet und Igor Markevitch – entweder das von Strawinsky Gemeinte übertreffen, weil natürlich beispielsweise Ansermet ein sehr viel »besserer«, erfahrenerer Dirigent ist, als es der große Komponist war, oder wo sie hinter Strawinskys Absichten hörbar zurückzubleiben scheinen.

Zu Beginn des ersten Teils fleht der Psalmist Gott um Trost an, er will (in typischer Psalm-Form, dem Parallelismus membrorum), daß seine Tränen berücksichtigt werden. Der Psalmist versucht dabei, seinen Gott (Rudolf Abramowski hat in seiner Psalmen-Interpretation »Das Buch des betenden Gottesknechts« solche Zusammenhänge ausführlich dargestellt) gleichsam ein wenig zu nötigen; der Psalmist weist darauf hin, daß sowohl er als auch alle seine Väter schon immer Gottes Bürgen gewesen seien. Und er will nicht erst im fernen Jenseits getröstet werden, sondern hier auf Erden, zu Lebzeiten.

Unter Strawinskys Händen wird daraus eine herbe, großartig finster-flehende Musik, eine klagende, spannungsvolle Beschwörung. Ernest Ansermet, der übrigens die Uraufführung von Strawinskys »Geschichte vom Soldaten« leitete, dirigiert diesen ersten Teil der »Psalmen-Symphonie« zugleich gepflegter und voluminöser. Während Strawinsky das Derbe, fast Rohe, ja, was die Bläserbehandlung betrifft, nahezu Orientalische herausbrachte, betont Ansermet eher das Klassische, Oratorienhafte, übrigens langsamer und gravitätischer dirigierend.

Sogleich ergibt sich ein Paradox: Zwar dirigierte Ansermet kunst- und ausdrucksvoller, aber Strawinskys Musik klingt hier in genau dem Maße spannungsloser, harmloser, in dem sie expressiver gespielt wird. Das Erschreckende, das Befangene, Dunkle, Dumpfe und Gewaltige darf eben nicht wegfallen, sonst schleicht sich ein Moment klassisch-klassizistischer Banalität ein. Bei Ansermet kommen die Pausen viel zu selbstverständlich, geht alles seinen geordneten Gang. Bei Strawinsky hingegen reißen die Sechzehntel der Flöten und Oboen viel härter ab; die Schläge nach den Pausen wirken zugleich verhaltener und wilder. Bei alledem handelt es sich nicht um irgendwelche rhythmischen Pointen (also darum, ob etwa eine überraschende Pause den Zusammenhang zerschneidet oder ob eine erwartete Pause überraschenderweise ausbleibt), sondern um den Ausdruck einer inneren, flehenden, fast keuchenden Spannung. Nicht um Wohllaut geht es, sondern darum, einen gnädigen Gott zu bekommen. Der Komponist Strawinsky traf das als Dirigent weit elementarer.

Igor Markevitch wiederum versteht den flehenden ersten Teil der »Psalmen-Symphonie« als ein einziges großes Crescendo und Accelerando. Man meint, einer immer wilderen Beschwörung zuzuhören. Am Schluß ist da eine Vergrößerung komponiert, eine Augmentation: Das Thema erscheint plötzlich in doppelt langen Noten. Bei Ansermet klingt das wie ein gewaltiger Oratorieneffekt, wie eine Anspielung auf wohlbekannte Techniken von Bach, Händel, Haydn. Igor Markevitch jedoch ordnet alles einer hymnischen Ekstase unter. Er betont die gehaltenen Akkorde so stark, daß die orientalisierenden Bläserfiguren nicht mehr Hauptsache, sondern nur Beiwerk sind. Man kann sich dem Schwung seiner sehr raschen Interpretation nicht entziehen. Markevitchs Aufnahme weicht zwar weit von Strawinskys Darbietung ab, hat aber durchaus ihr eigenes Recht.

Der zweite Teil der »Psalmen-Symphonie« gliedert sich in vier Abschnitte. Im ersten Abschnitt hört man einen etwa zwei Minuten langen Fugen-Beginn der Bläser, dann setzt (als zweiter Abschnitt), gleichfalls fugiert, der Chor ein und berichtet, wie Gott den Psalmisten erhört, wie er ihn aus grausamer Grube gerettet und auf festen Fels gestellt hatte: »Ich harrete des Herrn; und er neigte sich zu mir und hörte mein Schreien und zog mich aus der grausamen Grube und aus dem Schlamm und stellte meine Füße auf einen Fels, daß ich gewiß treten kann.« Der dritte Abschnitt gilt dem neuen Lied, das der Herr dem Psalmisten in den Mund gelegt hat, zum Lobe Gottes. Der vierte schließlich handelt von der Hoffnung auf den Herrn: »Das werden viele sehen und den Herrn fürchten und auf ihn hoffen.«

Strawinsky dirigierte in diesem zweiten Teil seiner »Psalmen-

Symphonie« den genau phrasierten Bläseranfang und den visionären Schluß besonders eindrucksvoll. Da wird leise, scheu, gegen alle selbstsichere Glaubensgewißheit von der gleichwohl unverlierbaren Hoffnung gesungen. Aber, mit allem Respekt sei es gesagt, während der Chorfuge vermochte Strawinsky keine hinreichende Klarheit zu erzielen. Ansermet kann auch diese Stellen, wo der Komponist offenbar beim Dirigieren die Übersicht verloren hat, viel deutlicher artikulieren.

Mitten in der Doppelfuge kommt es zu einem musikalisch besonders heiklen Moment: jenem Augenblick, da der Psalmist bekundet, daß Gott ihm »einen neuen Gesang in den Mund geblasen« habe. Jehova erweist sich hier als ziemlich schwacher Komponist. Was angeblich von Gott inspiriert ist, klingt musikalisch leerer als die anderen »Psalmen-Symphonie«-Einfälle Strawinskys. Aber dieser schockierende Sachverhalt läßt sich erklären. In der Sekunde, da ein Komponist des 20. Jahrhunderts vor der ungeheuerlichen Aufgabe steht, gleichsam einen göttlichen Einfall zu produzieren, wird er, wenn er nicht gläubig, naiv oder fürchterlich selbstsicher ist, nur noch verlegen sein. Denn göttliche Musik, das »neue Lied« jenseits von Zweifel und Leiden, muß doch kraftvoll positiv klingen – das darf gerade nicht von jener Last, von jener bedrängenden Fülle der Zerrissenheit sprechen, wie sie moderner Musik aber eigen ist. Die Stelle wirkt darum, wenn Strawinsky selber sie dirigiert, etwas forciert.

Hier ist nun Karel Ančerl auf die höchst plausible Idee gekommen, aus der melodischen Schwäche eine musikdramatische Stärke zu machen. In Ančerls Interpretation klingt das neue Lied wie ein Kampfgesang, wie ein Schlachthymnus im Streit gegen die Feinde, wo es weniger auf melodische Schönheit ankommt als auf brutale, niederschmetternde Gewalt.

Der dritte und letzte Teil der »Psalmen-Symphonie« ist der ausladenste, symphonischste und größte des ganzen Werkes. Igor Markevitch dirigiert den Lobgesang melodisch und lebendig, Karel Ančerl läßt hingegen, wie vorgeschrieben, das Lob des Psalmisten aus tiefer Bedrängtheit ertönen; sogleich klingt es viel zwingender, richtiger und düsterer.

Auf den langsamen Lobgesang des Beginns folgt ein vehementes symphonisches Zwischenspiel. Es produziert die wilde Brillanz des frühen Strawinsky. Man spürt, wie sich der Komponist gegen Ende der zwanziger Jahre an seine Anfänge (zwischen 1910 und 1913) erinnert. So ähnelt der Mittelabschnitt des dritten Teils der »Psalmen-Symphonie« dem »Ritualtanz der Vorväter« aus dem »Sacre du Printemps«. Offenbar verbindet sich in der »Psalmen-Symphonie« der große archaisierende Expressionismus Strawinskys mit dem später folgenden Klassizismus seines Komponierens. Die folgende, im Sprechgesang rezitativisch vorgetragene Stelle »Laudate dominum« scheint wiederum, nachdem man eben noch in der Welt des »Sacre« war, eine Anspielung auf Strawinskys späteres »Capriccio« für Klavier und Orchester nach Themen von Carl Maria von Weber zu bieten. Dabei läßt sich nicht überhören, wie viel Carl Orff von alledem lernte. Was später zur Stärke der »Carmina Burana« und der »Catulli Carmina« wurde, das hat Igor Strawinsky hier, unvergleichlich genial, wie nebenher, vorweggenommen.

Den Schluß der »Psalmen-Symphonie« bildet eine über anderthalb Oktaven ansteigende, grandios ausharmonisierte Tonleiter des Chorsoprans, welcher dann eine mystisch-leise Lobpreisung folgen soll. Dieses Lob wirkt genauso visionär, optimismusfern wie am Schluß des zweiten Teils die Anspielung auf die Hoffnung. Und bei einer besonders schönen Stelle, wo der Tenor schwelgen müßte, hat der Komponist Strawinsky streng vorgeschrieben, der Chortenor dürfe nicht schwelgen, dürfe kein Crescendo machen.

Aber wer weiß, ob dieses Non crescendo nicht gerade darauf aufmerksam machen soll, daß hier ein Crescendo möglich wäre – nur eben kein dickes? Viele Professoren und Musikkritiker glauben ja, sie seien viel intelligenter als die angeblich naiven Musiker. In Wirklichkeit waren die großen Komponisten, und das gilt gewiß auch für Strawinsky, meist weitaus schlauer und gewitzter als ihre oft harmlos-professoralen Kommentatoren. Wenn etwa Gustav Mahler ein Ritardando erzielen wollte, aber Angst hatte, die Musiker würden bei einer direkten Ritardando-Vorschrift gleich ein schmachtendes trivial dickliches, aufdringliches Langsamerwerden produzieren, dann schrieb er listig vor: »nicht eilen«, obwohl da kein Mensch auf vorsätzliches Eilen gekommen wäre. Ähnlich ist es mit Strawinskys Non crescendo bei dieser schönen, ausdrucksvollen Chorstelle. Der Dirigent Strawinsky erlaubt nämlich durchaus jenes Crescendo, das der Komponist noch verbot.

Er verhielt sich zu seiner Musik so spontan unbefangen, wie alle Dirigenten und Musiker es tun müssen, die sich nun, nach Strawinskys Tod, an die »Psalmen-Symphonie« wagen. Mit Hilfe von Genauigkeit und künstlerischer Spontanität haben sie dafür zu bürgen, daß diese große Musik nicht nur groß, sondern auch lebendig bleibt.

17. IV. 1971

Orpheus

Die Frage, ob man bestimmten Tanzwerken Strawinskys einen Gefallen damit tut, wenn man sie im Konzertsaal aufführt, als seien sie programmatische symphonische Dichtungen, wird auch nach Dixons Interpretation des »Orpheus«-Balletts nicht zur Ruhe kommen. Denn die Körper tanzender Menschen sind bei einem Ballett-Genie vom Range Strawinskys ja keine willkürliche Ergänzung, sondern gleichsam die Melodie über einer Begleitung. Hört man den »Orpheus« konzertant, so stellt sich ein, womit weder dem Komponisten noch den Ausführenden, noch dem Publikum ein Gefallen getan wird: Langeweile auf hohem Niveau. Daß Strawinsky eine fast beispiellose Meisterschaft in der Behandlung der Bläser besitzt, daß er auch (und gerade) die simpelsten musikalischen Formeln mit Magie zu bereichern versteht, nimmt man als Selbstverständlichkeit hin. Aber dieses späte Stück hat weder die expressionistische Wucht des frühen Strawinsky noch auch jenen Fanatismus des Aussparens, des Verzichts, der grimmig artistischen Beschränkung, wie er den Rang der späteren Arbeiten Strawinskys ausmacht. Im »Orpheus« tut, so schien es mir, Strawinsky das, was sonst nur seine Epigonen sich leisten: Er verzichtet nicht mehr, sondern läßt gewähren. Da finden sich lange, aber nicht durchweg inspirierte Kantilenen; der Kult der Entsagung ist aufgegeben. Das Werk krankt am Pseudoreichtum. Natürlich, wenn im Pas de deux Orpheus-Eurydike die Bläser von vermeintlichem Glück singen, während die Begleitung die nahende Katastrophe schon ahnen läßt, dann spürt man Strawinskys unbestreitbare Meisterschaft. Aber trotz mancher schönen Einzelheit handelt es sich um genuine Ballettmusik. Im Konzertsaal hinterließ sie den Eindruck einer gewissen Dürre, obwohl die Aufführung, weder die Präzision noch das Sentiment übertreibend, der Partitur durchaus gerecht wurde. Cocteau hat den »Sacre du Printemps« einst, mit hinreißender Kraft der Zusammenschau, eine »Georgica der Urgeschichte« genannt. Dem gegenüber ist der »Orpheus« kaum mehr als eine Pastorale des Klassizismus.

4. III. 1961

18. Kapitel

Sergej Prokofieff · Darius Milhaud · Paul Hindemith · Carl Orff · Karl Amadeus Hartmann · Dimitrij Schostakowitsch · Olivier Messiaen · Gian-Carlo Menotti · Benjamin Britten · Witold Łutosławski · György Ligeti · Hans Werner Henze · Karlheinz Stockhausen · Luciano Berio · Mauricio Kagel · Aribert Reimann · Bernd Alois Zimmermann

Sergej Prokofieff
Symphonisches Konzert für Violoncello und Orchester Opus 125

André Navarra spielte Sergej Prokofieffs »Symphonisches Konzert für Violoncello und Orchester« Opus 125, das dem russischen Cellisten Mstislaw Rostropowitsch gewidmet ist (der es soeben bei den Berliner Festwochen vorgetragen hat). Der Reiz so mancher frühen Prokofieff-Kompositionen liegt in einer harmonischen Originalität: obschon die Tonalität kaum beschädigt erscheint, fallen dem Melodiker Prokofieff tiefsinnig-elegante Nebenharmonien und Wechseltöne ein, die seine Melodien zu einer brillanten Mixtur aus »Das klingt so alt« und »Das ist doch so neu« machen. Dem späten Prokofieff fehlt diese Zweideutigkeit manchmal. Sogleich wirken seine Arbeiten dann volksverbunden platt, oft sogar unkonzentriert. Das Cellokonzert Opus 125 präsentiert eine entzückend ausharmonisierte g-Moll-Melodie im Finale, eine wunderschöne E-Dur-Kantilene im zweiten Satz, aber auch pseudomelodische Redseligkeit vor allem im ersten Satz, wo melodischer Reichtum immer nur prätendiert ist, aber viel seltener musikalische Realität wird. Ständig glaubt man, Melodien zu hören, deren Sinn man infolge eines unglücklichen Zufalls nicht recht fassen kann. Das Stück ist virtuos geschrieben, es stellt übrigens keineswegs ein symphonisches Cellokonzert, sondern ein ganz altmodisches Solokonzert mit Tutti-Einschüben dar. Navarra, zunächst ein wenig gehemmt scheinend, erspielte der Premiere einen rauschenden Erfolg. Es schadet niemals, wenn gerade der letzte Satz den besten Effekt macht.

9. X. 1964

Darius Milhaud
Poèmes Juifs

Er hat entsetzlich viel geschrieben. Wohl kaum gibt es einen modernen Komponisten von Rang, dessen Werk so umfangreich, so bunt und so unübersehbar ist wie das seine. Als gebildeter Musikfreund weiß man, daß Darius Milhaud ein repräsentatives Mitglied der französischen Komponistengruppe »Les Six« war, die aus »clarté«, Wagner-Verachtung und Anti-Subjektivismus ein künstlerisches Programm machte, und daß er originelle Kurzopern geschrieben hat.

Doch damit weiß man noch nicht genug. Neulich hat die Sopranistin Constanze Erdmann – dunkle Stimme, makellos musikalisch und rein, der vielleicht noch einiges an Biegsamkeit und Wandlungsfähigkeit fehlt – geladenen Gästen »Jüdische Gedichte« Milhauds vorgesungen, die und von denen ich vorher nie gehört hatte. (Es finden ja viel zu selten Liederabende statt, und die wenigen Künstler, die das finanzielle Risiko auf sich nehmen, öffentlich Kunstlieder zu singen, sind einem starren Programm-Klischee unterworfen, wenn nicht der Rundfunk oder der große Name des Singenden eine begrenzte Unabhängigkeit gewährleistet. Wer vom Singen leben will, darf nichts mehr wagen in einer anti-kammermusikalischen Zeit, die die Musikkultur einer Stadt lediglich am Niveau ihres Symphonieorchesters oder ihrer Oper mißt.)

Milhaud hat seine acht »Poèmes Juifs« 1916 komponiert, als 24jähriger, dem Einfluß Debussys noch merklich unterworfen. Die Fähigkeit, elegant und schwerelos zu schreiben, hat ihn manchmal zu öder Witzelei verführt. Bei der Komposition dieser »Jüdischen Gedichte« wurde Milhaud jedoch zu tiefer Ernsthaftigkeit gezwungen durch das große – seitdem noch ins Ungeheuerliche gewachsene – Thema von der Bestimmung des Judenvolkes. So entstand eine gertenschlanke Melancholie, eine elegante Schicksalsgeladenheit, die mit der Kennmarke »typisch französisch« gewiß nicht hinreichend bezeichnet wird. Im »Chant de Nourrice« singt eine Mutter ihren Sohn in den Schlaf, das schwere Schicksal, das ihn als Juden erwartet, bedenkend. Im Fis-Dur der schaukelnden Wiege lebt noch einiges vom Rhythmus der Chopinschen Barcarolle, und in den Nonen, die ohne Auflösung vorbeischweben, setzt sich Impressionistisches fort. Das alles macht, zusammen mit der gar nicht aufbegehrenden, sondern zugleich gefaßten und verträumten

Trauer der Melodie, die Süße dieses Liedes aus. Statt der Wendung, die man erwartet, komponiert Milhaud stets eine besondere, eigenartige, statt dessen, was eigentlich logisch wäre, stets das, was wirklich logisch ist. Strawinsky »verfremdet«, verbietet den Genuß, indem er das, was kommen müßte, verzerrt – geistreich, witzig oder dämonisch verzerrt. Milhaud hingegen horcht, wie der Debussy der »Préludes«, den Klängen nach, und statt des Gewöhnlichen findet er das Erlauchte.

Nie hat diese Musik Stiefel an, nie ist sie schwerfällig oder gefühlsselig, obwohl der Text mit einer eisernen, nicht so sehr pietistisch »frommen« wie vielmehr naturnotwendigen, erschütternden und manchmal fast komischen Insistenz irgendwie immer auf das Messianische kommt, so, wie die Ernsten Bibelforscher noch im KZ unter ständiger Lebensgefahr mitgefangene Kommunisten und Christen dadurch erschütterten, belästigten und belustigten, daß sie sie, so oft es nur ging, zu bekehren versuchten. Zwischen dem »Chant d'Amour« und der »Lamentation« steht das Lied vom »Forgeron«, vom Schmied also. Bei Brahms schwang der »Schmied« mit mächtigem Pathos den Hammer, obwohl er doch nichts weiter als Schmied und Schatz eines singelustigen Mädchens war. Man sollte denken, daß der Schmied eines jüdischen Gedichts auch nicht viel mehr tun kann als eben schmieden. Weit gefehlt. Er schmiedet – am Schluß erfährt man es – die Eisen für das Pferd des Messias. Trotzdem ist Brahms' Schmied massiger und berserkerhafter, böse Zungen würden sagen: deutscher, wohlwollende: schwungvoller.

Wie richtig verhielt sich Constanze, als sie das Pathos nie überbetonte und das Differenzierte nicht zum Sentimentalen umbog! Da, wo Milhaud pompös wird, klingt sein Schwung plötzlich leer und plakathaft. Der Reiz dieser Lieder – auf die ich so inständig wie wahrscheinlich vergeblich hinweisen möchte – liegt in ihrer Mischung aus Bedeutung und Eleganz, aus jüdischem Messianismus und lateinischem Sensualismus. Sie sind, trotz mancher Anfängerunbeholfenheit im Klavierpart, gelungen, diskret und ausdrucksvoll. Grund genug, offenbar, sie so gut wie nie aufzuführen.

1. IV. 1953

Paul Hindemith
Der Andante-Komponist

In der zweiten Hälfte seines Lebens stand er dem tonangebenden Avantgardismus, wie überhaupt der »Moderne«, recht fern. Darum sind wir ihm nun noch viel zu nah, noch viel zu sehr verstrickt in den Kampf, den Paul Hindemith gegen die »Zwölftöner« ebenso wie gegen gewisse vermeintliche Radikalismen seiner Jugend führte. Man verharrt noch in den ideologischen Schützengräben, obschon der Tod den Kampf beendete. Auffällig genug, daß in zahlreichen Hindemith gewidmeten Nachrufen so häufig zitiert wird, was alles er gesagt, geglaubt, gefordert, verworfen hat.

Gewiß, es ist fast unmöglich, nicht vor dem Bilde des Hindemithschen Lebensumschwungs gebannt zu sein. Der als junger Mann Beethoven einen Schnurrbart anmalte und Wagner zitierend verhohnepipelte, dirigierte später ehrfurchtsvoll in Bayreuth die »Neunte«. Der einer sehr freien Atonalität zu huldigen schien im Lieder-Zyklus »Marienleben« und in der »Cardillac«-Oper, nahm später vereinfachende Retuschen vor. Der wie ein Tempelschänder in die Heiligtümer der Klavier-Pädagogik eingebrochen war, bekam plötzlich etwas Deutschmeisterliches und schrieb ein höchst didaktisches, durchaus inspiriertes, manchmal aber auch lehrhaft-trockenes »Ludus tonalis«. Mag sein, daß er jenes Element offenbaren Schwindels, welches in pseudoavancierter moderner Musik und wohl auch Malerei steckt, mit Hilfe seiner Jugenderfahrungen entlarvte. Er schonte niemanden, nicht einmal sich selbst. Im letzten Jahre seines Lebens sagte er einem Physiker, der zugab, mit Hindemiths Sonaten nicht allzuviel anfangen zu können, das sei in Ordnung. »Die frühen Komponisten, Haydn und Beethoven, waren ja auch viel besser als wir.« Und als eine Streichquartett-Vereinigung gleich nach dem Kriege dem Heimgekehrten ein Kompliment machen wollte mit dem Hinweis, daß man sehr häufig Hindemith spiele, antwortete der erfahrene Komponist und Kammermusik-Praktikus: »Zu Mozart reichts's wohl nicht.«

Der späte Hindemith war unzeitgemäß. Jedoch war diese Unzeitgemäßheit eher die Johann Sebastian Bachs. Auch Bach machte zwar in seiner Jugend den großen, nach vorn drängenden Schritt mit, den die Musik tat – ja er selbst ging ihn für alle Musik –, aber er verharrte in seinen späten Jahren in der eigenen

Welt, ging nicht weiter mit der sogenannten »Entwicklung« und mußte sich von jungen Kritikern schulterklopfende Unverschämtheiten sagen lassen.

Daß Bachs Verschränkung von archaischer Polyphonie und ungeheuer vorausgreifender Harmonik nicht nur die vielleicht bedeutendste Musik unseres Kulturkreises hervorbrachte, sondern zugleich auch höchst moderne Ergebnisse miteinschloß, sei hinzugefügt.

Auch der späte Hindemith verharrte in dem Reich, das er in seiner Jugend, an der Spitze zeitgenössischen Komponierens stehend, miterschaffen hatte – und es ist üblich geworden, ihm (wie übrigens auch Strawinsky) vorzuwerfen, daß die Versprechungen der Jugend nicht erfüllt worden seien im Späteren. Doch während Strawinskys kulturkritische Intelligenz und seine unvergleichliche ästhetische Sensibilität es mit sich brachten, daß allen Einwänden zum Trotz als »modern« galt und gilt, was und wie er auch gerade komponiert, wurde Hindemiths Genie das Opfer einer seltsamen kulturpolitischen Konstellation.

Es ist nämlich ganz offenbar, daß im gegenwärtigen Musikleben öffentliches Interesse sich besonders rasch einstellt für alles, was entweder mit Musiktheater im weitesten Sinne zu tun hat oder was kulturpolitisch-polemisch relevant ist. Für Kammermusik hingegen gibt es weniger Publikum, weniger Musizierer und, nicht zuletzt, weniger öffentliche Anteilnahme. Über eine neue Sonate schreibt man nicht. Über eine neue Kurzoper durchaus.

Hindemith nun, der sich einerseits in Händel mit der »Moderne« verstrickte und andererseits der größeren Öffentlichkeit vor allem als Opernkomponist (Uraufführungen, Neubearbeitungen, der »Mathis«-Skandal, Furtwänglers Eintreten für diese fast übermäßig deutsche Oper) bekannt war, rückte an den Rand des Musikgeschehens. (Ein Glück, daß nicht allzu viele und ausführliche Äußerungen Bachs darüber vorliegen, was er über seine jüngeren Zeitgenossen dachte. Man stelle sich vor, derlei zweifellos herb Polemisches würde ständig zitiert und nicht die »Kunst der Fuge« gespielt.)

Natürlich, Hindemith darf am Format eines Bach nicht gemessen werden. Aber doch auch nicht nur an seinen Opern und Oratorien. Zweifellos krankt der »Mathis« an dem vom Komponisten selbst verfaßten Textbuch. Darin steckt so viel direktes Bekenntnis, so viel sentimentale Selbstaussage, so wenig opernhafte Kraft, daß Hindemith sich selbst im Wege steht. Ohnehin muß auffallen, daß Komponisten wie Hindemith und Křenek sich nicht etwa besonders leicht komponierbare, sondern eher besonders mühselige, reflexions- und bekenntnisfreudige Libretti vorlegten. Nicht recht glücklich steht es auch um Hindemiths großes Oratorium »Das Unaufhörliche«. Der Bennsche Text (zuvor hatte Hindemith, weltanschaulich offenbar wenig engagiert, Brecht-Texte, davor Marcellus Schiffer komponiert) bringt den Tonsetzer da manchmal zu jenem »Grau-in-Grau«-Melos, das die Gegner Hindemith dann so fleißig vorwarfen, und nur wenn große Crescendi polyphone Ballungen krönen, freche Trompeten an die Keckheiten des jungen Hindemith erinnern oder das Vorspiel zum Sopransolo mit Chor hohe Expression wagt, dann ist Hindemith auf der Höhe seines wahren Könnens. Aber bei Riesenvorwürfen gab er nicht sein Bestes.

Das tat er in der Kammermusik. Wer sich an den verruchten Exzessen der Frühzeit und den akademischen der Spätzeit stößt, hat ganz aus Aug' und Ohr verloren, daß Hindemith von Anfang an bis zu seinem Ende ein großer Andante-Komponist war. In den Sonaten Opus 11, die von 1920 bis 1922 erschienen, in der verruchten Jazz-Suite »1922« finden sich durchaus jene träumerischen, stillen und blühenden melodiösen Selbstgespräche einer besinnlichen Seele, wie sie von jeher nur große Musiker führen können. Über alle vermeintliche Neoklassizität hinweg bis hin zur durchaus an Bruckner meßbaren und mit Bruckner vergleichbaren herrlichen Bratschensonate (1939) war Hindemith da schöpferisch, ganz er selbst, unverwechselbar und unverlierbar. Zarte Stücke, wie einzelne Sätze aus der Klaviermusik Opus 37, wie die schöne vierhändige Sonate, wie die Streichquartette und selbst die schon nicht mehr ganz so verbindlichen Instrumentalkonzerte, halten fest, was dieser Paul Hindemith zu sagen hatte. Obschon er ein erschreckend universeller Musiker war, hat seine Musik doch kaum jene extrovertierte Virtuosität, die sich mit großer deutscher Kammermusik genausowenig verband wie, nach einem Diktum von Georges Braque (das gegen Picasso zielte), mit großer französischer Malerei. Hindemiths Ton leiser persönlicher Klage gehört längst zu unserer Welt, zu den Tönen, die uns umgeben. Der Tod hat da nichts verändert. Nichts braucht entdeckt oder verlegen belobigt zu werden. Jetzt dürfen alle sich seinen ruhigen Bekenntnissen ohne jede musikparteiliche oder sonstige Rückversicherung hingeben. Da er sowieso jedes Instrument beherrscht, wird er im himmlischen Orchester hochwillkommen sein und ein paar bisher ausgelassene Stimmen zu spielen haben, während seine Kollegen Bach, Mozart und Schumann, Brahms und Bruckner freundlich herüberblinzeln.

10. I. 1964

Carl Orff
Ödipus der Tyrann

Einer Oper, die keine sein will, vorzuhalten, daß sie keine sei, ist nicht nur respektlos, sondern auch sinnlos. Man kann das auf diese Weise entstehende Definitionsproblem natürlich mit Redensarten lösen, also von einer Erneuerung des Mythos, einer Ablehnung des klassischen Griechenland-Bildes, von Musiktheater oder ähnlichem sprechen. Sehr viel erklärt wird dadurch nicht.

Orffs für Sänger und ein zum Riesenschlagzeug stilisiertes Orchester (fünf Flügel und annähernd zehn Pianisten sind nötig, Flöten, Oboen, Posaunen, Pauken, vier Harfen, dazu ein mächtiges Schlagwerk für zwölf bis achtzehn Spieler, sentimentalische Blasinstrumente wie Klarinette und Englischhorn fehlen ebenso wie Celli, Bratschen und Geigen) eingerichtetes Ödipus-Drama wurde 1959 unter Beteiligung von Gerhard Stolze, Astrid Varnay, Hans Günter Nöcker in Stuttgart uraufgeführt. 1961 kam das Werk dann in der Bayerischen Staatsoper heraus, wieder mit Gerhard Stolze, Astrid Varnay und Hans Günter Nöcker. Nun, 1966, ein Jahr nach Orffs 70. Geburtstag, hörten wir das Werk, dirigiert von Rafael Kubelík, als Musica-viva-Auftakt. Stolze gab den Ödipus, Astrid Varnay die Jokaste, Nöcker den Chorführer. Die Musica-viva-Darbietung kam im Zusammenhang mit einer Schallplatteneinspielung des Werkes zustande.

Ich habe dem Werk also zum drittenmal gelauscht. Man saß drei pausenlose Stunden in den sich allmählich doch als unbequem erweisenden Sesseln des halbbeleuchteten Herkulessaals, hoffend, endlich mittels einer großen physischen und psychischen Anstrengung des Ödipus-Mythos teilhaftig zu werden. Einige Höhepunkte wirkten bei dieser konzertanten Aufführung stärker als bei den Opernaufführungen, wo sich jedesmal die Inszenierung gegenüber der gewollten Orffschen Starre als ziemlich ohnmächtig erwiesen hatte. Aber diese Höhepunkte vermochten nicht, über die sowohl grundsätzlichen als auch langweilenden Schwächen des Werkes hinwegzutragen. Der Umstand, daß es sich nicht um eine in falsch idealisierendem Stil des 19. Jahrhunderts ablaufende »Ödipus«-Aufführung handelte, besagt leider keineswegs, daß wir jetzt im Besitz der sophokleisch-hölderlinschen Wahrheit sind. Orff hat gegeben, wovon manche ehrgeizigen Schauspielregisseure träumen: eine jeden Betonungsfall nach Möglichkeit ausschließende, rhythmisch sorgfältig gegliederte Darstellungsvorschrift.

Der Riesenaufwand gilt zwei Aufgaben: Erstens sind Tonhöhe und Betonungsakzente für den Sprechgesang (es handelt sich in der Tat mehr um psalmodierendes Sprechen denn um interpretierendes Singen) festgelegt. Zweitens macht das Orchester mittels winziger Einwürfe darauf aufmerksam, wenn etwas Wichtiges vorgetragen wurde. Ein großes Klappholz etwa knallt im Fortissimo dazwischen, wenn das entscheidende Indiz des Ödipus-Kriminalromans zur Sprache gebracht wird. Und sollte jemand nicht wissen, wie wichtig die Aussage des Hirten aus Lajos für den Gesamtverlauf sein wird, so setzt das Schlagzeug auch da einen Akzent. Es ist, wie wenn in einer guten Inszenierung die später als entscheidend sich erweisenden Sätze sogleich sorgfältig akzentuiert werden. Die »rein« musikalischen, oft nur zwischenspielartigen Einschübe sind nicht eigentlich musikalisch fesselnd, sondern sie verdanken ihre Macht der bewußten Sparsamkeit, ja Armut des Übrigen: wo nur rezitiert wird, ist bereits die hundertfach wiederholte schmetternde Quinte der Trompeten aufrüttelnd. Ähnlich geht es mit den sozusagen statuarisch verwendeten »Leitmotiven«. Sie sind präzis und eindringlich, gewinnen ihre Kraft aus dem Kontrast zum reinen Sprechvorgang, werden aber nicht, wie bei Wagner, im ganzen musikalischen Zusammenhang immer wieder eingesetzt, sondern nur vervielfältigt, ohne Erweiterung und Steigerung. Bewußte Monotonie, die vom Text nicht ablenken soll.

Wenn ein Opernregisseur so tut, so tun muß, als wäre das eine Oper, dann entsteht immer der Zwiespalt zwischen mehr oder weniger manierierten Sängergesten, zwischen schwer vermeidbarem Guckkastentheater und der Orffschen Partitur, die mehr als Wortbetonungshilfe, als Festlegung von Wichtigkeiten und rhythmischen Hervorhebungen verstanden werden muß denn als eigentümliche, eigenständige Größe. Da es schwer ist, außer der Verdeutlichungsabsicht und einer rituellen Monotonie, die dem Psalmodieren nahesteht, eine Interpretationstendenz herauszuhöhren, nimmt man alles als gegeben hin. Manche großen Aussagen des Textes werden unterstrichen, an einer Stelle wird die Jokaste sogar fast in die Nähe des großen, schicksalhaften Monologs der Carmen (Kartenszene) geführt, andere Aussagen läßt der Inszenator Orff links liegen, obwohl sie ein Fortissimo ebensogut verdient hätten. Wenn der Chor den majestätischen Hölderlin-Satz auszusprechen hat: »und gewaltig kommen zugleich die unerbittlichen Parzen«, dann bleibt das Orchester, ebenso der Chorführer, ziemlich unbeteiligt. Ähnliche Äußerungen werden an anderer Stelle aber mächtig akzentuiert. Die »Ödipus«-Partitur ist eben nicht so sehr ein Werk des Theatralikers wie ein Werk des Wortregisseurs Orff, der gelegentlich – so sparsam und so lapidar wie nur möglich – bei Musikwirkungen Zuflucht sucht. Aber die verdeutlichende Monotonie hilft nur im Einzelfall. Ein Erfassen und Begreifen des Ganzen macht sie schwer. Einige Hölderlin-Wendungen stehen in herrlicher Herbheit da, doch die selbstgewählte Askese der Musik schlägt allzuoft um in Langeweile, und die Langeweile lenkt vom »tragischen Transport« ab. Orffs »Ödipus« hat dann doch nur eine negative Qualität: Man sieht, daß Winckelmann im Unrecht war. Die Tragödie selbst jedoch kommt weder auf der Opernbühne noch auch in dieser konzertanten, angemesseneren Fassung auch nur annähernd so zur Wirkung wie beispielsweise in Noeltes Residenztheater-Inszenierung.

Bei der Aufführung fiel auf, daß die Partitur anfangs, etwa bei der relativ melodischen Führung des Ödipus, noch in etwas höherem Maße musikalischen Wirkungen vertraut. Kubelík sorgte für die erforderliche rhythmische Härte, und alles Melodische fand in ihm einen guten Anwalt. Gerhard Stolze, souveräneindrucksvoll als Ödipus, mußte zum Schluß ein wenig forcieren. Doch selbst dieser wohlbekannte Ödipus befolgt Orffs Vorschriften nicht genau genug. So wird in den Melismen des Anfangs eine immer wieder vorgeschriebene Reibung (Es, Fes), die hier eine, nicht chromatische, Mischung aus Moll und Dur anzeigt und den Charakter weithin bestimmt, von ihm nie genau gebracht. Mit großer Geschwindigkeit singt Stolze darüber hinweg. Auch ist es natürlich sinnvoller, Orff zu gehorchen und das vorgeschriebene Zögern im Piano (»Folgen muß man, freut es gleich nicht«) tatsächlich zurückhaltend zu bringen. Stolzes Ödipus ist da wohl zu trotzig, während er am Anfang, bewußt sparsam, ein Orffsches Forte oft ins Piano verwandelt (»Wenn ihr aber schweigt«). Diese und einige andere Ungenauigkeiten kann man bei Schallplattenaufführungen wohl vermeiden.

Doch im Verhältnis zu dem, was Orff gewollt hat und was die Partitur vorschreibt, sind solche interpretatorischen Zweifelsfragen ziemlich unwichtig. Trotz aller Umsicht brachte die Inszenierungspartitur ein eindringliches, wirklich überschaubares und erfühlbares Gesamtbild des Hölderlinschen »Ödipus« nicht zuwege. Manchmal ahnte man, wie Carl Orff, der, nebst allen Mitwirkenden, sehr gefeiert wurde, den »Ödipus« verstehen möchte. Doch was das Stück enthält, lehrt eine sorgfältige Lektüre oder eine gute Schauspielaufführung weit mehr als dieses Sängerstück, das so wenig Musik wie möglich vorschreibt.

21. XI. 1966

Karl Amadeus Hartmann
Gesangsszene für Bariton und Orchester

Jean Giraudoux' Schauspiel »Sodom und Gomorrha« beginnt mit einem Präludium. Der Erzengel erscheint und kündigt das Ende der Welt an. Er spricht mit dem »Gärtner« und später mit den Schuldigen: der trotzigen Lia, der naiven Ruth und dem ahnungslosen Jean. Er prophezeit Unheil. Nicht das Ende der Welt sei eigentlich schlimm – sondern die Umstände, unter denen es erfolgen werde. Unverhofft seien mächtige Reiche dahingestürzt, berichtet der Engel, und dann spinnt er aus, wie auf der Höhe der Macht, auf der Spitze des Luxus und trotz perfekter Daseinsbewältigung das Verderben beginnt. »Sogar da, wo man es für alle Zeiten verbannt glaubte, erhebt das Übel sein Haupt: Man sieht den Wolf mitten in der Großstadt und die Laus auf der Glatze des Millionärs ... In jedes Vogellied hat ein grauenhafter Ton sich eingeschlichen ... Es ist ein Ende der Welt! Das Traurigste von allem.«

Dieser Dramenanfang, seine Lyrik, Drohung und leichte Bestimmtheit haben Karl Amadeus Hartmann fasziniert. Unbekümmert um den szenischen Zusammenhang machte er aus Giraudoux' Worten einen einzigen Monolog. Und dann komponierte er im Auftrage des Hessischen Rundfunks eine »Gesangsszene für Bariton und Orchester zu Worten aus ›Sodom und Gomorrha‹ von Jean Giraudoux.« Als Hartmann am 5. Dezember 1963 starb, war die Komposition so gut wie fertig.

Die beiden letzten Sätze, so hat er wohl beabsichtigt, sollten nicht gesungen, sondern gesprochen werden, damit der Schluß »auf keinen Fall pathetisch oder melodramatisch« werde. Nun bricht das Manuskript aber schon sieben Zeilen vorher ab: Der Tod ließ die Vollendung dieses Requiems nicht mehr zu. Nach dem Takt 539 muß jetzt der Sänger statt zweier Zeilen neun Zeilen sprechen. Im übrigen ist das Werk vollkommen durchgearbeitet und zu Ende instrumentiert. Es gibt nicht einen Augenblick, wo man als Zuhörer glaubt, daß Hartmann noch unbedingt etwas hätte ändern müssen.

Wenn man an Karl Amadeus Hartmanns tief expressionistische Ernsthaftigkeit und die manchmal sanft ironische Schicksalgeladenheit des Poeten Jean Giraudoux denkt, scheint sich ein Kontrast aufzutun. Doch als Dietrich Fischer-Dieskau die Gesangsszene in Frankfurt uraufführte, da drängte die Einheit aus verbaler Vision und musikalischer Durchdringung jeden Zweifel beiseite. Daß Giraudoux gewissermaßen entspannt über das Ende der Welt spricht, heißt ja weniger, daß er ironisiert, sondern vielmehr, daß er vor dem Fürchterlichen nicht zitternd kapituliert, sondern auch dem Äußersten immer noch seine bezwingend subjektive Phantasie entgegensetzt. Mit erlauchten Bildern stellt Giraudoux die Höhe des Lebensgenusses, die dann zur Fallhöhe sich wandelt, dar. Er findet einfache Gleichnisse fürs Schreckliche (»die Schwalben fliegen hoch, weil die Erde heut ein Kadaver ist und alles, was Flügel hat, aus ihrer Nähe flieht«). Sein luxeriöser Teppich des Grauens ist eine herrliche, nicht im mindesten unwürdige Unterlage für Musik.

Hartmanns Komposition gliedert sich in große symphonische Teile, die durch einen außerordentlich frei geführten Gesangspart zwanglos miteinander verbunden sind. Wieder einmal steht Hartmann als grandioser Adagio-Komponist vor uns: Die zugleich langsamen und erregten Beschwörungen des Schreckens haben bewegenden Glanz. Die Komposition geht unmittelbar zu Herzen. Sie trifft auch, zumal sie in manchem der luxuriösen Spätwelt Alban Bergs verbunden scheint, in manchen Melismen fast orientalisch ausschweifend den üppigen Ton des Gedichts.

Pochende Neunachtel-Partien beschreiben die ahnungslose Geschäftigkeit der Verdammten, eine ausführliche, später wieder aufgenommene Flötenintroduktion verdeutlicht den grauenhaften Ton, der sich in die Vogellieder eingeschlichen hat. Und stampfende, oft fast zwölftönige Akkorde versinnbildlichen das Verhängnis. Immer dann ist die Musik am originellsten, wenn sie sich leise gibt. Da, wo der Sänger über das mögliche Ende der Staaten spricht und dann einflicht: »Das ist nicht das Schlimmste!«, hat sie einen versöhnlichen, innigen, das Menschenschicksal zart beklagenden Ton. Ich dachte da an die rührende Stelle aus Hugo Wolfs Michelangelo-Sonetten mit dem sanften Aufschrei: »Menschen waren wir ja auch.«

Dean Dixon und das Symphonieorchester des Hessischen Rundfunks bereiteten dem Werk eine zwingende, flüssige, zusammenhängende Wiedergabe. Manche Schärfe der Instrumentation kam vielleicht noch nicht genug heraus – und die Virtuosität der Flötensoli blieb ein wenig unerfüllt. Fischer-Dieskaus musikalische Intelligenz war nötig (und überwältigend), um die schwierige Gesangspartie deutlich und eindringlich zu machen. Obwohl noch nicht alle Intervalle vollkommen sauber schienen, hatte die Darbietung etwas Exemplarisches. Sie traf die Hörer sofort. Doch wenn nach solcher Entfaltung der Sänger plötzlich sprechen muß, ist es unmöglich, gleichsam ausdrucksvoll fortzufahren, so, als ob mit Worten der Eindruck der Musik fortgesetzt werden könnte. Da müßte kühl referiert werden. Es ist ein Unglück, daß das Stück nun mit bloßer Sprache (die niemand wird zwingend darbieten können) und nicht mit einigen Akkorden des Orchesters schließt.

Karl Amadeus Hartmanns erste Symphonie hieß »Versuch eines Requiems« und galt Worten von Walt Whitman. Es liegt eine tiefsinnige Logik darin, daß sein letztes Werk auch der (gelungene, aber nicht vollendete) Versuch eines Requiems blieb. Die »Gesangsszene« gehört zwar nicht zu den größten, wohl aber zu den bewegendsten Werken des musikalischen Expressionismus.

16. XI. 1964

Dimitrij Schostakowitsch
Fünfzehnte Symphonie

Die späte A-Dur-Symphonie – für mich Schostakowitschs anrührendstes, schönstes Werk – umschließt einen Widerspruch, den nur die Schallplatte lösen kann. Denn obwohl Schostakowitsch für seine Symphonie Nr. 15 (endlich wieder ein rein instrumentales Werk aus seiner Feder, ohne Singstimmen und Kantatenanklänge) eine große Orchesterbesetzung aufbietet, braucht man für dieses symphonische Testament des kranken, bei der Niederschrift der Symphonie 66jährigen Künstlers Geduld und Einsamkeit, um ihm angemessen zuzuhören. In den Konzertsaal paßt es schlecht. Die Gewalt der unsentimentalen Trauer wirkt authentisch und unwiderstehlich. Die Frage, ob »romantisch«, »epigonal«, »relativ modernistisch«, ist demgegenüber zweitrangig, unwichtig.

Die 15. Symphonie, am 9. Januar 1972 uraufgeführt, besteht aus vier Sätzen: Allegretto – Adagio – Allegretto – Adagio. Nicht Worte und »Texte« werden diesmal zitiert, sondern Komponisten: im ersten Satz recht beiläufig Rossini und im letzten Satz, lastend und anspruchsvoll, das »Schicksalsmotiv« aus Wagners »Walküre«. (»Siegmund! Sieh auf mich, Ich bin's, der bald du folgst«, sagt da Brünnhilde, als Todesengel.) Schostakowitsch »spielt« weder mit den Zitaten, noch lehnt er sich an sie an, geschweige denn, daß er sie ironisiert. Er stellt sie vielmehr, vor allem das »Schicksalsmotiv«, als große, finstere Wirklichkeit in seinen symphonischen Weltraum: als symbolische Herausforderung, der gegenüber sich seine eigene Musik erschreckt bewähren muß.

Am meisten Schwierigkeiten bereitet beim Hören der erste Satz. Er gibt sich ausführlich und verspielt, die Flöten erinnern an jene scharfe, spitzige Musik, die Strauss im »Heldenleben« komponierte, als er, in Form einer Karikaturengalerie, »Des Helden Widersacher« blamieren wollte. Aber die ausführliche Verspieltheit des Anfangs-Allegrettos wirkt verzweifelt heiter, trotz der Rossini-Anspielung heillos-nervös, redselig und unselig zugleich. (Im öffentlichen Konzert entsprechend langatmig.)

Dann folgt der erste Höhepunkt: nämlich ein introvertiert monologisches Adagio. Es gleicht der verschleiernden Äußerung eines seelisch Kranken, der nicht von sich sprechen möchte, sondern von der Unvernunft des Seienden. Da hat Musik etwas von Totenstarre ohne Selbstmitleid. Zwischen Depressivem und Donnern stellt sich ein (tschaikowskyhafter) Zusammenhang her. Aber auch in dieser russischen Melancholie steckt etwas von Glück und Wahrheit: Alles vermeintlich »Wichtige« wird vor so viel Welttrauer ungültig; wer so untröstlich ist, mag sich mit ohnehin Trostlosem nicht abgeben.

Der dritte Satz führt sinnlose Geschäftigkeit vor: »Was soll's?« fragt die Musik. Darauf antworten beklemmend Wagners Posaunen; sie verbreiten Resignation und Inspiration.

Schostakowitsch will den Wagnerschen Ton nicht weiterführen (die Symphonie hat überhaupt nichts mit allzu später Wagner-Nachfolge zu tun), aber er vermag ihm, dem größeren Vorbild, ohne jede herablassende oder falsch demütige Attitüde sein eigenes, wohllautendes Adagio-Unglück entgegenzusetzen.

Dieses Werk – nicht frei von Schwächen und Längen – ist natürlich zunächst ein Kunstwerk, als solches ließe es sich analysieren, beurteilen, verurteilen. Doch die Symphonie ist darüber hinaus auch ein Dokument: das Dokument tiefer, unaufdringlicher Verzweiflung, herber Einsamkeit. Tagebuch des Altwerdens. Und in dieses Tagebuch gehören wohl auch die unkonzentrierten, die redseligen, die flachen Momente, die dem Tagebuchschreiber vielleicht mehr bedeuten als manche großen, meisterhaften Partien.

2. III. 1974

Achtes Streichquartett

Schostakowitschs 8. Streichquartett steht in c-Moll. Von seinen fünf Sätzen sind drei ganz langsam, nämlich lento. Woher dieses Übergewicht des Vergrübelt-Langsamen rührt, ist schwer zu erklären. Möglicherweise hängt es damit zusammen, daß der Komponist, der sich einerseits nicht »formalistischen« Dissonanzen überlassen mag und sich andererseits nicht einer allzu aufbauwilligen Fröhlichkeit überantworten möchte, den Ausweg in der monologischen Grübelei langsamer Sätze sucht. Möglicherweise.

Das Quartett hat die Leere mancher Schostakowitsch-Symphonie überwunden. Es ist nicht redselig, sondern aufrichtig, bevorzugt in den raschen Sätzen brillante Ostinato-Wirkungen, hat eigene Handschrift, steht (cum grano salis) zwischen Honeggers Schwung und Pfitzners Introvertiertheit. Die ersten Sätze sind durchaus wirksame Kammermusik, leicht verständlich, aber nicht simpel. Dann läßt der übrigens sehr stark auf Kadenzwirkungen basierende, persönliche Ton nach, banale rezitativische Momente schieben sich ein, und das Quartett sinkt gelegentlich ab zu typischer »Musikfest-Musik«, also zu moderner Dutzendware von 1948. Die Borodin-Leute hatten mit dem durchaus diskutablen Werk einen bemerkenswerten Uraufführungs-Erfolg. Es ist eigentlich nicht einzusehen, warum gute Kammermusikvereinigungen dieses Stück nicht auch, zumindest abwechslungshalber, in ihr oft recht schmales Repertoire einbauen sollten.

9. VIII. 1961

Olivier Messiaen
Klavier- und Orgelmusik

Unbezweifelbar ist der Rang des zugleich flammend-christlichen und flammend-sinnlichen Künstlers Messiaen, unbezweifelbar die starke, großartig eigentümliche persönliche Prägung seiner Tonsprache, unbezweifelbar auch sein Einfluß auf die gegenwärtige französische – und deutsche (er war beispielsweise Stockhausens Lehrer) – Musik. Der glänzende Theoretiker und Komponist wird von vielen als der bedeutendste Musiker des gegenwärtigen Frankreich betrachtet. Jahrzehntelang war sein Orgelspiel in der Kirche Sainte-Trinité zu Paris allsonntäglicher Magnet; jetzt weigert sich die dortige Kirchenverwaltung mitzuteilen, ob der große Mann selber spielen würde oder nur einer seiner Schüler – man will schließlich zunächst einmal Gläubige im Gottesdienst und nicht nur Orgelinteressenten, die sich während des Gottesdienstes dann Gedanken über Messiaens Registriertechnik und seine neuen Erfindungen machen. Zum 65. Geburtstag dieses französischen Genies fand in der Münchner Musikhochschule ein Konzert statt, das nur den Werken Messiaens gewidmet war. Das Programm bot eine kluge Auswahl. Es wurde, mit Recht, umrahmt von zwei Orgelwerken: Wolfgang Zoubek spielte ruhig und manchmal so langsam, daß die rhythmischen Strukturen nicht mehr mitzufühlen waren, den 1960 komponierten »Verset für Orgel« – Edgar Krapp bot am Schluß die »Ascension für Orgel«: ein Meisterwerk hohen Rangs, durchsichtig, schwer, verwirrend schön. Im zweiten Satz klang das Pedal vielleicht ein wenig zu leise. Aber wie Krapp die Steigerungen, die komplizierten Vielstimmigkeiten und rhythmischen Verläufe bot, auch im letzten Satz, der an eine himmlische »Rhapsody in blue« erinnert: man wird es so bald nicht vergessen.

Dazwischen spielten Marina Horak (ein wenig oberflächlich) und der Messiaen-Preisträger Hakon Austbö (sehr intensiv) vier Stücke aus den kraftvoll verherrlichenden »Visions de l'Amen«. Die vier Bedeutungen des »Amen« (es sei/Dein Wille geschehe / ich wünsche es / so ist es in Ewigkeit) treten in dieser rauschhaft farbigen Musik fesselnd zusammen. Alles ordnet sich dem Cantus firmus unter. Doch nicht auf die »Frömmigkeit« Messiaens kommt es an, sondern auf die Erfindungsgewalt, zu der ihn Frömmigkeit begeistert. Und da ist er nun wirklich ein heutiger Bruckner, mit dem er übrigens auch gemein hat, daß er so gern Preise gewinnt oder Prüfungen besteht. Bruckner ließ sich ja bis in seine spätesten Jahre unentwegt (von ihm weit Unterlegenen) prüfen; Messiaen wiederum gewann nicht weniger als fünf erste Preise.

Die Musik des Mozart- und Wagner-Bewunderers Messiaen erinnert eher an Liszt, Debussy, auch an den freien Expressionismus der 20er Jahre. Er ist ein Erfinder brausender, klingender Fülle. Er sagte, es gebe harmoniefremde Töne, die einfach zum Akkord gehören, seine Farbe verändern, ihm neue Würze, neuen Duft verleihen. »Diese Töne behalten den Charakter von Eindringlingen, von etwas Zusätzlichem: die Biene in der Blume.« So verherrlicht selbst Harmonielehre die Schöpfung. Nur »Thema und Variationen für Violine und Klavier« (von Claudia Werner schön, von Volker Banfield routiniert-sicher gespielt) wirkte etwas konventionell. Messiaen ist doch nur er selbst, wenn er dissonant verherrlichen oder rhythmisch pointieren kann. Aller Klassizismus liegt diesem Franzosen fern.

13. XII. 1973

Gian-Carlo Menotti
Der Konsul

Die Kritiker begraben die Oper alle 14 Tage und bescheinigen ihr unter Tränen (Nachrufe schreiben sich leicht), daß sie nun endgültig »tot« sei. Allein, der Leser braucht darum den Kopf nicht hängen zu lassen, denn es wird nicht lange dauern, bis ihm sein Blättchen hocherfreut berichtet, sie sei nun wieder auferstanden, die Oper, der Komponist X in Y (dem ein hübsches Werkchen gelang) habe sie wieder zu neuem Leben erweckt. Der Vorgang selbst wirkt wie ein abgefeimtes Libretto: Als ob man die Oper nur deshalb fortwährend sterben lasse, um unter desto größerem Jubel ihre Auferstehung feiern zu können. Beispielhaft für diesen Mechanismus waren der Jubel und Trubel um Menottis »Konsul«; seit Brittens »Peter Grimes« hat keine

Oper mehr eine solche Sensation gemacht wie diese, um die sich jetzt die großen Bühnen Westdeutschlands reißen werden.

Wie Menotti, dem geistreichen Kompositeur von »Amelia geht zum Ball« und »Die alte Jungfer und der Dieb«, nun auf einmal die bewegende, der Oper »neues Leben« einhauchende Darstellung eines tragischen Gegenwartsstoffes und die Schöpfung neuer, gültiger Ausdrucksform gelingen sollte (denn das war das mindeste, was die Weltpresse von dieser Oper versprach), darauf durfte man mit Recht – und einiger Skepsis – gespannt sein. Um es vorwegzunehmen: So schlimm und so schön ist es denn auch nicht geworden. Menotti verfügt gewiß über eine Reihe seltener Qualitäten. Einmal kann er technisch wirklich etwas, dann hat er einen Stoff, der zieht, Nase dafür, was ankommt, Theaterblut, Herz und vitale Musikalität. Was sollte da schon schiefgehen? Aber zum Messias der Oper fehlt ihm denn doch noch einiges; dem Niveau und der Bedeutung nach steht er – rangmäßig und auf seinem Gebiet – etwa mit Malaparte auf einer Ebene, und ernsthaft wird doch wohl niemand behaupten wollen, dieser Romancier hätte die Krise des Romans überwunden.

Entscheidend für den Erfolg der Oper ist das von Menotti selbst verfaßte Textbuch. Frau Magda Sorel, deren Mann als politisch Verfolgter auf der Flucht ins Ausland ist, versucht von dem Konsulat des betreffenden Landes Hilfe zu erhalten. Sie möchte ihrem Gatten folgen, die Familie wieder vereinigen. Irrend im Labyrinth endloser Fragebogen, als Nummer einer fühllosen Sekretärin gegenüber, die den einzig rettungsverheißenden Zugang zum Konsul versperrt, endlos wartend zusammen mit kaum weniger hart geprüften Leidensgenossen, zugleich noch bedrängt von Polizeispitzeln, gepeinigt von der Sorge um den Gatten, die alte Mutter, ihr Kind: so geht diese Frau ihren Passionsweg durch die Unmenschlichkeit von Bürokratie und Diktatur. Angstträume bedrängen sie: Ihren verwundeten Gatten erblickt sie zusammen mit der verhaßten Sekretärin, die sich über den Wagen ihres Kindes beugt, der unheilverkündend aufleuchtet (worauf das Kindchen dann auch prompt stirbt), und das Publikum, welches das Fürchten gelernt hat, muß noch manchen Schauer in Kauf nehmen, jene Szene etwa, da auf dem Konsulat ein Zauberkünstler seine wartenden Leidensgenossen in trügerischen Traum vom Glück einspinnt.

Es ist unmöglich, diesen Geschehnissen ohne Anteilnahme zu folgen, dazu ist das Ganze von viel zu großer Menschlichkeit und Eindringlichkeit. Ja es ist vielleicht ein bißchen zu gut gemacht. Aus Menschenmord wurde hier eine – schaurig-schöne – Moritat, bitteres Leiden feiert effektvolle Auferstehung, blendend gesteigert und garniert, man kommt bestens auf seine Kosten. Träume und Visionen lassen sich auf der Bühne prächtig bringen, hier gibt es gleich drei pro Abend, das reicht bestimmt. Effekthascherei und wirkliches Mitgefühl kämpfen miteinander einen trübselig ungleichen Kampf, wenn aber beide, wo es gerade mal paßt, sich zusammentun, dann ist es am allerschlimmsten. So wird man dem Entsetzlichen nicht gerecht; gerade die Akzente, auf die es ankommt, die der verstörenden Kälte und des bitteren, uneffektvollen Grauens, gehen nahezu verloren. Fast wird es unwahr. Mit dem Feuer darf niemand spielen, dann schon gar nicht, wenn nur ein spannendes Feuerwerk arrangiert werden soll.

Die leitmotivisch angelegte Musik ist inspiriert und dankbar geschrieben und erreicht mitunter (Abschiedsterzett des 1. Bildes!) melodische Bögen von leuchtender Schönheit und Ausdruckskraft. Dennoch ist unüberhörbar, daß der Komponist selten mehr zu geben hat als eine individuelle Mischung bekannter Elemente, deren Grenzen mit den Namen Puccini und Kurt Weill abgesteckt seien. Nicht oft geht das Orchester weiter oder nur so weit wie das der Straussschen »Salome« (1905). Man vergleiche das Kinderlied aus dem 3. Bild mit dem Lied, welches die Marie aus Bergs »Wozzeck« ihrem Jungen singt, und man wird sich von dem abgrundtiefen Unterschied an Ausdrucksmacht, Wagemut und Tiefe ein für Menotti überaus ungünstiges Bild machen können, obwohl sein »Noch nie hab ich ein Kindchen so traurig gesehn« zu den besten Stücken der Oper gehört. Doch unser Hauptvorwurf ist gar nicht der, daß diese Oper an einem Übermaß von restaurativen Zügen kranke; darüber würde man sich in unserer ohnehin so restaurationsfreudigen Zeit noch einigermaßen hinwegtrösten, vor allem da ja hier eine anständige Tendenz und ordentliches Können unverkennbar sind. Fatal sind nicht die Stellen, wo es einwandfrei nach Puccini klingt, sondern die, wo sich »modern« gebärdende Tonfolgen einmontiert werden. Strawinsky-Rhythmen dann, wenn Polizei erwartet wird, in bedrohlichen Augenblicken krasse Dissonanzen und scharfe Instrumentierung. Gegen solche Partien ist mancherlei vorzubringen. Die Errungenschaften der »Modernen« sind – sit venia verbo – mit Blut und Tränen erkauft, sie sind Ergebnisse gefährlicher, das Letzte an Ernst und Verantwortlichkeit abfordernder Entwicklungen und Experimente; nichts frommt ihnen weniger, als wenn sie mit leichter Hand effektvoll »eingesetzt« werden. Sensationell wie Kinomusik klingt plötzlich, was hier – leider Gottes – gar keine Kinomusik ist. Mühen und Erträge der Avantgarde werden zum Effektvollen verharmlost und zur Ware geprägt und damit um ihr Eigenstes und Bestes gebracht. Gerade das zur Ware Gewordene nimmt nun aber die Öffentlichkeit jubelnd auf und glaubt, sie hätte endlich eine richtige moderne Oper, und sie hätte sie sogar »verstanden«. Schön wär's. Menotti jedoch hat sein leichtfertiges Spiel doppelt getrieben. So, wie er die entsetzlichen Schicksale des von Konsulat zu Konsulat jagenden Flüchtlings unserer Zeit und unserer Vergangenheit zum aufregenden Libretto arrangiert hat, so setzt er die Errungenschaften der großen Neuen Musik zur effektvollen Untermalung ebendieses Librettos ein. Heraus kommt eine spannende Oper, in der Leid und Modernität bequem zugänglich und bekömmlich geworden sind. Man darf diese Tendenzen nicht übersehen, gerade wenn man dies hochanständige Werk loben will.

1. VII. 1951

Benjamin Britten
Gloriana

Da ist natürlich Vorsicht geboten: Wenn heutzutage irgendein banaler, aber entschiedener Unfug zwischen »Grabmal«-Quatsch und »Sissi«-Kitsch hochgelobt werden soll, dann sagen die Lober leichthin: »Aber das war doch bereits vorweggenommene Pop-art.«

Als das olympische Kunstprogramm ankündigte, die Sadler's Wells Opera London würde ausgerechnet mit Brittens »Glorina« gastieren, da staunten die Fachleute schwach, und die Laien wunderten sich nicht einmal. Denn über dieses mittlerweile fast zwanzigjährige Werk hatte man entweder nur Schlechtes, Spöttelndes oder aber gar nichts gehört. Weil jedoch gegenwärtig jede magere Mittelmäßigkeit, wenn sie nur aus berühmter Feder stammt oder ein wenig Substanz enthält, gehegt und gepflegt wird, schien diese »Gloriana«-Verdrängung wirklich kein gutes Zeichen zu sein.

Und dann kam doch wieder alles ganz anders. Zur Krönung

von Elizabeth II. (im Jahre 1953) komponierte Britten eine historisierende Oper über die Welt, die Popularität und die schweren Entscheidungspflichten der Queen Elizabeth I. Die hatte ihre Schwierigkeiten mit dem Grafen von Essex und mit dessen recht ehrgeizigen Angehörigen. Sie verhält sich streng, königlich, tadelt, zeichnet aus. Zum Schluß läßt sie den etwas unzuverlässigen und ehrgeizigen Grafen (Tenor) hinrichten – danach grübelt sie einsam über Königtum.

Zugegeben: Dieses Libretto (William Plomer) reißt unsereinen nicht gerade vom Stuhl. Und es dürfte Britten auch Selbstverleugnung gekostet haben, eine Krönungsoper lang so zu tun, als ob es erstens am Gottesgnadentum königlichen Herrschens, an der totalen Personalisierung des Empires und zweitens an der Form der historischen Ausstattungsoper nicht die mindesten Zweifel gäbe.

Gestützt auf sein brillantes Talent ließ Britten sich auf eine intellektuelle »tour de force« ein. So, als genüge der Entschluß und als könne man im 20. Jahrhundert eine puccinihafte Meyerbeer-Oper über Renaissance-Themen komponieren, alles das sehr pfiffig instrumentieren und dann mit der Überzeugungskraft des »Nun-Gerade« dem Publikum präsentieren. Der Entschluß allein genügt natürlich nicht: Gegen Ende, wenn die Glorifizierung der »Gloriana« unvermeidlich wird, ist das Eklektisch-Kunstgewerbliche unüberhörbar geworden. Doch vorher hatte man gut zwei Stunden lang einem außerordentlichen Kunst-Stück gelauscht.

Das fing schon mit Fanfaren-Motiven an, deren Intelligenz und Musikalität man unseren Olympia-Fanfaren wünschen möchte; das setzte sich fort über eine hochartifizielle Verbindung zwischen modern synkopiertem »Sound« und altenglischen Themen; das hatte überall den Stempel von zugleich virginalistischer und Brittenscher Musikalität. Die Sorgfalt, mit der Polyphones durchgeführt wurde, die Knappheit der Massenszenen, die Evidenz auch der ariosen Motive: alles das verriet effektvolle Meisterschaft. Und wurde in einer sehr farbigen, glänzenden Ensemble-Leistung der Sadler's Wells Opera dargeboten. Dirigent: Charles Mackerras; für die Inszenierung und die opulente Ausstattung zu loben: Collin Graham/Alex Stone.

In den fünfziger Jahren und zu Beginn der sechziger Jahre mag man diese Volksoper, mit ihren Tanzeinlagen, ihren Chornummern und ihrer rücksichtslosen Bravour, gewiß an der jeweils avanciertesten Musik gemessen und entsprechend verabscheut haben. Mit Schönbergs »Moses und Aron«, mit Bergs »Lulu« ist das nicht zu vergleichen. Es handelt sich vielmehr um ein Majestäten-Musical auf klassischem Grunde, um vorweggenommene Pop-Kunst, die bewußt eingängig sein will, aber doch nicht banal. Wenn man Brittens »Gloriana« etwa mit Schostakowitsch oder mit Kompositionen von Leonard Bernstein vergleicht, dann erweisen sich ihre Überlegenheit, ihr Schwung, ihre Eigenständigkeit.

Ob auch ein wenig Ironie in die »Gloriana« eingegangen ist? Die entscheidenden Handlungsmotivationen rühren immer von Garderoben-Problemen her: einmal war in Gegenwart der Königin die Lady Essex verwerflicherweise allzu prächtig gekleidet gewesen. Die sehr alte Königin Elizabeth (souverän, aber manchmal zu scharf singend, Sylvia Fisher) verspottet die Jüngere entsprechend. Ein andermal gibt es Ärger, weil der Graf Essex sich ins Boudoir der Queen eindrängt, obwohl dieselbe noch keine Perücke trägt.

Es war mehr Volk (tanzendes, der Königin etwas vorführendes, verehrungsvolles) auf der Bühne als normalerweise im Gärtnerplatztheater. Teure, schöne Kostüme, wie im historischen Opern-Film. Das Ensemble, in dem keine überwältigende Stimme zu bewundern, aber auch kein Ausfall zu beklagen war, bot alles mit wünschenswerter Direktheit dar. David Hillmann und Jennifer Vyvyan seien immerhin hervorgehoben.

Die Oper, eine Mischung aus Weihefestspiel à la »Heinrich V.« und Selbstbestätigung à la »Meistersinger«-Festwiese, hatte also ihren Münchner Erfolg verdient.

4. IX. 1972

Witold Łutosławski
Venezianische Spiele

Auch wenn man noch soviel dagegen einzuwenden hat: Man muß zur Kenntnis nehmen, daß die Künste in auffallender und zweifellos nicht verabredeter Gemeinsamkeit den Zufall einzubauen versuchen. Es ist bekannt, wie vieles bestimmte Maltechniken dem Zufall überlassen. Das Prinzip freier Jazz-Improvisation existiert, mag es auch selten befolgt werden. Theater-Avantgardisten versuchen gleichfalls, die Schauspieler zu spontanem, vorher nicht festgelegtem Reagieren zu zwingen. Die

Zuhörer des letzten Musica-viva-Konzerts konnten miterleben, was ein fast fünfzigjähriger prominenter polnischer Komponist für den Zufall tut. Es wäre reizvoll, diese Sehnsucht nach dem Zufall zu deuten. Handelt es sich da um eine Reaktion gegen die total durchorganisierende Planung, wie sie sich nicht nur gesellschaftlich, sondern auch im Bereich der künstlerischen Produktion abzeichnet? Etwa um einen antirationalen Protest, der Mißtrauen dagegen ausdrückt, mit logischen, quasi positivistischen Spielregeln dem Dasein und dem Stoff noch beikommen zu können?

In den »Venezianischen Spielen« für großes Orchester von Witold Łutosławski wird die Spontaneität folgendermaßen eingeführt: Beim ersten Satz handelt es sich um ein variiertes Rondo, verschiedene Instrumenten-Gruppen wechseln miteinander ab. Der Komponist stellt den Spielern anheim, in den Zwischensätzen mit dem Notentext frei zu verfahren; sie können auch mitten in ihrer Phrase anfangen. Damit man trotzdem wenigstens im großen »symphonisch« zusammenbleibe, entscheidet der Dirigent über die Wiederkehr des Rondo-Themas durch einen deutlichen Schlagzeugakzent.

Wie aber klingt so etwas? Nun, die Beschreibung liest sich komplizierter, als das tönende Ergebnis sich ausnahm. Denn gerade weil es sich trotz gewiß höchst unübersichtlicher Partitur bei alledem doch um ein einfaches Steigerungsprinzip auf Schlagzeugbefehl handelt (und im Bezirk vollendeter Atonalität über »richtige« und »falsche« Töne keineswegs nach den Regeln traditioneller Harmonielehre entschieden werden kann), stellt sich der von Łutosławski gewünschte Effekt des Wechsels zwischen aufgeregten Bläsern und immer größerem Orchester deutlich her. Als ob man luftige, lärmende Klangerzeugung an- und abstellt. Denn: Je derber ein Tonmaterial organisiert ist, desto leichter und vernehmlicher läßt es sich gliedern. Ein paar schneidende Akzente genügen. Freilich: Bemerkenswert war doch nur, was fest vorgeschrieben, also »organisiert«, schien. Möglicherweise lag das an der Aufführung.

Es schien nämlich, als mache jede unverhoffte Freiheit die Musiker nur befangen. Die kurzen Zwischenspiele klangen, als hätte man ihnen zwar erlaubt zu improvisieren, aber in einer Sprache, die sie nicht recht verstehen. Unfrei spielten sie, was sie sich irgendwie zurechtgelegt zu haben schienen. Dabei verlangt das Prinzip jeder Improvisation (Commedia dell'arte, Jazz) doch gerade, daß geprägte, selbstverständliche, in gewissem Zusammenhang natürlich gegebene Formeln in spontaner Reihenfolge sicher ausgesprochen werden.

Ob diese »Venezianischen Spiele« mehr sind als ein farbiger, stellenweise phantastischer und massiver Spaß – man sagt »Experiment« –, kann ich nach dieser Aufführung nicht beurteilen. Daß die an Unterordnung und präzises Ausprobieren gewöhnten Musiker (ebenso wie beim analogen Ulmer Versuch die Schauspieler) nur gehemmt auf ihre Freiheiten reagierten, war unüberhörbar. Einige von ihnen lächelten, als ob sie (hoffentlich habe ich mich getäuscht) sich an etwas Unwürdigem oder Dümmlichem beteiligten – so, wie reife Männer, wenn sie sich für eine Kinderbescherung als Nikolaus verkleidet haben, sich gegenüber den Erwachsenen lächelnd vom Mummenschanz distanzieren.

14. I. 1963

György Ligeti
Nouvelles Aventures

Sieben Instrumentalisten und drei Sänger sollen einen Affekt-Kommentar zu einer Oper geben, die nicht stattfindet. Während der durchkonstruierten modernen Musik bekanntlich vorgeworfen wird, sie sei intellektuell und antiexpressiv, kritisiert Ligetis Partitur an der herkömmlichen Oper gerade das Nichtmusikalische, die Mischung aus Dramaturgie und Tendenz. Seine drei Sänger (Sopran, Alt, Bariton) führen Ausdruckskurven vor, die minuziös vorgeschrieben sind. Da wiederholen sich Teile, da werden die Verhaltensweisen der Verzweiflung, der Koketterie, des Erstarrens, des Erschreckens, des Konversierens ohne »realen« Anlaß demonstriert. Um zu zeigen, was Ligeti beispielsweise von der Sopranistin verlangt, sei hier mitgeteilt, welche Affekte sie nur innerhalb von sechs Takten der »Neuen Aventuren« auszudrücken hat: »erstaunt-glücklich / erschrocken-zurückweichend / zutiefst-erstaunt / pathetisch-verkündend / ekstatisch-entrückt, wie aus großer Entfernung / mit Wehmut, fast wie ein Hauch / kurzer Aufschrei, mit Wollust / ausdrucksvoll, puppenhaft / ernst, aufhorchend / quasi eco, doch sehr deutlich / kokett«. Außerhalb dieser psychischen Kurve, deren Realisierbarkeit uns jetzt nicht interessieren soll, sind aber auch die Expressionen der anderen Mitwirkenden aufgezeichnet.

Nun wäre das alles noch relativ simpel, wenn es einsinnig, also mit deutlicher Tendenz, verliefe. Doch im Zusammenhang mit den Formüberlegungen Ligetis schneiden und stören sich die jeweiligen Ausdruckskurven, tun die Beteiligten gerade nicht das gleiche oder dasselbe.

Weiter: Ligeti hat sich eine Reihe schockhafter Visionen einfallen lassen, die dieser abstrakten Affekt-Oper in die Parade fahren sollen. Vögel ohne Köpfe sollen durchs kleine Haus fliegen; wie in Kafkas Naturtheater von Oklahoma soll Unverständliches verkündet werden. Und wenn zum Schluß beängstigenderweise die Beteiligten eingesponnen und gefesselt sind, dann hätte vorher die Altistin wie eine Mumie eingewickelt sein sollen. Ein olympischer Marathonläufer und ein Golem sollten gleichermaßen erscheinen, zusammenbrechen, nach der Enthauptung des Golems treten drei Geköpfte auf und telephonieren (das wurde in Stuttgart trefflich verdeutlicht) – und so weiter. Folgendes also scheint geplant: große Affekt-Inseln, die sich stören und überlappen; schockhafte Bilder, die diese Affekte nicht erklären; ein wirbliger Assoziationszusammenhang, der aber nicht an die Stelle einer Handlung treten darf. In Darmstadt soll die Ferienkurs-Realisation manchmal Verdische Wut entbunden haben.

Als Rolf Scharre, der gelernter Pantomime ist, sich hier aber erstmals als Regisseur betätigte, und der Dirigent Friedrich Cerha, zusammen mit den glänzenden Solisten Marie-Thérèse Cahn (Alt), Gertie Charlent (Sopran) und William Pearson (Bariton), an die durchaus bunte und brillante Realisation gingen, merkte man bald, wieviel da unmöglich ist. Und zusammen mit Ligeti wurde eine pantomimische Fassung erarbeitet. Dann kam es zum Krach. Zweifellos hat Scharre aus der kleinen Bühne Verblüffendes herausgeholt: Tricks des »Schwarzen Theaters«, Verwandlungen, mannigfache Brechungen. Aber im ganzen wurde, wie es auf der Opernbühne meist geht, Ligetis Absicht sowohl simplifiziert als auch zur bloßen Surrealismus-Parodie verharmlost. Nicht nur waren die Abläufe zu logisch, nicht nur assoziierte man bei den Pierrot- und Clowns-Figuren ja immer ein ganz bestimmtes, ästhetisches Kunstwollen, dem sich alles so spielend leicht unterordnet – sondern die eben doch nur virtuose, gefällige, knallige Realisation drängte die tausend Geheimnisse und Tricks sowohl der Partitur als auch der ursprünglichen optischen Wünsche ins Nichts zurück. Gegenüber dem optischen Aufwand hätten die Töne sowohl des Orchesters als auch der Sänger viel lauter und schockierender sein müssen. Das Ganze scheint aus dem Theater wegzustreben in einen Experimentalfilm mit unerträglich greller Musik. Hier wirkte es wie eine brillante Verhöhnung des Cocteauschen Surrealismus von vorgestern. Mit Federboa und leerem Symbolismus. Demgegenüber nützt der Nachweis, was alles in der Partitur sich wie zueinander verhält, überhaupt nichts.

Bühnenkrachs (am Tage der Uraufführung ereignete sich im Opernhaus sogar ein Wasserrohrbruch) sind nicht wichtig, aber manchmal bezeichnend. Daß Ligeti nicht einmal zu der mit viel Kunst und Mühsal bewerkstelligten Premiere kam, war gewiß eine unnötige Demonstration, zugleich aber auch ein Eingeständnis, daß er sich mit dem bisher Fixierten noch nicht identifizieren möchte. Vorwände, verärgert zu sein, gibt es im Theater dann immer. Mir scheint, ein Künstler mit respektabler Phantasie ist auf dem Wege, aus lauter gewiß schon irgendwo einmal erschienenen Ausdrucksmitteln etwas herauszuholen, was immer noch Ausdruck und dennoch nicht Epigonalität ist.

21. X. 1966

Le Grand Macabre

»Wenn der Deutsche graziös sein will, springt er zum Fenster hinaus«, sagt Balzac irgendwo. Und wenn György Ligeti eine Oper schreibt, die eben nicht nur esoterisch in Donaueschingen diskutiert, sondern mit Effekt in großen Häusern aufgeführt werden soll, dann ist ihm jedes (auch das grellste, geschmackloseste) Mittel recht.

In Hamburg erlebte – nach der erfolgreichen Stockholmer Uraufführung – Ligetis »Le Grand Macabre« seinen deutschen Start. Viel Beifall, donnerndes Buh.

Die Oper hat vier Bilder: Bis zur Pause war es ein alberner *Unfall*, danach ein bemerkenswertes künstlerisches *Unglück*. Denn der Text (wenn etwas stilistisch bedenkenlos aufgedonnert und kindisch übertrieben dargestellt wird, sagt man heute freilich nicht: es sei schauerlich; sondern man behauptet: es sei vital ver-»popt«), der Text also riß kompakt und unaufhaltsam auch eine Musik mit sich in seine Untiefen, deren Qualitäten partiell beträchtlich schienen, und vom kraftvoll-souveränen Dirigenten Elgar Howarth brillant unterstrichen wurden. Doch eine Oper, die einen Text getreulich vertont, die nicht aus selbständigen Nummern (zu irgendeinem mehr oder weniger albernen Vorgang) besteht, sondern die im Namen einer Handlung auf ihre Weise »Gesamtkunstwerk« sein möchte, eine solche Oper lebt oder stirbt leider mit dem, was sie vertont! Ligetis Absicht, eine Anti-Anti-Oper zu bieten, also Musiktheater, das »unpsychologisch und verblüffend« sein soll, das nicht von einem »symphonischen Gewebe« begleitet, nicht wie Strauss und Berg, sondern eher wie Monteverdis »Poppea«, Rossinis »Barbier«, Verdis »Falstaff« konzipiert sein soll (»und doch anders«), diese Tendenzen scheiterten an dem kindischen Zirkus-Getue auf der Bühne. Erlebten wir, was die Textwahl angeht, das Sacrifitium intellectus, also das intellektuelle Selbstopfer eines »Über-Intellektuellen«?

Da wurde gefurzt, gezotet, gesoffen, mit Fistelstimme clownisch gesprochen – daß es nicht etwa eine Lust, sondern eine Last war. Die ganze Welt, nämlich die Bühne, sollte Zirkus sein. Aber schlechter Zirkus, von Intellektuellen ersonnen, von Sängern übertrieben, vom Regisseur Gilbert Deflo vollends zur Klamotte mit Kinderchor aufgeputscht. Die Premierenbesucher, die schon in der Pause entwichen, versäumten freilich die Gelegenheit, während der beiden Schlußbilder zu vernehmen, was Ligeti musikalisch sagen kann, zu sagen hat. Wenn man nämlich die Augen schloß, wenn man absah, wegsah von den Zirkus-Blödsinnigkeiten, welche die Musik zur bloßen Untermalung degradierten, dann erklang eine momentweise sehr brillante, anspielungsreiche, in ihren besten Augenblicken wunderbar traurig ausgehörte Partitur! Aber wer geht zum Wegsehen und Handlungsverweigern in die Oper?

Als Oper aber war Ligetis »Großer Makabrer« ein mißlingender Überrumpelungsversuch. So, wie Hamburgs Staatsoper das Werk im Beisein Ligetis vorführte, scheiterte es schlicht am Textbuch. Vielleicht wird einmal eine schöne Suite daraus; im übrigen dürfte der »Große Makabre« nach ein paar sensationsgeilen Aufführungen in Hamburg und anderswo bald auf dem Friedhof jener Opernwerke landen, die an ihrem Libretto starben. Dicht neben Webers »Euryanthe« und der »Ägyptischen Helena« von Richard Strauss – aber edel überwachsen von Dissertationen, die fromm behaupten, im Massengrab ruhe ein verkanntes Meisterwerk.

Nun ist es gewiß kein Zufall, sondern die Folge nagenden Mißtrauens, daß Gilbert Deflo eine Handlung, die eigentlich aus breughelscher Direktheit, anti-psychologischer Puppenhaftigkeit und vom Komponisten immer wieder beschworener Stummfilmhaftigkeit sich zusammensetzt, in den Zirkus abschiebt, wo sie nichts zu suchen, aber viel zu verlieren hat.

Ligeti wählte Michel de Ghelderodes Drama »Die Ballade vom großen Makabren« zur Grundlage seines Librettos. (Leider nicht, wenn schon Ghelderode, die »Ausgeburten der Hölle« oder »Pantagleize«, die beide besser zu Ligetis Musik gepaßt hätten.) Es laufen mehrere Fäden nebeneinanderher. Erstens: Ein Säufer, mit roter Nase, immer sehr laut, geradezu beängstigend »präsent« (Peter Haage), beobachtet ein Liebespaar, das vor lauter Sinnlichkeit nicht weiß, wohin und schließlich in einem Grabe Schlafstätte nimmt. Aus diesem Grabe tritt – es soll laut Ligetis Textbuch passieren wie in Murnaus Film »Nosferatu«, wirkte aber so, als ob ein Clown einem Schrankkoffer entsteigt – in schwarzweißkarierten Zirkusclown-Hosen jemand, der den Tod spielt und aller Welt Unheil ankündigt. Es ist der »Große Makabre« (ziemlich unentschieden: Dieter Weller).

Für derartiges Unheil braucht im zweiten Bild, im Hause des Hofastrologen (Ude Krekow), nicht eigens gesorgt zu werden. Denn seine Gattin Mescalina (Deborah Browne »lacht teuflisch«, »unbeschreiblich ekelhaft«, das alles brauchte ihr nicht zweimal gesagt zu werden) peitscht ihn, ganz in Leder und mit ekelhaftem Busen versehen, aus. Wenn er tot scheint (dazu erklingt eine bemerkenswert schöne, unpassend aufrichtige Musik), belebt sie ihn, indem sie ihn mit einer dicken Spinne erschreckt.

Danach träumt Mescalina (daß es ein Traum sei, vermochte die Regie nicht zu verdeutlichen) von einem Mann mit großem Gemächt (ich sage das hier weitaus feiner als der Text). Bald erscheint der Große Makabre und bringt Mescalina vampirisch um. Der überlebende Witwer strahlt: »Endlich einmal im eigenen Haus!« – »Dieses war der erste Akt, doch der zweite folgt! Gebt acht!«

Nach der Pause dringt der Große Makabre in den Hof des Kaisers Go-Go ein, wo zwei Minister vermeintlich urkomisch, also unkomisch, streiten. Dann scheinen Weltende und Komet ganz nah, manche Betroffenen träumen sich im Himmel. Aber verfrüht. Bald hat die Erde uns wieder. Auch die Liebenden verlassen befriedigt ihr Grab. Und die Überlebenden besaufen sich: »Fürchtet den Tod nicht, gute Leut'! Irgendwann kommt er, doch nicht heut'. Und wenn er kommt, dann ist's soweit ... lebt solang' in Heiterkeit!«

Dieser aufgedonnert primitiven Handlung merkte man wohl an, daß Michel de Ghelderode sie in den dreißiger Jahren unseres Jahrhunderts verfaßt hat. Da sind eine gewisse Kasperle-Affektiertheit, ein intellektuell auftrumpfender Bombast, wie ihn damals die historisierenden Ufa-Filme, etwa der »Paracelsus«, pflegten, nah beieinander. Dazu gehört auch die Protzerei mit Vitalität, wobei freilich unvorstellbar ist, wie unerotisch dieses Breughel-Land entfesselter Opern-Komödianten in Hamburg wirkte.

Offenbar reizte Ligeti die Mixtur aus Kasperle-Volksstück, Sex und kosmischer Katastrophe. Aber der Text deckte seine Musik lärmend zu, statt sich mit ihr zu verbinden. Der entscheidende schwere Kunstfehler: Man identifizierte sich weder mit einer Person noch mit der Handlung, noch auch mit dem Subjekt der Zirkus-Parodie-Haltung. Kierkegaard hat ja einmal die Vision entwickelt, wie ein Clown vor einer Katastrophe warnt, die sich zwar ereignet hat – die dem Clown aber niemand glaubt, weil alles lacht. Doch damit hat der Große Makabre nichts zu tun. Man sieht Zirkusvolk und lacht nicht etwa über dessen Aktionen (das Publikum saß bleiern die vier Akte ab, danach bejubelte es die Ausführenden), sondern man grinst höchst belustigt darüber, daß solch ein Unfug komisch sein soll. Für wen? Ist »Le Grand Macabre« der Tod oder ein unheimlich hypnotisierender Schausteller? Darüber fehlt es an Nachrichten. Beziehungsweise es sind zu viele da. Im Klavierauszug heißt es, unzweideutig: »Da es sich am Ende der Oper herausstellt, daß Nekrotzar tatsächlich der Tod ist, soll der Charakter ›Tod‹ überwiegen.« Am 15. September 1978 sagte Ligeti: »Es bleibt völlig offen, ob der Große Makabre der Tod ist oder nur ein kleiner, wenn auch durch sein Sendungsbewußtsein verklärter und gesteigerter Gaukler.« Diese Unentschiedenheit hat auch die Musik geschlagen. Effekt, Effekt, Effekt: Aber das ist hier in der Tat eine Wirkung ohne genaue dramaturgische Ursache.

Dabei opfert Ligeti der unbedingten Brillanz viel. Seit Verdi ist kaum virtuoser für Blechbläser geschrieben worden als hier; die beiden, zart ironisierten, sehr Verliebten singen Terzen wie im »Rosenkavalier«-Duett. Und über den Variationsbaß aus der »Eroica« hat Ligeti zumindest partiell Interessantes komponiert.

Doch bei einem Werk von Anspruch soll man, um ein Wort Schönbergs zu zitieren, nicht fragen, wie es gemacht ist, sondern wie es ist. Und da läßt sich folgendes beobachten: Wenn Ligeti melodisch und tonalnah schreiben will, wenn er also die heiligsten Avantgarde-Überzeugungen verwirft, dann klingt seine Kantilene rhythmisch auffällig simpel. Dem schwachsinnigen Text scheint die ungemein komplizierte Partitur nicht im mindesten zu entsprechen: aber die komponierten Schwierigkeiten klingen harmlos-durchschaubar. Trotz enorm vieler polyrhythmischer Vorsätze existiert dann eine gewisse Gestalten-Armut. Während Ligeti in seinem zweiten Streichquartett oder in den späten Orchester-Kompositionen alle »Parameter« gleichermaßen avanciert erscheinen läßt, geht er hier – wenn die Sänger nur einen Ton zu singen haben, während die Begleitung variierte Akkorde dazu vorsieht – gefährlich und gefallsüchtig weit hinter sein intellektuelles Niveau zurück ...

In den letzten Bildern herrscht manchmal der Ton einer großen Schreckensvision: Da ist Ligeti wieder – neben Nono, über Boulez – erkennbar als einer der großen Komponisten unserer Zeit. Doch eigentlich um den Preis, zu wiederholen, was ihm in seiner textlosen Oper »Aventures & Nouvelles Aventures« in den sechziger Jahren viel eindeutiger gelang. Damals hatte Ligeti Opernaffekte verabsolutiert. Er hatte auf den »Sinn« einer Handlung total verzichtet, um die absoluten Effekte chemisch-musikalisch rein darstellen zu können ...

Hier kam ihm der Unsinn einer plumpen Handlung und die Alibi-Feigheit eines inszenierten Möchte-Gern-Zirkus in die Quere. Damals suchte Ligeti gar keinen Text, jetzt fand er einen, der die Musik stört, ohne zu helfen. Hoffentlich hat der Künstler mehr Glück, wenn er sich demnächst, wie verlautet, in aller Bescheidenheit an etwas »Così fan tutte«-Ähnliches macht.

17. X. 1978

Hans Werner Henze
Das Floß der Medusa

Seit über zwei Jahren liegt Henzes abendfüllendes Oratorium für Sopran, Bariton, Sprecher, Chöre, Knabenchor und großes Orchester gedruckt, aufführungsbereit und in einer vom Komponisten dirigierten Schallplattenfassung nachprüfbar vor. Aber alles, was dieses Stück bisher in Bewegung setzen konnte, war ein Hamburger Skandal mit Prozeßfolgen und ist eine trübe Erinnerung an lauter falsche Reaktionen von Hauptbeteiligten, Intendanten, Polizisten, Rechten und Linken. »Das Floß der Medusa«, das wurde, bevor die Öffentlichkeit es überhaupt öffentlich kennengelernt hatte, zum Symbol dafür, was herauskommen kann, wenn Ressentiments gegen »Kunst«, gegen einen erfolgreichen, aber nicht mehr »avantgardistischen« Komponisten, gegen rote Fahnen und Che Guevara sich trüb mischen. Selten oder nie hat man so massiv erfahren, daß der Chor öffentlicher Stimmen nicht nur pluralistisch verworren sein kann, sondern einfach dumm.

Unvergessen scheint Heinz Klaus Metzgers *Spiegel*-These geblieben zu sein. »Die APO wird sinnvolle Verhältnisse erst gestiftet haben, wenn deutsche Musiker sich nicht mehr weigern, unter einer roten Fahne aufzutreten, sondern ein Werk Henzes aufzuführen. Und zwar aus musikalischen Gründen.« Daran haben die deutschen Musiker sich tatsächlich brav gehalten. Aber die österreichischen nicht.

Wenn nun auch über das Stück selbst, außer ein paar Gehässigkeiten, so gut wie nichts bekannt ist, eines freilich weiß jedermann: Henze hat es Che Guevara gewidmet. Und darüber regt sich jedermann auf – die Che-Guevara-Bewunderer, weil sie finden, mit elitärer Spätkunst dürfe der Name des längst zum Freiheitssymbol gewordenen Revolutionärs nicht vermischt werden. Und die Che-Guevara-Gegner, für die dieser Mann unheimlicher Inbegriff aller alles Altvertraute bedrohenden Ordnungsstörung geworden ist.

Daß ein gutes oder auch weniger gutes Oratorium keinen unmittelbaren politischen Effekt hat, dürfte sogar Hans Werner Henze zugestehen. Seine Widmung, an der er entschlossen festhält, entsprang einer ganz anderen Intention. So, wie er in der hoffnungslosen, endlosen Agonie der »Vielzuvielen«, der Zweitklassigen, Farbigen, der Wozzecks das Symbol eines hoffnungslosen und doch historisch sinnvoll gewordenen Kampfes sieht, so versteht er die Existenz des Che gleichfalls als Symbol eines damals aussichtslosen, aber weiterwirkenden Aufstands. Henze hat das aus den Tagebüchern Guevaras herausgelesen. Diese Analogie vermittelte ihm den Impuls, seine Partitur zu komponieren.

Die »Medusa« sank, der Kapitän, die höheren Chargen, die

Geistlichen, die Arrivierten, die »Besseren« nahmen in Rettungsbooten Platz, die »Vielzuvielen« wurden auf ein Floß verbannt. Trotz der Mühe, dieses Floß bei hohem Seegang zu retten, sank den Rettern auf ihren sicheren Schiffen nach knapp drei Stunden der Mut, die Leine wurde gekappt, man überließ die Ausgesetzten ihrem Verderben: also dem Verdursten, dem Verhungern, dem Ausdörren unter afrikanischer Sonne, dem Ertrinken, dem Wahnsinn. Die Partitur beschreibt vielfältiges Sterben symbolisch überhöht. Madame La Mort singt sirenengleich. Wer gestorben ist, geht still von einer Seite des Podiums zur anderen, die Toten tönen milde, während die (noch) Lebendigen sich manchmal auch herb, schreiend, entsetzt, aufrührerisch vernehmen lassen.

Aufrührerisch wogegen? Gegen einen mörderisch-kriminellen Kapitän, der uralte Seemannsbräuche verletzt, indem er nicht bis zur Rettung des letzten Mannes an Bord bleibt? Das wäre kein sehr aufregendes Thema. Schiere Mörder und Kriminelle sind unergiebig. Aufrührerisch dagegen, daß es Privilegierte gibt, also Leute, die sich für wertvoller halten oder für wertvoller gehalten werden als andere – und die darum im »Rette-sich-wer-kann«-Konflikt egoistische Entscheidungen fällen? Damit ist eine moralische Frage angeschnitten, die ewig unentscheidbar bleiben wird: Darf man, wenn man muß (Koestler hat es in seiner Darstellung des Amundsen-Konflikts zu Ende zu denken versucht, Simone de Beauvoir hat ein Drama, »Die unnützen Mäuler«, darüber geschrieben, Shaws »Arzt am Scheidewege« handelt davon), andere, der Gesellschaft weniger wichtig scheinende Menschen opfern? Solange es einen Personen-, Leistungs- und Gemeinschaftskult gibt, wird schwerlich der Beweis zu führen sein, daß man es in keinem Falle darf. Gerade die Anhänger Maos oder Castros werden ihn nicht führen mögen. Oder revoltiert der Text gar gegen die Katastrophen, die solche moralischen Fragen aufwerfen? Das wäre kindisch. Er revoltiert, mehr indirekt als direkt, dagegen, daß bestimmte Menschengruppen von vornherein, wie selbstverständlich, für lebensunwerter als andere gehalten werden.

Aber dieser Appell, der übrigens auch in Wirklichkeit von dem ungeheuerlichen Vorfall ausgegangen sein muß, wenn wohl auch weniger im Hinblick auf Änderung des Kapitalismus als auf Änderung des Klassenbewußtseins – wie nimmt er sich in einem Oratorium aus, das eben nicht nur mit Che Guevara zu tun hat, sondern auch mit Cocteau und Richard Strauss und

Henzescher Virtuosität und Ernst Schnabels literarischer Lauterkeit? Am Anfang neigt Ernst Schnabel noch dazu, allzu bewußt zu »formulieren«. Aber später, wenn Schnabel die Geschichte selber erzählt, wenn er sie größter abendländischer Literatur konfrontiert, vermittelt der Text zwingende, beeindrukkende Bilder und Formeln. Allerdings wirken die Klagen logischer als die Anklagen.

Hans Werner Henzes Musik verhält sich zu alledem auf höchst charakteristische (seine Freunde und auch Gegner werden sagen) typisch Henzesche Weise. Man hört einer Katastrophe ohnegleichen zu, alles tendiert eigentlich zur wüsten Untergangswochenschau, zur derben Kolportage. Ihr ging Henze aus dem Wege, indem er zusammen mit seinem Librettisten von vornherein ein Kunst- und Symbolklima herstellte: frei nach Bertolt Brechts bedeutender, vielen Agitprop-Autoren offenbar unbekannter Formel, daß es die Aufgabe der Kunst nicht sei, zu beschönigen, sondern zu verschönen – und das ist wirklich etwas ganz anderes.

Die Partitur beginnt wie der Anfang des Straussschen »Zarathustra«, sie hat einsame Höhepunkte bei der Darstellung langsamen, verzagten Hoffnungslos-Seins, bei der fesselnden und doch gestaltet endlos wirkenden musikalischen Reproduktion vergehender Zeit. Da finden sich etwa bei der Charakterisierung von Angst, bei der leeren, im Melos an Alban Berg gemahnenden Demonstration der langsam ablaufenden, entsetzlichen ersten Nacht, beim »Es schwieg sich weiter, bis es alle wußten« Pianostellen, wie sie außer Henze wohl heute niemand schreiben kann. Das leise Mitleid dieser Musik ist ohne Vergleich. Natürlich regt sich beim Angstgebrüll, im Katastrophenaugenblick auch wilder Orchesterdonner – doch wird da eher Virtuosität hörbar, während das musikalische Hoffnungslos-Sein anscheinend von großer Henzescher Sympathie für die Opfer und für Che Guevaras verzweifelte Mission diktiert war.

Hauptfigur ist der Mulatte Jean-Charles, den William Pearson – gleichsam ein Betroffener aus jener lange verachteten Dritten Welt, für die Henzes Oratorium plädiert – mit bebendem Engagement sang.

Gerade dieses Engagement, das sich auch den (zumal in der ungeheuerlich guten Akustik des Musikvereinssaals) unmäßig lauten Orchesterschlagzeug-Höhepunkten mitgeteilt zu haben schien, wurde leider in Wien die Grenze der Interpretation. Man hörte, wie gut Staatsopernchor und Wiener Sängerknaben intonierten, wie sicher Edda Moser ihre Spitzentöne herausbrachte. Aber die vielleicht auch durch Premierennervosität unruhig gesteigerten Fortissimoeffekte waren so benebelnd, so proportionslos, daß die Piano-Stellen, die ohnehin allzu oft im Mezzoforte, ja im Forte vorgetragen zu werden schienen, ungut verblaßten. Pearson sang sich in ein Anklagepathos hinein, als ob die Opfer des Medusa-Floßes noch zu retten wären – während eine objektivierendere Darstellung dem Oratorium und der Mitdenkaktivität des Publikums mehr geholfen hätte. Diesen Fehler beging gleichfalls der Dirigent Caridis, der natürlich manuell mehr »kann« als der Hamburger Uraufführungsdirigent Hans Werner Henze und dem darum die Gewalteffekte leider viel zu gut, viel zu massiv gelangen. Alles »leise« war immer nur retardierendes Moment in diesem Fortissimo-Kontext.

So konnte das ahnungslose, den gesungenen Text bestimmt nicht verstehende Wiener Publikum sich von den Qualitäten der Partitur kaum ein Bild machen, kaum begreifen, daß manche messeähnlichen italienischen Anspielungen ebenso inständig auf die Geschöpflichkeit und das Sterbenmüssen der Menschen hinweisen, wie die komponierten Klagen und Anklagen verlangen, daß eine ungerechte Welt verändert werde.

1. II. 1971

Cimarrón

Der gut eingeschliffene Abwehrmechanismus, dem Hans Werner Henze begegnet, wenn seine Werke gegenwärtig in großen »bürgerlichen« Theatern aufgeführt werden sollen, lautet: Der ist ja selber Millionär, hat eine Riesenvilla bei Rom, dem nehmen wir sein revolutionäres Pathos, seine Links-Attitüde nicht ab. Und weiter: Der will »links« sein und komponiert ästhetizistisch wie Richard Strauss. Und schließlich: Agitprop-Musik, ideologisches Theater lehnen wir ab.

Diese drei Anti-Henze-Argumente sind natürlich nicht in sich logisch, sie passen zumindest nicht genau zueinander. Aber sie tun zumindest dann ihre Wirkung, wenn das pluralistische Angebot so erstaunlich und dankenswert groß ist wie zur Festspielzeit. Dann geht kein Mensch in Henzes »Cimarrón« – so, wie die Salzburger sich nicht um Ligetis Requiem kümmerten. Im ersten Augenblick mag man diesen Boykott gegen moderne

Musik als skandalös empfinden. Aber er ist es nicht. Er ist nur ehrlich.

In München gab es einmal eine Musica-viva-Mode: Es galt sozusagen als schick, bei Atonalem mit aufgeschlossenem Gesicht dabeizusitzen. Mir sind die wenigen, die jetzt zu Henze und zu Ligeti gehen, lieber. Die wollen es wirklich wissen. Daß dem großen, musikliebenden Publikum die klassischen und beglaubigten Werke näherstehen, vertrauter sind und angenehmer, das ist, ganz abgesehen von der Qualitätsfrage, natürlich. Erstaunlich nur: wie wenig neugierig unser Musikpublikum sich verhält. Selbst wenn man nicht dran glaubt, man müßte doch eigentlich zumindest erfahren wollen, wie's ist.

Henzes »Cimarrón« ist ein glänzend kalkuliertes Stück moderne Musik, eine Solokantate. Der »Cimarrón« verhält sich zum Werk Henzes wie der »Pierrot lunaire« zum Gesamtwerk Schönbergs oder die »Geschichte vom Soldaten« zum Gesamtwerk Strawinskys. Auf den Rausch groß angelegter Arbeiten folgt die kleine Besetzung; aber der erfahrene Komponist kann der Versuchung nicht widerstehen, fast zu gut zu zeigen, wie brillant er mit einer kleinen Besetzung (William Pearson, Bariton; Karlheinz Zöller, Flöte; Wilhelm Bruck, Gitarre; Stomu Yamash'ta, Schlagzeug) umzugehen weiß.

Die Vertonung der Geschichte des entlaufenen Negersklaven ist nicht billig revolutionär, sondern, indem sie musikalisch genau die Waage hält zwischen folkloristischer und psychologischer Imitation, Anspielung und Selbstständigkeit, ein Meisterwerk der Darstellung von unglücklichem, verworrenem Bewußtsein. So wie Wozzeck verblendet an Freimaurer-Schuld und andere undurchsichtige Zusammenhänge glaubt, wird auch dieser Cimarrón als teils seltsam verbiesterte, teils merkwürdig moralistische, teils utopisch freiheitsgläubige und teils real unkorrumpierbare Seele erkennbar. Zweitens: In diesem Cimarrón, dem ein selbstzufrieden gehandhabtes Sklaverei-Prinzip und ein ebenso selbstzufriedenes Yankeetum ungeheures Unrecht zufügten, lebt, natürlich, die Vision von Befreiung, von besserer Welt, vielleicht sogar von Rache. Aber: Fidel Castro wird überhaupt nicht erwähnt, und wenn, an der vielleicht schönsten, lyrischsten Stelle des Werkes, die Rede von »Freundlichkeit« ist, dann wird da ebenso wie in der Schlußdrohung »Das Messer« eine Mischung aus sanfter Skepsis und unveräußerlichem Menschenrecht hörbar, die sich auch gegen einen Castro richten könnte, falls dieser sich zum Stalinisten entwickelte.

Enzensbergers Texteinrichtung (nach Miguel Barnets Dokumentation) wirkt bedenklich literarisch: Der direkte Ton des Berichts ist aufgegangen in elegant gehandhabter Brecht-naher Sprache; aber diese Sprache macht wiederum, um noch Libretto zu sein und sich nicht poetisch zu verselbständigen, keine Anstrengungen, eine wirklich zwingende Haltung zu finden.

An den Mißverständnissen, denen Henze gegenwärtig begegnet, ist er nicht unschuldig. So hat beispielsweise der *Kürbiskern* (Heft 3, 1971) ein Gespräch Henzes mit der Münchner Song-Gruppe abgedruckt, in dem Henze sich als fast ungebrochener Revolutionär zu erkennen gibt. Dabei ist es natürlich verhältnismäßig leicht, gegen das Unrecht von gestern recht zu haben. Aber Henze weiß auch und leidet daran, daß in Kuba gegenwärtig zum zweitenmal in der Weltgeschichte ein sozialistisches Experiment an den Stalinismus verraten werden könnte. Er weiß, wie es seinen dortigen Freunden geht, daß beispielsweise Padilla in der »Selbstkritik« Freude darüber zu heucheln hatte, seinen Roman nicht mehr veröffentlichen zu dürfen. Dieses Modell eines Scheiterns (oder beruht Castros Kurs gegen die Linksintellektuellen und die Homosexuellen auf der Notwendigkeit, sich gegenüber der UdSSR mit solchen Maßnahmen beliebt zu machen?), dieses Modell müßte auch zum Gegenstand wahrhaftiger schriftstellerischer und kompositorischer Bemühungen werden. Sonst bleibt immer jene Zwiespältigkeit, die auch diesmal in der Aufführung zum Ausdruck kam: Soll man die Wut gegen das Vergangene historisch referieren oder expressiv-revolutionär imitieren? Die Mitte zwischen Imitation und Erinnerung macht darauf aufmerksam, daß Wahrheit unteilbar ist.

3. VIII. 1971

Wir erreichen den Fluß

Solange man etwas *über* dieses neue Werk zweier berühmter Künstler der europäischen Moderne hört – der Komponist Hans Werner Henze feierte am 1. Juli 1976 seinen fünfzigsten Geburtstag, der britische Dramatiker Edward Bond ist 42 Jahre alt –, möchte man die beiden Akte von »Wir erreichen den Fluß« für zumindest bedenkenswert, mutig und radikal halten.

Absichten und Ansichten der beiden Überzeugungstäter wirken hochinteressant. Hans Werner Henze selber hat die Handlung, diese Erweichung einer starren Seele zum Mitleid und Nicht-mehr-Mitmachen, diesen eigentlich barocken Umschlag eines (Militär-)Tyrannen in einen Märtyrer sehr plastisch beschrieben: »Es ist ein Stück gegen die Gewalt, gegen den Krieg, dargestellt an einer Bewußtseinskrise, und zwar der eines Militärs – eines Generals –, der von einer kalten Kriegsmaschine zu einem mitempfindenden Menschen wird, dann jedoch durch den Staat für verrückt erklärt, isoliert und schließlich hingerichtet wird.«

Auch dafür, daß in dieser Oper drei Schauplätze und drei Orchester simultan aufgeboten werden müssen, schien es gute Gründe zu geben. Denn daß ein General, sozusagen ein Schreibtischtäter mit bestem Gewissen, der Erfolgsberichte diktiert und an Siegesfeiern teilnimmt, in eine Rollen-Krise gerät, wenn er ganz konkret auf dem Schlachtfeld sieht, was er und der Krieg eigentlich anrichten, das müßte durch mehrere, separat nebeneinander existierende Bühnenräume tatsächlich besonders sinnfällig gemacht werden können. Max Frisch, Träger des Friedenspreises des Deutschen Buchhandels, hat ja in einer berühmten Tagebuch-Passage entwickelt, wie schwer es selbst für Grausame sei, die realen, unmittelbar sichtbaren Folgen ihrer Grausamkeit auszuhalten. (Einfacher ist es schon, nur auf Knöpfe zu drücken, Telephonate zu führen, nach Abwurf der Bombe davonzufliegen.) Und weil auch die Geschichte der Oper zwischen Mozart, Berg und Zimmermann mannigfache Beispiele für das mögliche Nebeneinander-Existieren mehrerer aufeinander bezogener Orchester und Spielplätze bietet, so schien das ehrgeizige Projekt von Bond und Henze plausibel zu sein. Wie gesagt: Solange man etwas *über* diese neue Oper, ihre Inhalte und Tendenzen hörte.

Hört man aber das Werk selbst, dann erschrickt man über soviel Verwirrung, Leerlauf, Nichtigkeit und ästhetisch-dramaturgischen Irrtum! Gewiß, in den klügsten Uraufführungskritiken war schon angeklungen, daß es für den Betrachter – etwa für Peter Heyworth im *Observer* – so ziemlich unmöglich sei, mit der optischen und musikalischen Überlastung (wer kann denn mehrere Orchester und mehrere Handlungen auf mehreren Schauplätzen im gleichen Moment wahrnehmen?) fertig zu werden. Und Dietmar Polaczek hatte in der *Frankfurter Allgemeinen Zeitung* erwogen, ob Henzes Komposition nicht eigentlich eine bessere, manchmal nur illustrierende Schauspielmusik sei. Trotz ihres Riesenaufwandes. Aber die Berliner Erstaufführung – dirigiert vom energischen und vorzüglichen Christopher Keene, der das Kunststück fertigbrachte, sogar entfernter sitzende Bühnenorchester zu offenbar präzisem Musizieren zu befeuern – lehrte doch, daß es sich bei den gehäuft zu Tage tretenden Verwirrtheiten, Mißlichkeiten und Zufälligkeiten nicht nur um Schwierigkeiten handelt, die bei besserer Kenntnis der Sache überschau- und durchhörbar sein mögen, oder die bei einer geschickteren Darbietung weniger quälend zwischen Absicht und Gelingen treten. In Berlin erlebten wir ein künstlerisches Fiasko, wie es so grauenhaft seit Jahr und Tag nicht mehr passiert ist.

Nie kann die Musik eine verbindliche Sprache finden. Vielleicht deshalb nicht, weil die verschiedenen Orchester einander allzu rasch ins Wort fallen, sich dabei nicht etwa steigern, sondern nur stören. Vielleicht aber auch, weil Hans Werner Henze für diese Oper keine eigene Musiksprache zur Verfügung steht. Er hat nur synkretistische (das heißt: allzu Verschiedenes verschmelzende), parodierende, kritische Töne. Allzu selten wahrhaft panische, sympathisierende, mitleidsvolle. Was da gesungen oder gespielt erklingt, ist (fast) immer schrecklich uneigentlich, banal, beliebig. Dies wird um so deutlicher erkennbar, als Henze, Könner von Graden, bei aller Verworrenheit doch stets gut klingend, ja durchsichtig komponiert. Nur ist eine klare, durchschaubare Ausdrucksweise ja stets dann von Nachteil, wenn sie vor allem spüren läßt, wie wenig jemand zu sagen hat. Gelegentlich erinnern bestimmte Klangmischungen an den »Wozzeck«, mehr noch an eine zentrale Szene der »Lulu«. Die geglücktesten Partien hingegen haben – und das war die Stärke der letzten großen Henze-Kompositionen – immer nur etwas spezifisch Oratorienhaftes. So etwa der zur Agitprop-Messe gesteigerte, verhalten-einfache Schlußchor. Sinnlos bleiben die gebildeten Hans-Leo-Hassler-Anspielungen und manche Kunstgriffe.

Henzes antidramatische Sprachlosigkeit kommt dann am peinlichsten heraus, wenn Soloinstrumente, wie die pretiös häufig gebrauchte Viola da gamba und Viola d'amore sich leer und leis' verströmen. Die karikaturistischen Koloraturen einer Sopranistin oder der bejubelte Exzentrik-Akt eines Schlagzeugers, der ungeheuer eilig mit wehenden Frackschößen von Instrument zu Instrument rennen mußte, es freilich nach der Pause vorzog, in einfacherer Dienstkleidung zu erscheinen, die ihm das Flink-Sein erleichterte, aber doch nicht so sehr, daß es ihm gelungen wäre, die großen Glocken tatsächlich zum Bimmeln zu bewegen: alle diese Ironien oder Witzeleien blieben arm, günstigstenfalls Narrenszenen.

Nicht, daß diese Oper ein Grenzfall ist, sei ihr zur Last gelegt. Nur nie macht sie aus eigener Kraft plausibel, warum hier überhaupt Musik erscheint, fast nie hat sie die Chance, sich positiv mit einem Affekt zu verbünden. Liebe, beispielsweise, kommt genausowenig vor wie in Janaceks »Totenhaus« oder im »Friedenstag« von Strauss. Aber diese Erschwerungen lösen dem Komponisten Henze nicht die Zunge. Sie machen ihn bloß redselig. Was bleibt, ist eine Mischung aus Brutalität und Lächerlichkeit. Auf der Bühne sitzt ein Orchester, im Frack. Einen Meter daneben kratzt eine Sängerin die unerkennbare Leiche ihres Mannes, eine blutbeschmierte Riesenpuppe, aus den Bühnenbrettern heraus.

Die Partitur, die hier Bonds »Szenen für Musik« aufgestülpt worden ist, verunklärt das literarisch Gelungene, läßt die obsessionshaften Schwächen aber isoliert übrig. Seit »Gerettet« gilt Bond, der im deutschen Sprachraum wahrscheinlich mehr geschätzt wird als in seiner angloamerikanischen Sprachheimat, als ein Autor entsetzlicher, grausamer Abläufe. Doch eben seit »Gerettet«, bis hin zu den letzten Sprechdramen Bonds, konnte man immer wieder, manchmal freilich mit einiger Mühe, darauf hinweisen, daß Bond nicht nur den Terror als solchen zeige, sondern die Entstehung des terroristischen, grausamen, quälenden, sadistischen Verhaltens. Davon, von diesem mitleidigen Hineinhören ins gleichsam unschuldige Werden des Bösen, ist in »Wir erreichen den Fluß« kaum etwas übriggeblieben. Und was die Personen allenfalls über ihre Erfahrungen mitteilen, das bleibt real, nämlich wegen des vielfachen Durcheinander, unverständlich. Die Bühne und die Bühnenmusiken mit ihrer Gegenwärtigkeit machen sich breit; was die einzelnen Figuren an Erinnerungen oder Betrachtungen heraufzuholen, vorzuführen haben, besitzt gegenüber der martialischen Vielfalt überhaupt keine Chance.

Jede Figur, die auftritt und die nicht entweder militaristisch oder großbürgerlich wirkt, ist todgeweiht. Man fragt bald nicht mehr, warum. Frauen in einfachen Kleidern mit lieben Kinderpuppen auf dem Arm sind hier ohne jede Chance. Aber da sich das Verhalten, das Leiden, kurz, die ganze Sympathie-Lenkung, die Bond und Henze zugunsten der Opfer vornehmen, nie isoliert ausbreiten kann, sind hier die Guten immer nur Mitleids-Chiffren. Im ersten Akt geht es hauptsächlich um Brutalitäten, der zweite spielt im Irrenhaus, wo übrigens der General ausführlich-sadistisch geblendet wird. Seine Folterer legen ihm vorsorglich die Blindenbinde an, auch wenn er noch sieht. Sie wissen ja, was sie vorhaben. Nicht einmal die durchgehende Figur des Generals (Bond hat die Geschichte eines zunächst nur Schauenden, dann Eingreifenden schon oft vorgeführt) wird deutlich exponiert. Wenn man sich für ihn zu interessieren beginnt, ist er bereits Märtyrer geworden! Manchmal scheint es, als biete Bond nur mehr ein explodiertes Shakespeare-Pandämonium, wo die zwei Mörder aus Richard III. und die Blender des Gloster und die schlimmsten Kriegsszenen der Historien zum Bild der Welt werden.

Doch das, was Bonds unaustilgbares Erschrocken-Sein poetisch und literarisch legitimiert, nämlich die Sprache: das geht im Orchester-Durcheinander und Bühnenwirbel vollkommen unter. Ja selbst die Aufteilung in mehrere Schauplätze, die am Anfang logisch begründet erscheint, wird zum Schluß zufällig, unnötig, Überbestimmung. Schon der Arzt, der den General besucht, durchschreitet gleich mehrere Bühnenräume. Das ist nicht plausibel. Und wenn wir uns, nach der Pause, im Irrenhaus aufhalten, dann wirken die beiden anderen Schauplätze ohnehin nur noch wie überflüssige Hinzufügungen.

Volker von Schlöndorff hatte sehr bunt, oft blendend kinorealistisch inszeniert. Das immer wieder brillant veränderte Bühnenbild (Martin Rupprecht) wirkte teuer. Gute Sänger (Donald Grobe, Barry McDaniel, Lucy Peacock, Catherine Gayer, und selbst, in der Hauptrolle, William Murray) hatten es in diesem anti-individuellen Massenstück sehr schwer, sich einigermaßen herauszuheben. So wurde eigentlich nur die Krise, in die Henzes Komponieren und Bonds Dichten hineingeraten zu sein scheinen, deutlich; nicht, was diese Künstler eigentlich sagen wollten.

Die Premierenzuschauer, zumal wenn sie nicht vorher sorgfältig den Text gelesen oder in der Partitur geblättert hatten, wirkten auch einigermaßen verwirrt, mehr überfahren als überwältigt. Aber sie klatschten denn doch der opulenten Aufführung zu. Viele buhten den Komponisten Henze an. Das moderne Musiktheater erlitt eine Niederlage, die nicht nur etwas über den Stand gegenwärtigen Komponierens besagt, sondern auch einiges über den Alibi-Ehrgeiz fahrlässiger Operndramaturgie.

21. IX. 1976

Karlheinz Stockhausen
Punkte 1952/62

Selten schien die Ratlosigkeit größer als nach Karlheinz Stockhausens Orchesterkomposition »Punkte 1952/62«, mit welcher der Abend begann. Und weder der konventionell-demonstrative, aber andauernde Beifall noch das ebenso konventionelle, aber schwache Buh-Rufen (im Vergleich zur vorher gehörten Stockhausen-Komposition klangen übrigens die dissonant gemeinten Buh-Schreie wie Donizetti-Arien) wirkte irgendwie überzeugend oder überzeugt.

Beifall und Buh in Musica-viva-Konzerten tun immer so angenehm bekenntnishaft.

Wer klatscht oder johlt, hat doch eine Entscheidung gewagt. Wer aber nur feinsinnig, historisierend und kulturästhetisch reflektiert, der – so heißt es – umgeht solche Festlegungen. Wer das meint, huldigt freilich einer kindlichen Entscheidungsfreude. Gehört denn auch nur der geringste Mut dazu, mit dem angeblich gesunden Menschenverstand zu paktieren, schlicht und laut zu bestimmen, was noch Tonkunst und was keine mehr sei, und dann die weißen Musikschafe von den schwarzen Geräuschböcken zu trennen? So darf, kann und soll die Öffentlichkeit im konventionellen Konzert verfahren, wo das Publikum ja auch keinen Zweifel daran läßt, inwiefern ihm die »Träumerei« von Schumann lieb-vertrauter ist als die »Träume« von Isang Yun.

Derartige Bekundungen der Sympathie oder des Abscheus aber sind im Hinblick auf Stockhausens »Punkte« gleichermaßen sinnlos, solange man nicht zumindest annäherungsweise begriffen hat, was man hörte. Es handelt sich bei diesem Stück um eine – am Stand elektronischen Komponierens und Notierens gemessen – durchaus nicht besonders avancierte Partitur für großes Orchester, die übrigens auch durchweg gängige Instrumente einsetzt. Nur eben nicht gängig benutzt. Als Punkte erscheinen mehr oder weniger lang gehaltene Akkord- beziehungsweise Dissonanzflächen, die sich manchmal schroff voneinander ablösen, meist aber klangdifferenziert ineinander übergehen. Obwohl die rhythmischen Vorschriften beinahe von Takt zu Takt, zumindest von verhältnismäßig kleiner Taktgruppe zu Taktgruppe wechseln, stiftet dieser Wechsel gleichwohl – so schien es mir jedenfalls beim Hören und Studieren des Stückes – keine längeren, zwingend zusammenhängenden Einheiten. Sondern das Stück besteht, gerade weil es fortwährend changiert, letztlich doch immer nur aus einzelnen, meist gemäßigten Vierteln – gleichviel, in welcher metrischen Anordnung diese Viertel erscheinen, gleichviel, ob sie nun aus Quintolen oder Sechzehnteln oder geräuschartigem Anschwellen und so weiter bestehen.

Stockhausen selbst hat sich übrigens einmal gegen das »Quanteln« gewehrt, gegen das allzu große Vertrauen in den Immer-nur-Einzelton, dessen Addition von selbst zum Ganzen führe, und hat die Beziehung zwischen rhythmischer Gegebenheit und tonaler Kadenz in einem große Mozart-Kenntnisse verratenden Aufsatz, »Kadenz-Rhythmik bei Mozart«, analysiert. Auf seine »Punkte 1952/62« bezogen, wären diese Überlegungen wohl folgendermaßen anzuwenden: Die mit großem Aufwand an Tonerzeugungsdifferenzierungen operierende Partitur produziert nicht etwa Musikabläufe motivisch oder psychologisch fortschreitender Natur, die gelegentlich unterbrochen sind von verfremdenden, wenn auch wohlorganisierten Geräuscheinschüben, sondern die Sache liegt wahrscheinlich eher umgekehrt.

Man muß dem Stück zuhören wie einer aus Wiederholung und Dissonanzklang bestehenden Beschwörung. Man muß sich dazu verhalten wie zu außereuropäischer Musik, deren Magie ja nicht dadurch weggezaubert ist, daß man in ihr vergebens etwa nach der Beethovenschen Sonatenform sucht. In diese atomistisch hergestellte und dann doch wie ein Ganzes wirkende Dissonanzekstase bricht nun bei Stockhausen hin und wieder eine bekanntere, gewohntere traditionalistische Musikgeste ein und macht sofort bedeutenden Effekt. Beispielsweise ein nicht endender hoher Violintriller. Oder im Pianissimo notierte Holzbläserfarben, die wie explodierter später Wagner wirken.

Hans Zender dirigierte die keineswegs unspielbare Partitur so, daß immer alles zusammenblieb. Aber – man sah und hörte es den Musikern an – er konnte nicht erreichen, daß sie sich mit jener Leidenschaft an die Klangproduktion machten, auf die es hier ankommt. Nur wenn es relativ bekannte Wendungen zu spielen galt, engagierte man sich. Im übrigen war man Akkordarbeiter beziehungsweise (angesichts der atomistischen Partitur) Atomtechniker.

Partituren wie die vorliegende werfen ein Licht auf frühere Stockhausen-Arbeiten. Auch im »Gesang der Jünglinge« oder in den »Zeitmaßen« kommt es offenbar nicht darauf an, von gerade noch Bekanntem ins Neue zu transzendieren, sondern vielmehr darauf, die Geräuschorganisation als Eigentliches und die Wendungen, »an die man sich halten kann«, als beiläufige zu begreifen. Wohin das alles führen kann und soll, weiß kein Mensch. Die Musica viva ist indessen genau der Ort, solche Sachen auszuprobieren. Das Zweite Programm des Bayerischen Rundfunks ist jedoch wohl keineswegs die Stätte, dergleichen in den populärsten Abendstunden zu senden.

21. IV. 1969

Luciano Berio
Sinfonia für acht Singstimmen und Orchester

Luciano Berios Sinfonia für acht Singstimmen und Orchester ist nicht wählerisch in ihren Mitteln. Sie hat etwas vom totalen Symphonietheater, benutzt Texte, die nicht verstanden werden sollen, zitiert sich im brillanten dritten Satz quer durch die Musikgeschichte: ein Quiz zwischen »Pastorale«, »Rosenkavalier«, Mahlers 2. Symphonie und der Orchesterentwicklung unserer späten sechziger Jahre.

Was, zumal nach den ausdrucks- und bedeutungskargen ersten beiden Stücken, aber doch sogleich für Berios Totale einnahm, war der heiße Atem, die humane Engagiertheit, das leuchtende Brio dieser Musik. Ohnehin intonieren die von andersartigen Aktivitäten her wohlbekannten acht Swingle-Singers so phänomenal sauber, so sicher und deutlich bewegt, daß man sich den fünf Sätzen dieser Sinfonia gern überläßt mit dem Wunsch, ihr bald wieder einmal zu begegnen. Berio hat sich in dieser Sinfonia mehrmals auf Texte von Claude Lévi-Strauss bezogen, und zwar sinnvollerweise auf dessen Mythologieanalyse »Le Cru et le Cuit«, welcher der französische Anthropologe seinerseits formal die Struktur eines Musikstückes gegeben hat. (Näheres darüber nachzulesen bei George Steiner in »Ein Orpheus mit seinen Mythen«.) Aber Berio verarbeitete auch andere Texte und beziehungsvolle Namen zum Tonmaterial. Anfangs erinnert die Sinfonia noch an die relativ klassischeren und musikimmanenteren Wirkungen, die Henze in seinem »Medusa«-Oratorium anstrebte; doch diesem strengen Kanon entzieht sich Berio bald. Im riesigen dritten Satz wird des »Antonius von Padua Fischpredigt«, also jenes »Wunderhorn«-Lied Gustav Mahlers, das bereits in Mahlers 2. Symphonie zum dritten Satz umgewandelt worden ist, zur Schale, in die Berio eine ganze Musikgeschichte hineinfüllt. Der unverhältnismäßig kurze vierte Satz danach und das Finale sind dem gegenüber dann keine Steigerung mehr.

Nun kann man ja oft beobachten, daß großangelegte Collagen und Verschmelzungen fast immer die Tendenz haben, auf Kosten der Einzelmomente »zusammenzuschießen«. Wenn etwa Jazz und Symphonik zusammengebracht werden. Totalität als Alibi. Auch Berio macht von den mit seinem Prinzip gegebenen Freiheiten reichlich und ausführlich Gebrauch. Das Stück wirkt beim ersten Hören zu lang, und es bedürfte, damit der Methodenpluralismus nicht die Einzelheiten tangiert, wahrscheinlich eines noch weitaus strengeren, entschiedeneren, kühneren Komponistenwillens. Doch weil italienische Brillanz mit im Spiele war, kamen gleichwohl akzeptable Musik und ein donnernder Gesamterfolg zustande.

29. III. 1971

Mauricio Kagel
Aus Deutschland

In der Pause dieser von Mauricio Kagel trefflich inszenierten und von Martin Rupprecht unübertrefflich opulent ausgestatteten »Lieder-Oper« glänzten noch manche Augen. Es hatte ja mehr zu sehen gegeben als normalerweise für den ganzen »Ring« oder Verdis Gesamtwerk aufgeboten wird: nämlich ein außerordentliches Bühnenspektakel, wie für das Farbfernsehen gemacht. Zudem waren die großen Figuren des kulturellen Erbes (Matthias Claudius, Hölderlin, Goethe, Schubert, Heine) zitiert oder sogar herbeizitiert worden. Aber nicht so, wie sonst, sondern weniger wohllautend – also doch offenbar »kritisch«. Wessen Entmythologisierungsmütchen bliebe da ungekühlt?

Die Romantik auf den Prüfstand? Tiefsinnige Aufsätze im

Programmheft. Von Kagel selbst, von Hans Mayer (der eine Parallele zu Adornos Bach-Bild erspähte ...) lehrten seriös das Fürchten: »Als erstes versuchte ich, *Liebe*, *Natur* und *Tod*, jene klassischen Themen, die Gegenstand der Romantik *aller* Zeiten geblieben sind, von unseren romantischen Vorstellungen über die Romantiker zu trennen«, erläutert Kagel verhalten und getragen. Und er fügt nicht einmal hinzu, daß es bei seinem analytischen Parodie-Verfahren oft auch lustig zugeht, weil sich ja Kagels vis comica von selbst versteht ...

Es war also ein fabelhaft bunter, bildungsstolzer, opulent ausgestatteter Abend. Kagel bediente sich aller Möglichkeiten unserer reichen Staatstheatersubventionskultur, an der er offenbar doch hängt, der Schelm! Bilder und Zitate und Prospekte ohne Zahl hat er hier hoch aufeinandergeschichtet, gestapelt.

Aber am Ende war's nicht einmal mehr verwirrend, sondern nur mehr langweilig. Man hatte jenen schalen Geschmack auf der Zunge, der sich immer einstellt, wenn Arrangements weder einer deutlichen (das heißt auch: falsifizierbaren) These dienen noch gar einer zur Identifikation einladenden Position; wenn diese Arrangements also keinen Gehalt, keine begriffslos künstlerische Wahrheit erschaffen. Beklemmend simpel ist der Grundeinfall, der dem Riesen-Tamtam zugrundeliegt. Es ist ein zugleich analytischer und parodistischer Einfall. Kagel betrachtet den großen Bestand deutscher romantischer Kunstlieder (zwischen Winterreise und Dichterliebe, zwischen Mignon und Müllerin) als einen Bestand von (mehr oder weniger bedeutenden) Texten. Alle diese Gedichttexte komponiert er neu. Und verknüpft sie in 27 Liednummern assoziativ.

Nun nennt man in der Musikologie das Neutextieren bereits vorliegender Gesangskompositionen »Parodie-Verfahren«: Ein solches schließt keineswegs bösen Willen, Beschädigungslust ein. Darum dürfen wir Kagel auch gern glauben, daß er die Romantiker keineswegs attackieren, denunzieren wollte – es genügt schon, daß er sie neu komponierte, mit unendlich schwächeren Einfällen. Dadurch erschienen die Texte bereits hinreichend bloßgestellt.

An die Stelle des Melodiösen trat mehrerlei Neues. Zunächst: visuelle Vergegenwärtigung. Die Hunde bellten Wilhelm Müllers Bettler an; Heinrich Heines Schiff zog in unvergeßlich wunderbar ferner Projektion vorüber, während es dunkelte am Strande. Und so weiter.

Also: durchgestrichene Musik, visuell verdoppelter Textinhalt. Der zweite Schritt war die Umwandlung von Liedinhalten in (oft überraschende) szenische Sequenzen.

Aber wie verband sich das alles miteinander? Antwort: eigentlich überhaupt nicht. Nur täuschte gelegentlich Schuberts Bettelmann, der wie ein wandernder Müllersbursch durch die Szenerien zog, einen schwachen Zusammenhang vor. Verknüpft und fortgesponnen wurde nur auf dem Wege freier Assoziation. Tod, Liebe, Gebell, großes Getier: Derartiges kam immer wieder vor – beobachtet von Biedermännern, die bei alledem einen stummen oder auch sehenden Chor formierten. Es waren dann Zwerge mit Riesenhänden, »zerbrechliche Dürre, bauchige Kleine«.

Nun fragt sich der Leser wahrscheinlich bereits lange und bange, was das alles soll. Mauricio Kagel, der produktive und berühmte Komponist, genauer: Collagist; der Musiker, für den aber die Töne auch nur ein Mittel unter vielen sind; Kagel, der eminent einfallsreiche Theatermann und Regisseur – er muß doch mit alledem etwas bezweckt haben, was über die methodische Banalität hinausgeht. Daß etwa Wagners »Ring«-Text zum langweiligen Libretto werden könnte, wenn jemand zum Zwecke der Verfremdung diesen Text neu und weniger gut komponiert.

Nur selten vermochte Kagel szenisch einleuchtend zu argumentieren. Dazu ist er zu sehr »Künstler«, dazu macht ihm der konfuse Seitensprung oder die übermütige Arabeske viel zuviel Vergnügen. Manchmal war dann zu entdecken, was – auf Ehrenwort! – alle Schubert-Bewunderer auch ohnehin wissen: Daß also hinter dem scheinbar Biedermeierlichen verstörend Gespenstisches lauert. Manchmal kam bei Kagel heraus, daß es einen schuldhaft existentiellen Kontrast gibt zwischen Goethes hoher Kunst und den Leiden der hungernden Bevölkerung. Kagel hat da wiederholt, was Goethe selbst wußte, als er über die hungernden Strumpfwirker in Apolda nachdachte, während er seine »Iphigenie« schrieb.

Abgründe, Nachtseiten der Romantik? Wer daran gezweifelt hätte, bitte die Hand zu heben. Ich sehe niemanden. Heute wäre es nämlich origineller und kühner, einmal die Affirmation, die Harmonie der romantischen Kunst vorzuführen, als immer nur zu beteuern, wie unendlich zerrissen und todessehnsüchtig sie war. Doch Kagel ging es ja gar nicht nur um diskursives Argumentieren. Er machte lieber Witze. Und ließ dem Bewitzelten wenig Chancen.

Zugegeben, manche Witze waren ganz gut. Theatralisch wirft die Mutter des auch nicht unmäßig deutschen Balladen-Edvard ihrem Sohn mancherlei Tötungsdelikte vor, bis sie selbst als Mordanstifterin erkennbar wird. Eine hochdramatische Szene. Bei Kagel geht sie flott weiter. Der Sohn durchsticht die Mutter, daraufhin schreitet das Rüstungsgespenst des längst verblichenen Väterchens ein – und stolpert laut. Alles zerfällt. Dergleichen beobachten die Biedermänner mit blöden Visagen.

Aber selten kann Kagel Komik oder Bedeutung aus seinen Objekten herausholen, ohne die Objekte heftig zu verzerren. Was ist komisch oder lehrreich daran, daß Kagel den Helden der »Dichterliebe« als Weib erscheinen läßt? Daß er Gretchens Text dem spinnenden Goethe in den Mund legt? Was ist komisch daran, daß teils absichtsvoll »gemeiningert« (also mit rollendem »R«) gesprochen, teils auch absichtslos schlecht skandiert wird? Durch miserablen Sprechvortrag wurde ausgerechnet der arme Hölderlin belästigt, und was Kagel dem Dichter der Deutschen dann musikalisch antat, war auch beinahe unverzeihlich.

Gewiß mag es überraschen, wenn die Rattenfänger-Sage nicht als Parabel musisch-politischer Verführbarkeit erscheint, sondern wenn sie dadurch umfunktioniert wird, daß die Ratten den Rattenfänger vernichten. Wie nett, daß Kagel zeigt, wie erfolgreich ein Kollektiv im deutschen Gedicht sich gegen Verführer zu wehren wußte.

Nein, zur Lieder-*Oper* geriet die Lieder-Oper nicht. Zur Oper fehlte es ihr an Gestalten, fehlte ihr die Handlung. Gedichte, Zitate, Figuren, Überraschungen, Haltungen: alles das waren nur starre Kulissen in Kagels Reich. Und in diesem Reich wurde weder das Faszinosum noch auch die gefährliche Süße deutscher Romantik demonstriert, weil es die »Musik« zu dieser Romantik nicht gab.

Solange man unwillkürlich noch Schuberts oder Schumanns Töne ergänzte, war es vielleicht ganz komisch. Aber bald hörte diese Doppelbödigkeit auf. Statt ihrer dominierte trist Kagels Eindeutigkeit. Die Aufführung hatte im »Legendenton« einer späten Scrjabin-Sonate begonnen. Bald aber zeigte sich: Um der »Verständlichkeit« willen zerfiel die Partitur in die immer gleichen »Ostinato-Modelle« einerseits und in eine jaulende Jammer-Chromatik andererseits, ganz ohne aufkomponierte Vermittlung dieser Extreme. Nur selten kam ein akzeptabler Chorsatz zustande. Bedrückend wirkte nicht die Armut romantischer Realität – bedrückend wirkte vielmehr die Armut an rhythmischen Gestalten.

Gewiß, Aloys Kontarsky, der hier als unfehlbarer Pianist das Orchester vertrat, hatte alle Hände voll zu tun. Er mußte sowohl ein gestimmtes wie auch immer wieder ein »verstimmtes« (mein Gott, wie lustig!) Klavier bedienen, nachdem er zuvor bereits Elektronisches fixiert hatte.

Der treffliche Michael Giehlen kam als Dirigent mit den Chören gut und zügig zurecht. Aber die Ausstattung Martin Rupprechts war das weitaus Beste an diesem manchmal witzigen, gelegentlich auch mokant widerlichen Kulturausverkaufsabend, der mit einigen Pfiffen und einigem Buh bedacht wurde. Das untadelige Sängerensemble der Deutschen Oper Berlin hatte nicht die Möglichkeit, sich hier in einzelnen erkennbaren Rollen künstlerisch zu profilieren. Darum müssen die mindestens 30 Mitwirkenden nun pauschal gelobt und bedauert werden.

11. V. 1981

Aribert Reimann
Lear

Aribert Reimanns »Lear«, für Dietrich Fischer-Dieskau komponiert, von Jean-Pierre Ponnelle mit surrealistisch-theatralischer Sicherheit in Szene gesetzt, von der Technik, den Kostümwerkstätten sowie den durchweg erstklassigen Sängern, Sängerinnen, Chormitgliedern des Bayerischen Nationaltheaters engagiert vorgetragen, und (wahrlich nicht zuletzt) vom präzis schlagenden, die Partitur immer freier beherrschenden Gerd Albrecht emphatisch-finster dirigiert: diese zugleich höchst anspruchsvolle und doch unmittelbar verständliche »Lear«-Darbietung ist bei ihrer Uraufführung vor einem Jahr bereits das mit viel Beifall und wenig Beklommenheit akklamierte moderne Opern-Ereignis der Festspiele gewesen.

Danach kam der »Lear« auch in Düsseldorf heraus: weniger prominent besetzt, im Musikalischen offenbar kompetent, von der Inszenierung her anscheinend eher anfechtbar dargeboten. Trotzdem hat sich König Lears Erfolg auch am Rhein wiederholt – obwohl man sich nach der Münchner Uraufführung doch darüber klar sein zu müssen glaubte, daß nur dank der außerordentlichen Konstellation Fischer-Dieskau/Ponnelle/Varady dem Werk eine so große Wirkung beschieden gewesen sei. (Denn wenn in Bayern etwas Zeitgenössisches Erfolg hat, kann es ja nicht mit sozusagen rechten »modernen« Mitteln zugehen, sondern immer bloß mit Star-Kult. Oder?)

Während der diesjährigen Festspiele wurde die mittlerweile mehrfach nach auswärts geladene Aufführung nur zweimal wiederholt. Bei der einstweilen »letzten« Darbietung standen kurz vor Aufführungsbeginn noch Hunderte vor ausverkauften Kartenschaltern. Der Erfolg war wiederum, obwohl der Aktschluß vor der Pause keineswegs besonders geschickt die Zäsur setzt, einhellig, am Ende ovationshaft. Was aber mehr wog als der Triumph-Jubel, in den sich möglicherweise etwas Selbstbestätigung und Shakespeare-Kult gemischt haben, war die beinahe vollkommene, gebannte Stille während der einzelnen Szenen.

Nachdem ich die Oper mehrere Male auf mich habe wirken lassen, halte ich die Produktion für eines der großen theatralischen Ereignisse des Musiktheaters seit 1945. Was bei der ersten Begegnung mit diesem »Lear« noch als Manko erschien, und was wohl auch der Dirigent Karl Böhm im freundschaftlichen Gespräch mit dem Komponisten einwandte, nämlich daß es sich weniger um eine Opern-Partitur als um eine sehr geschickt geschriebene Bühnenmusik handle: Dieser erste Eindruck bestätigt sich nicht. Reimanns Partitur setzt mit modernen Mitteln fort, was Wagner als Ideal teils knapp, teils symphonisch begleitenden Opernrezitativs vorschwebte – und woraus Debussy die feinen, abgründigen Wonnen seiner ja keineswegs nur zurückhaltenden »Pelléas«-Partitur bezog. Reimanns dramaturgische Intelligenz ist dabei (und darum mag der Vergleich mit Wagner und Debussy statthaft sein) so groß, daß er sich mit den ungeheuerlichen Stärken des Textes verbündet, statt die Shakespearesche Monumentalität stets übertönen zu wollen.

Aber nicht nur der (eher vom mittleren Ligeti als von Blacher her entwickelte) leise erregte »sound« heftig beanspruchter Streicher macht die Tragödien-Begleitmusik durchsichtig und aufregend, sondern auch die wilden, scharfen Bläserkommentare steigern die – dank des meist deutlich verstehbaren Textes – erzeugte Spannung.

Reimann verfügt über vier in sich wohlausgebildete Modelle gesanglicher Darbietung. Über ein Parlando, einen ausdrucksvoll psalmodierenden Ton (den Fischer-Dieskau mit unnachahmlicher Kunst vorbringt), eine liedhaft-ariose Freiheit, die tief beeindruckt sowohl während der Schlußszenen Lear/Cordelia (Julia Varady) als auch während der Auftritte des armen Tom/Edgar (Counter-Tenor David Knutson). Viertes Ausdrucksmittel schließlich ist ein hochdramatischer Koloratur-Gesang, der, wenn ihn etwa die großartig bösen Töchter Goneril und Regan anstimmen (Helga Dernesch, Colette Lorand), zwar unmittelbar wirkt, aber als Kunstmittel doch zugleich etwas Grelles und Parodie-Nahes hat. Reimann kam im Verlauf der Komposition offenbar auch von dieser Überdeutlichkeit ab.

Statt einer ausführlichen Analyse, zu welcher das aufregende Werk provoziert, können hier nur ein paar Erfolgs-Anatomie-Stichworte fallen. Daß Ponnelles Inszenierung so außerordentlich gelang (und für den Regisseur einen Weg darzustellen scheint, auf dem er sich nunmehr auch anderer Tragödien oder Musikdramen bemächtigen sollte), hängt nicht nur mit dem fabelhaft freien Bühnenbild zusammen, das ganz selbstverständlich weiterführt, was etwa Peter Steins Berliner Schaubühne in einigen großen Produktionen vorbereitete. Sondern auch mit Ponnelles Kraft, alle Figuren zugleich sagenhaft eindeutig auf einen unmittelbar einprägsamen Typus festzulegen, diesen Typ dabei aber nie billig-kasperlehaft zu entwerfen, sondern mit hohem, an später französischer Theaterkultur erworbenem Raffinement. So wie die Musik eher ein milder oder heftiger szenischer Kommentar ist, so wirkte Ponnelles Inszenierung als rauschendes Fest des Verdeutlichens mittels riesiger Gesten, zwingender Anordnungen, phantastisch reicher Tableaux. Während man zuschaut, bemerkt man gar nicht, wie artifiziell (antirealistisch) hier das Archaische in Erscheinung tritt.

Fischer-Dieskau, der die Lear-Rolle mit respektablen Kraftreserven meistert, geht glücklicherweise nicht so weit, den schrittweisen Fortschritt in den Wahnsinn direkt vorzuspielen, zu »verkörpern«. Er befleißigt sich da nur taktvoll demonstrativen Hinweisens. Nur wenn höchste Emphase es gebietet, wie beim herzlichen Schluß, dann wird aus dem König auch ein Mimus.

Gewiß fand dies alles zum Ruhme eines grandiosen Sängerkünstlers, vorzüglicher Solisten, eines Regisseurs auf der Höhe seiner Ausdruckskraft, eines besessenen Dirigenten und eines unternehmungslustigen Staatstheater-Intendanten statt. Aber doch erst recht – und darin eine indirekte Kritik zu sehen, wäre absurd – zum höheren Ruhme Shakespeares. Die Tragödie vom König Lear enthält für jede Haltung, Wildheit und Herzlichkeit, die sie vorführt, auch beliebig viele Motivationen. Aber der Sinnverblendungs- und Trostzusammenhang dieses Werkes steht begriffslos hoch über allen möglichen Erklärungen. *Es ist so,* bedeuten uns Shakespeares Szenen. Reimanns und des Münchner Nationaltheaters Kunst haben uns die unendliche Beredsamkeit dieser Begriffslosigkeit tönend ins Bewußtsein gehoben.

25. VII. 1979

Bernd Alois Zimmermann
Die Soldaten

Ungewohntes, Tumultuarisches, anheimelnd Wildes geschah bei der »Soldaten«-Erstaufführung des Münchner Nationaltheaters. Die Bühne war erfüllt von großen, übereinander angeordneten Flächen und Spielorten. Man sah – es klappte mustergültig, ja faszinierend – vielfach wechselnde Projektionen, kleine Filme, fast unüberschaubar simultan und dennoch offenbar planmäßig ablaufende Handlungen. Der Bühnenbildner Josef Svoboda und der Regisseur Vaclav Kaslik hatten sorgfältig gearbeitet. Der Zuschauerraum des Nationaltheaters war nicht nur erfüllt von den gewohnt langen Abendkleidern, von Premierenabonnementsbesitzern, nicht nur, ungewöhnlicherweise, von Berliner Professoren, chilenischen Pianisten und sehr viel jungen Leuten, sondern, noch ungewöhnlicher, auch von Lautsprecherboxen. Doch selbst während der geräuschvollen Schlußekstase – als die »Soldaten« explodierten – blieb die Phonzahl immer noch verhältnismäßig niedrig, also sehr erträglich.

Das Ungewöhnlichste war die fabelhafte, alle bisherigen »Soldaten«-Aufführungen wahrscheinlich übertreffende Sängerbesetzung. Da gab es kaum einen Ausfall. Die Protagonistinnen (Catherine Gayer, Gudrun Wewezow, Charlotte Berthold) leisteten sowohl gesanglich wie darstellerisch Verblüffendes. Die Protagonisten (Anton de Ridder, Hans Wilbrink, Raimund Grumbach) standen ihnen kaum nach.

Alle diese Umstände führten dazu, daß es während der Premiere weit lebhafter und sportiver zuging als sonst in unserem Nationaltheater. Michael Gielens Enthusiasmus übertrug sich mehr noch aufs Publikum als aufs Orchester. Nicht nur am Schluß, sondern schon nach den einzelnen Bildern setzten mittleres Buh und starker Beifall ein. Es war ein spontaner Beifall, der offensichtlich dem Gesamtunternehmen galt, während das Buh sich genauso offensichtlich auf die Komposition bezog.

Seit diese Oper existiert, wird sie mit Bergs »Wozzeck« verglichen. Doch der Vergleich trifft nur das Äußerlichste: nämlich die Umstände, unter denen die zunächst wegen angeblicher »Unaufführbarkeit« verschobene, dann erfolgreiche Uraufführung erkämpft werden mußte. In beiden Fällen handelt es sich zudem um eine Literaturoper. Und der Autor des »Wozzeck«-Textes, Georg Büchner, war dem genialen Sturm-und-Drang-Dramatiker Reinhold Michael Lenz, von dem die »Soldaten«-Szenen stammen, ähnlich und interessierte sich für ihn. Damit hört freilich die Vergleichbarkeit auf. Sonst besteht keine auskomponierte Ähnlichkeit zwischen Bergs spätromantischer, oft durchaus Puccini-naher Mitleidsmusik und Zimmermanns zeitlos-bürgerlichem Zustandspandämonium, das herb den Untergang eines harmlos-lüsternen Mädchens vorführt. Da wird gezeigt, daß es Soldaten gibt, die sich in Garnisonen langweilen und auf Weiber aus sind, und man erfährt, daß es junge Fräuleins gibt, die gerne höher hinauf heiraten würden, dabei aber desto tiefer hinabfallen können.

Gleichwohl ist diese Oper ihrem Wesen nach auch bürgerliche Oper. Bereits der Reformvorschlag von Lenz bot ja ein seltsames Happy-End. Da ging es nicht um Schuld und nicht einmal spezifisch um gesellschaftliche Mißstände. »Soldaten« seien eben so, deshalb solle der König »eine Pflanzschule von Soldatenweibern« anlegen. Staatserhaltend kanalisierter Sexüberschuß, sozusagen.

Zimmermann hat in seiner Fassung diesen Schluß gestrichen. Doch auch seine Oper übt nicht irgendwelche Kritik an einzelnen Mißständen. Sie interessiert sich für etwas anderes: für das Ewiggleiche, das nur mit Vernichtung enden kann. In einer Regieanmerkung heißt es: »Die gesamte Oper . . . (spielt) heute, ebenso wie gestern und morgen!« Dieses fortwährende Ineinander von Gestrigem und Morgigem, von Mädchenschicksal und Atombombe, von Soldatenhärte und KZ-Stacheldraht, von Brutalität und Panzeraggression, von Bach-Musik und Elektronik, von mehrfachen Richard-Strauss-Anklängen (»Ariadne«, »Salome«, vor allem »Rosenkavalier«-Terzett) und elektronischen Schüben war zweifellos Zimmermanns Kunstziel. Das hat ihn gereizt.

Für diese ewige Wiederkehr des Gleichen quer durch verschiedene Zeitalter gibt es ein Wort, das Zimmermann gewiß nicht liebt, obwohl Thomas Mann es dafür benutzt hätte. Nämlich das Wort Mythos. Und für schuldlos-schuldiges Scheitern an harten Verhältnissen, für den Schuldzusammenhang des Lebendigen gibt es eine Bezeichnung, die genauso wie der Mythos auf die traditionelle Oper verweist. Nämlich das Wort Schicksal. Kann unter solchen Voraussetzungen die »Soldaten«-Partitur wirklich eine moderne Oper sein, wirklich ein Sieg über die tausendmal diskutierte Unvereinbarkeit zwischen unserer Gegenwart und jener Kunstform, in der die Menschen singend auf Herausforderungen antworten?

Wer weiß, ob Bernd Alois Zimmermann selbst die Partitur so gut kennt und kann wie Michael Gielen, dessen unglaublich sicheres Gehör sich bei der Uraufführung, bei der Schallplatteneinspielung und nun auch bei der Münchner Darbietung so bewährte, daß selbst abgebrühte Orchestermusiker sowohl über Gielens Ohren wie über seine Nerven verblüfft waren. Hört man die sehr instruktiven Platten mit einem Klavierauszug ab (studio reihe für neue Musik; Wergo-Schallplatten), dann zeigt sich, daß vieles von Zimmermann Erstrebtes nur Intention bleiben kann. Der Unterschied zwischen Fortissimo und Piano verwischt sich im Munde eines um Intervalle kämpfenden Opernsängers. Und die Intervalle selbst werden im hochkomplizierten, meist koloraturähnlichen Einzelfall natürlich ganz selten genau gesungen. Aber es geht ja auch mehr um die expressive Dissonanz-Spannung.

Was indessen an den Schallplatten mehr beeindruckte als an der Münchner Aufführung, ist der Gesamtklang, der Sound. Bei der Münchner Premiere, wo übrigens die genaue Koordination zwischen Bühnenmusik, Orchester und elektronischen Einblendungen auffiel (alle Beteiligten sind hoch zu rühmen), war eben doch zu spüren, daß allzusehr an Richtigkeit, an Zusammenbleiben, an Funktionieren gedacht werden mußte. Die panische Wildheit fiel vor der Pause begreiflicher Vorsicht zum Opfer, die sanfte Herzlichkeit, mit der das Verhältnis zwischen liebendem, aber nicht hinreichend charakterfestem Vater (Kieth Engen) und seiner Tochter musikalisch charakterisiert ist, kam vom Orchester her nicht deutlich genug heraus.

Liegt aber der Grund hierfür nicht vielleicht auch in der Sache selbst? Da wo Zimmermann entfesselte Geräuschekstasen vorschreibt, wo er elektronische Freiheiten dienstbar macht, ist die Oper stark. Man glaubt dem Wirbel. Doch über eine präzise

Sprache für den Umgangston, fürs relativ Normale verfügt der Komponist nicht. So muß er die erste Szene mit einer Blechintroduktion einleiten, die mehr an Verdis Jüngstes Gericht im Requiem erinnert, als daß sie einen gemeinsamen aufgesetzten Familienbrief vorbereitete. Weil für Zimmermann das Unglück und die Vergewaltigung eines unvorsichtigen Mädchens im Prinzip nichts anderes darstellten als Hiroshima (worauf solche Gewalttaten hinauslaufen), darum gibt er sich nicht die Chance für eine non-ekstatische Sprache.

Die Folge: Die Musik verhindert zwar, daß man vom wichtigen Text auch nur ein Drittel versteht – Unvorbereitete seien gewarnt –, aber sie kann den dramatischen Vorgang doch nicht ersetzen, weil sie einerseits während der mittleren Entwicklungen zu gleichförmig bleibt, auch zu unexpressiv gespielt wurde und weil sie andererseits von der optischen Invasion in den Hintergrund zurückgedrängt wurde. Um diesen Nachteil zu verhindern, hätten die für die Musik Verantwortlichen noch viel mehr auf Playback-Effekte, Bänder und elektronische Verstärkung zurückgreifen sollen.

Bei einer Darbietung dieser »Soldaten«-Oper kommt alles darauf an, naheliegende Kausalitäten auszuschalten. Die Dinge hängen zwar miteinander zusammen, aber gewiß nicht in einer simplen »Weil-deshalb«-Beziehung. Nicht »weil« die sogar relativ anständigen, nur eben derb-männlichen Offiziere in der bürgerlichen Welt mit ihrer Männlichkeit nicht zu Rande kommen, »deshalb« müssen die mannbaren Töchter dran glauben. Nicht »weil« Soldaten so sind, »deshalb« droht Hiroshima. Wäre nun von Svoboda diese ungeheuer durcheinanderwirbelnde Fülle des Einstigen, Gegenwärtigen und Morgigen wirklich in simultaner Fülle produziert worden, dann hätten sich solche falschen Kausalitätsbezüge gewiß gar nicht erst hergestellt.

Doch Svobodas Simultaneffekte – man überblickte oft mehrere Räume zugleich, wurde gefesselt von Projektionen marschierender Soldaten, nackter Weiber, riesiger Stacheldrahtzäune, verlorener Großstadtstraßen – vernachlässigten die zeitliche Simultaneität. Als die Oper begann, sah man moderne Soldatenstiefel, als ginge es ums Militär von heute. Dann wieder gab es nur Goya oder Stacheldraht oder gräfliches Palais. Aber nie durcheinander oder auch nur durchscheinend.

Die gezielten Bilder produzierten alles in allem doch einen Kausalzusammenhang, den der von Zimmermann bearbeitete Text nicht ergibt und den seine Musik nicht komponiert. Die eindringliche Bilderfülle wirkte darum manchmal bloß luxuriös-antimilitaristisch. Sie half den schwachen Stellen der Partitur, aber sie nivellierte die Stärken. Ohnehin tut sich ja Zimmermann allzu leicht, wenn er einen Bedienten billig rhythmisch karikiert oder banale Effekte für eine flotte Tanznummer häuft. So überflüssig die Schauplatzfülle am Anfang wirkt: am Schluß ist sie notwendig und sinnvoll, wie denn überhaupt die ganze Oper als eine riesige Vorbereitung für den letzten Akt zu verstehen sein mag.

Im Gefühl, auf der Höhe der Zeit zu sein, gaben alle Beteiligten ihr Bestes und Temperamentvollstes, und das Publikum ging – im gleichen Gefühl – leidenschaftlich mit. So kam ein Opernabend zustande, der am Schluß über alle Einwände hinaus doch fesselte und besiegte, nicht obwohl, sondern weil er seine Hauptwirkung aus dramatischen Effekten traditioneller Opernmusik bezog, die mit brillanten neuen Methoden dargeboten wurde.

25. III. 1969

19. Kapitel
Künstlerporträts

Arthur Rubinstein · Wladimir Horowitz · Wilhelm Backhaus' letztes Konzert · Wilhelm Kempff · Solomon · Friedrich Gulda · Gidon Kremer · Mstislaw Rostropowitsch · Maria Callas · Christa Ludwig · Dietrich Fischer-Dieskau · Lorin Maazel · Leonard Bernstein · Pierre Boulez

Arthur Rubinstein

Kurz nach zwei, Zürich leuchtet in heller Nachmittagssonne, verläßt ein älterer, kleiner Herr das Hotel Baur au Lac. Er geht allein. Kein Taxi, keine Begleitung, keine Assistenten. Ernst blickt er drein und ein wenig nervös. Obwohl es ein Sonntag ist – der 31. März 1974 –, geht er zur Arbeit. Er will noch ein wenig üben. Anderthalb Stunden später wird er dann tun, was er sein Leben lang in aller Welt getan hat: Klavier spielen. Mozarts d-Moll-Konzert und Beethovens Es-Dur-Konzert, zwei Gipfelwerke ihrer Gattung. Der Mann, der sich da auf den Weg zu seiner herzbewegenden Arbeit macht, heißt Arthur Rubinstein. Er ist 87 Jahre alt.

Ich hatte ihn vorher angerufen, um ein Gespräch zu erbitten. Eine tiefe Stimme, die eines slawischen Schauspielers, antwortete am Telefon. Er freue sich, er wolle vor dem Konzert natürlich allein sein, danach könnten wir uns sehen. Ob es mir recht sei, daß ich seine Frau – Aniela Mlynarski, die Tochter jenes berühmten Warschauer Generalmusikdirektors, der einst Wagner in Polen heimisch machte mit berühmten »Parsifal«- und »Ring«-Aufführungen – zum Konzert abhole. Und: »Was Sie über mich in Ihrem Pianistenbuch geschrieben haben, war ja wunderbar zu lesen. Ich mußte oft erröten. Aber es ist ja alles gar nicht wahr.« Was für ein herzlicher und bescheidener Satz!

In der Zürcher Tonhalle summte es international. Polnisch, russisch, französisch, englisch, spanisch, auch auf deutsch wird Frau Rubinstein angesprochen. Die Witwe des Dirigenten George Szell ist da, und die Verwandten sind da. Und Emigranten sind da, deutsche Rubinstein-Bewunderer gleichfalls. Jedermann erwartet ein Fest. Wir arbeiten uns ins Künstlerzimmer durch.

Der Meister wirkt keineswegs gelassen, selbstsicher. Nun tritt er schon seit siebzig Jahren öffentlich auf; trotzdem regt es ihn auf, immer noch, sichtlich. Man solle die Tasten besprühen, anfeuchten, verlangt er nervös, vor allem die schwarzen. Seine Finger bleiben (im Gegensatz zu denen anderer Pianisten, die eher ins Schwitzen zu geraten fürchten) oft allzu trocken. Er möchte am liebsten selber zum Sprühen hinaus aufs Podium, aber das geht nicht. Es ist schon Publikum im Saal. Jemand anders macht's für ihn; es soll also sehr feucht und doch nicht zu feucht, aber wiederum nicht zu wenig feucht sein. Dieser andere kann es eigentlich nur falsch machen. So darf man sich das also nicht vorstellen: Lässig, heiter, eine Zigarre rauchend und im wohlerworbenen Vertrauen auf die eigene Souveränität sieht dieser Künstler seinem Auftritt keineswegs entgegen. Rubinstein verläßt sich nicht darauf, »Altmeister« zu sein. Es klingelt. Am Anfang des Konzerts dirigiert Rudolf Kempe Beethovens 3. »Leonoren«-Ouvertüre schmetternd direkt. Dann ist Rubinstein dran.

Mozarts d-Moll-Klavierkonzert (KV 466) beginnt mit einem tiefernsten, die Konzertführer sagen: »dämonischen« (d-Moll ist ja die »Don Giovanni«-Tonart), ausführlichen Orchestervorspiel. Danach setzt das Klavier, als reagiere es individuell, mit einer sanft klagenden Antwort ein. Und dann läßt es sich sogleich in den dramatischen Wirbel hineinziehen. Zu Beginn hört man einige Rubinstein-Nervosität. Auch Frau Rubinstein – und mußte sie es nicht wirklich besser wissen? – zittert ganz hübsch mit bei den Abenteuern, die ihr 87jähriger Mann auf dem Podium besteht.

Rubinstein erleichtert sich nichts, er verteilt riskante Sprünge keineswegs auf beide Hände, nimmt um der Spannung willen lieber falsche Töne in Kauf. Aber sie stören ihn nicht. Und schon das erste große Solo erinnert durchaus nicht ans wohlbekannte perlend-spitze Mozart-Geklimper: Es klingt vielmehr männlich-mächtig und groß. »Wissen Sie, die Franzosen«, wird Rubinstein später sagen, »lieben den stilisierten, den getupften, den spitzen, rokoko-puppenhaften Mozart. Aber Mozart war doch kein Päderast ...«

Beethoven-nah, könnten stilbewußte Klavierpädagogen sagen, habe Rubinstein das d-Moll-Konzert angepackt. Aber wenn dann das zweite Thema, das Gesangsthema, erscheint, artikuliert Rubinstein empfindsam und frei. Er wird gar nicht so sehr viel langsamer. Aber er stellt mit Hilfe veränderter Klangfarben und spannungsvoller Vorschläge den Eindruck größerer Ruhe und Innigkeit her. Das Konzert zerbricht jedoch nicht etwa unter seinen Händen, dazu ist der innere ordnende, zusammenhaltende Impuls zu stark. Es klingt vielmehr dialektisch. So, wie die Pianisten der alten Schule auch bei Beethoven dazu neigen, sogenannte Gesangsthemen weit gesanglicher, ruhiger und abgesetzter zu spielen, so breitet auch Rubinstein mit seinem berühmten Kantabile-Ton die ganze Fülle einer lyrischen Mozart-Melodie aus. »Man« spielt dergleichen heute anders. Aber »man« wird es in zwanzig Jahren wieder anders spielen.

Dabei handelt es sich nicht um »Auffassungen«, sondern um die Kraft hingebungsvoller Vergegenwärtigung. Rubinstein, allmählich ganz im Banne der Musik, sozusagen Subjekt und Objekt des Werkes zugleich, spielt dann Beethovens große, tollkühne, keineswegs bewußt mozartisch komponierte Kadenzen zu diesem Konzert – und während dieser Kadenzen ist der »Meister« wahrlich allein auf der Welt. Niemand hustet, niemand im großen Saal vermag Augen und Ohren vom Pianisten zu wenden, einige magische Beethoven-Akkorde mitten im Mozartschen Bezirk stellen, ich weiß kein anderes Wort, das spirituelle und leibhaftige Faszinosum her. In der »Romanze« singt der Flügel, während des Rondo-Themas betont Rubinstein trotzig-herausfordernd die Akkord-Folgen der linken Hand, und was er dann aus den manchmal so »läppisch« klingenden Melodien dieses Rondos an atmender Freiheit und Charme herausholt, ist ohne Vergleich.

Während der Pause machen die Wächter und Getreuen vor Rubinsteins Künstlerzimmer betretene Gesichter. Ganz zusammengebrochen sei der alte Herr vom Podium gekommen, ganz aufgelöst, tränennah, verwirrt. Respektvoll und ängstlich läßt man Frau Rubinstein zu ihm hinein. Nach ein paar Minuten werde ich doch dazugebeten, und Rubinstein sagt, ganz ohne Pose, erschüttert und erschütternd, es gehe ihm, seit er alt ist, halt jedesmal so zu Herzen, wenn er dieses Konzert spielen darf. Vor Beethoven hat er weit weniger Angst.

Was er dann aus dem Es-Dur-Konzert herausholt, der triumphierende, aggressive Schwung, mit dem er sich in die Oktaven-Passagen der Durchführung des Kopfsatzes stürzt, die stolze Sicherheit, mit der er allen Virtuositätsanforderungen gerecht wird, mehr noch die Freiheit für Wienerisch-Walzerhaftes, die er im letzten Satz für manche Episoden findet: ganz so hat er das, wie oft auch dieses Konzert schon von ihm zu hören war, auf Platten oder leibhaftig, doch noch nie gemacht. Es ist neu, anders, lebendig.

Beifall, Beifall, Beifall. Er verbeugt sich immer wieder, will aber wohl doch nichts zugeben. Und dann – eben saß er noch, von Mozart um alle Fassung gebracht, im Künstlerzimmer – wandelt sich der vermeintlich Heilige in einen vermeintlichen Clown. Fragend weist er auf den Flügel – man wolle doch nicht etwa noch etwas von ihm hören? Höchst überrascht begreift er: Man will. Seine Antwort: Chopins heroische As-Dur-Polonaise. Ein todkranker Komponist hat dieses Hohelied ritterlich-romantischer Lebensbejahung mit ein paar schmerzlich verschwiegenen Melancholie-Nischen geschrieben, und niemand kann bei soviel Vehemenz ruhig sitzen bleiben. Jetzt spielt der 87jährige die Polonaise als donnernden Sturm. Keine wohltrainierten Finger, sondern mitreißende Fülle.

Zwanzig Minuten später, in der Hotelhalle, scheint er strahlender Laune. Kein Wunder. Auf einige neue Nuancen seiner Interpretation des Beethoven-Finales und der Chopin-Polonaise hingewiesen, antwortet er: »Das habe ich von Picasso gelernt.« Picasso? Ja, mit dem sei er befreundet und monatelang zusammen gewesen. Als Picasso einmal viele Wochen das gleiche Motiv malte, habe er ihn gefragt, warum er sich denn dauernd wiederhole. »Du Idiot!« antwortete Picasso, »man kann sich gar nicht wiederholen. Das Licht verändert sich, ist nie gleich, ich verändere mich immer und bin nie gleich.«

Während er dasitzt und alles, was er erzählt, mimisch-gestisch vorspielt, frage ich mich, was das wohl sei: ein Künstler. Jemand, der reiner als andere empfindet, elementarer, kräftiger? Jemand, der das Empfundene ohne Rest auszudrücken, vorzuspielen weiß? Jemand, bei dem zwischen Nachahmen und Sein gewissermaßen keine Differenz mehr besteht? Als ahne er, was mir durch den Kopf geht, sagt er sogleich programmatisch: »Die großen Komponisten hassen uns, uns Interpreten. Debussy, Ravel, Strawinsky« – und er kannte sie alle, Strawinsky widmete ihm viel und ließ sich von ihm auf die Idee bringen, das Konzert für Klavier und Bläser zu komponieren, erzählt Rubinstein –, sie alle hätten die Interpreten verachtet. Mit Recht. »Sind wir nicht wie die Vampire, die aus ihrem Werk das Blut saugen und dann den großen Erfolg, das Geld und den Jubel ernten? Soviel Beifall wie eben« – er weist mit einer Geste in Richtung Tonhalle – »wird einem zeitgenössischen Komponisten nicht zuteil. Die geben ihr Genie, aber wir unser Talent.«

Er erzählt von Strawinskys Inkonsequenz, von Nijinskis Zerwürfnis mit Diaghilew. Und er war ja beim letzten Auftritt Nijinskis dabei. Bei einem miserabel vorbereiteten Gala-Auftritt irgendwo in Südamerika, wo Nijinski plötzlich Angst hatte, aufzutreten, weil er nasse Füße bekommen hatte. Wo Rubinstein, obzwar doch alle auf Nijinski warteten, mit einer Chopin-Gruppe nach der anderen einspringen mußte. Und wo er nicht einspringen wollte, wenn nicht zumindest jemand auf der Bühne ansage, warum Nijinski im Augenblick nicht tanze.

»Aber die Spanier gehen lieber ins Gefängnis als auf die Bühne, um etwas anzusagen. Die würden einen glatt auf der Bühne sterben lassen – sie wollen sich nicht blamieren.« Und er spielt vor, daß damals ein ebenso affiger wie von seinen vermeintlichen Spanischkenntnissen durchdrungener englischer Konsul, wüst gestikulierend, dem rasenden Publikum erfolglos klarzumachen versuchte, daß der Tänzer nasse Füße und der Pianist zwei Hände habe.

Er selbst kann, sagt er, jetzt natürlich längst nicht mehr soviel tun wie früher. Nur übermorgen Madrid, die »Appassionata«, dann allerdings noch ein Konzert in Barcelona, zwei Wochen später beide Schubert-Trios für die Schallplatte mit Szeryng und Fournier. Wie gesagt, sehr wenig.

Die »Appassionata« versteht er jetzt anders als früher. »Damals in Eindhoven war ich falsch aufgeregt«, bekennt er. (In jenem Eindhovener Konzert, ich war dabei, brach ihm – kein Augenzeuge wird es je vergessen – der Stuhl zusammen, und er brachte das Presto halb im Stehen zu Ende.)

Jetzt erst habe er begriffen, aus welchen Teilen sich das Hauptthema zusammensetze, wie Beethoven es gleichsam wütend verwerfe, wie er manchmal plötzlich hinter einer Wand hervorträte. Die sfp-Vorschriften seien nicht derb zu befolgen, sonst wirke das Stück unlogisch. Sowenig Brahms Ritardando und Accelerando vorschrieb (sondern statt dessen Sostenuto und Agitato), sowenig dürfe man Beethovens Akzente vor dem Seitenthema gegen den Sinn spielen. In Madrid, und er scheint sich darauf zu freuen, werde er es endlich richtig machen.

Manche Berühmtheiten mag er nicht so sehr. Er ist froh, daß er nie mit Toscanini Brahms' 2. Klavierkonzert gespielt hat. »Toscanini begriff gar nicht, daß der Orchesteranfang und der erste Klaviersatz nur ein Vorspiel sind und daß der eigentliche Konzertsatz erst nach der freien Anfangs-Fantasie des Klaviers beginnt.« Heifetz wiederum wolle immer alles so schnell wie möglich spielen, damit man sieht, wie rasch er's kann. Im letzten Satz der »Kreutzer-Sonate« (»die hatte ich oft gespielt und viel geübt«) sei es Rubinstein aber gelungen, Heifetz hereinzulegen. Er habe nämlich ein Wahnsinnstempo gewählt, bei dem bestimmte Geigensachen unausführbar seien. »Ich höre die Vorschlagsnoten nicht«, habe er, gespielt-erschrocken, zu Heifetz gesagt, »wir müssen das doch langsamer nehmen.« Heifetz sei einem Herzanfall nahe gewesen.

Musikerwitze, mögen jetzt manche Leser denken. Aber man muß den Akzent aufs erste Wort legen: Es sind wirklich die Scherze eines Musikers. Eines Musikers, der verächtlich von der eigenen Technik spricht und im gleichen Atemzug über Wladimir von Pachmann spöttelt, der habe nie die Übersicht besessen für die großen späten Chopin-Werke, die der formenden Unterstützung bedürfen. Und der sich mit ganzer Emphase einsetzt für einen jungen, hierzulande noch unbekannten französischen Pianisten namens François Duchable. Er habe den Zwanzigjährigen gebeten, vorzuspielen, der besäße Pollinis Technik und ganz außerordentliche musikalische Lauterkeit, »die Oktaven-Etüde habe ich noch nie so gehört«, auch der zweite Band der Brahmsschen Paganini-Variationen sei von dem jungen Mann zwingend musikalisch gespielt worden, die »Waldstein-Sonate« indessen nur »gut«. Denn: »Wissen Sie, Beethoven darf man nicht objektiv wiedergeben wollen. Man muß ihn wie ein Anwalt vortragen, der flammend und überzeugt ein Plädoyer hält.« Einzelheiten? Nun, die berüchtigte Oktaven-Stelle im letzten Satz der »Waldstein-Sonate« sei auf unseren Flügeln nicht zu machen. Ein Glissando wäre möglich, klänge aber immer unrhythmisch, weil die Tasten nicht den richtigen Widerstand bieten. In Brahms' Paganini-Variationen indessen ist ein Glissando gestattet. »Und weil ich alt bin, werde ich bei der Beethovenschen Oktaven-Stelle einfach etwas langsamer ...«

Das Gespräch hat Stunden gedauert. Gleich fängt das Abendessen an. Rubinstein hat Verwandte eingeladen, der befreundete Pianist Nikita Magaloff wird auch noch hinzustoßen (»jetzt ist er wohl beim vierten Encore!«). Essen, Trinken, Geplauder.

Mitternacht rückt näher schon, dann wieder fern. Menschen, die nicht zwei Klavierkonzerte gespielt haben und nicht 87 Jahre alt sind, dürfen nun todmüde sein. Er? Aber nein ... »Wissen Sie, das ›Wiedersehen‹ in Beethovens ›Les-Adieux-Sonate‹ ist eigentlich immer noch nicht freudig genug. Vielleicht liegt es daran, daß es doch nur um einen Erzherzog und nicht um eine

Geliebte ging.« Ich werfe ein, es jubele doch schon ganz schön. »Na ja, es ist ja auch von Beethoven.«

Kein Augenblick, ohne daß Wildfremde den Meister (der ihnen natürlich nicht fremd ist, weil sie seine Platten und sein Klavierspiel lieben) ansprechen und ihn um ein Autogramm ersuchen, auch nachts um zwei. »Diese Menschen«, sagt er, und wer weiß, wie ernst er's meint, »vergiften mein Leben. Was haben sie nur von dem geschriebenen Namen.«

Während des Konzerts hatte Frau Rubinstein gesagt, vielleicht werde er doch bald ganz mit dem Spielen aufhören. Nach dem Beethoven und dem Chopin ließ sie sich trösten: Dieser Rubinstein wird, so lange er lebt und einigermaßen gesund ist, nicht aufhören.

Wenn künftig jemand behauptet, man solle nicht der Ideologie der großen Persönlichkeit erliegen, vermeintliche Unterschiede beruhten doch nur auf Propaganda oder blinder Verehrungssucht, dann ist keine Erwiderung nötig. Man braucht sich nur der unvergleichlichen mimetischen Vitalität Rubinsteins zu erinnern, seines Tons und seines Temperaments.

»Die Juden«, hat George Bernard Shaw einmal gesagt, »sind wie alle anderen Menschen, *only a little more so.*« Ein Tag mit Rubinstein lehrt, daß er vielleicht ist wie alle anderen. Nur eben viel, viel mehr so.

14. IV. 1974

Wladimir Horowitz

Das Klavierspielen, sagt Wladimir Horowitz, der eine tiefe und sonore Stimme besitzt wie Rubinstein, das Klavierspielen sei für ihn die leichteste Sache von der Welt. Aber das Drumherum, das mache ihn verrückt. Sehr sorgfältig versucht darum der aufregendste Pianist der Erde, sich gegen diesen Lebens-Rest zu schützen. Er reist, wenn er überhaupt reist, natürlich mit seinem eigenen Koch; er führt eine Spezialmaschine mit sich, um das Wasser allerorten abzukochen, weil ihm vor Chemikalien graut. Er speist auch nie in Restaurants. Fleisch kommt nicht in Frage, auf Kaffee, Tee oder Alkohol verzichtet er selbstverständlich. Vor jeder Mahlzeit muß er lange schlafen, um jene Magennerven zu beruhigen, denen er nicht ohne Besorgnis höchstens Huhn oder Fisch zumutet. Und allmonatlich führt sein Arzt eine Generaluntersuchung durch, wobei – was Wunder – phänomenale Gesundheit festgestellt wird.

Angesichts solcher Vorsichtsmaßnahmen kann es nicht erstaunen, daß dieser Wladimir Horowitz New York selten oder am liebsten gar nicht verläßt, daß er Konzerte, die mit entsprechenden Strapazen verbunden sind, von vornherein oder im vorletzten Augenblick absagt, daß er gelegentlich gerührt zur Kenntnis nimmt, wie gern man ihn wieder einmal in Europa hören würde – und dann doch nicht kommt und nicht spielt. Kein Wunder auch, daß dieser Mann, als er noch reisender Virtuose war, sich wiederholt für längere Zeit ganz vom Konzertpodium zurückzog, zuletzt zwischen 1953 und 1965, aber auch um 1970. Doch denjenigen, die ihm vorhalten, es sei offensichtlich so ziemlich aus mit ihm, hält er entgegen, als Verrückter wäre er schwerlich imstande, noch mit 71 Jahren Riesenwerke von Schumann und Skrjabin neu einzustudieren.

Mir ist klar, daß meine Leser jetzt in zwei Gruppen zerfallen: Die einen, die noch nie etwas von Horowitz – oder gar ihn selbst – gehört haben (weil man nach New York pilgern muß, um diesem leibhaftigen Klavier-Gesamtkunstwerk zu begegnen), werden den Kopf darüber schütteln, daß hier die Absonderlichkeiten eines schwierigen Pianisten so beklommen und ausführlich diskutiert werden. Aber die anderen, die über Schallplatten einmal erfahren haben, wie Horowitz spielt, oder denen gar der berühmt gute und berüchtigt teure Horowitz-Fernsehfilm auch zum visuellen Horowitz-Eindruck verhalf, die dürften gar nicht genug hören können über diesen meist verborgenen Gott des Klaviers. Als Horowitz 1974 in New York spielen wollte, erwogen Münchner Klavier-Enthusiasten allen Ernstes, ein Charterflugzeug zu organisieren. Und als er 1975 im Laufe von 8 Tagen tatsächlich zweimal in New York auftrat, schienen sich die Bürger der Stadt mehr für seine Oktaven zu interessieren als für das Schicksal der Metropole.

Wie so oft bei der Begegnung mit dem Einzigartigen drängten sich bei Horowitz' Spiel ganz einfache Einsichten auf, die nur eben normalerweise nicht zu haben sind. Was unterscheidet den Klavierspieler von jedem anderen Musiker? Antwort: Er kann, gleichzeitig, sehr viele Töne oder Stimmen in sehr verschiedener Weise hervorbringen. Die Mittelstimme kann er im Ritardando geben, die Oberstimme kann eilen, der Baß kann Zeichen setzen – alles dies kann zentrifugal auseinanderstreben und eben doch auf einen einzigen Willen zentripetal zulaufen. Kein Dirigent ist imstande, den Musikern seines Orchesters derart verschiedene Verhaltensweisen zu suggerieren; ein Streichquartett besteht zwar aus vier Individualitäten, aber diese Individualitäten sind doch nicht Kinder eines zugleich freilassenden und bestimmenden Willens. Und daß Sänger, Streichersolisten oder Bläser hier gegenüber dem Klavier gleichfalls im Nachteil sind, leuchtet auch ohne weiteres ein.

Aber eben nur dann mit überwältigender Evidenz, wenn Wladimir Horowitz spielt. Früher übertrieb er womöglich das »Virtuose«. Man nannte ihn »Tornado der Steppe«, unterwarf sich fasziniert seiner Vehemenz, seiner Kraft, seiner aberwitzigen Kunst. Gegenwärtig übertreibt er wieder. Aber nicht die Virtuosität, sondern das Espressivo, das Kantabile, die schönen, delikaten, klingenden und singenden Möglichkeiten des Klaviers. Einst schien er jene Virtuosität, auf die seine Fans ihn festlegten, zu verachten. Da spielte er fast zu vornehm, zurückhaltend, seriös. Als ich ihn 1968 hörte, wirkte er wie ein weiser Weltklassepianist, der sich seiner Virtuosen-Wanderjahre geniert. Das ist nun nicht mehr der Fall: Gegenwärtig bereitet es Horowitz offensichtlichen Spaß, als Musiker zu verzaubern und als Virtuose zu siegen, ganz frei und ganz ausdrucksvoll zu sein.

Er begann mit Robert Schumanns »Blumenstück«, einer zarten Komposition, die auf wenigen, einander ergänzenden Melodien basiert. Horowitz übertrieb die Zartheit, bis sie zur Sehnsucht wurde, er spielte keine Tongruppe so, daß man sie nicht als Funktion, als Entsprechung oder Weiterführung der vorigen begriffen hätte. Kurz: Er machte ein Sensibilitäts-Mysterium aus Schumanns »Blumenstück« genanntem Liebesgruß an Clara. Und weil ihm so daran gelegen ist, vielstimmig, allstimmig zu spielen, darum schlug er die Akkorde oft hörbar auseinander an. Alte Pianisten – Cortot, Backhaus – tun das oft. Sollte es, so mußte man sich fragen, bei Horowitz auch eine Alterserscheinung sein?

Diese Frage stellte sich nicht mehr, als Horowitz das unbekannteste aller großen Klavierwerke Schumanns vortrug, nämlich das halbstündige »Konzert ohne Orchester«, die 3. große Sonate Opus 14 in f-Moll.

Horowitz verstand es, den ersten Satz stürmisch-symphonisch zu beginnen und ihn bei den Seitenthemen doch nicht ins biedermeierlich Empfindsame abgleiten zu lassen, weil er Kantilenen samt ihren Begleitungen in Nervenwunder verwandelt.

Der Koda-Schwung kam flammend heraus. Aber daß der Großmeister imstande war, das nachkomponierte Scherzo zu retten, indem er Gemütlichkeit luxuriös wie prunkvolle Behäbigkeit darbot, indem er aus Verzierungen Pointen machte und an die Stelle von möglicher Biederkeit den Klaviersatz zur Vorstufe Skrjabinscher Gewaltsamkeit steigerte, das war doch unerhört.

Der Variationssatz dieser Sonate ist ihr bekanntestes Stück. Am Schluß deutete Horowitz den Titel »Konzert ohne Orchester« um. Aus der Erwähnung des Wortes Konzert leitete er die Möglichkeit ab, den Gegensatz zwischen Klavieristischem und Klavierauszughaftem vorzuführen. Ein f-Moll-Stück endete als symphonischer Marsch. Und im Finale wurde der Gegensatz zwischen kadenzierenden Trillern und Orchester-Tutti hörbar.

Nach der Pause Rachmaninow, Liszt, Chopin. Lauter Stücke, die »man« schon von Horowitz-Platten kennt – aber eben doch neu hörte, wie zum ersten Mal. Nun spielt er Liszts berühmte Dichtung »Am Ufer einer Quelle« nicht nur strömend-gesanglich, bravourös, sondern zugleich überschwenglich und lodernd, als läge die Quelle in König Markes Garten. Jetzt macht er aus Chopins a-Moll-Walzer eine Tragödie. Wenn da im Mittelteil eine große A-Dur-Melodie erscheint, dann umgibt Horowitz diese Melodie mit ruhigem Pathos. Die Melodie kommt sogleich ein zweites Mal, aber dann in Moll, todtraurig. Falls es trauriger wird, artikulieren gute Pianisten ja immer ein wenig gebundener, ruhiger, pedalisierter. Nicht Horowitz. Er läßt – und das wirkt erschreckender als alles Sentiment – plötzlich die Walzer-Baß-Begleitung Stakkato klopfen, ungerührt, von keinem Legato zur Innigkeit beschwichtigt.

Während des abschließenden Chopinschen Scherzos h-Moll geschah zweimal Unvergeßliches. Da ist ein Mittelteil, ein polnisches Weihnachtslied. Horowitz dissoziiert mittlerweile so atemberaubend, daß er aus derartigen Begleitfiguren neue, überraschende Linien herausholt. Melodien beinahe, nicht nur Zufallskontrapunkte. Als danach das Hauptthema wiederkehrte, schien es Horowitz geboten, alle Vorsicht zu vergessen. Er spielte sich in einen Tempo-Rausch. Seine Hörer vergaßen das Atmen. Am Schluß saß man mit gesträubten Haaren da, während er (auch ein Nikita Magaloff macht es so) die letzte Presto-Passage in Doppeloktaven heraufjagte, die Chopin nicht vorgeschrieben hat. Aber die Strafe für allzu freies Verfügen und in Übermut umschlagenden Mut folgte auf dem Fuße, nämlich beim letzten Ton der Passage. Ich glaube, er blieb versehentlich aus. Horowitz war so verdattert, daß er deshalb die Schlußakkorde gar nicht mehr laut spielte. Als wolle er auf den unglaublichen Umstand hinweisen, daß er mal was falsch machen konnte.

Viele Zugaben. Jubel ohne Ende. Chopin, ein riesiger Rachmaninow-Sonatensatz und ein Virtuosenstück verrückten Stils (die »Étincelles« von Moszkowski). Das leuchtete und huschte wie Sterngeflimmer, immer rascher, verblüffender, souveräner. Als Horowitz beim Äußersten, beim schier Unmöglichen angelangt war, führte er seine Jahrhundert-Virtuosität nicht etwa stolz vor, sondern gleichsam abgewandten Gesichts, ganz leise, so, als sei er nicht mehr dabei, als sei's ihm einfach peinlich, soviel zu können. Und was gesah? Während der letzten Passagen dieser »Étincelles« hielten wir Zuhörer das Staunen nicht mehr aus. *Die Carnegie Hall lachte.* Sie lachte ihren Gott nicht aus, sondern an.

27. XII. 1975

Wilhelm Backhaus' letztes Konzert

Alle Zuhörer ahnten schon während des Klavierabends, den Wilhelm Backhaus am 29. Juni in der Ossiacher Stiftskirche im Rahmen des Ossiacher Musikforums und des sogenannten »Carinthischen Sommers« gab, daß es sein letztes Konzert sei. Das Gesicht des Künstlers wurde plötzlich totenblaß. Er, der Korrekte, Disziplinierte, Unfehlbare, spielte bereits die erste Sonate seines Programms nicht zu Ende. Er veränderte die Programmfolge, machte zwischen den einzelnen Stücken immer größere Pausen. Am nächsten Tag wurde er, nach einem Herzanfall, ins Krankenhaus gebracht. Sein Zustand schien sich ein wenig zu bessern. Dann aber machte sich eine Gehirnsklerose bemerkbar. In den Kärntner Zeitungen stand, daß Durchblutungsstörungen den Künstler in Ohnmacht versetzt hätten. Und genau eine Woche nach dem Konzert starb er, am 5. Juli.

Wilhelm Backhaus hatte sein letztes Konzert mit der Es-Dur-Sonate Opus 31 Nr. 3 von Ludwig van Beethoven begonnen. Er wollte dann noch die »Les-Adieux-Sonate« Opus 81 und Beethovens letzte Sonate, Opus 111, spielen. Die Es-Dur-Sonate, mit der das Konzert anfing, zeigte nach wie vor den alten souveränen, sicheren und ausdrucksstarken Künstler am Klavier.

Im ersten Satz merkte man, daß ihm die Konzentration nicht ganz leicht wurde, aber nach einigen Sekunden der Unsicherheit und Ungenauigkeit war er dann wieder »da«; die Architektur des Stückes kam klar heraus, kein Ton fehlte, der 85jährige spielte so, wie man es seit Jahrzehnten von ihm gewohnt war. Und im zweiten Satz, einem komplizierten, virtuosen Stakkato-Scherzo, wandelte sich die Achtung des Publikums vor einem solchen Klavierspiel geradezu in Bewunderung. Backhaus spielte das Stück mit herrlichem rhythmischem Feuer, er betonte die Baßakzente, er machte alles auf seine überlegene, ganz und gar unsentimentale Weise »klar«, unter anderem auch, daß er zu den wenigen Künstlern gehört, die einem solchen Werk gewachsen sind, ohne sich pianistisch vorzudrängen. Dann machte er eine kleine Pause und begann das Menuett. Dieses Menuett der Es-Dur-Sonate ist ein »altfränkisches«, ein wenig manieristisches Stück: Man hat das Gefühl, Beethoven spiele mit einer Form, er nehme sie vielleicht nicht ganz ernst, behandele sie sowohl ironisch als auch sentimentalisch. Backhaus, plötzlich totenblaß geworden, spielte das mit außerordentlicher Klarheit. Und den gespenstisch verhallenden Schluß des Stückes, das Abwechseln zwischen Dur und Moll, die schattenhafte Zwielichtigkeit: Alles das betonte er nicht übermäßig, aber es waltete da eine geisterhafte, fast unheimliche Klarheit. Ein völliger Mangel an Selbstmitleid und übermäßiger Sentimentalität. Man war ergriffen, gerade weil Backhaus, obwohl »gezeichnet«, nicht übertrieb. Und dann erhob sich der Künstler, entschuldigte sich wegen einer Schwäche, bedauerte, das Stück nicht zu Ende spielen zu können. Er machte eine Pause, kehrte zu dem Publikum, das ihm Ovationen bereitete, zurück und spielte statt dessen zwei Werke seines Landsmanns Robert Schumann, nämlich »Des Abends« und dann »Warum«, zwei kurze differenzierte Szenen aus den »Fantasiestücken«. Man mußte begreifen, daß die Wahl dieser Titel kein Zufall war. Backhaus legte eine Innigkeit in die Frage des »Warum«, die ahnen ließ, daß er wußte, welche Frage er da stellte. Und dann zog er sich wieder zurück, es entstand wieder eine lange, lange Pause. Aber offenbar wurde er noch einmal überredet, weiterzuspielen. Und er verabschiedete sich mit dem allbekannten As-Dur-Impromptu von Franz Schubert, das junge Klaviertitanen gern dämonisch haben, wenn Schubert da Forte und Fortissimo vorschreibt, während Backhaus das Stück verhältnismäßig zügig, anmutig, ganz und gar abgeklärt und heiter spielte. Da war das Wienerische und das Weise eins geworden. So endete ein Klavier-Leben.

Wilhelm Backhaus, 1884 in Leipzig geboren, war ein männlicher Künstler gewesen, ein typischer Vertreter jenes unsentimentalen, sächsischen Musikerrealismus, dem alle falsche Feierlichkeit, alles Titanentum völlig fremd war. Wer ihn nur – wie die allermeisten – während der letzten Jahrzehnte gehört hat, der weiß vielleicht gar nicht, daß der junge Backhaus ein virtuoser Feuerkopf gewesen war, ein Spieler aus der Gefolgschaft Liszts, ein Mann, dessen Technik bestaunt worden war und der die »Glöckchen-Etüde« genauso elegant beherrschte wie manche Salonkompositionen von Mendelssohn und manche Bearbeitungen Liszts. Aber das war auch damals nicht alles. Backhaus hat beispielsweise das B-Dur-Klavierkonzert von Johannes Brahms noch mit dem Uraufführungsdirigenten einstudiert. Er ragte wie ein letzter Zeuge einer ungeheueren Tradition in unser Jahrhundert hinein. Zum großen Beethoven-Spieler wurde er wahrscheinlich erst viel später. Denn sein Beethoven – und das lehrten vor allem die späten Sonaten – war nicht ein Beethoven der typisch individuell-sentimentalen Ausdruckskraft. Backhaus gab zugleich weniger und mehr. Wenn er die Sonaten Opus 106, 109, 110 oder 111 spielte, dann spürte jeder musikalische Mensch, daß da nicht nur das Schicksal eines Individuums »auf dem Spiele« stand, sondern daß die Musik von noch größeren, ernsteren, objektiveren Zusammenhängen kündete. Auf diese Weise kam Backhaus manchmal in den Ruf, er sei »kühl«. In Wahrheit war er aber mehr: Er verriet die Größe der Musik nicht an die kleinen Gefühle. Daß er in den letzten zwei Jahrzehnten dann noch zum lindbewegten Schubert-Spieler werden konnte, zum gleichsam versöhnlichen und versöhnten Poeten am Klavier, das ist eine Überraschung gewesen, die selbst die Backhaus-Bewunderer kaum für möglich gehalten hätten.

Wenn irgend etwas diesen so unpathetischen Künstler kennzeichnete, dann war es seine Ehrfurcht, nicht nur vor den Noten, die er mit größter Sicherheit und immer neuem Ernst spielte und sich erarbeitete, sondern auch vor der Musik an sich und vor seinem Publikum. Als weltberühmter alter Künstler, dem alle Podien offenstanden, schrieb er noch wenige Jahre vor seinem Tode an einen Freund, er müsse sich überlegen, ob er sich »noch aufs Podium wagen« könne. Eine solche Überlegung hatte er wahrlich nicht nötig; sie zeigt auch, wie ernst er es mit der Musik und denen, die sie lieben, nahm. Es gibt sehr viele jüngere und schwächere Künstler, die sich wahrscheinlich kaum je die Frage stellen, ob sie sich aufs Podium wagen sollen. Möglicherweise ist ihnen gar nicht bewußt, welch ein Wagnis sich damit verbindet.

Nicht nur die klavierspielende, sondern die ganze Musik- und Kulturwelt vernimmt nun ergriffen, daß Wilhelm Backhaus nicht mehr lebt. Zwar gibt es zahlreiche Schallplatten, die sein Spiel und seine Kunst aufbewahren und aus denen noch lange wird gelernt werden können. Aber das Zeugnis, das Wilhelm Backhaus gab, die Integrität, die er verkörperte, das Beispielhafte, das er leistete: Es wird nicht leicht sein, sich einen Musikbetrieb vorzustellen, in dem alles das fehlt.

7. VII. 1969

Wilhelm Kempff

Wilhelm Kempff, am 25. November 1895 in Jüterbog geboren, Sohn eines Organisten, war bei seiner Aufnahmeprüfung für die Berliner Hochschule so weit, daß er sämtliche Präludien und Fugen aus dem »Wohltemperierten Klavier« von Bach nicht nur auswendig spielen, sondern in jede beliebige Tonart transponieren konnte. Kempff wurde dann Schüler des berühmten Professors Heinrich Barth, bei dem auch Arthur Rubinstein gelernt hatte. Weiter wäre zu melden, daß der brillante, vielfältig talentierte Wilhelm Kempff sich bereits als junger Mensch von so vielen schwerfälligen und lustlosen germanischen Pianisten abhob dank seiner Intelligenz, seiner Klangsinnlichkeit, seiner Originalität und seiner improvisatorischen Musikalität.

Wilhelm Kempff, ließe sich beteuern, war und ist ein witziger Preuße. In der Nazi-Zeit verkörperte er die Tradition großen deutschen Klavierspiels, aber gerade damals konzertierte er viel im Ausland. Mittlerweile ist Kempff ein älterer und schließlich alter Herr geworden. Sogar noch nach dem Zweiten Weltkrieg spielte er Liszt und viel Chopin. Aber sein Leben lang blieb er den großen Gestirnen seines Musikerdaseins treu: Bach, Mozart, Beethoven, Schubert, Schumann, Brahms.

Wie bei so manchen großen Interpreten gehört es auch bei Wilhelm Kempff dazu, daß er komponierte, Opern- und Instrumentalmusik. Alle diese Stücke haben sich, wir wollen es keineswegs verschweigen, nicht durchgesetzt. (Nur an seine Beethoven-Kadenzen erinnert uns Kempff allzugern.) Wenn ein Interpret komponieren kann, dann gehört es zu seiner Biographie, daß er komponieren kann. Er sieht dann die Musik doch von innen, als Produzierender. Die größten Pianisten der Musikgeschichte (zwischen Mozart, Liszt, Chopin, d'Albert und Artur Schnabel), sie alle sind, wie Wilhelm Kempff, entweder im Hauptfach oder nebenher Komponist gewesen. Kempff war es, kein Zweifel, nur nebenher. Aber an der Art, wie er Kompositionen großer Meister aufzuschlüsseln weiß, spürt man durchaus, daß er es war.

Welcher große Pianist versucht, seine Individualität, seine Klangvorstellung, seine Eigenart und seine beschwingte Leichtigkeit so entschieden, so um jeden Preis durchzuhalten wie Wilhelm Kempff? Der läßt es darauf ankommen, technisch unpräzise zu sein. Er läßt es darauf ankommen, für kokett und undämonisch gehalten zu werden. Alles dies ist ihm lieber, als daß er zum bloßen Nachspieler würde, der sich bei Musik nichts denkt, zum Virtuosen, bei dem der Geist schweigt, weil die Töne so rasch oder laut vorbeiziehen. Auf diese Weise ist Kempff im Laufe der Jahre eine unvergleichbare Mischung aus Individualität, Tiefsinn und Entspanntheit zugewachsen. Er kann, im Konzert und bei Schallplattenaufnahmen, so unabgelenkt und versonnen beginnen, wie es den meisten anderen Pianisten nie gelingt oder höchstens bei ihren Zugaben. Musik: Das ist für Kempff kein Alpdruck, kein aus Schwierigkeiten und Fingersätzen gemischter Alptraum, der zur pianistischen Pflichterfüllung drängt. Kempff wirkt vielmehr wie ein Erzähler, wie jemand, der sich mit dem Geist der Stücke verbindet, der sie heiter, entspannt und mit einem ganz spezifischen, silberhellen Ton wiedergeben möchte. Wie leicht klingt es, wenn er heute Schubert spielt, wie fern aller bombastischen Sonorität, aller schmerzlichen Erdenschwere. Und doch gewiß nicht leichtfertig.

»19. Jahrhundert«, auch im bedenklichen Sinne, mag Wilhelm Kempffs Spiel immer dann sein, wenn es veredeln, beschönigen, glätten will. Beim frühen Beethoven, etwa in der kleinen f-Moll-Sonate Opus 2 Nr. 2 genauso wie in der kleinen c-Moll-Sonate Opus 10 Nr. 1, deren Adagio Kempff mit überwältigender poetischer Freiheit darbietet, ist manchmal etwas von dieser Beschönigungstendenz zu spüren: Kempff nimmt zurückhaltende Tempi und bleibt auch gegenüber den zahlreichen Sforzato- oder Fortissimo-Vorschriften reserviert; er möchte nicht, daß die Musik zu wild, zu wüst, zu gezackt klinge.

Solche Zurückhaltung mag uns heute ein wenig altväterisch, ja altherrenhaft erscheinen. Aber wenn Kampff den späten Beethoven interpretiert, dann entsteht freilich sehr oft auch eine einzigartige geistvolle Freiheit im atmenden Neubetonen gleichartiger Phrasen, im spirituellen Pointieren, im Humanisieren selbst des Sprödesten, Entlegensten. Wo andere Pianisten immer nur unpersönlich donnern, trommeln oder schmieren können, da ist Kempff immer ein beherrschender und beherrschter Künstler, da ist er immer ein freier, selbständiger Deuter, da vermag er, wie kaum ein anderer, zu überraschen, zu finden und zu erfinden. Ob »Waldstein-Sonate«, Hammerklaviersonaten-Fuge oder Arietta-Variationen aus Opus 111, ob die E-Dur-Variationen aus Opus 109 oder erster Satz der Fis-Dur-Sonate Opus 78: Kempff opfert nie die Freiheit, er selbst zu sein. Sondern er verbindet diese Freiheit, tiefsinnig und graziös zugleich, mit Beethovens Text. (Im Laufe der Zeit hat er Beethovens Sonaten dreimal eingespielt.)

Beim frühen Kempff gab es agogischen Übermut, manchmal pointierte Koketterie, narzißtische Leichtigkeit, Brillanz. Später kamen eine große, unbekümmerte Freiheit, sanft-visionäres Selbstvertrauen und produktive Nervosität hinzu. (Für mich ist das Wort Nervosität kein Schimpfwort, sondern Gegensatz zu, sagen wir einmal, Stumpfheit.) Wie großartig Kempff seine Nervosität, Unruhe, zarte Zerrissenheit, Schlankheit und rhythmische Präzision sogar bei einem Komponisten einzusetzen versteht, der oft genug schwerblütig, schwerfällig und pedal-belästigt vorgetragen wird, verdeutlichen Kempffs Brahms-Interpretationen.

Bei Mozart, Beethoven, Schubert und Brahms, bei Bach, Chopin und Liszt ließen sich gewiß immer auch Interpretationen anderer Pianisten höchsten Niveaus heranziehen, die auf ihre Weise ähnliches erreichen. Von Arrau, Schnabel, Solomon, Rubinstein, Horowitz, Gulda, Brendel sind natürlich auch tiefsinnige Darbietungen großer Klaviermusik aufzutreiben. Was aber Schumann, etwa die »Kreisleriana«, betrifft, so ließe sich die Behauptung wagen, daß die Exzentrizität des Zyklus von keinem Pianisten dieser Welt so rein, schön und sinnvoll wiedergegeben wird wie von Wilhelm Kempff.

Die Magie der Stille, die Kempff da herstellen kann, ist ebenso ungeheuerlich wie die romantisch-psychologische Kurve zurück zu Bach und hin zum erstarrenden Traum von blauer Blume, den er aus dieser Musik herauslöst. Kempff bringt es fertig, das Uneigentliche, das Forcierte, das herrlich Überhitzte des sehnsüchtigen Schumannschen-Neobarock hören zu lassen: Indem er die Schwäche, genauer gesagt, das Nicht-gelingen-Können der Stilimitation vorführt, rettet er Robert Schumanns Größe. Statt eines bedeutungslosen Eklektizimus begreift man die unerfüllbare, flammende Sehnsucht, die in einer solchen donquichottesken Rückwendung steckt. Gebrochenheit steht ein für Wahrheit – und das ist mehr als die billige Imitation barocker Kraft. Wenn Kempff sein Höchstes erreicht, dann trifft er die Ewigkeit der Traumsekunde, die zeitlosen und doch unverwechselbaren Augenblicke reiner Poesie.

25. XI. 1975

Solomon

Der Fall ist sonderbar und ungeheuerlich und gehört zu den erstaunlichsten Phänomenen musikalischer Interpretationsgeschichte. Nicht der Fall Solomon: denn ein großer Künstler ist kein »Fall«. Sondern vielmehr die seltsame Entwicklung der deutschen Solomon-Rezeption. Wenn je die bittere Formel vom »Nachruhm zu Lebzeiten« verwendet werden darf, dann eben in diesem seltsamen Fall.

Der britische Pianist Solomon, Jahrgang 1902, machte sogleich Wunderkind-Karriere. Heute noch erinnern sich hochbetagte Briten an den rührenden Matrosenanzug, in dem der achtjährige Solomon Cutner Mozart und Tschaikowsky spielte. Doch genausowenig, wie Claudio Arrau sich vom Wunderkind-Ruhm zu später Leichtfertigkeit verführen ließ, war es bei Solomon der Fall. Der junge Künstler besaß genug Klugheit, zwischen Matrosenanzug und früher Meisterschaft eine Pause zu legen, in der er streng und hart für sich und an sich arbeitete. Dann erschien er wieder auf dem Konzertpodium, war ein großer Pianist. Schallplatten-Aufnahmen, die er 1932, also als 29jähriger, aufnahm, legen von seiner soliden technischen und musikalischen Meisterschaft Zeugnis ab. Solomon hat damals Chopins große f-Moll-Fantasie eingespielt.

In den dreißiger Jahren galt Artur Schnabel als größter und originellster Beethoven-Interpret der Welt. Vorher, in den zwanziger Jahren, war Schnabel zumindest in Deutschland dieser Ruhm fast einstimmig zuerkannt worden. Nach 1933, als jüdische Künstler hierzulande nicht mehr konzertieren durften – und wir sollten nicht vergessen, daß Schallplatten damals noch längst keine so große Rolle spielten wie heute; Schnabels Gesamtaufnahme der Beethoven-Sonaten aus den dreißiger Jahren war das erste Unternehmen dieser Art, und es war fast unmöglich, diese Aufnahmen damals in Deutschland kennenzulernen –, also nach 1933 wurden in Deutschland vor allen Dingen Edwin Fischer, Wilhelm Backhaus, Wilhelm Kempff und natürlich auch Elly Ney als Interpreten der Beethovenschen Klaviersonaten bewundert oder verehrt. Künstler wie Schnabel oder eben auch Solomon durften in Deutschland keine Rolle spielen.

Dann kam der Zweite Weltkrieg. Und kaum ein deutscher Musiker oder Musikfreund hatte Gelegenheit, irgendwie, etwa bei einer Auslandsreise, zur Kenntnis zu nehmen, wie Horowitz, Rubinstein, Solomon sich um große Musik mühten. Ähnliches gilt natürlich auch umgekehrt: In England und Amerika wußte kaum jemand, was etwa Wilhelm Furtwängler mit den Berliner und Wiener Philharmonikern leistete. (Die britischen »Furtwängler Societies« entstanden erst später.) Während des Krieges schweigen die Musen zwar nicht, aber sie sind schwer zugänglich. Als nach 1945 dann endlich die Grenzen wieder durchlässig wurden, als in den fünfziger Jahren der Siegeszug der Langspielplatte begann, da lernten wir allmählich erkennen, in wie bedenkenswerter und bedenklicher Weise sowohl die amerikanischen als auch die russischen und die südamerikanischen Pianisten die Klaviervorherrschaft an sich gerissen hatten. Von ein paar großen Ausnahmen abgesehen, nämlich den großen Alten, Wilhelm Backhaus und Wilhelm Kempff, aus der mittleren Generation können höchstens noch Gulda und Brendel genannt werden, lebte oder lebt im deutschsprachigen Raum kein Pianist, der es mit der Weltelite aufnehmen könnte. Das mußten wir begreifen lernen, als wir hörten, wie Horowitz, Rubinstein, Gilels, Richter und Michelangeli Klavier spielen.

Mit dieser arg verkürzten und pointierten interpretationsgeschichtlichen Skizze sind wir immer noch dabei, zu ergründen, warum man in Mitteleuropa, vor allem in Deutschland, Solomon zunächst überhaupt nicht und dann mit so großer Verspätung zur Kenntnis nahm. Es ist klar: Nazi-Zeit und Kriegsjahre und Nachkriegsverwirrung erzwangen eine gewisse Phasen-Verschiebung. Aber es ist ebenso klar, daß die weltpolitischen

Wirren doch nicht der einzige Grund für diese Phasen-Verschiebung gewesen sein können. Man vergegenwärtige sich: In den frühen und mittleren fünfziger Jahren funktionierte der Schallplattenaustausch doch schon einigermaßen, und die großen Künstler der Welt konzertierten regelmäßig auch in der Bundesrepublik. Wie konnte da jener ebenso sonderbare wie ungeheuerliche Fall der späten Solomon-Rezeption entstehen?

Solomon ist ja in Deutschland bis heute noch nicht wirklich populär, bekannt und berühmt. Nur die Spezialisten, nur diejenigen, denen die Interpretation Beethovenscher Klaviersonaten wirklich etwas bedeutet, wissen von Solomon. Nur ganz allmählich hat sich sein Name neben den Namen der berühmtesten Beethoven-Interpreten unserer Zeit etabliert. Diese Phasen-Verschiebung hat zwei Gründe. Der erste Grund hängt mit dem tragischen Lebensschicksal Solomons zusammen: Seit 1956 ist der Künstler gelähmt. Als 54jähriger mußte er vom Konzertpodium Abschied nehmen. Seither hat er nicht mehr öffentlich spielen können. Nur Schallplatten zeugen von seiner Kunst.

Aber wenn dieser Solomon, wie ich behaupte, tatsächlich ein Genie und ein strenger Expressionist ist, dann müßte immer noch geklärt werden, inwiefern der Künstler sich nicht früher, mit Hilfe weniger Platten und einiger öffentlicher Auftritte, so durchsetzen konnte, wie es etwa ein Michelangeli vermochte, der ja auch nur höchst selten konzertierte und nur ganz wenige Platten herausgebracht hat und doch immerfort eine berühmte Legende war; oder wie es einem Svjatoslav Richter glückte, der, weil das Geheimnis oft ein guter Konzertagent ist, in Westdeutschland bereits gepriesen wurde, noch bevor er in Westberlin oder Salzburg oder gar der Bundesrepublik hatte auftreten dürfen.

Wieso nehmen wir Solomon erst so spät zur Kenntnis, obwohl doch nichts Abseitiges oder gar Exaltiertes die Rezeption erschwerte, obwohl er die größten Werke von Beethoven und Brahms interpretierte? Wahrscheinlich hängt die Phasen-Verschiebung doch nicht nur damit zusammen, daß Solomon seinen Ruhm und sein Können hierzulande selten und seit 1956 überhaupt nicht mehr im öffentlichen Konzert zu bestätigen vermochte, nicht nur damit, daß die Schallplattenindustrie gerade in seinem Fall bis auf den heutigen Tag sträflich opportunistisch abweisend, verschweigend und qualitätsblind gehandelt hat – sondern auch mit dem Umstand, daß wir erst in den sechziger Jahren für die eigentümliche Größe und Bedeutung der Solomonschen Kunst reif wurden.

Gewiß, wer vorher das Glück hatte, ihn in einem seiner wenigen deutschen Konzerte zu hören, der erkannte in diesem Solomon sofort den außergewöhnlichen, tiefernsten, tiefverantwortlichen Pianisten. Aber ich erinnere mich noch, daß ich, als ich den Künstler mit dem Beethovenschen Es-Dur-Konzert ein einziges Mal im öffentlichen Konzert hörte, zwar voller Bewunderung war, aber doch nicht überwältigt. Nun ist ja das Es-Dur, also das sogenannte »Emperor«-Konzert, ein strahlend großartiges, herrlich diesseitiges Stück. Solomon spielte es, für meinen damaligen Geschmack, zu ernst und zu starr. Die außerordentliche, leuchtend vitale Kraft, die Rubinstein oder Gilels da im ersten Satz entgegenbringen, schien mir bei Solomon in nicht ganz so schwungvollem Maße vorhanden. Zwar machte er aus dem langsamen Satz ein ruhiges und tiefsinniges Mirakel, aber auch den dionysischen Temperamentsausbruch des Finales glaubte ich von einigen anderen Weltklasse-Pianisten schon hinreißender gehört zu haben. Und weil der Dirigent auch nicht gerade ein Furtwängler war, empfand ich für den offensichtlich bedeutenden Pianisten und Interpreten nur hohe Bewunderung und tiefen Respekt, aber nicht mehr. Nichts, was sich mit meiner heutigen Überzeugung decken würde: daß Solomon, wenn es um mittleren oder späten Beethoven geht, der tiefsinnigste und wohl bedeutendste Interpret der Welt ist. Wahrscheinlich war – das geht auch aus der Solomonschen Einspielung des Es-Dur-Klavierkonzerts (mit Herbert Menges und dem Philharmonia Orchestra) hervor – Opus 73 kein spezifisches Stück gerade für ihn. Wahrscheinlich war es uns deutschen Hörern damals nicht so leicht möglich, Solomons strengen, aber expressiven Stil zu würdigen. Wer Furtwänglers Beethoven, wer Edwin Fischers Titanismus oder Kempffs poetische Allüre oder Wilhelm Backhaus' objektivierende Selbstverständlichkeit im Ohr hatte, dem stand bei Solomon ein Lernprozeß bevor. Tragisch genug, daß wir, nach Solomons Erkrankung, diesen Lernprozeß nun nur auf dem Umweg über Schallplatten-Einspielungen nachholen konnten. Tragisch – aber auch nachprüfbar. Gerade weil wir »nur« auf Schallplatten angewiesen sind, liegt es nahe, aus der Not der Beschränkung eine Tugend des Vergleichs zu machen. Und da öffnen sich uns die Ohren für Solomons wahrhafte Kunst.

Ich will hier zunächst die Ergebnisse einiger Stichproben mit

Beethoven-Sonaten mitteilen. Wenn man, beispielsweise, vergleicht, wie Arrau, Gulda und Solomon die ersten Sätze der Fantasie-Sonate Opus 27 Nr. 1 in Es-Dur spielen, wenn man die Unterschiede analysiert, die zwischen Schnabels, Kempffs und Solomons Interpretation der »Mondschein-Sonate« sichtbar werden, wenn man die Einleitung der »Les-Adieux-Sonate«, das Adagio der Hammerklaviersonate sowie die letzten großen Beethoven-Sonaten Opus 110 und 111 von Solomon und dann von anderen großen Pianisten hört: dann wird immer wieder ein gewaltiger, ohne jede Sentimentalität herzbewegender Unterschied spürbar. Solomon hebt Zwischenstimmen hervor, macht Ausdrucksunterschiede innerhalb eines kompakt scheinenden Klaviersatzes, entdeckt herbe Zusammenhänge und Isolationen. Doch wer auf Grund dieser Beschreibung nun schließen wollte, Solomon sei mithin ein originalitätssüchtiger Pianist, der nach Nebenstimmen fahnde, der stolz auf irgendwelche neuentdeckten Kompositions-Einzelheiten hinweise, der noch in der neutralsten Passage die Existenz einer Melodie oder einer Anspielung entdecke – wer alles das aus dieser Beschreibung schließt, hätte sich getäuscht. Denn das eigentümliche Genie Solomons besteht vielmehr darin, seiner analytischen Intelligenz eine ruhige ganzheitliche Vorstellungskraft entgegenzusetzen. Die Einzelheiten, die man bei seinen Interpretationen hervorheben und preisen kann, sind immer nur das Verbalisierbare, das Beschreibbare. Was sich nicht oder kaum beschreiben läßt, ist indessen die große, herbe, alle Interpretations-Eitelkeit souverän wegschiebende Kraft seines strengen und selbstverständlichen Zusammenfügens. Darin hat er, zumindest was den späten Beethoven betrifft, heute nicht seinesgleichen.

Mit »Expressionismus« verbindet man hierzulande doch die Vorstellung von rauschhafter, keine Grenzen scheuender, ausdrucksvoller Selbstdarstellung. Diese durchaus vorhandene Qualität Solomonscher Musikalität und Solomonschen Scharfsinns wird nun aber, anders als etwa bei Schnabel oder beim flammenden, jedoch einseitigeren und eingleisigeren Svjatoslav Richter, bei Solomon vollkommen stabilisiert durch eine nicht selbstbewußt motorische, sondern dienend-großartige Härte der Vergegenwärtigung langer, ja riesiger Zusammenhänge. Expressionismus, wenn man das Wort so überhaupt noch gebrauchen darf, lebt und blüht bei Solomon immer nur in der ungeheuerlich gut empfundenen Einzelheit. Aber als Ganzes stellen seine Interpretationen weit mehr den Eindruck der Strenge, der Größe, der überindividuellen, darum aber nicht langweilig-objektiven Darstellung substantieller Sonaten-Tragödien her. Man kann bereits in Solomons Interpretation von Beethovens »kleiner« f-Moll-Sonate Opus 2 Nr. 1 Züge dessen hervorheben, was beim »späten« Beethoven noch viel überzeugender wirkt. Im Kopfsatz von Opus 2 Nr. 1 stellt er die spätbarocken, zwischen Sturm und Drang einerseits, den Bach-Söhnen und Clementi andererseits deutlich verbindenden Sequenz-Quadern der Durchführung viel entschiedener dar, als es sonst üblich ist. Vielleicht verliert die Stelle auf diese Weise einiges von der Wildheit, vom Aufbegehren des jungen Beethoven; man hat zwar mannigfache Kompositions-Relationen und Struktur-Momente kennengelernt, doch indem man sie kennenlernt, verwandeln sie sich unter Solomons Händen zur großen sicheren Einheit (was vielleicht nicht ganz im Sinne dieser jähen lakonischen Sonate ist).

Das Prestissimo-Finale liest Solomon wiederum anders. Hört man seine Platte, dann begreift man nicht, warum die anderen Pianisten es nicht auch ganz selbstverständlich so machen. Beethoven schreibt da, vor Eintritt des Seitenthemas, eine große sequenzierende Überleitung, im Duolen-Rhythmus 2 : 3. Diese Überleitung erscheint pianistisch zunächst reich, aber dann noch sowohl vergrößert als auch schärfer ausharmonisiert. Solomon spielt das, als könnt's nicht anders sein, auch mit entsprechend gewachsener innerer Beteiligung. Das heißt, er setzt die Steigerung der Bewegung in eine Steigerung der Ausdrucks-Emphase um. Danach kommen einem alle anderen Interpretationen geistlos und etüdenhaft vor. Solomons eigentümliches Genie bewährt sich noch zwingender in der Fantasie-Sonate Opus 27 Nr. 1. Deren erster Satz gleicht einer ausgezeichneten Improvisation, aber viele Pianisten spielen ihn doch so, als handele es sich um ein Stück von der Folgerichtigkeit des Kopfsatzes der »Waldstein-Sonate« – und dann muß natürlich das simple Es-Dur-Dreiklangthema etwas dürftig wirken, müssen die beinahe zufälligen Begleitfiguren gleichsam »schlecht komponiert« erscheinen. Zum Beispiel Wilhelm Backhaus und Claudio Arrau spielen diesen ersten Satz so, als ob »quasi una fantasia« gar nicht drüberstünde. Nur ein alter Expressionist wie Artur Schnabel und ein moderner strenger, wie eben Solomon, vermögen hier zu erspüren, was schon Paul Bekker in diesem ersten Satz nachgewiesen hat, nämlich das Moment des indirekten, tastenden, träumerischen (eben einer Phantasie entsprechenden) Entstehens von Musik. Sie ist nicht aufgezeichnet da, sie muß gleichsam erst entworfen werden. Gieseking perlt das spitz und schwach-mozartisch herunter, Arrau versucht so seriös wie möglich, aus einem vermeintlich schwachen Beethoven doch noch etwas Schönes zu machen.

Aber wenn man dann die indirekte, träumerisch bewegte Kraft der Vergegenwärtigung erlebt, die Solomon diesem Andante zukommen läßt, wenn man die wilde Größe erlebt, mit der Solomon aus dem geisterhaft leeren zweiten Satz eine gewaltige, zugleich rückwärtsgewandte, archaisierende und, dank der differenzierten, wüst synkopierten Tonsprache, auch Brahms vorwegnehmende Entladung macht, dann ahnt man, was Interpretation sein und was sie unterschlagen kann. Bei Solomon wächst dieses Allegro molto e vivace in unmittelbare Nachbarschaft des Scherzos aus dem 2. Klavierkonzert von Brahms.

Daß Wilhelm Kempff den ersten Satz der »Mondschein-Sonate« zart, verhalten, fließend und sanft melodisch spielt und Beethovens Alla-breve-Vorschrift wörtlich nimmt (Takte, die bei ihm 90 Sekunden dauern, dauern bei Solomon 157 Sekunden; selbst wer Zahlenunterschiede für unwichtig hält, ahnt, inwiefern beide Pianisten kaum mehr dasselbe Stück spielen), läßt sich gewiß vertreten und begründen. Nun kann man aber auch der Ansicht sein, diese Alla-breve-Vorschrift hänge damit zusammen, daß Beethoven sich zum »Mondschein-Sonaten«-Adagio vom Sterbe-Andante des Komturs aus dem ersten Akt des »Don Giovanni« inspirieren ließ; Beethoven hat diese Szene bekanntlich zum eigenen Gebrauch abgeschrieben, sie steht im Alla breve. Demnach wäre die Tempobezeichnung keine absolute Raschheitsvorschrift, sondern – und das ist genauso plausibel – eher ein Hinweis darauf, welche Tongruppen zusammengehören.

Sei's drum. Jedenfalls spielt Solomon, und zwar höchst spannungsvoll, keine melancholische Klage, sondern ein herbes, starres Musikgemälde schwärzester Mondfinsternis. Wer, ein wenig enttäuscht, glauben sollte, zwischen Adagio-Abgrund und Presto-Ausbruch stehe in der cis-Moll-Sonate Opus 27 Nr. 2 ein merkwürdig tänzerisches Allegretto, der hat wiederum diesen Satz noch nicht von Solomon gehört. Solomon versteht es nämlich, die Auftakte und die Vorhalte dieses Nicht-Tanzstückes zu Konflikten zu steigern. Man kann sagen, daß sich in seiner Interpretation ein erregter Ausdruck gleichsam gegen die Lieblichkeit der Des-Dur-Melodik durchsetzt. Ganz offensichtlich hat unter Solomons Händen die Vorhalt-Dramatik zugleich überraschend und zwingend das letzte Wort – und der ganze Satz vibriert vor Spannung, ist keine »Blume zwischen zwei Abgründen« oder etwas ähnlich Nettes mehr.

Die »Sturm-Sonate« Opus 31 Nr. 2, die »Waldstein-Sonate«, die von Solomon überraschend schnell und hell interpretiert wird, die sehr bedeutungsvoll vorgetragene F-Dur-Sonate Opus 54, sie alle lassen überlegene Interpretationsqualitäten genausogut erkennen, wie es bei Solomons Darstellung der »Appassionata« der Fall ist.

Aber der eigentümlichen Kunst dieses Pianisten kommt man vielleicht noch genauer auf die Spur, wenn man sie in einem Werk beobachtet, in dem Beethovenscher Jugendstil und Spätstil zusammentreffen. Wo das der Fall sei? Nun, im B-Dur-Klavierkonzert Opus 19, das ein Frühwerk ist, samt der von Beethoven selbst hinzugefügten Kadenz, die ein Spätwerk ist. Was den »frühen« Beethoven betrifft, so spielt Solomon den ersten Satz mit Leichtigkeit und Sicherheit, die Rezitative des langsamen Satzes mit phänomenaler Ruhe und das Rondo zwingend virtuos. Aber man müßte schon Solomon-blind sein, um nicht festzustellen und zuzugeben, daß Gulda oder Gould oder Barenboim oder Kempff oder auch Martha Argerich alles das auch, und zwar vielleicht noch besser, frischer, lebendiger, herausbringen. Bis auf die Kadenz: Da wird Solomon wieder groß, gewaltig ohne Gewalttätigkeit, da holt er am Schluß ein chromatisches Erstarren heraus, an dem die anderen doch vorbeispielen, da formuliert er den ganzen Ingrimm des späten Beethoven mitten im Konversationszauber des frühen. Und er macht nicht etwa den schwachsinnigen Versuch, die riesige Kadenz stilistisch irgendwie angleichen zu wollen, was beispielsweise in Martha Argerichs Interpretation so seltsam und unüberzeugend wirkte.

Damit wären wir beim Spätwerk, bei der »Les-Adieux-Sonate« etwa. Die Überschrift »Les Adieux« stammt bekanntlich nicht von Beethoven. Der Titel ist vom Verleger gegen des Meisters Willen erfunden worden. »Lebewohl« war gemeint, nicht »Adieu«.

Wie ernst es Beethoven mit dem Lebewohl meint, lehrt der Beginn der Sonate. Die ersten drei Akkorde tragen die Überschrift »Lebewohl«, und das Wunder dieser Einleitung läßt sich auch technisch-harmonisch-pianistisch beschreiben; es wird davon nicht weniger wunderbar. Denn der dritte Akkord, aufs »-wohl«, ist ein trugschlußhafter, trauriger, unerwarteter Moll-Akkord. Obwohl er doppelt so viele Töne enthält wie die jeweils ersten beiden Akkorde, muß er leiser gespielt werden. Solomon ist dazu nicht nur pianistisch ohne jede Forciertheit imstande, sondern er macht vor dem »-wohl« des »Lebewohl« jedesmal ein winziges schmerzvolles Zögern, so, als ob der Abschiednehmende es nicht übers Herz brächte, die Abschiedsformel zu Ende zu sprechen. Aber auch das ist nur eines der vielen kleinen Wunder, die Solomon, über Rubinstein und Schnabel hinauskommend, in dieser Sonate entdeckt. Wer die Hammerklaviersonate, ja überhaupt alle fünf letzten Sonaten nicht von Solomon kennt, der kennt sie, mit einiger Übertreibung sei's gesagt, eigentlich gar nicht. Reineres und Herberes als Solomons Darstellung der Hammerklaviersonate, der As-Dur-Sonate, der Sonate Opus 111 gibt es in unserer Gegenwart nicht.

Nach dem bisher Gesagten wird einleuchten, daß dieser Solomon auch das 1. Klavierkonzert von Johannes Brahms (zusammen mit Kubelík), die Händel-Variationen und die bitteren Intermezzo-Monologe des alten Brahms tiefsinnig und groß zu meistern versteht. Selbst ein so bekanntes, scheinbar leicht durchschaubares Stück wie die g-Moll-Rhapsodie Opus 79 Nr. 1 spielt Solomon nicht nur gewaltiger, sondern auch analytischer, tiefsinniger, organischer als Rubinstein, Katchen, Backhaus oder irgendein berühmter Brahms-Spieler. Wer hätte geahnt, daß die Durchführung dieser Rhapsodie von einer herben, hallenden Dreistimmigkeit bestimmt ist, daß da mehrere Melodie-Bögen (wie es Solomon auch in der Durchführung der Beethoven-Sonate Opus 110 ohne jede Affektiertheit plausibel zu machen versteht) ihr Eigenleben führen und sich doch zur entwickelten Gestalt zusammenfügen!

Es ist klar, daß nur ein Pianist, der auch die schwersten Chopin- und Liszt-Stücke ohne weiteres meistern kann, solche Differenzierungen hervorzubringen vermag. Solomon gehört gewiß nicht zu jenen Beethoven-Hohenpriestern, die einfach aus Mangel an Technik an allem Virtuosen vornehm vorbeigehen müssen. Trotzdem war die von der EMI jüngst zu Solomons 70. Geburtstag herausgebrachte Kassette »A tribute to Solomon« für mich eine leise Enttäuschung. Dem Pianisten Solomon, das lehren die Platten ebenso wie Solomons Mozart-Aufnahmen, fehlt es nicht an Charme, an Leichtigkeit, an pianistischem Witz – wohl aber an der Freude daran. Zu seinem Eigentlichen kommt er immer dann, wenn er ein Stück gleichsam bis hin zu seiner musikalischen, ja strukturellen Essenz verfolgen (und dabei beleben) kann, wenn innerhalb der Musik Entscheidungen auszuspielen sind. Nicht Klang, nicht Zauber, nicht Empfindsamkeit sind seine Stärken – darüber gebietet er nur. Er hört sich vielmehr so in die musikalische Sache hinein, daß man spürt, wie es ums Leben geht. So wird bei ihm der Schluß beispielsweise des Intermezzos in b-Moll von Brahms zur Darstellung eines strengen Schicksals, so versteht er es, die gleichfalls in dieser Kassette enthaltenen Händel-Variationen von Brahms ohne jede Schwerfälligkeit und Schwerflüssigkeit kraft überlegener pianistischer und geistiger Macht als großen pianistischen Kosmos darzustellen. Nie drängt er sich vor, und dennoch bekommt er es fertig, das Verhältnis zwischen Melodie und Kontrapunkt in vielen Variationen bei der Wiederholung zart umzukehren. Man gewinnt Einblicke in die Struktur und die Fülle des Werkes, zu denen andere Pianisten kaum je gelangen.

1. III. 1973

Friedrich Gulda

Zuerst ein paar Worte über die »Tagesform« dieses Pianisten, der so außerordentlich ist, daß es bei ihm auf die Tagesform nicht mehr ankommt. Denn immer spricht das Instrument unter seinen Händen, stellt es etwas Spezifisches, manchmal Exzentrisches, rhythmisch stets faszinierend Haltbares und gewiß nie Langweiliges dar.

Am Abend des 25. November 1974 spielte dieser große Pianist auffallend elegisch. Er ließ alles Langsame ungemein meditativ, traurig, verträumt tönen. Was besonders beeindruckte, war der herrlich ruhig ausgehörte Adagio-Beginn von Mozarts c-Moll-Fantasie, war der langsame Satz aus Mozarts B-Dur-Sonate, das geisterhaft largo-still und doch zwingend dramatisch gespielte es-Moll-Präludium (aus dem 1. Heft des »Wohltemperierten Klaviers«) und das von Beethoven selber mit dem Seelenzustand eines Melancholikers verglichene Largo e mesto aus der Klaviersonate Opus 10 Nr. 3. Demgegenüber erklangen die raschen Sachen zwar durchaus plastisch, aber doch weniger beeindruckend, kälter. Den Allegro-Teilen der Mozartschen Fantasie, auch dem ersten Satz der B-Dur-Sonate fehlte es – für Guldas Verhältnisse – etwas an Beredsamkeit, an ausschwingender Kantilene, wenn auch leider nicht an Pedal, mit dem er immer weniger sparsam umgeht. Daß er fast stets die Wiederholungen spielt, um beim zweitenmal seine eigenen Verzierungen anbringen zu können, nachdem er beim erstenmal alles hübsch exakt gemacht hat, ist eine improvisatorische Annehmlichkeit, die richtige Proportionen herstellt.

Bei Mozart blieben Guldas liebenswürdige Eingriffe übrigens auf harmlose Pralltriller und Vorschläge beschränkt. Nur daß er es fertigbrachte, am Anfang der Durchführung des Andantes der B-Dur-Sonate, wo die Musik aus ihren drei Auftakt-Achteln ein erschrecktes Klopfmotiv macht und in chromatisch trauriger Leere untröstlich herumirrt – daß er es fertigbrachte, bei der Wiederholung einen solchen Augenblick mit Schleifern und Trillern zu belästigen, spricht mehr für seinen Mut als für seinen Geschmack. Aber alles in allem bleibt dieser große Pianist immer nah an seinen großen Texten – auch wenn er Präludium und Fuge a-Moll aus dem »Wohltemperierten Klavier« diesmal wie einen Prokofieff ins Klavier stach und dafür das Fis-Dur-Präludium samt Fuge bis zu Webernscher Unhörbarkeit versäuselte. Von seinen Debussy-Präludien siegte die witzig-virtuos verstandene »Unterbrochene Serenade« über das nicht hinreichend liebenswürdige »Mädchen mit den blonden Haaren«. Seit ich diesen Friedrich Gulda kenne, bewundere ich seine Klavierkunst. Er ist, auch wenn er es vielleicht nicht wahrhaben will, ein genialischer Interpret. Die berühmtesten Musiker unserer Zeit zwischen Karl Böhm und Arthur Rubinstein haben sich begeistert für Friedrich Gulda ausgesprochen. Ob es die großen Jazzer auch tun, weiß ich nicht.

Sei dem, wie ihm wolle, es geht nicht an, daß auch Guldas Freunde (von den »Kollegen« ganz zu schweigen) hinter seinem Rücken übereingekommen sind: »Der spinnt aber ehrlich« – und ächzend seine Eigentümlichkeiten über sich ergehen lassen, bloß weil er »halt so verteufelt gut Klavier spielt«.

Zu diesen einer Diskussion bedürftigen Eigentümlichkeiten gehörten nicht der schwarze Rollkragenpullover, die Frackabstinenz. (»Von mir aus kann er in der Badehose spielen, wenn er nur gut spielt«, knurrte der alte Böhm, darauf angesprochen, daß Gulda ihm zu Ehren einst sogar einen eher musealen Frack angelegt hatte.)

Aber zu diesen Eigenheiten gehört mittlerweile doch, daß er sich immer weniger an ein gedrucktes Programm halten will. Zu seinem und des Publikums Vergnügen soll Musik (mögliche und unmögliche) in möglicher oder unmöglicher Reihenfolge ertönen. Übergangslos gleitet er von einem Ges-Dur-Stück Debussys zu einem Fis-Dur-Stück Bachs. Auf Bach folgen ohne jede Unterbrechung Guldas eigene Werke – Mischungen aus »Rhapsody in blue«, Pop-Donner, Klaviereffekten, grellen »domicile«-Späßen. Da rauscht dann der vom Bayerischen Rundfunk-Symphonieorchester entliehene Steinway in rhythmischem fff-Gedonner: Es rifft der Baß, es synkopt die Rechte, quälend überschaubare, grausam triviale Harmonien und Harmonie-Wechsel füllen das Haus, lassen unseren eben noch so schwermütigen Künstler richtig aufleben. Jetzt sind viele Zuhörer elektrisiert, einige gelangweilt, die wenigsten »empört«. Ein Bedürfnis nach Schweißausbruch, Beifall und Bier liegt in der Luft. So was will man eigentlich weder aus unbequemem Herkulessaal-Sessel noch ohne Speis und Trank, Zigarettenrauch und Geplauder vernehmen! Aber alles endet, was entstehet, auch Guldas »Eigenes«. Gleich danach Bach a-Moll. Junges Volk stürzt jetzt nach vorn; nicht nur die altbewährten Klavierfanatiker, nein, auch viele Gulda-Fans, die sonst kaum in den Herkulessaal kämen, nähern sich ihrem Idol, stehen an der Rampe. Aber was gibt er den mit leuchtenden Augen wartenden Bewunderern zu? Noch einen rhythmischen Eigenbau-Reißer, nachdem er sich doch den Weg dahin so triumphal freigekämpft hat? O nein, auf den kann niemand bauen. Stehend, erschlaffend zwar und doch allmählich bewundernd muß der Gulda-Anhang einen der traurigsten Sätze Beethovens anhören. Gulda nimmt das unendliche Largo e mesto viel langsamer und herb-rhetorischer als auf seiner Platte. Es endet im Nichts, und das Konzert ist aus.

Kämpft Gulda gegen Starrheit und musealen Musikbetrieb und gegen rituelle Verfestigung, wenn er kein Programm festlegt, wenn er weder vorhersagt noch ansagt, was er spielt?

Nicht im mindesten. Gulda neutralisiert vielmehr Werke, die eine eigene Geschichte und eine spezifische Physiognomie haben, zu anonymem Vorspielstoff. Der Museumsbesuch bleibt ein Museumsbesuch. Nur sind leider die guten Bilder mühsamer zu erkennen. Wem ist geholfen, wenn er nicht weiß, daß er jetzt Bach statt Debussy hören wird, wenn er nicht weiß, daß Gulda nun ein Stück Programmusik, nämlich die »Unterbrochene Serenade«, pointiert darbietet. Jetzt hören die Leute halt Gulda und erleiden ein Quiz. »Egal, was er spielt, ich geh' hin.«

Kann man nicht sagen, der Name des Werkes oder des Komponisten täten wenig zur Sache, es komme einzig auf die erklingende Musik an? Das kann man natürlich sagen: Es ist nur eben falsch. Musik ist nicht vom Himmel gefallen. Eine scheinbar belanglose Wendung Mozarts ist etwas anderes als eine anscheinend belanglose Wendung von Stamitz. Zu wissen, sich darauf zu freuen, ernst zu nehmen, daß aus der großen und lebendigen Geschichte der Musik gerade dieses Werk – und nicht jenes – erklingen wird: Das gehört mit zur Kultur. Klavier-München freut sich eben heute schon darauf, am 4. Dezember 1974 von Pollini Schumanns »Kreisleriana« und Chopins sämtliche Préludes samt fis-Moll-Polonaise und f-Moll-Fantasie zu erleben. Natürlich kann ein Pianist mal ein Programm ändern, weil er das Programm-Prinzip als Gefängnis empfindet. Aber wenn aus diesem Vielleicht-Ändern wiederum ein stures Änderungsprinzip wird, dann herrscht die Diktatur des Personenkults. Vielleicht leidet Gulda so besonders heftig unter Programmfestlegungen, weil er so besonders konzentriert spielt und sich manchmal so besonders schwere Gedächtnismartern auferlegt.

Schließlich gehört er zu den wenigen Pianisten der Welt, die alle 32 Sonaten Beethovens und das gesamte, irrsinnig schwer zu lernende »Wohltemperierte Klavier« Bachs mehrmals auswendig nacheinander vorgetragen haben! Das kann er, aber er hält's nicht aus. Darum will er es nicht. Die Potenz mag da sein, aber die Libido fehlt. Also der Spaß daran.

»Was wollen Sie denn, der Saal ist voll; junge Leute klatschen, endlich ein Klavierabend, der nicht nur Herkules-Rentner erfreut.«

Alles zugegeben. Nur: Bei Pollini wird der Saal auch voll sein – und bei Gulda wäre er bestimmt gleichfalls voll, wenn er bloß Bach oder Beethoven spielte. (Voller wahrscheinlich, als wenn er mit der Anima-Gruppe aufträte oder nur Eigenes zum besten gäbe.)

Und das leidige, endlich durchbrochene Konzertritual? Das alles gibt es natürlich auch: einen Pianisten, der stundenlang im Kreise von Bewunderern vor sich hin spielt, improvisiert, zaubert, während jemand die Gläser nachfüllt. Eine Nacht, in der endlos Musik gemacht wird, unter Freunden, bis zur Erschöpfung. Und es kann auch mal ganz lustig sein: wenn Bach, Debussy, Gulda und Blues-Fantasien sich bis zur Unkenntlichkeit mischen.

Nur: Die großen Werke der Tradition (die Gulda »kann«) und der Moderne (die er nicht spielt) haben doch ihr Recht darauf, nicht bloß als personbezogenes Quiz im munteren Alleinunterhalterabend verbraten, sondern vorhersehbar dargestellt zu werden. Es müssen ja nicht immer gleich Zyklen sein. Diese großen Werke haben ihre Sprache und ihren Anspruch. Sie wollen mit Respekt behandelt, nicht verwurschtelt werden. Natürlich ist es keck und lustig, wenn Gulda sich selber donnert, nachdem eben Bach erklang, wenn Ophelia Blues singt, wenn jemand sich über Rituale und Ränge hinwegsetzt. Aber es ist eine entsetzliche Täuschung, ein fast tragisches Verkennen seiner selbst, wenn ein genialischer Interpret tatsächlich glaubt, sagt und wiederholt veröffentlichen läßt, seine »Variations sind ein gutes Stück: na ja, es ist nicht so gut wie die Werke der größten Meister, wie die von Bach, Mozart, Beethoven, Schubert, Debussy ... Aber ebenso gut wie das Beste der zweiten Garnitur: Brahms, Mendelssohn, Schumann ...« Hier irrt Gulda. Das wäre folgenlose Privatsache. Nur sein folgenreicher öffentlicher Umgang mit den »Meistern« ist es nicht.

27. XI. 1974

Gidon Kremer

An diesem wahrhaft berauschenden, faszinierend intelligent und musikalisch dargebotenen Violinabend war wirklich einmal alles ganz anders. Also: Der 28jährige russische Geiger Gidon Kremer und sein drei Jahre älterer, vorzüglicher Partner, Maisenberg, spielten nicht am Anfang Barockes, dann die »Frühlings-Sonate«, nach der Pause Brahms' d-Moll-Sonate Opus 108 und schließlich Ravels »Tzigane«, um das eventuell applaudierende Publikum sodann mit Vieuxtemps, Wieniawski und Kreislerianas zu erquicken – sondern Kremer begann mit der »Elegie für Violine solo« von Strawinsky, interpretierte danach Prokofieffs selten dargebotene 1. Sonate (f-Moll Opus 80), wagte darauf Regers auch nicht gerade abgespielte späte c-Moll-Sonate Opus 139 und endete mit Bachs Chaconne. Als Kremer seine Zugaben-Serie mit Anton von Webern insgesamt (!) 62 Takte langen vier Stücken Opus 7 begann, die er souverän engagiert und klug vortrug, war wiederum nicht anzunehmen, daß gleich darauf ein schamlos effektvolles Virtuosenstück (Ernsts Variationen über »Des Sommers letzte Rose«) und tatsächlich noch Fritz Kreislers »Kleiner Wiener Marsch« ertönen würden, dies alles durchblitzt von Geigenmeisterschaft, Ironie, Originalität und Intelligenz.

Aber Gidon Kremer selbst entspricht auch gar nicht dem Bilde, das man sich von wohlgenährten russischen Geigern macht, mit ihren runden Gesichtern, kräftigen Muskulaturen, süß-sinnlichen Zigeunertönen und der eisern antrainierten Technik. Wenn er das Podium betritt: unheimlich schlank wirkend, langhaarig, hinter dunkler Brille versteckt – ein bißchen Paganini, ein bißchen Walter Kempowski, aber alles so, als sei er für eine Tschechow-Hauptrolle hergerichtet –, dann ist sofort jenes Faszinosum da, das Kremers Schallplatten eben doch nur andeuten. Im Herkulessaal hörten wir eine Offenbarung modernen, meisterhaften Geigenspiels. Seit meiner ersten Begegnung mit Fischer-Dieskau oder Maurizio Pollini habe ich ein solches Debüt nicht mehr erlebt.

Bereits während der Strawinsky-»Elegie«, einem konzentriert kurzen, gewiß nicht gerade zum »Einspielen« geeigneten Stück, drängte sich der Eindruck auf, dieser Geiger musiziere nicht auf Violinsaiten, sondern auf seinen Nerven. Kein Ton plusterte sich auf mit jener langweiligen, wenn auch beneidenswerten Selbstsicherheit, an die junge russische Musikpreisgewinner uns gewöhnten – jeder vibrierte dafür von Originalität, Zartheit, atemberaubender Finesse. Aus Strawinskys »Elegie« wurde eine Rhapsodie gläserner Differenzierungen: Doppelgriffe wurden stets als zwei lebendig geführte und eingesetzte Tonqualitäten erkennbar, nicht als tote Terzen. Den Doppelschlag, der dieses Stück charakterisiert, spielte Kremer übrigens rhythmisch frei, eher als »Auftakt« denn (wie vorgeschrieben) auf »eins«, worüber sich streiten ließe. Es entstand jedenfalls ein atemberaubendes Psychogramm.

In Prokofieffs Sonate Opus 80 erlebte man perfektes Duo-Spiel. Kremers Partner Oleg Maisenberg ist kein Klavierdackel, der gehorsam und unauffällig allen Extravaganzen des Herrchens folgt, sondern ein vorzüglicher, moderner Pianist, 1945 in Odessa geboren, dann in Moskau bei Iocheles ausgebildet. Die rhythmisch vertrackte, kühne, zwischen Banalitäten und Sublimiertheiten aufregend vermittelnde Sonate wurde von den beiden Künstlern brillant und antihysterisch gemeistert. Wenn jemand so viel Geigen-Rasse hat wie Kremer, dann braucht er das nicht unentwegt zu beweisen, sondern kann sich auch Verhaltenheit leisten – oder, wie in Regers mit einem (gefährlich) süßen Variationssatz endender c-Moll-Sonate, klug abwiegelnde Noblesse. Gerade die verhaltene Melancholie dieses überreichen Stückes (sozusagen ein übertriebener Brahms) erklang höchst sensibel, geradezu süchtig machend.

Ein Geiger, der Bachs Chaconne aufs Programm setzt, riskiert höchste Vergleiche. Kremer bestand sie spielend, auch wenn seine zwar tongetreue, aber in der Auffassung sehr freie Interpretation manchmal mehr an eine Transkription dieses Musikwunders erinnerte (wie Brahms, Busoni und Redel sie vorlegten) als an ein stilbeflissenes Exerzitium.

Das Chaconne-Thema und die erste Variation nahm Kremer gewiß markig barockhaft. Aber dann fügte er, zu Beginn der zweiten Variation, Farben, Halbschatten und Heimlichkeiten hinzu; steigerte die Chaconne zur Charaktervariationenfolge faszinierendster Art. Die Arpeggio-Stelle, wo die meisten anderen Geiger voluminös oder krächzend zu »orgeln« beginnen, fing Kremer, völlig sinnvoll übrigens, ganz leise an, wie ein Licht-und-Schatten-Spiel. Aber dann steigerte sich die Steigerung, wurde größer und größer, ließ vergessen, daß es vielleicht noch andere Musik auf der Welt gibt. Und den Einsatz der wunderbaren D-Dur-Stelle habe ich noch nie so schön gehört: als ob sich die Quasi-Choralmelodie nicht ans Licht traue, als ob man, betäubt vom eben Gehörten, ganz langsam durch bunte Kirchenfenster blicke und eine namenlos zarte Gestalt nach langer Andachts-Pause endlich erblicke. Daß Kremer nicht nur eine musikalische, sondern auch eine violinistische Meisterleistung bot, mochte man wegen der Fülle der Gesichte kaum beachten. Beifall, Beifall.

Dann Anton von Webern. Blitzend intelligent, engagiert. (Was sich volksverbundene Moskauer Kultur-Funktionäre wohl dabei denken?) Heifetz/Psihoda-Virtuosität in der Variations-Zugabe. Und den Kreisler-Marsch spielte dieser genialische Geiger so hintergründig, mit so blitzender baltisch versnobter Ironie und Freude dran (er kommt ja aus Riga, da waren die Besten so ...), daß Fritz Kreisler plötzlich einen »Wiener Marsch« geschrieben zu haben schien, wie man ihn so schwefelgelb und parodistisch-süß höchstens von Gustav Mahler erwartet hätte.

Ich muß ja nun irgend etwas Einschränkendes vorbringen, weil sich sonst der Eindruck aufdrängt, im Zusammenhang mit baltischen Erinnerungen oder anderen Nötigungen werde hier eine Freundschaftskritik verfaßt. Man könnte also sagen, daß hin und wieder die hohen Töne ein wenig flackerten (jeder hundertste, andere Geiger wären froh darum). Man könnte vielleicht sagen, Kremer/Maisenberg hätten die Prokofieff-Sonate etwas zu sehr domestiziert (dankenswerterweise, finde ich). Und man muß sagen, daß dieses Programm einen Umweg machte um die »großen« Klassiker. Kremer blieb Mozart, Beethoven, Schubert schuldig.

Aber er ist ja wirklich erst 28 Jahre alt; verglichen mit ihm spielen Igor Oistrach oder jetzt auch Leonid Kogan konventionell, wie Abziehbilder der großen alten russischen Geiger-Schule. Darüber ist er hinaus: ein neuer, blendend differenzierter, Dekadenz nicht meidender, sondern einsetzender Typ. In Deutschland gibt es nichts dergleichen. Gidon Kremer scheint mir im Augenblick der interessanteste Geiger der Welt zu sein.

20. X. 1975

Mstislaw Rostropowitsch

Mstislaw Rostropowitsch ist noch nie in München gewesen, das Cello gilt nicht gerade als ein Instrument für Massenhypnose, von den fünf Cellokonzerten aus dem 18. Jahrhundert, die Rostropowitsch vortrug (Vivaldi C-Dur, G-Dur; Boccherini D-Dur; Tartini A-Dur, Haydn C-Dur), ist eigentlich keines populär oder gar berühmt.

Und doch geschieht folgendes: Der Herkulessaal ist beim ersten Auftreten des 41jährigen Russen überfüllt. Cellospiel wird zum unwiderstehlichen Naturereignis. Schon vor der Pause bereitet man dem Künstler Ovationen, und wenn er seine letzte Zugabe nicht dem Gedenken von Elly Ney gewidmet und jeden Applaus sich verbeten hätte, dann würde er möglicherweise zur Stunde noch spielen. Seine Kraft kennt keine Grenzen. Während er in München an zwei Abenden ganze sieben Cellokonzerte vorträgt, hat er in London sich in ganz kurzen Abständen mit nicht weniger als 42 Werken hören lassen.

Das Cello, von Rostropowitsch gespielt, hat nichts Verweintes. Es verströmt sich nicht in schmalzig-baritonaler Klage. Es wirkt tenoral, männlich, aggressiv. Um es ganz deutlich zu sagen: Rostropowitsch ist nicht ein Paganini, sondern ein Caruso des Cellos. Er spielt mit dem Impetus des Besessenen. Nicht einmal fünf Solokonzerte können seinen Äußerungstrieb dämpfen. Während der kurzen Orchesterzwischenspiele merkt man ihm förmlich den Jammer an, nicht mittun zu können.

Was die Barockliteratur technisch und temperamentmäßig verlangt, das kann er, und zwar vollendet. Nie ist, wenn er spielt, Behäbigkeit, Zopfigkeit, Biedermeierlichkeit zugegen. Kein Knätschton, keine Sägemeisterei, kein winselndes Flageolett beleidigt das Ohr. Er behandelt das Cello als virtuoses Instrument, die Tempi sind fast immer sehr (ja allzu) rasch, aber er unterliegt der motorischen Versuchung nicht. Wenn er sich dann in ein schmales, ausdrucksvolles Pianissimo zurückzieht, herrscht Entzücken. Passagen versteht er nicht nur gleichmäßig, sondern auch brillant kräftig zu spielen, sein Instrument wird in der Tiefe nicht zur dürren Heulboje. Pralltriller, Verzierungen und Auftakte bringt er mit verblüffender Frische. Er sieht älter aus, als er ist – spielt aber jünger als irgendein anderer.

Beim ersten Vivaldi-Konzert war der Beginn vielleicht um eine Spur zu forciert. Beim Boccherini entdeckte er Mozartsche Empfindsamkeit. Das Tartini-Konzert wirkte um eine Spur matter. Und als dann nach soviel heiterem Barock plötzlich Joseph Haydns Klassik erklang, war der humane Unterschied zwischen italienischem Melos und Haydns innig tändelnder Größe ein Ereignis.

Rostropowitsch nimmt freie Tempi. Aber er wechselt nicht innerhalb der Takte, sondern nur im Zusammenhang der Abschnitte und Gliederungen. Cello-Spontaneität bringt ihn manchmal dazu, einfach aus Spielfreude Passagen zu betonen, deren Wichtigkeit vielleicht nicht in hinreichender Relation steht zu dem, was sie kompositorisch zu sagen haben. Doch wer will das einem Streicher verargen? Manchmal, und das wäre der einzige, mit ganz leiser Stimme vorzutragende Einwand, wurde Rostropowitsch im Piano zu leise. Er weiß, daß seine Cellotöne dann klingen wie Sphärenmusik, daß ein hingerissener Saal sich am Gegensatz zwischen Urkraft und Zartheit berauscht. Doch der Kontrast wirkt dann gar zu forciert. Kein Cellist, den ich bislang im Konzert hörte, auch Pablo Casals nicht, traktiert sein Cello so leidenschaftlich, geht so direkt an das heikle Instrument heran, verwächst so staunenswert mit der Sache. Wo schwerwiegende Interpretationsprobleme auftauchen, bei den späten Beethoven-Sonaten etwa, mag es auf der Welt schon noch ein paar Solisten geben (Casals, Piatigorski, Fournier), die es mit Rostropowitsch aufnehmen können, zumal wenn sie sich tiefsinnige Klavierpartner (Solomon, Serkin) ausgesucht haben. Doch im Hinblick auf manuelle Fertigkeit und tenorales Temperament ist dieser 41jährige Künstler zweifellos heute schon König der Cellisten.

In einer kleinen Ansprache, die er zwei Tage vor seinen Münchner Konzerten hielt, sagte er, er liebe Deutschland und München. Deshalb habe er ein wenig Angst: denn Liebe mache ja dumm. Erst beim Kühlerwerden komme der Verstand wieder. Also: Entweder er hat mittlerweile schwerwiegende Enttäuschungen erfahren. Oder die Liebe hat ihn doch nicht stupide gemacht, sondern beflügelt. Gespielt hat er jedenfalls wie ein scharfsinniger Liebhaber.

3. IV. 1968

Maria Callas

Man sieht einander doch anders an als in den gängigen Konzerten, wenn man weiß, daß der Nachbar für 35 Minuten Gesangskultur 100 Mark zu entrichten imstande ist. In den Blicken der Damen, die unnachsichtig fremde Toiletten taxierten, stand durchaus wechselseitig die Frage: »So also sehen jene feinen Leute aus, von denen die Gesellschafts-Nachrichten erzählen?« So, im erschreckend weißen Hermelin, muß man kommen; in einer Robe, die durch lauter Goldborten vor der unpassenden Wirklichkeit geschützt ist; oder grün behandschuht und asymmetrisch verhüllt. Die Herren hingegen hatten nicht alle vom Abendanzug-Befehl der Konzertdirektion Notiz genommen. Manche erschienen braun, manche schlecht und einige sozusagen gar nicht »angezogen«. In den ersten Reihen spülte die schwarze Smoking-Welle helleres, verirrtes Strandgut strenge beiseite, hinten war's dann egal. Aber selbst bei den Herren entscheiden ja nicht nur die Schneider. Es gibt auch die hochbezahlte Vertrottelung von Direktoren, deren genußvoll tapperiges Wesen schlicht darauf hindeutet, daß ihnen sonst so alltägliche Dinge wie der Erwerb eines Konzertprogramms oder die Abgabe der Garderobe oder gar das Auffinden eines bestimmten Platzes durch angestellte Beflissenheit abgenommen wird. Und wenn ein schmallippiger Manager nicht weniger als drei bitter dreinschauende Damen für rund 400 Mark ins Konzert führt, dann versteht es sich bei ganz feinen Leuten offenbar von selbst, daß er, ohnehin mäntel- und regenschirmüberladen, schuldbewußt hinterhertrotten muß, indes alle Damen ihn mit mißgestimmten Vorwürfen überhäufen.

Das Konzert begann mit der Ouvertüre zum »Römischen Karneval« von Hector Berlioz. Der junge Dirigent Georges Prêtre entpuppte sich im Laufe des Abends als ein exakter, Stretta-Wirkungen geschickt herausbringender Musiker. Am Anfang merkte man noch wenig davon. Die Musiker des Bayrischen Staatsorchesters ließen den jungen Mann, der aussah wie eine Mischung aus Willy Brandt und Bubi Scholz, mit seinem frohlockenden Mienenspiel allein: zwischen dem, was sich auf dem Gesicht des Dirigenten, und dem, was sich im Orchester abspielte, klaffte eine so große Lücke, daß man Zeit genug für die Frage hatte, ob dieser »Römische Karneval« nur als erinnernde Anspielung auf Kontroversen gemeint sei, die sich zwischen Frau Callas und der römischen Oper einst mit weltweitem Echo zutrugen.

Dann kam sie. Kein Photo hat bisher verraten können, wie schön sie ist. Keinerlei Primadonnen-Schärfe oder Schmink-Vergröberung beschwert ihr Gesicht. Langsam und lächelnd, Mischung aus Königstochter und Erstkommunikantin; vom Kreuz des Südens träumend, aber an Beifall gewöhnt. Sie trug ein schwarzes, keineswegs trägerloses Abendkleid, wenigen, aber erlesenen Schmuck. Weil das Air, wahrhaft weltberühmt zu sein, sie umgibt, will sie es nicht mit Brillanten ersticken. Maria Callas begann mit einer schmerzensreichen Arie von Massenet, sang dann die Habanera und die Seguidilla aus »Carmen«. Nach der Pause eine Arie aus Verdis »Ernani«, die Angelina-Arie aus Rossinis »Cenerentola« und zum Schluß die große Eboli-Szene aus Verdis »Don Carlos«.

Wer Frau Callas nur aus der Illustrierten-Perspektive kennt, der muß ihren Weltruhm für ein typisch abendländisches Armutszeugnis halten: Milliardärs-Jachten, Weinkrämpfe, Skandale statt Kunst. (Eine seltsame Allensbach-Umfrage hat sogar ergeben, daß eben deshalb jeder dritte Bundesbürger die Callas »nicht leiden« kann.) Hört man ihr jedoch zu, dann stellen würdigere Perspektiven sich her – und man empfindet sogar Hochachtung vor einer musikalischen Öffentlichkeit, die diese Callas zu ihrem Idol machte. Denn an Frau Callas ist offenbar nicht hauptsächlich eine jeden Widerstand niederlegende Perfektion zu bewundern. Sie verkörpert keineswegs jenen amerikanischen Künstlertypus, dem vor allen Dingen nichts mißlingt. Was an ihr besticht, ist die unvergleichliche Wahrheit des

Ausdrucks. Keine Sängerin versteht es wie sie, sich zum durchglühten Objekt eines Gefühls zu machen. Es ehrt die Welt, daß sie sich davor verbeugt und nicht nur nach Perfektion fragt. Was die Stimme »an sich« betrifft, so hat Frau Callas gegenwärtig manchmal eine zu scharfe Höhe. Sie setzt das hohe B und das H keineswegs immer sauber an, der Ambitus der Schwingungen ist oben zu groß, auch die Parlando-Leichtigkeit steht ihr nicht von vornherein zu Gebote. Der Stimme nach ist Frau Callas ein fast lyrischer Mezzosopran mit Alt-Neigungen. Vor einigen Jahren fiel ihr die Höhe offenbar leichter (»Tosca«-Aufnahme der Columbia); inzwischen hat sie wohl anfangen müssen, zu forcieren. Kein Wunder, daß sie in München nur sechs Arien sang.

Alle diese Einschränkungen mache ich ungern – und sie sollten nur zusammen mit der Voraussetzung gelesen werden, daß es sich um die berühmteste Sängerin der Erde handelt. Bestrikkend schön die Mittellage, überraschend brillant die Koloraturen, glänzend Aussprache und Nuancierung. Aber mögen solche Einzelheiten die Gesanglehrerinnen interessieren; man braucht ihrer nicht zu achten, weil »die Callas« da erst einzigartig wird, wo die Sphäre des Vortrags, des Ausdrucks, ja man darf sagen: der Seele beginnt. Die Größe von Frau Callas triumphiert da, wo von Gesang und Mimik nicht mehr die Rede ist. Was sie bietet, ist kein schauspielerisches oder musikalisches, sondern ein künstlerisches Ereignis. Hingegeben, temperamentvoll, unwiderstehlich: einer Medea vergleichbar, wie sie Euripides vorschwebte, einer Duse – ein Wesen also, das innerhalb der Sparten nicht recht zu definieren und zu begreifen ist.

Nach dem herzerfrischenden Temperamentstheater, das ihr junger, trefflicher Dirigent vorführte, wirkte der exzentrische Schmerz der »Cid«-Arie um so ergreifender. Das eine war Darstellung – das andere Vergegenwärtigung ohne Rest, ohne Pose.

Als Prêtre dann das Carmen-Vorspiel dirigierte, stand Frau Callas dabei. Er schlug den Takt wie ein zum Militärkapellmeister avancierter Don José – und sie hörte ihm zu, als wollte sie ihn verführen. Es war eine gepfefferte Wiedergabe der Ouvertüre. Aber die Autorität von Frau Callas ist so beispiellos, daß nach der Ouvertüre nicht geklatscht wurde. Sie machte einen winzigen Schritt nach vorn, da sah man nur auf sie, ließ den Dirigenten einen Dirigenten und die Ouvertüre eine Ouvertüre sein, vergaß den Beifall. Dergleichen ist beispiellos.

Es gibt tapfere deutsche Carmen-Darstellerinnen, die die

Sinnlichkeit gleichsam mit dem Regisseur abgesprochen haben: »Jetzt diese Handbewegung, jetzt vielleicht ein lodernder Blick, nein, etwas kürzer.« Davon wird man dann günstigstenfalls auch nur theoretisch berührt. Frau Callas ist die herbe Verführung selbst. Wie sie – vor allem in der Habanera – abzutönen, immer neue Klangfarben zu entwickeln, winzige Pausen einzuführen wußte: das müßten hiesige Carmen-Darstellerinnen sich ein dutzendmal im Film anschauen. Daß sie den Charme der Seguidilla nicht elastisch genug sang, sei nicht verschwiegen.

Ich glaube kaum, daß ich die As-Dur-Klage der Eboli je wieder so nobel, so zu Herzen gehend hören werde. Es war ein neues Stück, keine Nummer, sondern ein Monolog. Die Elvira-Arie aus »Ernani« und die Angelina-Kapriziositäten aus »Cenerentola« wurden bis an die Grenze ihrer möglichen Wirkung gebracht, was sich beim Range von Frau Callas von selbst versteht. Das Publikum jubelte dem Temperament, der Dame, der Königin zu – nicht nur dem Kehlkopf. Und vielleicht verhinderte der Kehlkopf, daß Temperament und Herz sich – als Dank an dieses Publikum – noch einmal in einer Zugabe zeigen durften.

14. III. 1962

Christa Ludwig

Kein Zwar, kein Aber, keine umsichtige Disposition einander sorgsam im Gleichgewicht haltender Adjektive soll hier den Kunsthimmel verfinstern. Was am Sonntagabend im Herkulessaal ertönte, ist eine der wahrhaft schönen Stimmen unserer Zeit. Gewiß, es gibt den gewaltig herrscherlichen Ausbruch und Aufschrei der Callas, den großen königlichen Kantilenenbogen der Tebaldi, die unbeschreiblich reine Innigkeit der Berganza, Fischer-Dieskaus unbeirrbare, fast unheimliche Perfektion, die bezwingende Intelligenz von Frau Schwarzkopf und vielleicht noch ein knappes Dutzend weiterer großer Stimmen auch heute und hier. Doch auf die Frage, wer denn nun am allerschönsten sänge im ganzen Lande, von wem ich einige im traurigen Volkston kunstvoll verharrende Lieder von Mahler oder Wolf oder auch Brahms hören wollte, würde ich doch Christa Ludwig nennen.

Ja, sie ist jetzt auf der Höhe. Mit glänzender Sicherheit vermag sie jeden Laut zu formen. Selbst beim mächtigsten Forte hört man förmlich mit, wie das ausdrucksvolle Wunder entsteht. Nie tritt ein Schrei oder etwas Forciertes an die Stelle des mit phänomenalem künstlerischem Instinkt gebildeten Tons.

Aber das sind ja nur die Voraussetzungen. Was die Stimme von Frau Ludwig so schön (bei Sängern und Sängerinnen kommt man um dies vielleicht nichtssagende Wort kaum herum) macht, ist ihr indirekter Mezzo-Charakter. Die Stimme hat süßen, dunklen, alle Hörer mit inniger Ausdruckswärme umhüllenden Alt-Charakter. Aber sie ist eben kein typischer, sonorer, in das Gefängnis des Alt-beziehungsweise Mezzo-Faches eingeschlossener Ortrud- oder Orpheus-Alt, sondern sie besitzt überall die zarte Innigkeit, die verhaltene, manchmal kaum verhaltene Sinnlichkeit eines Soprans. Eines Soprans, der immerhin fähig war, in jener denkwürdigen Karajan-Aufführung mit äußerster Anstrengung sogar die Leonore zu meistern.

Wenn Stimmen, es kommt selten genug vor, eine gewisse Schönheitsgrenze überschreiten, dann kann es geschehen, daß man (wie es Alexander Berrsche beim Pianisten Raoul Pugno beobachtete) »vor lauter naivem Staunen ... kaum zu bewußt ästhetischem Genießen« gelangt.

Was Frau Ludwig von vielen ihrer berühmten Kollegen und Kolleginnen unterscheidet, ist eine ebenso naive wie differenzierte Musikalität. Sie kann – zumindest bei Spätromantikern; wie sie Schubert, Schumann, Beethoven zu gestalten weiß, ist noch offen – nicht anders als ausdrucksvoll, mit Behutsamkeit und Innigkeit jeder musikalischen Wendung nachgehen. Dieser Fundus an potentieller Musikalität ist so groß, daß die Künstlerin kein Raffinement, kein Überpointieren braucht. Wie sehr sie zu kokettieren und Lieder notfalls in Chansons zu verwandeln weiß, zeigte sie bei den wenigen heiteren Stücken des Programms und den zahlreichen Zugaben.

Um denn doch ein wenig zu nörgeln: Mir schien das Programm um eine Spur zu streng und vor allem im Aufbau unglücklich. Mit Gustav Mahler, der ihr vielleicht am besten liegt – vor mehr als einem Jahrzehnt fing ja ihre große Karriere an, als sie das Urlicht-Solo aus der 2. Symphonie sang –, begann es. Dann folgten die mit großem Kunstverstand und Ernst interpretierten Wolf-Lieder. Nach einigen der berühmtesten Gesänge von Brahms schloß Frau Ludwig dann mit vier relativ schwachen Strauss-Liedern, die keine neuen dramatischen oder heiteren Stimmungsmomente brachten, sondern nur eklektisch ausbreiteten, was man bereits gehört hatte, also, mit einer Ausnahme, als keine effektvolle Schlußgruppe anzusprechen waren. So hatte der Abend eine leicht abfallende Kurve.

Doch diese Einschränkungen sind herzlich zweitrangig. Hoffentlich beschließt Frau Ludwig, sich in noch höherem Maße gegen die Verführungen des Opernerfolges zu wappnen und zu den Seligkeiten der Liedintimität zurückzufinden.

25. II. 1964

Dietrich Fischer-Dieskau
I

Muß zu seinem Lobe noch etwas gesagt werden? Er ist gewiß das größte Talent, das seit dem Zweiten Weltkrieg auf den Konzertpodien Europas erschien; seine Wiedergabe der »Schönen Müllerin« ergriff und war vollendet – der Schreiber dieser Zeilen hat damals davon, so gut und inständig er es vermochte, geschwärmt. Inzwischen hat nun auch die Oper den Künstler nicht nur für sich entdeckt, sondern immer stärker an sich gezogen. Sein Falstaff, sein Mandryka, sein Wolfram gelten als absolute Höhepunkte.

Fast ängstlich habe ich darauf gewartet, wann sich denn nun einmal die Grenzen dieses Stimm- und Gestaltungsphänomens zeigen würden, dieses Sängers, der Schubert und Schönberg, Wagner und Strauss mit gleicher Verve gewachsen zu sein scheint. Jetzt, im Herkulessaal, ausgerechnet bei einem Hugo-Wolf/Johann-Wolfgang-von-Goethe-Abend, sind sie zutage getreten. Es ist kein leichter Entschluß, das dem ersten Sänger (er ist nach wie vor fast ohne Konkurrenz) zu sagen – aber wird nicht auch alles einstige Lob entwertet, wenn man die Aufrichtigkeit nun hinter taktischen Erwägungen zurücktreten läßt?

Dietrich Fischer-Dieskau kann immer noch alles. Er trifft die Töne schlafwandlerisch, hat Nuancen vom gehauchten Pianissimo bis zum schmetternden Forte. Er kann alles und macht (darum?) zu viel. Die Lieder gleichen mitunter den Ringmauern von Jericho, die eine Posaunenstimme in Trümmer legt. So vollendet die Phrasierung sein mag (wie gesagt, Fischer-Dieskau handelt nicht aus Not, sondern aus Überfluß falsch), so sehr werden die Proportionen eines Kunstliedes zerstört, wenn etwa innerhalb der schwermütig getragenen, kurzen Harfner-Lieder ein schallendes Fortissimo erklingt. Wolf hat die »Pein«, um nur ein Beispiel zu wählen, schon komponiert, man braucht sie nicht noch aus vollster Kraft zu bringen, als wäre die Verzweiflung des Amonasro im dritten Aida-Akt donnernd vorzutragen. Aus übersprudelnder Kraft machte Dieskau alle Steigerungen zu selbstsicheren Entladungen. Man hatte förmlich Angst vor den Crescendo-Stellen, weil man wußte, daß er sie viel zu gut bewältigen und die Intimität dieser bei aller gewaltigen Tragik doch differenziertesten Lieder, die je geschrieben wurden, zerstören würde.

Vollendet war das Leise, das Launige. Wenn der Komponist dem Sänger keine Möglichkeit zum Forcieren, zum Brillieren ließ, dann war der so gut wie immer, wenn auch die Höhe sich noch mehr entwickelt zu haben scheint, während die Tiefe ein wenig verblaßt ist.

Und noch eins: Früher hatte er es doch nicht nötig, auch während der Vor- und Nachspiele des Klaviers die Aufmerksamkeit auf sich zu ziehen. Jetzt neigt er dazu, manchmal noch ins Nachspiel mitzusingen, zu trällern, zu pfeifen, jetzt scheint er schon während des Vorspiels wie ein Panther auf seinen Einsatz zu warten. Mag sein, daß sein Temperament ihn zu solchem »Mitgehen« verführt. Es wirkt jedoch ein wenig manieriert und läßt nicht ganz jenen beglückenden Eindruck aufkommen, den Fischer-Dieskau ohne solche seiner selbst ein wenig unwürdigen Mittel früher hervorzubringen wußte. Fordert da die Oper ihren Tribut? Hat es Sinn, solche Einwände zu machen?

Gerald Moore, von vielen Schallplatten als wohl bester Begleiter der Gegenwart bekannt, war anfangs fast zu zurückhaltend. Im zweiten Teil des Konzerts zeigte er sich der Gewalt des Sängers besser gewachsen. Beide Künstler hatten stürmischen Beifall.

24. VIII. 1960

II

Wir lernten wiederum einen gewandelten Fischer-Dieskau kennen. Statt mit unangemessener Theatralik zu verblüffen, wirkte er völlig ruhig, konzentriert, sachbezogen. Die Vernunft, die Plausibilität seiner Artikulation stellt jedes Lied so klar und präzise dar, daß man kaum mehr des Sängers gedenkt, sondern sogleich mit Schubert konfrontiert ist, mit Gesängen zwischen

Todessehnsucht und reinem, manchmal wild quellendem, natürlichem Impuls. Die Lieder sind keineswegs alle gleich stark. Manchmal hat selbst Schubert den allzu harmlosen, wenn nicht gar spießigen Texten drittklassiger Lyriker nichts allzu Erhebendes abgewinnen können. Aber es waren natürlich auch unter den vielen unbekannten Stücken Lieder von größter Gewalt, wie »Die Götter Griechenlands« oder »Der Wanderer« (von Friedrich Schlegel, nicht zu verwechseln mit »Ich komme vom Gebirge her« des Schmidt von Lübeck).

Beim »Prometheus« spürte man, daß Fischer-Dieskaus Stimme, möglicherweise dank seiner Opernerfahrungen, an Gewalt und Ausdruckskraft durchaus gewonnen hat; die oft singulär feinsinnige Phrasierung, mit der er so stille Lieder wie »Der Kreuzzug« oder, bei der Zugabe, »Im Abendroth« gestaltete, enthebt ihn nach wie vor aller Konkurrenz. Es gibt niemanden, der solche Stücke reiner, konzentrierter, ergreifender zu singen versteht. Trotz des überaus anstrengenden Programms herrschte im Herkulessaal höchste Spannungsstille.

Und was gab es nicht, von relativ schwächeren Liedern wie »Auf der Riesenkoppe« einmal abgesehen, alles zu erfühlen und zu erfahren! So beginnt Schubert beispielsweise in dem Schiller-Fragment aus »Die Götter Griechenlands« mit der gleichen Wendung (auch tonartgleichen), mit der das Menuett aus dem a-Moll-Quartett anfängt, was dann doch wohl Rückschlüsse auch auf die Intention dieses Quartetts ermöglicht. Wenn dann zu den Versen »Kehre wieder, holdes Blütenalter der Natur!« der Mozart-Kenner Schubert das Andante-grazioso-Thema aus Mozarts F-Dur-Divertimento (KV 247) zitiert und später das Finale der Arpeggione-Sonate, allerdings weitläufiger, anspielt, dann wird ein solches Meisterwerk zugleich zum Kompendium musikalischer Erfahrung. Fischer-Dieskau, von dem hochmusikalisch, nur manchmal etwas sehr zurückhaltend korrespondierenden Jörg Demus begleitet, vermag das alles zu realisieren. Niemand kommt ihm da gleich.

Aber auch Einwände sind denkbar, die sich freilich kaum handgreiflich formulieren lassen und ans Schubert-Geheimnis rühren. Wenn Fischer-Dieskau im gegebenen Rahmen des Piano und Mezzo die melodische Linie verwirklicht und ein wenig differenziert, dann geschehen spirituelle Wunder. Doch wenn er die stets bestehende Spannung zwischen Text und Ton zugunsten des deklamierten Textes aufhebt – also die Worte ernster nimmt als die melodische Linie –, dann zerstört er um des

Lyrikausdrucks willen den Musikausdruck. Beim Schubert-Lied ist indessen nicht der Text das Höchste. Zwei Beispiele für diese Gefahr der Deklamationsmanier: Bei »Im Frühling« setzt er nach der überwältigend beginnenden Melodie »Still sitz' ich an des Hügels Hang, der Himmel ist so klar« die folgenden Töne, »Das Lüftchen spielt im grünen Thal«, mit den dazugehörenden Sechzehnteln allzu luftig und deutlich ab. Die Melodiekurve zerbricht, der Eindruck des »Luftigen« überwiegt, und das erst danach vorgeschriebene Schubertsche ppp wird sinnlos. Genauso bedenklich ist es, bei »Der Wanderer an den Mond« die herrlich schreitende, melancholische Melodie aufzubrechen dadurch, daß »Wir wandern beide rüstig zu« allzusehr auf »rüstig« zielt, was nicht nur von der folgenden Zeile, sondern auch vom melodischen Gestus widerlegt wird. Immer wenn Fischer-Dieskau solche einzelnen Worte und Eindrücke – wie ein Schauspielregisseur – hervorhebt, wenn er dunkle Wendungen plötzlich ins Forte nimmt, wenn er mit Artikulation die Melodie zersprengt, übertreibt, zerbricht, dann zerfallen die Lieder, und es stellt sich ein Moment des übermäßig Feinsinnigen ein, das dem natürlichen Schubertschen Genius schadet. Gewiß, das sind Nuancen, aber wann, wenn nicht bei Schubert, wo die Natur gleichsam selbst zu ihrer traurigen, quellenden Sprache kommt, hätte es so sehr Sinn, das Gras wachsen zu hören? Überwältigender Beifall.

2. VIII. 1969

III

Der Liederabend, den Dietrich Fischer-Dieskau vor einem mit großer Leidenschaft und Wachheit zuhörenden Auditorium im Münchner Herkulessaal gab, stand in jeder Weise jenseits des Gewohnten und Gewöhnlichen. Fischer-Dieskau setzte seine Autorität für Werke ein, die kaum je auf Konzertprogrammen erscheinen. Er sang nicht nur gemäßigt Modernes, sondern auch Extremes.

Das Konzert war frei von aller Gönnerhaftigkeit, die so peinlich leicht entsteht, wenn ein bedeutender Mann unpopuläre Kompositionen gewissermaßen an seinem Ruhme teilnehmen läßt, wenn er Verborgenes in der Sonne seiner Autorität zu einem kurzen Scheinleben erweckt – stets mit dem Unterton: »Ich könnte auch das Telephonbuch singen, ohne daß jemand protestiert!« Nein: Fischer-Dieskau trat hinter den Werken zurück, indem er sich mit fühlbarer Gespanntheit für sie einsetzte. Nur im ersten Lied der Fortner/Hölderlin-Gruppe, das für mein Empfinden um eine Spur zu theatralisch herauskam, merkte man noch den Sieggewohnten, der über seine Stimme, seine Affekte und die Anteilnahme des Publikums gebietet. Bereits »Hyperions Schicksalslied« und die »Abbitte« waren dann reine, unwiderlegliche Darstellungen moderner Kunstwerke. Souverän und vermittels hochintelligenter Deklamation dargeboten, standen die Werke selbst im Zentrum. So wurde man dazu gebracht, nicht mehr über Fischer-Dieskaus selbstverständliche Kunst, sondern über das Schicksal des modernen Liedes nachzudenken. Nur am Rande sei bemerkt, daß die »Modernen« den Stärken des Sängers besonders entgegenkommen. Sie verlangen genaue und intonationssichere Deklamation ebenso wie die Kraft zum expressiven Ausbruch. Die melodische Mitte des seiner selbst selig-gewissen, ruhigen Belkanto lassen sie meist ausgespart.

Aber Fischer-Dieskau hatte sich nicht nur einigen schwierigen, als »undankbar« geltenden Werken ausgesetzt, sondern auch einem Begleiter, der keineswegs vor dem Weltruhm des Stars ängstlich erzitterte. Am Flügel saß der junge Komponist Aribert Reimann. Er spielte mit einer Übersicht, einer eindringenden Vertrautheit und einer belebenden Musikalität, wie sie oft vornehmlich dann gegeben ist, wenn Komponisten oder Dirigenten »begleiten«. Da Reimann überdies eine treffliche, solide Technik besitzt – an deren Grenzen er während des Abends nicht einmal geriet –, waren die Voraussetzungen exzeptionell.

Das moderne Lied nimmt im Bereich der avancierten Musik eine Sonderstellung ein. Seine Schwierigkeiten liegen offen zutage: Die Präsentation moderner Texte etwa von Celan im Medium knapper, dissonanter Gesten durch einen Sänger im Frack, der sich vor anderthalbtausend Menschen an einen Flügel lehnt, wirkt leise anachronistisch. Und dies nicht nur, weil die Musik sich dem traulich Humanen ebenso wie den typischen Möglichkeiten der menschlichen Stimme heutzutage relativ verschlossen zeigt, sondern auch, weil der öffentliche Vortrag zeitgenössischer Lyrik ohnehin eine gewisse Überwindung verlangt. Dem steht allerdings ein großer Vorteil gegenüber. Nicht die Dissonanzen oder die jähen Kontraste sind es ja, die dem Hörer neuer Musik Schwierigkeiten machen, sondern die

Rätsel des musikalischen Sinnzusammenhanges. Es ist schwer, sich in dem konstruierten Kosmos der Partikeln und der Pausen zurechtzufinden. Diese Komplikationen aber sind beim Anhören eines modernen Liedes gemildert, weil sowohl der Komponist als auch der Zuhörer sich am Text orientiert. Widmet sich der moderne Komponist traditionellen Dichtungen, dann wird seine Komposition entweder zum modernen Kommentar oder zum Versuch, einen alten Text ins 20. Jahrhundert hineinzuschmuggeln. Nimmt er sich ein zeitgenössisches Gedicht vor, dann kommt es zu diesem produktiven oder auch unerträglichen Stilzusammenprall zwar nicht mehr, aber es stellt sich die Frage, wieweit sich modernes Wort und moderner Ton überhaupt noch gegenseitig zur Liedexistenz samt deren ästhetischen Unveräußerlichkeiten verbinden können.

Wolfgang Fortners Hölderlin-Lieder stehen demütig vor ihren großen Texten. Da wird nicht Hölderlin dissonant übertrumpft, sondern eine schmerzliche, kühle Innigkeit läßt den Worten den Vorrang. Man könnte sagen, daß Fortners Tonsprache, sein sonorer Klaviersatz im Schubert-Brahms-Stil (wer hätte, als diese Lieder einst herauskamen und schockierend »modern« wirkten, geglaubt, daß man sie je so hören würde?) das Herbe und Sehnsüchtige bei Hölderlin bescheiden unterstreicht. Nur eine gläserne, leicht melancholische Unberührtheit umspielt die seligen Genien, und wenn Fischer-Dieskau in der »Abbitte« das »mühelos« singt, dann scheint es verzehrt von Sehnsucht nach der sonnenhaften Mühelosigkeit. In Blachers »Psalmen« gibt es die harmonisierende Klaviersatz-Mitte der Fortnerschen Kompositionen nicht mehr. Akkorde starrkühler Bestimmtheit (etwa aus dem Bezirk von Strawinskys »Psalmen-Symphonie«), lakonisch sprechende, oft fast nervös schnelle Gesten sind dem stark deklamierten Psalmton entgegengesetzt. So entsteht eine knappe, erregende Musik.

Aribert Reimanns fünf Celan-Lieder sind zugleich spröde und expressiv. Der Komponist hat eine so leidenschaftliche Vorliebe für die »Sekunde« in der Melodiebildung, daß tatsächlich sekundenweise der Eindruck entsteht, man höre außereuropäischer Musik zu. Aber der Eindruck trügt; die Sprache ist differenziert und gewiß nach Gesetzen geordnet, die ohne Einsicht in die Noten nicht entschlüsselt werden können. Freilich auch nicht entschlüsselt zu werden brauchen, denn wenn die Lieder nicht für sich selbst sprächen, nützte alle kompositionstechnische Beglaubigung nichts. Der Komponist hat sowohl den rhapsodischen Schwung (ohne natürlich das geringste Zugeständnis an flotten Donner) für das »Lied in der Wüste« als auch den tränenlosen Trauerton für Celans so oft nah am (KZ)-Tod verharrende Gesänge. Wenn man sich in Paul Celans komplizierte Technik des lyrischen Bildes versenkt – das oft genug erst durchs nächste Bild erschlossen oder in sein Negativ verkehrt wird –, dann tritt Reimanns Talent desto deutlicher hervor. So versteht er etwa die Verse »Es wird warm in der Welt / und die Toten / knospen und blühen« gegen ihre *Aussage* richtig. Er komponiert die *Bedeutung:* also die entsetzliche Monotonie des Warmwerdens, welches den Tod blühen läßt. Nicht weniger eindringlich wirkt die raffinierte Technik, das Schlüsselwort des Gedichts »Blume« mit genau den gleichen Tönen im Piano wiederholen zu lassen, aber einen Akkord dazwischenzuschalten, der diese Wiederholung in ein neues Licht stellt.

Alban Bergs vier Lieder Opus 2, deren erstes an die »Verborgenheit« von Hugo Wolf zu denken scheint, sind berückend, wie Berg ja fast immer – aber sie werden mit der Schwäche dreier Mombert-Texte nicht recht fertig. Busonis ohne schlagende melodische Einfälle sehr geschickt rezitierende Goethe-Lieder, voller Kunstverstand und Witz, eigneten sich gut dazu, das Konzert verbindlich zu beschließen. Viel Beifall eines Publikums, das gewiß wahrlich »dazugelernt« hatte. Der Sänger und sein Partner verzichteten klugerweise darauf, das wohlproportionierte Programm durch gefällige Zugaben zu zerstören.

23. VIII. 1963

Lorin Maazel

Manche behaupten, er sei kühl bis ans Herz hinan, während er da oben am Dirigentenpult steht und mit exzentrischen Bewegungen das Äußerste aus den Orchestermusikern herausholt. Andere wiederum nennen den erstaunlich jungen (Jahrgang 1930) und berühmten Dirigenten »altmodisch«: Diese elegante Art hemmungsloser Selbstentäußerung, diese offenbare Fähigkeit, nicht nur das Orchester, sondern auch das Publikum zu hypnotisieren, komme einem wahrhaft modernen Dirigenten (beziehungsweise Sachwalter für exakte Wiedergabe des Notenbildes) eigentlich nicht zu. Um zu ermessen, wieviel Wahres an solchen Vorwürfen ist, braucht man aber nur für ein paar Sekunden die Augen zu schließen, während Maazel dirigiert. Dann wird offenbar, daß Maazel – mögen manche Einwände auch berechtigt sein – zwei Fähigkeiten großer Dirigenten in einem erstaunlichen Maße besitzt. Er kann das Orchester zusammenhalten, in eine bestimmte Richtung lenken, und er kann ständig gespannt musizieren. Musik wird bei Maazel wieder aufregend; solange er dirigiert, gibt es keine Langeweile, keine Leere, keinen verstohlenen Blick auf die Armbanduhr.

Das Konzert begann mit einer ungewöhnlichen Kraftprobe. Maazel hatte das breit und groß angelegte Adagio aus Gustav Mahlers (unvollendeter) 10. Symphonie an den Anfang gestellt. Und selbst mit diesem gewiß effektfernen langsamen Satz vermochte er sein Publikum so zu fesseln, daß fast überhaupt nicht gehustet wurde. Gewiß, Maazel »übertrieb« vielleicht Mahlers Espressivo. Aber gerade damit traf er den typisch Mahlerschen Überschwang. Und während man zunächst noch Analogien zwischen diesem selten gespielten Adagio und dem Ton einiger Symphonischer Dichtungen von Richard Strauss, spätem Bruckner oder (naheliegenderweise) dem letzten der Mahlerschen »Kindertotenlieder« aufspürte, wurde das Werk alsbald zur Antizipation des kühnsten musikalischen Expressionismus Schönbergscher Prägung. Die langen, aller konventionellen Periodenbildung fernen Melodien, die kaum mehr den Weg zurück wissen, das schroffe Gegeneinander von verstiegenstem Pianissimo und brutalstem Forte, die Emanzipation der schneidend-süßen Dissonanz zum eigentlichen Mittelpunkt des musikalischen Geschehens: alles das nimmt Späteres vorweg. Rührend aber, daß selbst hier immer noch Austriazismen, Ländlerfloskeln und Walzeranklänge herumspuken. Doch so, wie Richard Wagner in der »Götterdämmerung« den Themenbestand des »Rings« dissonant entstellte, so gehen auch in diesem letzten Mahler die Ländler-Inseln gleichsam in einem dissonanten Meer unter. Typisch Mahlersches wird grandios »verfremdet«. Das Adagio aus der 10. Symphonie wirkt wie eine private, entgermanisierte, wie eine österreichische »Götterdämmerung«. Und der Weg zu Schönberg schrumpft zum kleinen Übergang.

Als Wilhelm Furtwängler die Orchester-Variationen Schönbergs uraufführen wollte, da teilte der Komponist dem Dirigenten brieflich mit, das Werk biete zwar keine großen Dirigierschwierigkeiten, um so komplizierter seien aber die einzelnen Instrumentalpartien. Doch trotz aller Mühen war der Uraufführung offenbar kein rechter Erfolg beschieden. Inzwischen ist das Werk zu einem Glanzstück Rosbauds und des Südwestfunk-Orchesters geworden. Auch als Lorin Maazel es mit überlegener Didaktik interpretiert hatte – er legte große Pausen zwischen die einzelnen Variationen, betonte deren spezifischen Charakter, brachte das Kunststück fertig, das gewiß nicht simple Thema immer wieder deutlich und erkennbar hervortreten oder wenigstens spüren zu lassen –, da war man versucht zu fragen, was eigentlich an diesem größeren Zwölftonstück »unverständlich« sein solle. Näher liegt die parodoxe Feststellung, das angeblich »konstruierte« Werk klänge allzu direkt. Schönberg, einigermaßen angemessen gespielt, ist oft wild, aggressiv, indiskret. Der Abstand zwischen dem geformten Kunstwerk und dem Schrei verschwindet, das Fortissimo greift an die Kehle. Mit endlosem Diskutieren der Zwölftontechnik kommt man dieser Musik nicht bei. Man muß sich nur Mut machen, zuzugeben, daß neben großartig Inspiriertem weniger Inspiriertes steht: Einleitung, Thema, 3. und 5. Variation und Finale sind große Musik, der Walzer aber klingt, wie schon der erste Zwölftonwalzer aus den Klavierstücken Opus 23, blaß; und manchmal ist die Instrumentationskunst der Einfallskraft überlegen. Daß man aber so gelassen über angeblich Unverständliches sprechen kann, ist nicht nur Verdienst der Zeit (die für Schönberg arbeitet), sondern auch Verdienst des Dirigenten. Unter seinen Händen wurden die Variationen zum musikalischen Höhepunkt des Abends.

Man macht sich heute gern lustig über den Skandal, der anläßlich des Strawinskyschen »Sacre du Printemps« 1913 in Paris ausbrach. Allmählich ist es aber so weit gekommen, daß die damalige Reaktion dem Stück angemessener scheint als die hochgemute Stimmung, mit der wir uns den »Sacre« anhören; in der Pause des Musica-viva-Konzerts freute man sich auf dieses grausame Stück so, wie nur irgendein traditionelles Publikum sich auf Beethovens 7. Symphonie freut. Daß da ein Ritualmord mit beispielloser Kunst beschrieben wird, daß da ein junges Mädchen zum Tode bestimmt und schließlich von dem unbeirrbar fortschreitenden Ritus zu Tode gebracht wird, das macht sich kaum jemand mehr klar. Das Orchester verwandelt uns alle in berauschte Zuschauer und Teilnehmer. (Es ist kein Geheimnis, daß Hinrichtungen, Folterungen, Verbrennungen einst ein Fest für die Zuschauer waren. Die Enttäuschung über eine Begnadigung wäre groß und allgemein gewesen.) Strawinskys Musik kennt kein Mitleid, sondern einzig das furiose »Es muß sein«. Wenn er selbst den »Sacre« dirigiert, dann haben manche Partien, etwa die Einleitung des zweiten Teils, noch den Zauber einer gleichsam magischen, unpersönlichen Trauer. Man spürt da die Sonne langsam sinken und die Opferhandlung sich vorbereiten wie in David Herbert Lawrence' Novelle »Die Frau, die davonritt« – wo eine zivilisationsmüde weiße Frau in die Hände irgendwelcher Indianer geriet, die sie bei letztem Sonnenstrahl den Göttern opfern. Bei Maazel fallen auch die letzten Schatten des Mitleids weg. Das glänzend disponierte Orchester (nur den Schlußtakten fehlte die schlagende Deutlichkeit) war dem Todesballett gewachsen: Die langsamen Partien hatten makabre, düstere Unausweichlichkeit, die raschen furiose, entfesselte und entfesselnde Wildheit. Die Präzision der jähen Schlüsse, der ungeheuren Entladungen riß alle Zeugen des »Frühlingsopfers« mit. Nur am Anfang durften die Bläser noch aufblühen, durfte noch ein quasi impressionistischer »Feuervogel«-Hauch spürbar werden. Dann gab es kein Besinnen mehr. Der Beifall war nach allen drei Werken des Abends groß.

28. III. 1960

Leonard Bernstein

Zunächst lächelt man und findet es ein wenig ruchlos, wenn man erfährt, daß Bernstein einen geteilten Tristan bieten will, daß die Termine großer Sing- und Dirigierstars also keine andere Möglichkeit zuzulassen scheinen als: Tristan und Isolde ratenweise. Wer weiß, ob die großen Dirigier-Kollegen des großen »Lennie« nur lächeln: vielleicht knirschen sie auch mit den Zähnen und nennen das Ganze überheblich. Als ich zum erstenmal von diesem »Tristan«-Projekt hörte, habe ich mich natürlich gefragt, ob denn eine über elf Monate sich erstreckende Aufteilung diesem Werk, das sich »Handlung in drei Aufzügen« nennt, bekömmlich sein kann. Natürlich hat es »konzertante« Aufführungen Wagnerscher Kompositionen immer wieder gegeben, und zwar stets zum Vorteil der ungeheuerlich-symphonischen Musik. Man erinnere sich an Furtwänglers konzertante Vergegenwärtigung des »Rings«! Damals in Mailand, 1953, saßen viele, heute prominente italienische Musiker im Publikum und hatten ihr erstes entscheidendes Wagner-Erlebnis, obwohl (oder weil) Furtwängler den »Ring des Nibelungen« nur konzertant darbot. Aber er tat es doch in unmittelbarem Zusammenhang, nacheinander.

Andererseits macht der tolle Tristan-Plan natürlich auch neugierig. Ich habe Bernstein einige der unüberholt großen Opernerfahrungen meines Lebens zu verdanken: den seither nie mehr übertroffenen »Fidelio« damals im Theater an der Wien, als die junge Gwyneth Jones über sich hinauswuchs; den »Rosenkavalier«, als Bernstein, wie sonst noch niemand, endlich den Tiefsinn der Straussschen Partitur beschwor – die ja keineswegs eine Verharmlosung von Hofmannsthals erlauchtem Libretto darstellt, sondern vielmehr eine Bestätigung des Textes, eine manchmal sogar mit Mahlerscher Gewalt über Hofmannsthals Feinsinn hinausdrängende Bereicherung: Schade, daß die ein paar Jahre später herausgekommenen, ungenügend vorbereiteten Platten dann enttäuschten ...

Was tut Bernstein während der Proben? Zunächst demonstriert er ganz absichtslos, was mehr als alles andere entscheidend ist und überdies unerlernbar, unnachahmlich: seine überspringende Musikalität. Seine Liebe zur Sache steckt an. Der glüht so vor Musik, daß er auch bei einer anfänglichen Klavierprobe, während der Korrepetitor am Flügel herumhämmert (und die Sänger im weiß Gott zu kleinen Probenraum die Wände zum Wackeln und die Fenster zum Klirren bringen mit ihren hochdramatischen Wagner-Stimmen), keineswegs sitzen bleibt, sondern aufspringt vor Ekstase, innerem Glück, innerem Beteiligt-Sein. Diejenigen, die bei Bernstein immer nur von »Show« faseln, sollten einmal miterleben, wie er mit vier Sängern und vor kaum mehr Ohrenzeugen privat probiert: Da ist er nicht im mindesten anders (etwa zynisch, routiniert, von oben herab oder emotionsgebremst), als wenn es öffentlich ums Ganze geht.

Weil er aber dauernd mitsingt – zum Beispiel jene Nebenstimmen, die der Pianist auslassen muß, oder die Chorpartie, oder das, was er für wichtig hält – darum ist er stets heser wie ein verkühlter, verkaterter Rabe. Wenn dieser Krächz-Rabe dem Weikl etwas vorheult, dann antwortet der selbstsichere Bariton fröhlich-ungeniert, er wolle ja auch nicht dirigieren. Nur begreift man trotzdem genau, was Bernstein vorschwebt.

Da sitzt er also, schweißüberströmt, erkältet, fiebernd vielleicht sogar, auf seinem Stuhl und springt auf und seine Liebe zur Sache steckt an und seine Kommentare erklären mehr als Bücherwände. Neben sich hat er ein Mittel, das helfen soll,

»Chloraseptic Menthol«, gegen Heiserkeit, gegen wehe Kehle. Dessen bedient er sich – unvernünftig wie jeder Mensch – keineswegs häufiger als der denkbar schädlichen Zigaretten, mit denen er die womöglich hilfreiche Wirkung der Arznei sogleich zu neutralisieren weiß.

Wie er probiert? Seine Angaben und Wünsche formuliert er keineswegs immer nur mit exakt musikalischen Fachausdrükken. Anderes ist ihm wichtiger. Daß da *piano* oder *forte* steht, sehen die Sänger und Instrumentalisten auch so. Im ersten Aufzug kommt zum Beispiel ein Spottchor vor, gegen Isoldens ehemaligen Verlobten Morold: »Sein Haupt doch hängt im Irenland, als Zins gezahlt von Engelland: hei! unser Held Tristan, wie der Zins zahlen kann.« Bernstein sagt nicht: *schneller* – sondern: *schneller werden.* Also: statt eines bloß rascheren Tempos eine wüste Beschleunigung. Und er fügt hinzu: wie ein immer wilder ausuferndes Kinderschmählied. Die Wirkung ist so, daß man Isoldes Wahnsinnswut wahrlich teilt.

Und die Sehnsuchts-Akkorde? Wenn die klar und gestochen kommen, meint er, dürfe man die Aufführung sofort verlassen. Es müsse, im Bläser-Ansatz, ein Keuchen, ein – seine Heiserkeit macht es ihm leicht, das herauszubringen – ein stöhnender Druck, ein »chchch« mitschwingen. In der Ouvertüre dürfe kein Schwung, kein Effekt sich ausbreiten. Da handele es sich nicht um einen bloßen Orgasmus (wovor, es klingt seltsam, übrigens einst der kühne Nietzsche tantenhaft erschrak), sondern um's ewig unstillbare Sehnen ...

Wagners Tristan-Text, meiner Auffassung nach eines der großen, vollkommen logischen und vollkommen zwingenden Dramen der deutschen Literatur, legt mit seinem steten Wechsel von Erinnerung (Bernstein weist sogar auf plötzliches Märchentraum-Element hin in der Klavier-Probe), von Zorn, Verdrängung und Ironie – eine unendliche Fülle von Ausdrucks-, aber auch von Tempo-Charakteren nahe.

Und da ist Bernstein schrankenlos unerschöpflich. Er liebt die atmende, keineswegs forcierte Bewegungs-Änderung im einzelnen. Es kommt ihm an auf die reale emotionale Widersprüchlichkeit in Isoldes Äußerungen, eine Widersprüchlichkeit, die mit Isoldes seelischer Eindeutigkeit zusammenhängt. Etwa, wenn sie sich beherrscht, gar hochmütig-ironisch stellt und doch nicht verhindern kann, daß plötzlich die aus ewiger, verschmähter Liebe verdrängte Wut, die Mord- und Selbstmordbereitschaft vorbricht.

Doch dergleichen verlangt Bernstein nicht so abstrakt. Sondern beispielsweise mit Hinweis: Die junge Frau, die außer sich ist, solle immer dann eiskalt rhythmisch singen und skandieren, wenn sie ermahnt und befiehlt: »Getreu befolg' was ich befehl«. Schwer zu beantworten, noch unentschieden bleibt die Frage, was aus der quasi italienischen Allüre der tief gekränkten Prinzessin werden solle. Wo also Isolde (und Wagner hatte den »Tristan« ja zunächst als endlich mal was Einfacheres, Erfolgversprechendes, »Italienisches« geplant!) zu – ruhigen? – Achteltriolen das hochmütige Königskind hervorkehrt, und zwar mit der schönen Geste von Verdi- oder Strauss-Oktaven (»Herrn Tristan bringe meinen Gruß, und meld' ihm, was ich sage«). Ist Isolde da grell erregt oder stolz souverän? Äußert sie sich da trotz aller schönen vokalen Linienführung, voller wilder Expression (wie manche Orchesterakzente es nahelegen), oder spielt sie die Rolle der belcantisch Überlegenen? Hildegard Behrens, eine Künstlerin, deren Ausdruckskraft und Stimmbeherrschung während der Proben bewunderungswürdig waren, neigt offenbar dazu, auch hier Erregung, Pathos, Wildheit vorzuführen in einem nicht allzu langsamen Tempo. Und man »glaubt« es ihr. Auch wenn man es vorher anders empfunden hat ...

Das Tristan-Vorspiel probiert Bernstein so langsam, mit so ruhig durchgehaltenen Pausen, so schmachtend – daß produktionsverantwortliche »Fachleute« in Sorge geraten und ihn warnen möchten, zumal wenn sie aus Amerika kommen und Toscanini lieben. Sie könnten in die Partitur schauen. Da steht nämlich: »langsam und schmachtend«.

Bernstein fängt, bei der Orchester-Probe, übrigens keineswegs mit dem Vorspiel an. Warum nicht? Er hat es mir verraten: Wenn der ganze Akt, von Stelle zu Stelle, probiert und begriffen ist – dann brauche er beim Vorspiel längst nicht mehr so viel zu erklären. Dann wissen die Musiker schon das meiste. Und weil er mit Lob nicht spart, bei der Behrens auch mit seinen Küssen nicht, wenn er glücklich ist und wenn die Begeisterung aus ihm herausbricht, weil er also mit Anerkennung nie geizt, aber dabei auch deutlich werden läßt, daß es sich um kein bloß »taktisches« Lob handelt, welches die Musiker bei Laune halten soll – darum folgen sie ihm hingebungsvoll. Sogar, wenn er immer wieder »Zartheit« verlangt. Erst recht, wenn er manche expressiven Kontrapunkte sehr laut haben will, selbst da, wo sie leise notiert sind. Wenn er alle Auftakte zu übermäßigen oder verminderten (also verschärften) Intervallen kräftig haben möchte, wenn er andeutet, daß das Orchester da seufze, weine – wo die stolzen Protagonisten es sich versagen.

Nur einmal, als die Passagen des Vorspiels zum brillanten Selbstzweck gerieten, ärgerte er sich ein wenig. Er weiß, er verlangt bewußt »Unmögliches«. Immer, ohne jede Atempause, müsse »schmachtendes Legato« herrschen. Die Musiker indessen spielten den großen Aufschwung so brillant belebt, wie es üblich ist. Da sagte er nebenher: Das sei keine Ouvertüre des (heiter empfindsamen Franzosen) Ambroise Thomas, sondern etwas anderes, Wagner.

Weshalb dirigiert er Wagner in München? Es ist ja sein erster Gesamt-Tristan. Vor drei Jahren machte er ein paar Szenen, mit Ingrid Bjoner und James King, in Amerika. Vor langer Zeit, als junger Mann, Auszüge mit Melchior und Flagstad.

Warum jetzt München? Zunächst wohl, weil er hier viele Freunde hat, gewonnen hat. Überdies fiel es ihm auch nicht allzu schwer, im Moment New York zu verlassen. Er wohnt dort in demselben Haus, in dem John Lennon ermordet wurde, ein Stockwerk höher. Seine tagelang fassungslosen Töchter sahen noch das Blut im Vestibül. Jetzt (wie immer: zu spät) seien dort natürlich aberwitzige Bewachungs-Orgien ausgebrochen. Er kann nicht ohne Polizeischutz zum Zahnarzt gehen ... Da ist er wohl ganz gern in München.

Im übrigen lebt er hier so, wie jeder (man müßte Wagner-Dirigent sein) leben möchte. In den »Vier Jahreszeiten«, mit Schlüssel zur nächtlichen Benutzung des Swimmingpools nach des Tristan-Tages Müh und Last. Umgeben von Bewundernden. Daß er, wenn er sich so überwältigend verströmt mit ganzer Kunst und Seele, danach nicht allein ins Fernsehen glotzen oder ein Buch lesen möchte: man kann es ihm nachfühlen. So leicht schaltet ein emotionaler Motor nicht ab.

Dabei begrüßte München einst den jungen Bernstein, es war wohl 1948, gar nicht so herzlich. Er ist überzeugter Jude und überzeugter Amerikaner – und er meint, das habe ihm damals viele grimmige Gesichter eingetragen (bis die eben noch Widerstrebenden von seinem Schumann besiegt wurden). Wenn er aber berichtet, daß damals, als er für die displaced persons in Feldafing und für die Münchner dirigieren sollte, zunächst wegen eines Orchester-Streiks aus der ganzen Unternehmung beinahe nichts geworden wäre ..., daß dieser Streik sich aber mit ein paar Stangen Zigaretten (sie waren einst mehr wert als Gold) beilegen ließ, und daß es dann wegen eines Straßenbahnstreiks wiederum beinahe nichts geworden wäre (Wie sollten die Musiker mit ihren Instrumenten herbeikommen?), daß ein findiger Ami damals Lkws der Lagerverwaltungen besorgte. Und wenn er erzählt, daß – statt begeistert zu sein – ein zweiter Geiger ärgerlich einwarf, die Wagen seien aber sehr schmutzig gewesen, wenn er begreiflich zu machen sucht, was ihm das für einen Schock versetzte, und wenn er erzählt, wie dann das ganze Orchester ihn bestürmte, doch nicht wegen eines verrückten Geigers auszusteigen – dann klingt das alles derart abenteuerlich, fremd und exotisch in unseren 80er Jahren (daß man's sofort glaubt).

Es gibt eigentlich nur zwei Kollegen-Namen, die gelegentlich voller Respekt genannt werden von Bernstein und seinen Trabanten. Der eine (Furtwängler) wird aus der Ferne, nicht kritiklos, verehrt. Und der ganz andere (Karajan) aus der Nähe nicht sympathielos, doch gelegentlich auch reserviert bedacht. Sonst kommen Dirigenten nicht vor. Er wolle keinen »Krieg der Dirigenten«, sagt Bernstein gern. Diese Wendung lernte er (dreimal darf der Leser raten, wo, und beim ersten Raten tippt er bestimmt auf die Donaustadt) in Wien also kennen. Dort machte er freilich nach 1945 noch erheblich seltsamere, das Makabre streifende Erfahrungen als in München.

In den frühen 50er Jahren dirigierte Bernstein, Jahrgang 1919, auch in Holland. Tags darauf gab es dort ein Konzert Furtwänglers. In Holland, das unter den Nazis gelitten hat, demonstrierten Entschlossene gegen Furtwängler, dem man vorhielt, was niemand Ansermet oder Beecham oder Strawinsky je vorwarf: nämlich im 3. Reich dirigiert zu haben. Alte Geschichten, damals schlimm und aufwühlend. Die Kette der Demonstranten mochte Bernstein nicht durchbrechen. Aber er hatte denselben Agenten wie Furtwängler, erinnert er sich. Und er wollte ihn, den Alten Großen, doch wenigstens einmal hören. Also ging er durch den Hintereingang ins Konzerthaus und verbarg sich in einer Loge, damit man ihn, den damals bereits populären Amerikaner, nicht erkenne. Und er war gebannt, bis zum heutigen Tag, durch Furtwänglers Darbietung der 1. Symphonie von Brahms. Nach dem Konzert wäre er gern zum Gratulieren ins Künstlerzimmer geeilt. Aber der Agent riet ab. Damals wollte ja Amerika den Furtwängler nicht einreisen und dirigieren lassen. Die beiden zusammen, photographiert, es wäre ein Politikum gewesen. Also nicht.

Später zeigte man Bernstein eine Tagebuch-Eintragung Furtwänglers, der sich ja lebenslang Aufzeichnungen machte. Da steht, so berichtet Bernstein, daß Furtwängler tags zuvor, unerkannt, zu Bernstein ins Konzert geschlichen sei, daß er von dem jungen Mann begeistert gewesen wäre! Daß er eigentlich zu ihm ins Künstlerzimmer hätte gehen wollen, dazu aber aus vielen, vielen Gründen, auch politischen, zu scheu war ...

Die bedeutendste bisher vorliegende Schallplatten-Einspielung von »Tristan und Isolde« stammt von Furtwängler. Jetzt unternimmt in München ein großer Dirigent ein Gegenexperiment. Bei manchen Stellen bezieht er sich sogar auf Furtwängler; so habe der es gemacht. Wie das Experiment ausfällt, ob irgendein Zufall am Abend zerstört, was sich an Herrlichkeiten während der Proben ereignete, kann niemand voraussehen.

10. I. 1981

Pierre Boulez

Das war eine Lieblingstheorie von Theodor W. Adorno: Nur wer mit dem Stand und der Entwicklung der jeweils neuesten Musik vertraut sei, der könne auch die großen Werke der traditionellen Kunst in neuem Licht sehen und darstellen. Wer immer nur Beethoven spielt, so glaubte Adorno, der spielt nicht einmal Beethoven »richtig«. Man müsse die Allerneuesten begriffen haben, um auch ein Mozart-Quartett oder eine späte Beethoven-Sonate neu und lebendig begreifen zu können. Alles andere bleibe archivarisch.

Diese Theorie klang bestechend. Sie wird nur von der Wirklichkeit unseres Musiklebens kaum bestätigt. Um so schlimmer für die Wirklichkeit – könnte man sagen und auf die Misere gegenwärtiger Musikinterpretation hinweisen. Aber damit wäre die Adorno-Behauptung doch zu leichtfertig weggewischt. Nur: Wo waren und sind sie, die mit Zeitgenössischem wirklich vertrauten Komponisten, Dirigenten und Interpreten, die tatsächlich den richtigsten oder zumindest den interessantesten, unkonventionellsten Mozart oder Beethoven aufzuführen vermögen? René Leibowitz, erfahrener Kenner der Schönberg-Schule, hat sämtliche Beethoven-Symphonien dirigiert, aber weder besser noch aufregender, noch moderner, als es die großen traditionalistischen Dirigenten der Gegenwart tun (Adorno gab das gesprächsweise zu; Leibowitz »könne« leider zuwenig).

Und wo gibt es sonst die an »Modernem« gewachsenen Interpreten (wie Hermann Scherchen, Michael Gielen), die wirklich einen gültigeren Beethoven bieten als Furtwängler oder Solomon? Es gibt sie nicht. Darf man sagen, daß Maurizio Pollini, der auch Webern, Boulez und Nono spielt, darum einen deutlicheren und schöneren Chopin zu bieten vermag als Rubinstein oder Horowitz? Interpretiert Serkin so fesselnd, weil er sich vor fünfzig Jahren um Modernes gekümmert hat? Fasziniert Brendel mit Schubert, weil er gelegentlich Schönberg spielt? Das sind keine müßigen Fragen – schon deshalb nicht, weil Musikinterpretation natürlich darunter leidet, wenn sie keine Impulse von der Gegenwart empfängt. Der bislang eindringlichste Beweis für Adornos These schien Pierre Boulez zu sein. Ein moderner Komponist, hochgebildet, kunsterfahren, schlagend intelligent: so gehört er seit Jahrzehnten zum Musikleben unserer Welt. So komponiert er, so führt er seinen geliebten Debussy auf, so durchleuchtete er Meisterwerke zwischen »Eroica« und »Parsifal«, zwischen frühem Mozart und spätem Strawinsky.

Während der Wiener Festwochen, deren erste Tage der eminent fleißige Künstler Pierre Boulez in vielen Veranstaltungen beherrscht, ist nun aber mitzuerleben, daß selbst Boulez seine Erfahrungen mit moderner Musik, seine Einsichten in Strukturen und Zusammenhänge beim Dirigieren nicht wirklich produktiv zu machen versteht. Und zwar um so weniger, je mehr Dirigenten-Routine er sich mittlerweile angeeignet hat. Vor zehn Jahren noch dirigierte er wie ein Komponist: nämlich streng auf den strukturellen Sachverhalt bezogen, eher nachschöpferisch-akzentuierend als ausgewogene Deutung bietend. Wie er damals die Durchführung der »Eroica« verstand, wie er später (zumindest) das »Parsifal«-Vorspiel klärte und von Weihrauch befreite: das war zwar »einseitig«, auf die Dauer nicht »tragend«, aber doch brennend interessant. Boulez lehrte, neu zu hören. Mittlerweile komponiert er immer weniger, dafür hat er in New York, statt Opernhäuser zu sprengen, die hochoffizielle Nachfolge Toscaninis und Bernsteins angetreten, dafür ist er berühmter Reisedirigent zwischen London, München und Wien geworden. Jetzt dirigiert er etwas geschickter als früher, aber auch weniger aufregend und anregend. Jetzt stellt er, ein wenig mechanisch, »Strukturen« dar, aber er macht nicht hörbar, was diese Strukturen zu tragen haben; er artikuliert die Musik nicht hinreichend, die von den Strukturen getragen wird.

Das kommt natürlich am grellsten bei Mozart heraus. Ob das

hochbezahlte BBC Orchestra London nun eine oder drei Stunden »eingestimmt« hat, um dem feinen Ohr des Dirigenten zu genügen: der erste Satz der Mozartschen »Sinfonia concertante« für Violine, Bratsche und Orchester erklang wacklig, langweilig, lief unausgeglichen ab, ohne Sinn und Ziel. Norbert Brainin, der Violinsolist (und Primarius des Amadeus-Quartetts), hatte einen miserablen Abend, der Bratscher Peter Schidlof wirkte etwas sicherer, philosophischer, aber auch schwerfälliger. Selbst der einsam schöne zweite Satz erinnerte eher an eine Rhapsodie als an ein Mozart-Andante, in dessen herrlich nervöser Form ja alles Rhapsodische und Melancholische aufgehen müßte. Und das Schluß-Presto spielte man sicherheitshalber im nonchalanten Allegretto. Erfahrungen mit moderner Musik hin oder her: Ein Karajan, über den alle Modernisten spötteln, ein Böhm, dessen zeitgenössische Ambitionen kaum über Strauss und Berg hinausreichen, würden eine so schlampige Darbietung nie und nimmer zu verantworten wagen.

Als dann Felicity Palmer, die mit Messiaen soeben einen Sensationserfolg ersungen hatte, eine Konzertarie Mozarts vortrug, wurde auch dem Unmusikalischen klar, daß Mozart heikler ist als Messiaen. Boulez begleitete das Rezitativ spannungslos, die Koloraturen kamen nur sicher, aber nicht erfüllt – sehnsüchtig dachte man an Gundula Janowitz.

Vor einigen Jahren waren die Wiener Festwochen Gustav Mahler gewidmet, dessen Renaissance sie beförderten. 1974 soll Bruckner Mittelpunkt sein. Diesmal sind die großen Orchesterwerke Bartóks an der Reihe. Aber bei Bartók dürfte einerseits nicht viel »wiederzuentdecken« sein, andererseits vermochte Boulez weder beim »Konzert für Orchester« noch auch beim »Wunderbaren Mandarin« über eine etwas plakativ expressiv aufgedonnerte Banalität hinwegzudirigieren. Im Augenblick scheinen die Zweifel an Bartók eher bestärkt als ausgeräumt.

Weitaus fesselnder als diese Konzertdarbietungen war die Veranstaltung »Open house mit Pierre Boulez«. Boulez führte da seine neue Komposition »... explosante-fixe ... – In memoriam Strawinsky« vor, führte in das Werk ein und stellte sich gescheit-schlagfertig einer öffentlichen Diskussion.

Bei dem Stück, das 34 Minuten dauert, handelt es sich um zahlreiche statische Komplexe, die von einer solistischen Kammerbesetzung dargeboten werden. Es führt die Flöte, aber auch Cello, Bratsche, Vibraphon, Harfe, Geige, Klarinette und Trompete wirken mit. Es handelte sich um eine »Erstaufführrung«, die mit der 1972 von Holliger in Salzburg besorgten Uraufführung nicht viel zu tun hatte.

Boulez' Idee: Er will elektronische Techniken und deren Ergebnis nicht als unflexibles Band in lebendig aufgeführte Musik einfügen, sondern er will elektronische Manipulationen, Veränderungen, Verkoppelungen, Verdoppelungen und Echo-Effekte von den spielenden Instrumentalisten abhängig machen. Während die Musiker ihre Noten bewältigen, jeder für sich, ohne Zusammenhang mit dem Partner, filtert oder sammelt oder verdoppelt der Komponist am Regler das Entstehende.

Vor der Aufführung zeigte Boulez dem Publikum, was er alles machen kann in dem Stück. Besonders die Echo-Effekte oder die Einflüsse zwar nicht spielender, wohl aber miteingeschalteter Instrumente auf gerade agierende Instrumente waren bemerkenswert. Diese elektronischen »Funde« wirkten zukunftsträchtiger als das lange Werk selbst in seiner Gesamtheit. Allzuoft klang es doch wie eine komponierte »Zwitschermaschine«, allzuoft befriedigte es mehr akustische Neugier, als daß es an Musik erinnerte.

Boulez will natürlich nicht, daß nur noch mit derartigen Transformationsmitteln komponiert werde. Er geht hier sogar von einer fast sentimentalen Erfahrung aus, er hat einmal Musiker ganz einsam isoliert vor sich hin spielen erlebt. Nun will er die bestehenden Möglichkeiten technischer Isolierung und Zusammenfügung erweitern. Er hat es getan, hat ein labyrinthisches Laboratorium betreten. (Vielleicht kann er sich darum im Augenblick kaum auf Mozart konzentrieren.)

Doch während die Londoner Solisten schöne musikalische Gesten ausführten: das Cello konventionell-pathetisch, die Flöte flatternd-impressionistisch, und so weiter, drängte sich eine seltsame Frage auf: Wer ist eigentlich das Subjekt dieser Musik? Wenn ein Geiger eine Solosonate von Bach spielt, erlebt man einen Imitationsvorgang mit, einen mimetischen Vorgang. Der Interpret wiederholt, als nachahmendes Subjekt, deutend die Musik Bachs, der das vorschreibende Subjekt war. (So schwierig lassen sich selbstverständliche Sachverhalte im Notfall formulieren.) Ein Cellist, der allein vor sich her meditiert – das war ja der Grundreiz von Boulez –, ein solcher Cellist hört vielleicht nichts anderes, aber doch ganz bestimmt sich selber. In dem Stück »explosante-fixe«, wo gleichsam ein Instrument das andere zur Ausdrucksexplosion entzünden soll, wobei jeder Musiker auf seine spezifische Ebene »fixiert« bleibt, in diesem Stück will Boulez zwar die »Elektronik« lebendig einbeziehen – aber dafür behandelt er die lebendigen Musiker als »Tote«. Die wissen vielleicht, was sie spielen, aber nicht, was erklingt. Sie können den von ihnen produzierten Klangeffekt nicht selber bestimmen. Sie sind also »Objekte«, viel passivere Objekte als Orchestergeiger, die einem Dirigenten folgen, ohne natürlich den entstehenden Gesamteffekt völlig kontrollieren zu können. Bei Boulez besteht zwischen dem »Spiel« der Musiker und dem Klang-Ergebnis ein radikaler Qualitätssprung: Die Künstler sind keine Subjekte mehr, sondern nur Anlässe, Musiker-Material. Das ist ein Widerspruch in sich, und dieser Widerspruch läßt das entstehende Ergebnis nicht unberührt. Alles klingt grau, nicht nur statisch, sondern leblos. Als eine weißhaarige, bemühte, liebenswerte Harfenistin brav ihr Solo demonstrierte, dessen Klangergebnis keineswegs in ihren Händen lag, wurde dieser Widerspruch fast komisch sichtbar. Boulez ist im Begriff, die Verlebendigung der Elektronik mit der Beschädigung der Musiker zu erkaufen. Auch darum war die Diskussion über sein Stück weit fesselnder als dieses selbst. Der Weg, den Boulez gegenwärtig einschlägt, dürfte zu ganz anderen Zielen führen, als es ein merkwürdig steriler Strawinsky-Nachklang und eine seltsam unbeteiligte Mozart-Interpretation im Augenblick sind.

25. V. 1973

20. Kapitel
Theodor W. Adornos »Philosophie der Neuen Musik«

Die Neue Musik ist nicht mehr Gegenstand erbitterter Diskussion und beteiligter Leidenschaft. Der Streit, der nach dem Kriege um sie entbrannte, scheint erstarrt zu sein; was eben noch bewegter Konflikt war, verhärtet sich zum Grabenkrieg der Sekten, wo die Gegner sich genausowenig ändern wie die Argumente; und zur Klärung, zum Sediment, ja selbst zur vagen »communis opinio« scheint es nicht mehr zu kommen. Immer noch singen Kirchenchöre Pepping und fühlen sich als Avantgarde; immer noch klatschen die Jungen über jeden konfusen Tumult, weil, was sich fürchterlich und chaotisch gebärdet, deshalb wahr und richtig sein müsse, da es sei »wie unsere Zeit«; immer noch nennt man die Komponisten »witzig«, deren Stücke sich anhören wie schlecht gespielter Mozart, wo aber die unpassenden Töne nicht neu oder geistreich, sondern wirklich nur falsch klingen; immer noch führen Dirigenten Symphonien auf, die wie Krieg beginnen und wie Jahrmarkt enden und gar nichts weiter sind als schlechte Scherze über das uralte »per aspera«.

Es gibt Gründe genug dafür, daß die Auseinandersetzung mit moderner Musik fast über Nacht zum unbeachteten Gemurmel einiger Fachleute abmagerte; man mag sie in der Sache selbst, im Soziologischen und im Wesen der Nachkriegsentwicklung suchen. Fast, so scheint es, ist das Steckenbleiben der Gespräche auch auf Theodor W. Adornos hochbedeutendes, stellenweise geradezu genial inspiriertes Buch zurückzuführen. Mit nahezu einschüchternder Sachkenntnis ist hier der ganze Problemkreis angegriffen und philosophisch spekulativ gedeutet, ist hier die Diskussion auf ein exklusiv hohes Niveau gehoben worden, welches der Kombattant erst einmal nachvollziehen muß, ehe er sich wieder zu Wort melden kann; das aber will geleistet sein da, wo Hegel-Zitate die leichtesten Stellen sind. Das Niveau, sagt Karl Kraus, ist hoch, aber leider ist niemand drauf. Immerhin, ein solches Buch kann man nicht umgehen oder auf ein paar Überspitzungen festnageln und damit erledigt glauben. Als Kulturkritik hat es nicht seinesgleichen.

Wer nur einen Blick hineingeworfen hat, wird den Rezensenten um die Aufgabe, es wiederzugeben, nicht beneiden. Vereinfachungen und Verzeichnungen werden nicht zu vermeiden sein. Im Grunde gehört auch die »Philosophie der Neuen Musik« zu den seltenen Arbeiten, die, jahrzehntelang währendes Denken und Erfahren komprimierend, angemessen wohl nur der Verfasser selbst kritisieren könnte. Um was geht es? Die »Philosophie der Neuen Musik« will genommen werden als Exkurs zur »Dialektik der Aufklärung«, einer von Horkheimer und Adorno zusammen verfaßten Arbeit. »Die vollends aufgeklärte Erde strahlt im Zeichen triumphalen Unheils«, heißt es dort. Wie geht das zu? Vollendete Aufklärung sucht, nach den Verfassern, Souveränität über das Dasein, über die Natur, die als dunkle Folie, als das Inkommensurable erscheint. Um diese Souveränität erlangen zu können, schneidet der Mensch sich das Bewußtsein seiner selbst als Natur ab, entzaubert er die Welt, unterwirft er alles der Zahl, dem gleichnamigmachenden Prinzip, um eben beherrschen zu können. Der Kernpunkt dieser Lehre besagt: Indem der Mensch versucht, alles totaler Neutralisierung zu unterwerfen, geht der wirkliche Kontakt zwischen Natur und Subjekt verloren, wird aus Erkenntnis bloßes Funktionierenlassen; der Mensch aber gerät in Wahrheit immer tiefer in den Naturzwang hinein. Denn wenn die Naturverschränkung unterbrochen ist, erstarrt das Ich; Natur ist dann nur noch Materie, Vernunft nur noch Funktion. Vernunft kann dann keine inhaltlichen Ziele mehr setzen, sie wird zur zwecklosen Zweckmäßigkeit, fällt mit Verrücktheit zusammen. Wo Denken so zur Funktion, zum bloßen Sektor innerhalb der Arbeitsteilung geworden ist, da entmachten die Führer und die Experten das Individuum, für das Anpassung an die Realität vernünftiger wird als Vernunft. Die Aufgabe der Kulturindustrie aber ist es, das Individuum vom Denken völlig zu befreien, es frisch und konzentriert nach vorn blicken zu lassen, ihm durch verordnete Kulturerzeugnisse die Reflexion seiner wirklichen Lage zu ersparen.

An dieser Stelle setzt die »Philosophie der Neuen Musik« ein. Wirklich fortgeschrittene Musik, so führt sie aus, reflektiert diesen Zustand nämlich doch, bringt alles das zum Bewußtsein, was man vergessen möchte. Aus dieser Bedeutung der fortgeschrittenen Musik konstruiert die Gesellschaft nun gerade ihre Bedeutungslosigkeit. Warum? Weil diese Musik nicht das gesellschaftlich standardisierte, unwahre Bild des Individuums entwirft, das man gern sehen möchte, sondern weil sie aus sich heraus Charaktere hervorbringt, die zwar wahr sind, von denen der durch die Kulturindustrie beruhigte, eingelullte Hörer aber eben deshalb – weil sie das grauenhaft Wahre ins Bewußtsein bringen – nichts wissen will. Man hilft sich, indem man diese Musik irrelevant nennt, sie belächelt, als sinnlosen Spezialistenluxus abtut und sie schließlich mit der Begründung verwirft, sie »gebe dem Hörer nichts«. In Wirklichkeit nimmt Neue Musik alle Dunkelheit und Schuld der Welt auf sich. All ihr Glück hat sie daran, das Unglück zu erkennen, all ihre Schönheit daher, daß sie dem Schein des Schönen sich versagt.

Den Standort der Neuen Musik aber findet der Verfasser in den Extremen ausgeprägt. Nur in ihnen werde das Wesen der Sache selbst lesbar. Als diese beiden Extreme, zu denen alle Übergänge hinneigen, stellt Adorno die Komponisten Schönberg und Strawinsky vor. Es ist bemerkenswert, daß auch der Kunsthistoriker Hans Sedlmayr in seinem bekannten Buch »Verlust der Mitte« dies die Extreme befragende Erkenntnistheorem Walter Benjamins zu seinem heuristischen Prinzip macht. Auch er glaubt, »daß sich in solchen absonderlichen Formen Eigentümlichkeiten enthüllen, die in gemäßigter und deshalb weniger auffallender Weise auch sonst das Schaffen einer Zeit bestimmen, deren Eigenschaft in ihnen auf die Spitze getrieben wird«. Der Grund für ein solches Prinzip mag darin zu suchen sein, daß diese Forscher nicht mehr glauben können, die Mitte sei Herz aller Dinge. Sie vermögen die »Ideen« nur noch im Außergewöhnlichen zu finden, für sie ist Mitte nicht mehr Zentrum, sondern nur noch Schnittpunkt von Extremen.

Den wahren Fortschritt der Musik verkörpert, und damit treten wir nach der Darstellung in die Diskussion des Buches ein, allein Arnold Schönberg. Nur er überläßt sich den Forderungen der Sache, nur er folgt den Bewegungsgesetzen, denen der »objektive Geist des Materials« gehorcht. (Das musikalische Material, dem der Komponist gegenübersteht, ist – als Produkt der Dialektik von Natur und Subjekt, als im Ganzen und in jeder Einzelheit historisch Gewordenes – Erscheinungsform der Bewegung des Geistes.) Sich den Gesetzen zu überlassen, darin besteht nach Adorno Schönbergs Größe und zugleich sein Verhängnis, denn heute führen sie auf manchen steilen Grat und in manche unheilbare Aporie. Was wird hier gesehen?

Die Kernthese der Adornoschen Arbeit besagt, daß »nicht zu allen Zeiten alles möglich sei«, daß im Grunde die Redensart der Snobs: ». . . kann man heute nicht mehr machen« objektiv Wahres ausdrückt. »Es gibt keine Kunst, welche so bald und so viele Formen verbraucht wie die Musik. Modulationen, Kadenzen, Intervallfortschreitungen, Harmoniefolgen nutzen sich in fünfzig, ja dreißig Jahren dergestalt ab, daß der geistvolle Komponist sich deren nicht mehr bedienen kann und fortwährend zur Erfindung neuer, rein musikalischer Züge gedrängt wird«, schrieb schon vor nahezu hundert Jahren der Musikästhet Hanslick (den Wagners genialer Spott bekanntlich zum Urbild des Beckmesser machte, so dem Kritiker unseriöse Unsterblichkeit verleihend). Adornos Verdienst ist nun, daß er seine Thesen von der »Tendenz des Materials« bezwingend in die Grundierung hineingebaut hat, welche die »Dialektik der Aufklärung« legte. Er schafft, und das ist eine bemerkenswerte intellektuelle Leistung, Kategorien für die begründete, verwerfende Negation einst gültiger Formen und Ausdrucksmittel und stellt Mittel bereit, den biederen Eklektiker ebenso wie den pfiffigen Konjunkturritter zu überführen. Es wird gezeigt, warum die Tendenz des Materials sich heute etwa der Idee des abgerundeten Werkes versagt. (»Das höchste Wirkliche der Kunst ist isoliertes, abgeschlossenes Werk. Zu Zeiten aber bleibt das runde Werk allein dem Epigonen erreichbar«, fand schon Walter Benjamin.) Warum kann und darf es zum abgerundeten Werk heute nicht kommen? Nach Adorno bringt große Musik, auch wenn sie auf ihre Integrität bedacht ist, aus sich heraus Charaktere hervor, die stets dem Zustand der gesellschaftlichen Totalität entsprechen. Heute verbietet ebendieser Zustand das abgerundete Werk. Es komponieren heißt sich den Forderungen der Kulturindustrie unterwerfen. Statt geschlossen zu sein – »das geschlossene Werk erkannte nicht, sondern ließ Erkenntnis in sich verschwinden« – oder durch abgerundete Form versöhnend, wirft die Neue Musik die Würde des Richters von sich und tritt in den Stand der Klage, wird sie zur reflektierenden, bewußtmachenden, leidenden Kritik, nicht aber zum runden Werk, als welches es heute eine allzu versöhnende Lüge wäre. Gegenwärtig ist es ebenso sinnleer wie (nach Adorno) das System der Tonalität und eine Reihe anderer musikalischer Phänomene. Falsch sind diese heute auch deshalb, weil die Kulturindustrie sie zur Ware gemacht hat, indem sie Beethoven und Unterhaltungszeug gleichstellte als Stoff fürs Amüsement.

Man darf die Gewalt dieser Thesen nicht unterschätzen. Adorno versteht es, sie unvergleichlich suggestiv durchzuführen. Er selbst ist ihrer Faszination allerdings bisweilen erlegen, manchmal verlor er die Küste musikalischer Wirklichkeit aus der Sicht. Fraglos besteht so etwas wie musikalischer Weltgeist; jeder von uns kennt die Wendungen der Pseudomodernen, die schön, aber verdächtig klingen; doch so kompakt, wie Adorno verfährt, läßt sich das Phänomen gewiß nicht fassen. »Der technische Horizont, aus dem die totalen Klänge abscheulich hervorstehen, begreift heute alle Musik in sich«, schreibt Adorno; darauf richtet er in einem Satze Sibelius hin, der nur tonal komponiere, denselben Sibelius, gegen den er bereits 1938 eines der hinreißendsten Pamphlete deutscher Sprache schrieb, den – gewiß maßlos überschätzten – Finnen verbrennend und seine Asche in alle Winde zerstreuend. Eine solche Methode läßt sich nun gegen den weithin tonalen Bartók nicht anwenden. Hier kommt die Theorie ins Schwanken. Um sie zu retten, nimmt Adorno Bartók aus der Entwicklungstendenz der okzidentalen Musik heraus und siedelt ihn exterritorial in Südosteuropa an, wo man noch tonal schreiben darf, wenn nur ein »in sich geschlossener und selektiver technischer Kanon« ausgebildet wird. Doch die ersten beiden Sätze des Violinkonzerts etwa und manche Passagen noch aus Quartetten und Konzerten lassen sich gewiß nicht als Folklore entschuldigen; dennoch befleißigt Bartók sich an diesen Stellen klarer Tonalität, von ungewöhnlicher Konsequenz und Plausibilität. Man kann, wie ich, an den wahren Kern der Adornoschen These glauben und dennoch den »Rosenkavalier« hinreißend finden (Adorno spricht vom Saccharin des »Rosenkavaliers« – hätte er wenigstens von Zucker oder besser noch von Honig geredet!) und Richard Strauss' »Metamorphosen« von 1945 dazu; das ist freilich inkonsequent, und eine Synthese kann gewiß nicht so leicht jemand dafür bieten. Aber ist es nicht doch besser, eine solche Verlegenheit auf sich zu nehmen, als im Ablehnen zu rasch zu sein? Wenn für Bartók Sonderregelungen gelten dürfen, müßten sie doch für Sibelius oder für die junge englische Musik oder eben für den ganz woanders als die »Modernen« wurzelnden Richard Strauss auch beansprucht werden können, und was bleibt dann noch vom technischen Horizont, »der heute alle Musik in sich begreift«? Doch Adorno besteht darauf, daß einzig der Weg der Zwölfton-Musik heute gerechtfertigt ist im Sinne der »Tendenz des Materials«. Er zeigt, wie der Repräsentationscharakter der Formen zerging, wie unter dem Zwang der totalen Aufklärung das Tonmaterial, ungeachtet seiner historischen und ästhetischen Herkunft, seiner »Vorformungen« und traditionellen Funktionen, einer völligen Neutralisierung, »rationaler Durch-

und Zurücknahme sind kein Mittel der Dialektik ... Die Besonnenheit, die es verbietet, in einem Satz zu weit sich vorzuwagen, ist meist nur Agent der gesellschaftlichen Kontrolle und damit die Verdummung.«

Die Rolle des Subjekts in der modernen Musik ist im Grunde die Hauptfrage, die immer wieder überprüft wird. Das ist das Menschliche, das Großartige und die Grenze dieses Buches. Adorno macht Strawinsky den wohl stichhaltigen Vorwurf, er habe die Musik entmenschlicht, sich mit der Natur identifiziert und so Authentizität durch Verleugnung des subjektiven Pols erschlichen. »Die sado-masochistische Lust an der Selbstauslöschung ist durch die Dynamik des Trieblebens bestimmt.« Das Seelische sei, als wäre es krank, verleugnet. Doch eine solche »verordnete Entmenschlichung« verschafft keine Authentizität der Sache; der Strawinskysche Objektivismus ist nichts als »eitle Privatbeschäftigung des isolierten ästhetischen Subjekts, als Trick des Individuums, das sich aufspielt, als wäre es der objektive Geist«. Soweit Adorno.

Die Verteilung der Rollen ist klar. Schönberg ist das Individuum, das die Musik, das Vorgegebene, rationalisiert, nach vollendeter Rationalisierung als Subjekt ausgelöscht wird, »das Gericht des losgelassenen Subjektivismus an sich selber« vollstreckt und der Magie der Zahl, der sinnlosen Ordnung, rettungslos verfällt. Strawinsky tut, als ob sich das Subjekt durch erschlichene Selbstauslöschung behaupten könne, doch indem er so den Forderungen der Sache ausweicht, wird seine Musik zur unverbindlichen Privatbeschäftigung.

So, wie nach dargestelltem Muster die Zwölfton-Technik sich von der Verschränkung mit dem Material löste, die Ratio zum Herrn übers Substrat einsetzte und doch nicht hindern konnte, daß diese schließlich in Irratio umschlug, so bleibt nach Adorno auch den Komponisten keine andere Möglichkeit, als entweder subjektlos im Vorgegebenen, Elementaren unterzutauchen (Strawinsky) oder die vorgegebene Musik durchzurationalisieren, Macht über sie zu gewinnen, aber auch Entfremdung, und schließlich an der mangelnden Verschränkung zu scheitern (Schönberg). Wie sehr Adorno hier die Kategorien der »Dialektik der Aufklärung« zutage fördert, ist evident. Die »Philosophie der Neuen Musik« ist nicht nur ein Exkurs über die Rolle der modernen Musik in der Kulturindustrie, sie arbeitet zugleich mit Erkenntnissen über Subjektverlust und Subjekterhaltung, über Durchrationalisierung und Selbstverleugnung, die organisation« unterliegt. Beispielsweise war etwa die Chromatik einst ein Mittel zur immer größeren Subjektivierung der Musik (Chopin, Wagner), war sie einst Ausdruck, über den man verfügen konnte, hatte sie, als Gegengewicht zur Diatonik, ihren bestimmten Ausdruckswert. Infolge der Dialektik Komponist/Material vollzieht sich jetzt die ganze Organisation der Musik vom Chromatischen her (Zwölfton-Musik als letzte Stufe dieser Entwicklung); dadurch wird Chromatik, früher expressiver Gegensatz zur Tonalität, in der totalen chromatischen Organisation zum Neutralisierten, ist sie völlig funktionalisiert und in einem System aufgehoben, durchrationalisiert. Die Regeln, welche einst zur Beherrschung des musikalischen Naturmaterials geprägt werden mußten und aus denen sich Zwölfton-Technik entwickelte, alle diese einst nur abwehrenden Regeln sind jetzt, da dank der Durchorganisation alle traditionellen Implikationen entfallen und nichts mehr abzuwehren ist, plötzlich positive Normen. Da aber, weil das organisierte Tonmaterial längst zum neutralen Substrat für den Komponisten wurde nichts mehr zu regulieren ist, schlägt das ganze um in leer Organisation, in Widersinn. So wird aus scheinbarer Allmacl Ohnmacht. Sollte das dunkel klingen, dann dürfen wir hier die Entsprechung aus der »Dialektik der Aufklärung« erinne Auch da schlug, wie gezeigt, die von der Natur (hier: »musi lischer Naturzwang«, Vorformung des Materials) gelöste V nunft um in Verrücktheit, wurde sie, weil es kein Gegengew gab, zur »zwecklosen Zweckmäßigkeit«, während es hier log heißt: Das vollendet funktionale Kunstwerk wird zum endet funktionslosen.

So geht der Verfasser die Antinomien der Zwölfton-M durch, und die Einsichten oder Entwicklungskategorien »Dialektik der Aufklärung« begegnen auf Schritt und Tritt mer wieder wird nachgewiesen, wie das durchrationali Tonmaterial dem Komponisten nicht die Freiheit schenkt, der er sich sehnt, sondern ihn gerade in absolute Unfr verstrickt. Man sehnt sich manchmal nach der realen Bezu me auf das existente Werk bei so viel spekulativem Glanz neigt zur Frage, wo denn die Liquidation des komponier Subjekts, welche nach Adorno die Zwölfton-Musik be sich praktisch zeige, aus welchem Werk Schönbergs das S weniger, aus welchem es schließlich gar nicht mehr sp Auch da scheint der Autor einem Prinzip zu folgen, selbst in seinen »Minima Moralia« vertritt: »Einschrä anderswo, nämlich in der »Dialektik der Aufklärung«, prägnanter treffen. Dort heißt es aber auch, daß die Gleichsetzung, das Komparabel-Machen des Ungleichnamigen, die nivellierende Herrschaft, die Liquidation des Eigentümlichen, daß alle diese einander im Kern ähnlichen Operationen den unheilvollen Prozeß der vollendeten Aufklärung ins Spiel setzen.

Um keinen Preis soll hier der Eindruck erweckt werden, die Aussagen dieses großartigen Buches seien daher alle falsch. Sie sind es wohl nur zu wenig. Gefährlich ist allein das Ausmaß der Fragestellungen und Spekulationen, welches in keinem Verhältnis steht zur Sicherheit oder Klarheit der Einzeleinsichten, die dadurch aber nicht unwahr werden, daß sie große Systeme nicht tragen können.

Man durchdenke den folgenden Satz: »Durch vollendete Aufklärung von der Idee gereinigt, die als bloße ideologische Zutat zu den musikalischen Tatsachen, als private Weltanschauung des Komponisten erscheint, wird das Werk gerade vermöge seiner absoluten Vergeistigung zu einem blind existierenden, in grellem Widerspruch zur unvermeidlichen Bestimmung eines jeglichen Kunstwerks als Geist.« Da ist nun aber wirklich auch alles fraglich. Was heißt »Idee« beim Kunstwerk? Welches war ihre Funktion in der traditionellen Kunst? Weist nicht Schönbergs unvergleichlich mitleidvolles Melodram »Ein Überlebender aus Warschau« weiter über sich hinaus als ein Nocturne Chopins? Oder: Adorno behauptet, die allgemeine Meinung, daß Schönberg unverständlich sei und Beethoven verständlich, sei »objektiv Trug«. Denn Schönbergs Musik komme aus den anthropologischen Voraussetzungen seiner Hörer, die Beethovens dagegen kaum noch, so daß der musikalische Sinnzusammenhang einer frühen Beethoven-Sonate dem durchs Radio dressierten Hörer verborgen bleiben müsse. Der Gedanke ist brillant und zumindest halb richtig; gerade das macht ihn so gefährlich. Was heißt Sinnzusammenhang? Warum soll der Hörer nicht mit dem Largo aus der D-Dur-Sonate Opus 10 Nr. 3 kommunizieren können? Darüber hörte man gern Näheres. Meint Adorno, daß unter den herrschenden Bedingungen eine einigermaßen adäquate Kommunikation mit dem Kunstwerk unmöglich sei, weil es unter der Macht des Musikbetriebs stehe, dem sich nur die avancierte Musik entzieht? Oder meint er gar, daß historisch adäquate Kommunikation – wie sie bis zu einem gewissen Grade selbstverständlich noch geleistet werden kann und auch geleistet wird –, daß also eine solche Kommunikation nicht authentisch sein könne, weil dann das Bewußtsein für die gegenwärtige Situation abgeschnitten sei? Das hieße doch wohl unangemessen verknüpfen. Warum sollte neben falscher und überflüssiger nicht auch noch eine sinnvolle Kommunikation möglich sein?

Wenn man zu fragen anfängt, gibt es kein Ende. Ein wesentlicher Zusammenhang allerdings hält wohl jeder Kritik stand. Es ist das Problem der Authentizität, das bereits gelegentlich gestreift wurde. Musik, die sich, wie die Schönbergs, von den Hörgewohnheiten des Publikums distanziert und sich den Forderungen der Sache überläßt, jede Einschmelzung in den Kulturbetrieb verschmähend, hat von der Sache her, weil sie deren Intentionen folgt – Tendenz des Materials! –, Authentizität. Da sie sich aber dem Vernommenwerden entzieht, entziehen muß, verliert sie die Authentizität, weil sie als ungehörte zur Fiktion wird (denn »das Vernommenwerden durch viele liegt auf dem Grunde der musikalischen Objektivation ...«). Indem diese Musik aber das bestehende Grauen reflektiert, den Haß und den Vernichtungswillen der Gesellschaft erregt (entartete Kunst!), wird sie noch einmal legitimiert. So wird sie, als erkennende, endlich doch authentisch.

Man muß im Auge behalten, daß Adorno nicht über den Wert moderner Kompositionen schreiben will, sondern über ihren philosophischen Standort und darüber, wie weit ihnen ein »reaktionäres Moment unter der herrschenden Unfreiheit« zukommt. Dennoch klingt seine Kritik oft total. So nennt er Strawinskys Konzert für Klavier und Blasorchester »wüst«, als ob es nicht zu den bewältigtsten und unheimlichsten Dingen gehörte, die dieser Magier je geschrieben, und so findet er den Inhalt der »Psalmen-Symphonie« »verbissen-kümmerlich«, obwohl Strawinsky gerade hier dunkel drückendes Leid, von dem das ganze Werk spricht, zu Elementen subjektiver Disposition und Formsprache macht, so daß von dem ihm sonst vorgeworfenen subjektlosen »Mitmachen in Reflexen« schlechterdings keine Rede sein kann.

Wir schließen hier ab. Adorno unterlag keinem Systemzwang. Keineswegs bekam er immer nur die Groschen aus den Phänomenen heraus, die er von vornherein in sie hineinsteckte. Nur hat er seine richtigen Einsichten – besonders bei Strawinsky hat ihn eine evidente Abneigung überwältigend scharfsichtig gemacht – zuweilen überfordert. Vor seiner überhellen Intelligenz zerrinnen die Phänomene, auf die er sich einläßt, zu leicht zu Funktionen anderer Dimensionen, alle Naivität und Unbefangenheit verbietet sich dieser »unbarmherzige Samariter« angesichts des Grauens, das besteht. So groß ist seine Angst um den Menschen und seine Sorge, mit der »Schmach des Daseins« zu kooperieren, daß er, und vielleicht er allein, den bitteren Satz fertigbringen muß: »Noch der Baum, der blüht, lügt in dem Augenblick, in dem man sein Blühen ohne den Schatten des Entsetzens wahrnimmt«; die Katastrophe, das Leid, deren naivere Zeugen wir alle sind, bewegen ihn so, daß er nur gelten läßt, was, dieses Leid erkennend, sich ihm zur Wehr setzt.

So hat er seine »Philosophie der Neuen Musik« geschrieben. Sie ist Philosophie der Musik, welche die Katastrophe nicht verschweigen darf. Adornos große, menschlich bewegende Arbeit türmt einen mächtigen Erkenntnisbau, sie schließt das allgemeine Gespräch ab, ist das Äußerste, was die Gegenwart leisten kann. Das nächste Wort über moderne Musik fällt jetzt der historisch betrachtenden Musikwissenschaft zu. Es auszusprechen ist noch nicht an der Zeit. Dennoch, an Adornos Buch, seinem Bekenntnis führt kein Weg vorbei. Es ist nicht unwahrscheinlich, daß es, wenn vielleicht auch nicht als Symptomatik, so als Symptom unserer Gegenwart in die Geistesgeschichte eingehen wird.

1. VI. 1951

Register

Musik

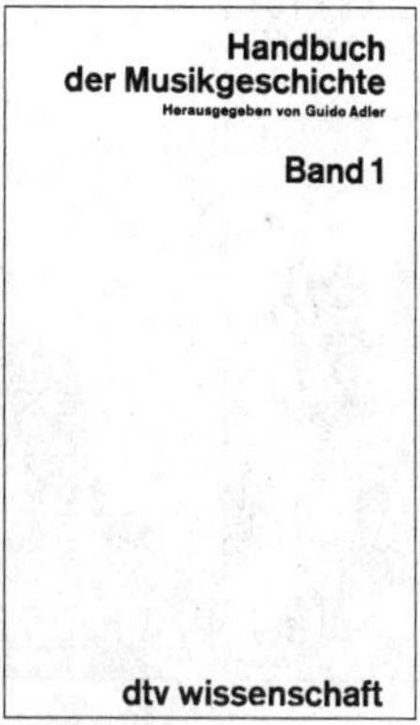

dtv-Atlas zur Musik
von Ulrich Michels
Tafeln und Texte
2 Bände
Originalausgabe

Bisher erschienen:
Band 1: Systematischer Teil. Historischer Teil: Von den Anfängen bis zur Renaissance
dtv/Bärenreiter 3022

Aus dem Inhalt:
Musikwissenschaft, Akustik, Gehör, Instrumentenkunde, Musiklehre, (Harmonielehre, Generalbaß, Zwölftontechnik), Gattungen und Formen.

In Vorbereitung:
Band 2: Historischer Teil: Vom Barock bis zur Gegenwart.

Rudolf Kloiber: Handbuch der Oper
2 Bände
dtv/Bärenreiter 3109/3110

Epochen der Musikgeschichte
in Einzeldarstellungen
Die Epochenartikel aus dem Lexikon ›Musik in Geschichte und Gegenwart‹ (MGG):
Ars antiqua bis Neue Musik
dtv/Bärenreiter 4146

Handbuch der Musikgeschichte
Taschenbuchausgabe der zweiten, verbesserten, ergänzten und vermehrten Auflage von 1930 (ohne das Kapitel ›Die Moderne‹).
Hrsg. Guido Adler. 3 Bände
dtv/Bärenreiter 5952